两岸关系法制系列

两岸关系法制评论
（2015）

彭 莉 季 烨/主编

九 州 出 版 社 | 全国百佳图书出版单位

图书在版编目（CIP）数据

两岸关系法制评论.2015／彭莉，季烨主编. --北京：九州出版社，2016.12

ISBN 978－7－5108－4959－6

Ⅰ.①两…　Ⅱ.①彭…　②季…　Ⅲ.①海峡两岸－关系－法律－研究　Ⅳ.①D920.4

中国版本图书馆 CIP 数据核字（2016）第 320720 号

两岸关系法制评论（2015）

作　　者	彭　莉　季　烨　主编
出版发行	九州出版社
地　　址	北京市西城区阜外大街甲 35 号（100037）
发行电话	（010）68992190/3/5/6
网　　址	www.jiuzhoupress.com
电子信箱	jiuzhou@jiuzhoupress.com
印　　刷	北京九州迅驰传媒文化有限公司
开　　本	720 毫米×1020 毫米　16 开
印　　张	20.75
字　　数	350 千字
版　　次	2016 年 12 月第 1 版
印　　次	2016 年 12 月第 1 次印刷
书　　号	ISBN 978－7－5108－4959－6
定　　价	58.00 元

总　　序

　　中国共产党第十八届四中全会通过的《中共中央关于全面推进依法治国若干重大问题的决定》指出，要运用法治方式巩固和深化两岸关系和平发展，运用法律手段捍卫一个中国原则、反对"台独"，增进维护一个中国框架的共同认知，推进祖国和平统一。可见，运用法治思维和法治手段思考台湾问题、实现国家最终完全统一，是新时期两岸关系和平发展的重要命题。进一步加强两岸交流交往的法制保障，是大陆加强对台工作制度化建设的重要表现，也是实施依法治国基本方略、提升国家治理能力现代化的必然要求。

　　自20世纪80年代以来，跨越海峡的民间交往日益汇聚成一股势不可挡的洪流，两岸关系逐渐走出了此前相互隔绝和对立的阴霾，迎来了双向互动的新时期。尤其是2008年以来的8年间，在"九二共识"的政治基础之上，两岸授权民间团体稳步推进制度化协商，双方两岸事务主管部门建立常态化联系沟通机制，两岸领导人也举行历史性会面，两岸关系取得了前所未有的进展。与上述进程同步，在过去的30年里，大陆的涉台法律问题研究从对台湾地区法律的介述起步，在继续深化两岸各领域、各部门法制比较和互鉴的同时，已经逐步迈向两岸关系法制研究的更高阶段。

　　作为海内外最早成立的从事台湾问题专门研究的学术机构，厦门大学台湾研究院及其前身厦门大学台湾研究所历来重视涉台法律问题在综合性台湾研究中的基础性地位。早在1985年，本院就引进专职人员着手研究两岸交往中的法律问题，并与厦门大学法学院的科研人员合作完成了《台湾法律大全》、《海峡两岸交往中的法律问题研究》以及"海峡两岸法律制度比较"系列丛书。以上述科研力量和研究积淀为基础，无论是在2000年组建教育部人文社会科学重点研究基地——厦门大学台湾研究中心，还是在2004年成立"985工程"台湾研究哲学社会科学创新基地，两岸关系法制研究均被作为重要组成部分。

　　为因应新时期国家对台工作和两岸交往的现实需要，厦门大学台湾研究院联合校内涉台法律研究力量，于2011年12月正式成立法律研究所，这标志着我院涉台法律问题研究进入了团队化、机制化运作的新阶段。该团队在短短的3年间茁壮成长，在厦门大学牵头组建两岸关系和平发展协同创新中心并成功跻身国家"2011计划"的过程中作出了应有贡献。

作为一所高等院校内的台湾问题研究机构，厦门大学台湾研究院以"成为海内外首屈一指的台湾研究思想库、人才库和信息库"为建设目标，肩负着科学研究、人才培养和社会服务的三大使命。其中，科学研究是重中之重。为此，我们策划了这套"两岸关系法制系列"丛书，旨在以厦门大学台湾研究院法律研究所的科研力量为核心，充分发挥我院学科多元的智识优势，瞄准新时期两岸关系和平发展涉及的基础、前沿和重大法律问题，从学理层面展开前瞻性或兼具对策性的研究，进一步推进涉台法律问题研究的规范化、精细化，为构建和完善两岸关系和平发展的法制框架、充实两岸关系和平发展的法治内涵贡献绵薄之力。

海峡两岸关系协会首任会长汪道涵先生曾高瞻远瞩地指出，所有的台湾问题、两岸问题，最后都是法律问题。"汪辜会谈"达成的四项协议就是法律。"两岸要往前走一步，就是法律往前走一步，因此要有法学家来主导台湾问题"。上述论断与其说是肯定了法治思维在研究和解决台湾问题中的关键作用，不如看成是对法律人积极参与两岸关系发展进程的殷切期望。"两岸关系法制系列"丛书的策划和撰写，便是我们回应上述期待、践行自身使命的初步尝试之一。在此，我们真诚期待学界和实务部门各位同仁的不吝指正！

彭　莉

2016年5月

目　　录

动态

附录

绪论　进入台湾选举周期的
两岸关系法制

季　烨* 　马　密**

2015 年是两岸交流迎难而上、砥砺前行的一年。面对"太阳花学运"对两岸关系的消极影响，大陆方面继续牢牢把握主导权，主动引领并巩固两岸关系和平发展的大局。以《中共中央关于全面推进依法治国若干重大问题的决定》为标志，大陆全面运用法治思维、法治方式和法律手段来思考和解决所面临的艰巨挑战，巩固两岸关系和平发展的制度化成果。在"九二共识"的基础上，两岸两会继续保持良性互动，增进两岸民众福祉，推进两岸交往机制化。然而，面对 2016 年即将展开的台湾地区"大选"，岛内主要政党已无意于在民生经济发展方面着墨，开始将政策重心转向内部权力争夺和选战角逐，台湾当局推动两岸关系发展的动能更加缺失。在此背景下，一些有利于台湾同胞利益的两岸关系法案并未获得通过，2016 年台湾"大选"后的前景更加难以预测。

一、两岸两会协商机制

两岸两会制度化协商谈判及其达成的协议是两岸关系法制发展的重要动力，也是两岸事务交流的主要形式。2015 年 8 月 24 日至 26 日，两岸两会在福州举行第十一次会谈，并签署了《海峡两岸避免双重课税及加强税务合作协议》和《海峡两岸民航飞行安全与适航合作协议》。《海峡两岸避免双

　*　季烨系两岸关系和平发展协同创新中心、厦门大学台湾研究院法律研究所副教授，所长。
　**　马密系两岸关系和平发展协同创新中心、厦门大学法学院博士生。

重课税及加强税务合作协议》旨在降低两岸居民税负，符合协议规定条件的两岸企业及个人的营业利润、投资所得以及个人劳务报酬等方面的收入，可在当地享受减免税待遇。该协议的签署有利于避免税收歧视，公平税收待遇；协议建立的两岸税务争端协商解决程序，为两岸投资者维护其合法权益提供救济渠道，并搭建两岸税收合作平台。同时，两岸实现"三通"和台湾开放陆客赴台旅游之后，两岸民航往来准点和安全问题受到两岸民众的关注。尤其是 2015 年 2 月的台湾复兴航空航班失事事件，使得两岸民航飞行安全问题成为民众关注的焦点。《海峡两岸民航飞行安全与适航合作协议》及时回应上述关切，适时开启两岸在规范领域、监理机制、证照管理、专业认可及信息交换等方面的深度合作。① 此外，两岸两会还就尽快完成两岸货物贸易协议谈判、两会互设办事机构事宜、"陆客中转"及进一步便利两岸同胞往来议题进行商谈。两岸两会还于 11 月 30 日在台北举行了"两会协议执行成果总结会"，全面回顾了两会协议的执行情况。② 面对两岸关系发展处于重要节点的关键时刻，上述会谈凸显了大陆方面推进两岸关系和平发展的诚意和善意，也进一步表明，两岸制度化协商不会因为暂时的困难和挑战轻易改变，其所取得的成果必将一如既往，继续造福两岸同胞。

尽管如此，2015 年两岸两会制度化协商仍不可避免地受到 2014 年台湾地区"太阳花学运"的负面影响。最直接的影响便是，台湾地区"两岸协议监督条例"持续"难产"，使得两岸协议的生效进程延宕。2015 年 4 月，蔡英文在获得民进党提名参选台湾地区领导人之后表示"坚定推动两岸协议监督条例完成立法"，但"台联党"却得到民进党"真传"，再次祭出变更议程的战术，再次导致"两岸协议监督条例草案"审议停滞不前。其结果是，两岸两会早在 2013 年就签署的《海峡两岸服务贸易协议》至今尚未得到实质审议，2015 年新签署的《海峡两岸避免双重课税及加强税务合作协议》的生效更是遥遥无期。在此情况下，经过台湾当局的勉力内部沟通，两会第十次会谈签署的《海峡两岸气象合作协议》和《海峡两岸地震监测合作协议》以及第十一次会谈签署的《海峡两岸民航飞行安全与适航合作协议》已经双方完成实施的相关准备，分别于 2015 年 6 月 24 日和 12 月 31

---

① 李寒芳等：《提高飞安水准 降低投资壁垒——两岸专家、业者解读飞航协议、避免双重课税协议》，新华网 2015 年 8 月 25 日电。

② 高旭：《两会协议执行成果总结会在台北举行》，中国台湾网 2015 年 11 月 30 日台北讯。

日生效。

二、两岸居民权益保护

2015 年以来，国务院台办会同各地各部门，认真贯彻《中共中央关于全面推进依法治国若干重大问题的决定》关于依法保护台胞权益的精神，积极落实《海峡两岸投资保护和促进协议》，有序推进台胞权益保护工作，在加强法制化建设的同时，依法办理台胞权益纠纷案件，加大大案、积案调处力度，受案量连续三年保持下降，结案率提高 6 个百分点，创近三年新高，结案量比 2014 年增长 25% 。①

与此同时，台胞权益保护地方立法体系进一步丰富完善。上海市和安徽省分别以地方立法的形式通过了《上海市台湾同胞投资权益保护规定》和《安徽省保护和促进台湾同胞投资条例》。其中，作为上海出台的第一部涉台地方性法规，《上海市台湾同胞投资权益保护规定》明确了本市台胞投资权益保护的工作机制，明确鼓励台胞投资的重点领域，鼓励台资企业转型升级，建立统一的台胞投资公共信息服务平台，并对子女就学、就医、申请公共租赁住房、参与社区公共事务等领域赋予其与本地居民同等待遇。《安徽省保护和促进台湾同胞投资条例》则是大陆省份通过的第一部以"促进"台胞投资冠名的地方性法规。该条例不但进一步明确台胞投资优惠的行业问题，还明确了促进台湾工业园发展和设立信贷风险补偿基金等台胞迫切关注的问题。较之以往的地方涉台立法，上述两项法规的保护对象已经从传统的台湾投资者（即"台商"）扩展至其配偶与子女（即"台胞"），同时更加注重全面保障台胞权益，而非仅仅侧重于保护台胞的经济性权益，从而进一步丰富了以《中华人民共和国台湾同胞投资保护法》为核心的台胞权益保护法制体系。

与大陆方面不断强化保护台胞权益相比，台湾地区在保障大陆居民权益方面仍进展有限。关于将大陆学生在台就学的表述由"停留"修正为"居留"以符合投保资格的"两岸人民关系条例修正案"在台湾立法机构内几经波折，最终仍以"暂不予处理"的方式无疾而终。同样，尽管蓝绿候选

---

① 高旭：《国台办投诉协调局局长王刚畅谈台胞权益保护工作》，http://www.taiwan.cn/xwzx/la/201512/t20151222_11291712.htm，2016 年 2 月 10 日访问。

人都声称要"扩大照顾新住民"，但关于大陆配偶身份证取得时限由 6 年改为 4 年的"修正案"也没有得到立法机构处理。根据台立法机构法案审议"届期不连续"的原则，上述关于大陆居民在台权益保障的法案在 2016 年新一届立法机构组成后将自动失效。

三、两岸人员交流合作

2015 年 6 月 14 日，国务院做出《关于修改〈中国公民往来台湾地区管理办法〉的决定》。此次修订旨在简化台湾居民申请来往大陆的手续，自 7 月 1 日起，台湾居民来往大陆免予签注，持有效台湾居民来往大陆通行证（简称"台胞证"）即可经开放口岸来往大陆并在大陆停居留，无需办理签注。9 月 15 日，公安部门发布公告，自 9 月 21 日起全面实行卡式台胞证，大陆各地县级以上公安机关出入境管理部门开始受理有效期 5 年的卡式台胞证申请，并停止受理纸本申请。上述举措将为两岸交流交往提供更大便利，促进两岸同胞越走越近、越走越亲。

在地方层面，福建省政府于 1 月通过了《福建省促进快递行业发展办法》。作为第一部以促进快递行业发展为主旨的省级政府规章，该办法立足福建对台交流合作的特殊地位，特设"闽台快递合作"专章，对鼓励和支持闽台快递合作做出一系列规定，包括支持闽台快递合作基础设施建设，支持开辟闽台快件通关绿色通道，支持在台商投资区、台湾农民创业园等对台合作区域拓展快递业务，鼓励快递企业开展对台直航包机，鼓励闽台快递企业和行业协会建立定期联络协调机制等。

台湾立法机构则通过相关修改规则活动，对两岸人员往来中的失序现象予以规范，部分规定也在一定程度上保障了两岸民众合法权益及其交往秩序。例如，为了吓阻所谓大陆渔船非法进入台湾地区海域捕鱼，台湾"海巡署"3 月 20 日在金门首次针对大陆越界渔船实施强制没收的处罚，并出动挖掘机将一艘没收的大陆小渔船砸毁，"展现执法决心"。随后不久，台湾立法机构三读通过"两岸人民关系条例"第 80 条之一"修正案"，取消一般船舶与渔船的差别处罚规定，提高大陆渔船未经许可进入台湾地区限制或禁止水域的处罚措施。4 月份，台湾交通主管部门"航港局"订定发布"审查大陆船舶进入我方限制或禁止水域拖救遇险船舶申请作业程序"，旨在落实《海峡两岸海运协议》关于海难救助的规定，对进入台湾地区限制或禁止水域从事救助行为的船舶的审查作业程序做出具体规定。7 月份，台湾交通主管部门修正"台湾地区与大陆地区海运直航许可管理办法"，旨在明确运送客货的船舶航经金门、马祖限制或禁止水域的指定航道入出大陆直航港口的管理规范。此外，为配合台湾司法主管部门"大法官第 710 号解释"的要求，台湾立法机构于 6 月 2 日修正通过"两岸人民关系条例"部分条文，对于大陆地区人民强制出境及收容的相关规范，强化正当法律程序及人身自由的制度性保障，明确收容天数最长为 150 天，并规定大陆人民赴台非经许可不得任意进行政治议题协商。

在观光方面，经海峡两岸旅游交流协会和台湾海峡两岸观光旅游协会磋商，大陆赴台个人游第五批试点城市名单于 3 月 18 日公布，海口、呼和浩特、兰州、银川、常州、舟山、惠州、威海、龙岩、桂林、徐州等 11 个城市入围。至此，大陆赴台个人游试点城市已达 47 个。同时，台湾交通主管部门于 4 月 1 日修正"大陆地区人民来台从事观光活动许可办法"，简化申请文件，禁止旅行业者接受其他业者转让大陆人民来台观光业务，并修正旅行业接待大陆人民来台观光旅游团质量注意事项。上述修订规则旨在限制部分业者以"个人旅游团客化"的手法，造成不具有接待陆客团资格的业者却可以接待变相旅游团的不公平现象。

四、两岸司法互助交流

为适应两岸关系和平发展的新形势，进一步落实两岸司法互助协议，有效保护两岸人民的合法权益，最高人民法院在深入总结过去近 20 年涉台裁判认可等审判经验基础上，于 2015 年 6 月 30 日公布《最高人民法院关于认可和执行台湾地区法院民事判决的规定》和《最高人民法院关于认可和执行台湾地区仲裁裁决的规定》，自 7 月 1 日起施行。与此前有关人民法院认可和执行台湾地区民事判决的 4 个司法解释相比，《最高人民法院关于认可和执行台湾民事判决的规定》适度拓宽了可申请认可和执行的台湾法院民事判决范围，扩大了此类案件管辖联结点，适度放宽此类案件的受理条件，更加注重办案的程序正当性，明确了人民法院程序中的受理优先原则，审查结果的设置更加科学，增加了程序救济途径，调整了申请认可与执行的期间等。《最高人民法院关于认可和执行台湾仲裁裁决的规定》的基本框架与前者大体相同，特色内容主要在于：扩大了申请认可和执行的台湾地区仲裁裁决的范围，明确了仲裁优先的原则，规定了认可台湾地区仲裁裁决的审查期限及内部报审程序，明确了不予认可仲裁裁决的理由，规定了在当事人申请认可后在台湾地区法院又进行的撤销仲裁裁决程序对人民法院认可和执行程序的影响，增加了不予认可后的救济途径等。[①]

与此同时，两岸司法机构之间常态联系机制运转顺利。7月27日，以"公正司法的制度保障"为主题的第三届海峡两岸暨香港澳门司法高层论坛在澳门举行。本届论坛共为期两天，来自两岸及港澳的70余名司法高层人士，围绕司法审判与司法行政的界限、法院组织人事制度保障、法院经费预算制度保障、海峡两岸暨香港澳门司法交流之现况与深化等4个子议题，进行深入交流。[②] 9月9日，最高人民法院副院长李少平率众赴台参加"2015年海峡两岸司法实务研讨会"。本届研讨会以"完善司法保障机制"为主题，来自海峡两岸司法界、法学界嘉宾围绕法官职业化建设、司法资源科学化配置、司法审判及司法互助中的信息化运用等议题真诚交流，集思广益，建言献策。[③]

两岸司法交流呈现新亮点。2015年7月5日，中华司法研究会在北京成立。研究会旨在打造一个两岸暨港澳司法及有关法治问题的共同研究平台，和全球华人法学家与法学家的高端交流平台，也标志着中华司法民间学术研究与交流的定期化与机制化。[④] 12月29日，中国国际贸易促进委员会和中国国际商会在福建平潭综合实验区设立常设仲裁机构——海峡两岸仲裁中心。该中心旨在以仲裁、调解等非诉讼争议解决方式，解决当事人约定由仲裁中心管辖的民商事合同和其他财产权益纠纷，也可以根据其他有关部门的授权受理其他纠纷。中心致力于为两岸企业提供多元争端解决服务，防范和化解法律风险，对于维护两岸企业正当权益、深化两岸经贸合作具有重要意义。同时，由厦门市中级人民法院和厦门大学台湾研究院共同设立的"台湾地区法律查明研究中心"在厦门揭牌，这是大陆首家也是迄今唯一专门从事台湾地区法律查明的机构。此外，由最高人民法院、中国法学会等机

---

① 李想、葛晓阳：《最高法发布认可与执行台湾民事裁判司法解释》，法制网2015年6月30日北京讯。

② 《第三届海峡两岸暨香港澳门司法高层论坛在澳门举行》，《人民法院报》2015年7月28日第1版。

③ 严峻：《2015年海峡两岸司法实务研讨会在台北举行》，《人民法院报》2015年9月11日第1版。

④ 罗书臻：《中华司法研究会在北京隆重成立》，《人民法院报》2015年7月5日第1版。

构共同支持设立的中国港澳台和外国法律查明研究中心也在深圳前海落户。上述平台的建设，对于准确查明适用台湾地区法律规定、推进涉台审判专业化并切实维护两岸居民合法权益具有重要意义。

五、两岸法学学术交流

2015 年度的两岸法学交流继续关注两岸法治发展中的热点和焦点问题，涉及两岸关系发展、自贸区建设、民法典编纂、生态法制、互联网法制等议题。

作为大陆最具代表性的关注两岸关系法律问题的学术团体，海峡两岸关系法学研究会于 2015 年 1 月 31 日至 2 月 1 日在北京举行学术年会。来自大陆各地研究机构和实务部门的涉台法律研究专家学者 130 余人参加会议，围绕两岸关系与法治思维、两岸关系各领域法律问题和两岸法制比较等议题进行交流研讨。同时，研究会还联合台湾地区法学研究机构，举办第四届两岸和平发展法学论坛。本届论坛的主题为"法治思维与两岸关系和平发展"，来自海峡两岸的法学专家学者围绕两岸司法合作与权益保障、两岸投资法律保障等议题展开了卓有成效的交流。此外，以"自贸区建设与法治保障"为主题的第十三届海峡法学论坛在上海举行。本届论坛由上海海峡两岸法学研究中心承办，来自两岸三地的法学专家及法律实务界人士代表共 210 余人参加了论坛，围绕两岸自贸区法律制度比较、自贸区法制建设的理论与实践、自贸区法律服务研究和自贸区仲裁机制研究等议题展开深入探讨。

两岸法学院校相互之间点对点的合作是两岸法学交流的主要途径。11 月 10 日，第六届海峡两岸法学院校长论坛在西北政法大学开幕，来自两岸众多法学院校的校长、院长共 100 余人参加会议。此次论坛共设三个专题，分别为"法律人才培养机制的改革与创新""涉外法律人才培养的目标与路径"和"法学教育、司法考试与法律职业准入"，对推动两岸法学教育的良性发展繁荣具有重要意义。此外，两岸法学院校还围绕相关学科中的重要理论和前沿问题进行交流研讨。例如，2015 年 5 月 8 日至 10 日在武汉举办的第六届海峡两岸公法学论坛聚焦司法改革，就审判独立与权利保障问题展开研讨。第三届两岸清华法学论坛于 5 月 22 日在北京举行，医药创新与法治建设成为两岸清华法学研究人员共同关心的话题。10 月 9 日，由北京通信法制研究会和台湾电信产业协会等机构共同主办的第四届两岸通讯传播法论坛在湖南长沙，围绕互联网竞争法律前沿问题展开研讨。10月17日，台达环境与教育基金会举办"中达环境法论坛"，两岸环境法学者专家面对面探讨生态环境法治问题。11月14日至15日，由北京航空航天大学法学院和台湾政治大学法学院共同举办的第五届两岸民商法前沿论坛在北京举行，本届论坛以"民法典编纂与创制发展"为主题，相关研讨对于大陆正在推进的民法典编撰工作具有不可多得的参考意义。12月8日至9日，首届粤港澳台法学研讨会在澳门举行。研讨会由广东省法学会、香港城市大学法律学院和澳门大学法学院主办，来自粤港澳台的法学、法律工作者80多名代表围绕粤港澳台的法律整合、民商事裁判、仲裁的承认与执行以及自贸区法律规则的建立与完善等问题进行研讨，对于海峡两岸暨香港、澳门相关制度的衔接与沟通具有积极意义。

六、结论与展望

纵观2015年两岸事务交流的总体情况，不难看出以下突出特点：一方面，两岸处理互涉性事务的法治思维呈现出此消彼长的基本态势。《中共中央关于全面推进依法治国若干重大问题的决定》提出，运用法治方式巩固和深化两岸关系和平发展是全面推进依法治国的重要组成部分。未来，大陆将坚定推进两岸关系和平发展的法治举措，维护宪法法律权威，加强制度化协商谈判，完善涉台法律法规，切实提高运用法治思维谋划工作、运用法治方式推进工作的能力，维护两岸和平，促进共同发展，造福两岸同胞。[①] 与此形成鲜明对比的是，台湾方面在处理两岸关系方面的"泛政治化"思维却与日俱增，法律手段逐渐沦为蓝绿政治斗争的工具，甚至成为两岸关系和平发展的隐忧。另一方面，2016年岛内选举对本年度两岸相关事务交流产生"溢出效应"。台湾地区的选举周期不仅影响岛内的政治生态，也进而影响两岸相关事务交流。夹杂在2014年"九合一"选举和2016年台湾地区领导人选举和新一届民意代表选举之间，2015年的两岸关系法制进展尤其艰难。面对"在野党"对于马英九当局在两岸政策方面的持续恶意"抹黑"，加之选民对马英九当局执政的"审美疲劳"和"无感"，中国国民党籍民意

[①] 张志军：《运用法治方式扎实推进两岸关系和平发展》，《人民日报》2015年3月13日第7版。

代表进退失据，在立法机构的席位优势荡然无存。

　　总之，随着台湾地区进入选举周期，2015 年的两岸关系受到较大影响。历经"九合一"一役，民进党踌躇满志，目标直指 2016 年"大选"。鉴此，在两岸政策方面，民进党名义上宣示"改革"以吸引中间选民，实际上却"维持现状"以巩固基本盘。相较而言，中国国民党仍未走出"九合一"选举惨败的阴影，悲观主义情绪蔓延，党内权力斗争不断，两岸政策优柔不决，在推动两岸关系法制方面更是毫无斗志。虽然中国国民党也曾在选前多次提出推动陆生健保、陆配取得身份证等平等权议题，但从其在立法机构涣散的动员方式来看，争取选票的姿态不言而喻。

　　目前，台湾地区"大选"落下帷幕，台湾再次实现政党轮替，民进党还史无前例地取得了台湾立法机构的过半数席位，实现"完全执政"，从而即将承担起维护两岸关系和平发展的"完全责任"。一种乐观的预期是，即将执政的民进党可能在涉及岛内民生经济发展的两岸法案方面采取更加务实的举措，如尽快完成所谓"两岸协议监督条例"的立法工作，通过两岸服贸协议的审议等。如若如此，固然值得肯定，但仍非釜底抽薪之举。政治基础是两岸关系和平发展的基石，在面对"九二共识"方面，民进党仍采取消极回避的态度，使得新一年两岸法律事务交流的前景充满不确定性。

评　论

两岸投资协议后续实施的最新进展

彭　莉[*]

涉外投资关系中的投资待遇问题，涉及境外投资者在东道国或地区的法律地位，权利义务的标准，投资及其收益的保护程度，以及在特殊情况下征用投资财产时的补偿等。它构成了一国或地区投资环境的基础，因而往往是各国或地区外资立法的核心内容。两岸投资关系中的投资待遇问题也是如此。投资待遇标准不仅事关两岸投资者的切身权利，而且与两岸关系发展的形势密切相关，故而始终为各界关注的焦点议题，也是《海峡两岸投资保护和促进协议》（下称《两岸投资协议》）后续实施的焦点所在，本文拟就两岸投资协议后续实施中投资待遇问题的最新进展加以分析。

一、两岸投资待遇不对称性的加剧

作为两岸投资关系中最为核心的问题，有关投资待遇问题的规范，两岸互涉性投资立法均采行了如下模式：即有"特别法"的，适用"特别法"；没有"特别法"的，"比照"或"参照"适用涉外投资法，但在"特别法"的立法取向上却呈现了两种相异的样态，两岸相互给予对方投资者的投资待遇"不对称性"明显。

在大陆方面，由于《中华人民共和国台湾同胞投资保护法》（下称《台湾同胞投资保护法》）及其《实施细则》反复重申，台湾同胞投资适用本法

＊ 作者系两岸关系和平发展协同创新中心平台主任，厦门大学台湾研究院法律研究所教授兼副院长。

的规定，有未规定者，比照适用国家有关法律、行政法规,① 且大陆专项性涉台投资法律法规始终以鼓励台商投资、保护台商投资权益为立法宗旨，因此，长期以来，台商在大陆投资所享受的待遇和所拥有的保障不仅不低于外商投资企业，在某些领域，台湾投资者还享有更优惠待遇。②

与大陆不同，台湾当局给予大陆投资者的待遇具有明显的歧视性特征。在强调所谓"国家安全""台湾优先"的指导思想下，在较长的一段时间里，两岸投资关系呈现"单向投资"的格局，这种格局直至 2009 年 6 月台湾当局出台"大陆地区人民来台投资许可办法"（下称"投资许可办法"）才得以打破。但是，由于台湾当局对陆资采取的是有限开放政策，因此，虽然两岸双向投资得以实现，但两岸相互给予对方投资者的投资待遇的"不对称性"明显。值得注意的是，近年来，这种"不对称性"有加剧的趋势，其主要表现为，一方面台商在大陆的投资待遇不断优化；另一方面台湾当局对陆资的管制趋于更加严格。

首先，台商在大陆的投资待遇不断优化。近年来，为解决在大陆投资的台资企业生产经营成本升高、需求不振与竞争加剧等难题，及因应 ECFA 及两岸投资协议商签的需要，中央相关部委陆续发布了《帮助和支持台资企业产业升级和产业转移的九项政策措施》等一系列惠台政策法规，以优化台商在大陆的投资环境。此后一年一度的"海峡论坛"成为大陆方面持续推动惠台政策的最重要平台，迄今为止，"海峡论坛"共累计发布 118 项促进两岸交流合作的政策措施，完善台商投资环境为其中重要内容之一；2013年 1 月，中国国际经济贸易仲裁委员会开始筹建投资争端解决中心以调解方式受理特定类型的两岸投资争端，并确定了贸促会调解中心、贸仲投资争端解决中心等 14 家投资争端解决机构;③ 2013 年 2 月，商务部和国台办联合发布通知，公布了《台湾投资者经第三地转投资认定暂行办法》，明确规定

---

① 《中华人民共和国台湾同胞投资保护法》第 2 条规定："台湾同胞投资适用本法；本法未规定的，国家其他有关法律、行政法规对台湾同胞投资有规定的，依照该规定执行"；《实施细则》第 5 条规定："台湾同胞投资适用《中华人民共和国台湾同胞投资保护法》和本实施细则；《中华人民共和国台湾同胞投资保护法》和本实施细则未规定的，比照适用国家有关涉外经济法律、行政法规。"

② 彭莉：《两岸互涉性经贸立法：演进路径、框架构成与待遇问题》，《当代亚太》2008 年第 5 期。

③ 大陆方面投资争端解决机构共有 14 家，包括贸促会调解中心以及福建、浙江、广东、湖南、陕西、厦门等 6 个下属调解中心，贸易仲裁委员会投资争端解决中心以及上海、西南、华南、江苏、山东、湖北等下属的 6 个办事处。

第三地投资者视同台湾投资者。除国家层面的惠台政策外，各级地方政府也陆续出台了大量的惠台地方法规和行政规章，据不完全统计，约有50余个之多。① 前者如2012年12月江苏省人大发布的《江苏省保护和促进台湾同胞投资条例》，该条例第一次以地方法规形式通案赋予台湾同胞投资享受本省颁布的投资及与投资相关的各项扶持发展的政策和服务，② 具有指标性意义；后者如福建政府于2012年1月颁发的《福建省人民政府关于进一步促进台资企业发展的若干意见》，该意见从加大财政扶持、推动技术创新和技术改造、支持拓展大陆市场、优化劳动用工服务、加强金融支持和优化投资环境等方面全方位鼓励和支持台资企业，加快发展步伐。③ 上述法规政策有效地协助了台资企业降低成本与转型升级，大大地提高了台商在大陆的投资待遇。

其次，台湾当局对陆资的管制趋于严格。如前所述，台当局开放大陆企业赴台投资伊始，就采取了严格管制的有限开放政策，此后，尽管台湾当局分别于2011年3月和2012年3月两次修订"大陆地区人民来台投资业别项目"，逐步扩大了开放大陆企业赴台投资的范围，但管制性思维并没有大的改变，并导致了陆资对台投资成效不彰。为此，马英九在其第二任台湾地区领导人任期开始，就提出了大幅修改"两岸人民关系条例"，松绑陆资投资限制的施政主张。然而，现实的情形是，近年来，台湾当局不仅没有放宽大陆企业赴台投资管制，提供更公平、更开放的法制环境，反而强化了"国安条款"等内容，采取更为严厉的管制措施，主要表现为：第一，修订"投资许可办法"，强化陆资对台投资的管理机制。2013年11月，台湾"经济部"修订了"投资许可办法"，重点包括：（1）增订投资人的经营活动如有所谓影响"国家安全"或"经济安全"者，得撤销或废止其投资；投资人转让其投资时，主管机关如认为投资人之转让影响"国家安全"或"公共利益者"，得不予许可。（2）将应于"应于每届会计年度终了六个月内，

① 参见《各地惠台政策》，http：//www.taiwan.cn/local/gedihuitaizhengce/，2016年1月10日访问。
② 《江苏省保护和促进台湾同胞投资条例》第16条规定："台湾同胞投资企业或者个体工商户享受本省颁布的投资及投资相关的各项扶持发展的政策和服务。"
③ 除《福建省人民政府关于进一步促进台资企业发展的若干意见》外，近年来福建省还先后发布了《台湾农民创业园建设的若干意见》《关于加快医药产业发展十二条措施的通知》《关于加快台湾农民创业园建设的若干意见》《平潭综合实验区关于支持台资企业发展的工商行政管理措施（试行）》等等惠台政策。

报主管机关备查"的企业的实收资本额由 8000 万台币调整为 3000 万台币。①"投资许可办法"此次修改的核心在于将"国安条款"的适用引入"准入后阶段"，其法律后果是台湾当局可以随意援引"国家安全""经济安全"或"公共利益"，撤销或废止已批准赴台投资的大陆企业投资项目，也可以此为借口不批准大陆投资人转让其投资，这无疑将对大陆企业准入后的投资安全构成极大的威胁。2015 年 3 月，按照"立法院第 8 届第 6 会期第 12 次会议讨论决议"意旨，台湾"经济部"再次修订"投资许可办法"，删除了第 8 条"投资人投资自由经济示范区示范事业，无涉及国家安全者，应经主管机关会商中央目的事业主管机关及相关机关同意；投资业别项目、限额及投资比率，不受前项之限制"的规定，② 陆资投资台湾自由经济示范区相对宽松的准入条件由此被取消。

第三，修定"大陆地区之营利事业在台设立分公司或办事处许可办法"（下称"设立分公司或办事处许可办法"），强化大陆企业在台申请设立分公司或办事处的管理机制。2014 年 12 月，台湾"经济部"修订了"设立分公司或办事处许可办法"，重点包括：（1）申请在台设立办事处者，其本公司应符合相关之设立年限、最低实收资本额、营业项目限制之规定；③（2）申请在台设立分公司或办事处者，其在台业务活动有涉及政治、社会、文化上具有敏感性或影响"国家安全"，或对台经济发展或金融稳定有不利影响情事，或为大陆地区军方投资或具军事目的，主管机关应不予许可。④ 与"投资许可办法"相比，修订前的"设立分公司或办事处许可办法"对陆资在台设立分公司或办事处的管理强度较低，调整后的办法不仅加强了对陆资准入阶段的管制，即参酌"投资许可办法"第 8 条第 3 项规定，增订了所谓的"国安条款"，同时也强化了陆资准入后的管制，即参考"大陆地区经贸事务非营利法人、团体或其他机构来台设立办事处许可办法"第 8 条规定，

---

① 《大陆地区人民来台投资许可办法第八、九、十一条修正总说明（2013 年 11 月修正）》，http://db.lawbank.com.tw/FLAW/FLAWDAT01.aspx?lsid=FL049681，2016 年 1 月 1 日 10 日访问。

② 《大陆地区人民来台投资许可办法第八条修正总说明（2015 年 3 月修正）》，http://db.lawbank.com.tw/FLAW/FLAWDAT01.aspx?lsid=FL049681，2016 年 1 月 1 日 10 日访问。

③ 即应满足设立三年以上、最低实收资本额折合新台币六百万元以上、本公司所营事业应至少一项符合大陆地区人民来台投资业别项目等条件。

④ "大陆地区之营利事业在台设立分公司或办事处许可办法部分条文修正草案总说明（2014 年 12 月修正）"，http://db.lawbank.com.tw/FLAW/FLAWDAT01.aspx?lsid=FL049682，2016 年 1 月 1 日 10 日访问。

将大陆企业未依规定检送相关资料纳入主管机关应撤销或废止许可的范围，其对陆资赴台的负面影响是显而易见的。①

第四，修订"大陆地区人民在台湾地区取得不动产物权实行总量管制之数额及执行方式"（下称"执行方式"），对陆资投资不动产进行总量管制。2013 年 11 月，台"内政部"首次"执行方式修正案"，限制每年大陆自然人取得土地上限为十三公顷、建物四百户，年度数额有剩余者，不再留用；长期总量土地则为一千三百公顷、建物二万户。② 2015 年 3 月，台"内政部"再次修改"执行方式"，规定参考新加坡组屋出租给外国人比例上限规范，增订大陆人民取得台湾住宅集中度以总户数 10% 为上限。③ "投资许可办法"等上述相关规则的调整对陆资赴台所产生的负面效应是明显的。据统计，2009 年是陆资赴台的第一年，该年台湾主管部门核准陆资赴台 23 件，总额为 3748.6 万美元。此后 4 年，陆资赴台数量相继增长到 79 件、102 件、138 件和 141 件，大陆企业赴台投资呈现出稳中有升的积极势头。但是，2014 年这种上升势头不在，根据台湾"经济部投审会"2015 年 1 月 20 日公布的数据，2014 年台当局核准陆资赴台 136 件，同比下降 1.45%，累计金额 3.3 亿美元，同比下降 4.25%。④ 2015 年以来，这种下降的趋势更为明显，在台湾"经济部投审会"2015 年 2 月召开的例会中，共核准"侨外"投资案 4 件，台湾对大陆投资案 3 件，但没有陆资赴台核准案件，这已是今年以来连续 2 个月陆资赴台挂零。⑤

二、两岸投资协议的后续单方履行

近年来两岸投资待遇"不对称性"加剧的原因是复杂的，其中既受岛内政治、经济、社会等因素的影响，也受到美国等国际因素的影响，多元因

---

① 根据台湾"行政院"的统计数据，截至 2014 年 11 月，赴台投资的大陆企业设有分公司者为 85 家，设办事处者则约 200 多家。
② "大陆地区人民在台湾地区取得不动产物权实行总量管制之数额及执行方式"（2013 年 11 月修正），（台湾）"行政院公报"第 19 卷卷 223 期，第 44018 页。
③ "大陆地区人民在台湾地区取得不动产物权实行总量管制之数额及执行方式"（2015 年 3 月修正），（台湾）"行政院公报"第 21 卷 049 期，第 11383 页。
④ "2015 年 1 月核准侨外投资、陆资来台投资、国外投资、对中国大陆投资"，http：//www. moeaic. gov. tw，2016 年 1 月 10 日访问。
⑤ 台湾《旺报》，2015 年 2 月 26 日。

素折射在法律层面，主要表现为两岸投资协议规则的单边履行。2012 年 8 月，海协会会长陈云林与台湾海基会董事长江丙坤在台北举行两会恢复协商以来的第八次领导人会谈，双方成功签署了《海峡两岸投资保护和促进协议》（以下简称《两岸投资协议》）。《两岸投资协议》签署以来，大陆方面高度重视协议的落实与执行，而台湾地区对协议规则的履行则是有选择性的。

《两岸投资协议》正文部分包括 18 个条款，涵盖了常规投资保护协定包括的要素和内容，又充分体现了两岸特色，投资待遇问题是其中最为重要的内容。狭义而言，《两岸投资协议》有关投资待遇的规定主要指第 4 条"投资待遇"条款。与大多数双方投资协议一样，两岸投资协议中的"投资待遇"条款包括了相对待遇标准和绝对待遇标准两方面的内容，即规定了"居民待遇（'国民待遇'）""最惠待遇（'最惠国待遇'）"和"公正与公平待遇"三方面的内容，且没有采用大陆过往双边协定提及国民待遇和最惠国待遇时通常采用的"投资以及与投资有关的活动"模糊措辞，而是明确指出：居民待遇仅适用于"对已做出投资的运营、管理、维持、使用、享有、扩张、出售或处分"；最惠待遇则适用于"就设立、征收、运营、管理、维持、使用、享有、扩张、出售或投资的其他处置方面"。① 这一体例与大陆新一代双边投保协定相类似。《两岸投资协议》第 4 条的"两岸特色"主要体现为全面实行有条件的居民待遇和最惠待遇。在居民待遇方面，《两岸投资协议》虽然明确授予两岸投资者准入后阶段的居民待遇，但并未授予投资者以完全的准入后居民待遇，根据协议第 3 条第 5 款前段"……不适用于一方现有的不符措施及其修改"的规定，准入后的居民待遇需受制于既有不符措施的约束。在最惠待遇方面，尽管《两岸投资协议》将最惠待遇延伸至投资准入前阶段，但投资者享有的最惠待遇同样受制于既有不符措施的限制，其固有的"多边传导效应"受到协议的明文约束。② 但是，与此同时《两岸投资协议》第 3 条第 5 款后段也明确规定，"一方应逐步减少或消除该等不符措施，且对该等不符措施的任何修改或变更，不得增加对另一方投资者及其投资的限制"，即任何一方既有的不符措施应符合

---

① 参见《海峡两岸投资保护和促进协议》第 4 条第 3、4 款。
② 季烨：《两岸投资协议的制度创新与实施前景》，《厦门大学学报（哲社版）》2013 年第 3 期，第 89 页。

"棘轮效应",① 应受"冻结回转"机制制约。

两岸协议的签署固然重要,但协议只有获得切实的执行和落实方能给两岸民众带来实实在在的好处。大陆方面一向不仅重视协议的商签,更重视协议的执行和落实。尽管大陆涉台投资立法给予台商的投资待遇并不存在与《两岸投资协议》相违之处,但在《两岸投资协议》签署不满一个月,原中共中央台办、国务院台办主任王毅在出席第十八届鲁台经贸洽谈会时,便宣布了包括做好《台湾同胞投资保护法》及其《实施细则》的完善和修订在内的大陆方面落实《两岸投资协议》的 7 项措施。② 2013 年 4 月,国台办明确表示:将以落实《两岸投资协议》为契机,积极推动《中华人民共和国台湾同胞投资保护法》及其《实施细则》的修订工作,不断加强完善相关工作,更好地维护台胞合法权益。③ 虽然,由于技术层面的原因,《中华人民共和国台湾同胞投资保护法》及《实施细则》的修订迄今尚未完成,但大陆透过各种惠台法规政策,弥补了上位法上的一些不足。

与大陆不同,台湾方面虽然同样认为"两岸投资协议执行才是关键",④但近年来的实践表明,台湾当局对协议的履行是选择性的。2012 年 8 月以来,台湾经济主管部门积极举办《两岸投资协议》说明会,开展了一系列有关投保协议的宣导活动;出台"指定两岸投资争端解决机构审查要点",指定了台湾"中华仲裁协会"、台湾营建仲裁协会和"中华工程仲裁协会"等作为两岸的仲裁机构;启动"两岸人民关系条例"的修订,并将"陆资赴台"条款作为其中重要事项之一。但是,如前所述,现实的情形是台湾当局不仅没有放宽大陆企业赴台投资的限制,反而强化了"国安条款"等内容,在"准入前"和"准入后"都对陆资采取了更为严格的审查与管制

① 季烨:《两岸投资协议的制度创新与实施前景》,《厦门大学学报(哲社版)》2013 年第 3 期,第 89 页。

② 王毅主任宣布的 7 项措施包括:尽快召开由中央和国务院 30 多个部委共同参与的维护台商权益部际联席会议,多渠道向大陆台商宣传介绍投保协议,尽快建立协议中规定的投资争端处理机制和投资咨询机制,做好《中华人民共和国台湾同胞投资保护法》及其《实施细则》的完善和修订,制定经第三地来大陆投资的台商的认定办法,尽快出台投资者以投资所在地方投资补偿争端处理的相关司法解释和配套措施,尽快制定落实协议中关于人身自由与安全保护共识的具体措施。国台办:《王毅在第十八届鲁台经贸洽谈会开幕式上的致辞》,http://www.gwytb.gov.cn/wyly/201209/t20120901_3030512.htm,2015 年 11 月 7 日访问。

③ 国台办:《以落实投保协议为契机 推动台胞投资保护法修订》,http://news.xinhuanet.com/politics/2013-04/10/c_115336754.htm,2015 年 12 月 10 日访问。

④ 《江丙坤谈投保协议:执行是关键》,http://cdnews.biz/cdnews_site/docDetail.jsp?coluid=111&docid=101996804,2015 年 12 月 10 日访问。

制度，从某些层面上看，《两岸投资协议》实际上处于单边履行的状态。台湾当局的这种做法不仅直接违背了《两岸投资协议》第3条第5款所确立的"冻结回转机制"的要求，同时也不符合《两岸投资协议》第1条"保护海峡两岸投资者权益，促进相互投资，创造公平投资环境，增进两岸经济繁荣"的立法宗旨，以及第6条"双方同意，本着互利互惠的原则接受并保护相互投资""双方同意，逐步减少或消除对相互投资的限制，创造公平的投资环境，努力促进相互投资"的规定。

《两岸投资协议》作为ECFA后续协议，充分遵循了ECFA所确定的平等协商、互利互惠、彼此照顾对方关切的基本精神，其关于居民待遇和最惠待遇均"不适用于一方现有的不符措施及其修改"的规定，正是照顾台湾方面关切原则的具体表现，充分体现了大陆方面理解并尊重台湾经济和社会的现状，着眼于两岸经济长远发展的诚意和善意。但是，互利互惠、彼此照顾对方关切二者是密切联系、相辅相成的，《两岸投资协议》在遵循"彼此照顾对方关切"原则、注重体现"两岸特色"的同时，更加强调"互利互惠"原则，寻求权利义务的相对平衡。此外，在WTO语境下，"互利互惠"不仅是两岸之间签订投资协议的基础，也是两岸间确立商务关系前提，实现经贸合作的主要工具。《两岸投资协议》作为一个国家内两个单独关税区之间签订的协议，台湾当局理应遵循WTO的这一原则，正如海协会会长陈德铭所指出："我们当然理解台湾方面的经济主管部门在当前经济形势下的一些难处，但是大陆和台湾作为世贸组织成员，希望台湾的一些基本的最惠待遇要给大陆。"①

自2009年7月商务部核准第一家入台的福建新大陆电脑股份公司收购台湾帝普科技公司股权申请案起算，至2014年12月，台湾当局累计核准陆资赴台投资件数为619件，核准投（增）资金额计11亿9914万8000美元。② 可见，陆资赴台成效不彰。究其原因，主要在于台湾当局在政策法律层面对陆资设置的重重限制，换言之，"带着镣铐跳舞"是陆资赴台成效不彰的主要原因。两岸"双向投资"格局的真正形成，两岸双方需要进一步努力，但核心是台湾方面必须切实、全面履行《两岸投资协议》，放宽不合

① 《陈德铭应十八大新闻中心邀请接受中外记者集体采访》，http：//www.mofcom.gov.cn/aarticle/ae/ai/201211/20121108428337.htm，2015年12月10日访问。
② （台湾）"经济部"投审会网站：《2014年12月核准侨外投资、陆资来台投资、国外投资、对中国大陆投资统计新闻稿》，http：//www.moeaic.gov.tw，2015年12月10日访问。

理的限制，赋予大陆投资者以应有的待遇，创造公平、公正的投资环境。

三、两岸互涉性投资立法的完善

投资自由化和贸易自由化是经济全球化最具实质性的内容。与贸易自由化相比，投资自由化是经济全球化的更高阶段，只是直到 20 世纪 70 年代末，投资自由化才作为一种观念和政策出现，并逐渐在世界范围内展开。[①]2006 年，WTO 总理事会批准中止旨在推动 WTO 成员国签署贸易自由化多边协定的多哈回合谈判。此后，全球经济合做出现了新的发展趋势，其中之一即各国和地区都在力争向更开放的贸易和投资自由化、便利化新标准推进，并且尤其注重投资自由化问题。[②]

投资自由化的新发展除了表现为投资与投资者的含义扩大化、禁止东道方对外资施加业绩要求的范围渐趋扩大外，更重要的还表现为国民待遇从营运阶段延伸适用于准入阶段。对许多东道国或地区来说，在较长一段时间里，外资进入阶段是否适用国民待遇是一个特别敏感的问题，多数国际投资协定中的国民待遇，仅与开业后的投资待遇有关。但是，最近已有越来越多的双边投资协定将国民待遇扩展到投资开业前阶段，这对许多国家或地区来说是一种"革命"。目前，准入前国民待遇和负面清单的外资管理模式已成为国际投资规则发展的新趋势，据不完全统计，世界上已经有 70 多个国家采用了此种模式。[③]

大陆早期签订的双边投资保护协定，以态度谨慎和立场传统为特征，自由化程度相对较低。在此后签订的一系列双边投资保护中，随着投资保护水平的提高，投资自由化的特征日趋明显，而在构建新的全方位开放型经济新体制的进程中，逐步实施负面清单和准入前国民待遇被认为是实现这一战略的重要内涵和主要抓手。在实践层面，2013 年 8 月 30 日第十二届全国人民

---

① 宿景祥：《投资自由化应循序渐进》，《人民日报》2007 年 6 月 7 日。

② 全球经济合做出现了三个新的趋势：一是由注重货物贸易为主，向注重货物贸易和服务贸易并重转变，并且更加注重服务贸易的开放与发展；二是由注重贸易功能为主，向注重贸易功能和投资功能并重转变，并且更加注重投资的自由化和便利化；三是由注重境外贸易壁垒为主，向注重境外贸易壁垒和境内贸易壁垒并重转变，并且更加关注境内贸易壁垒的消除。见石良平：《贸易投资自由化与上海自贸区建设》，《解放日报》2014 年 3 月 22 日。

③ 人民网：《商务部：已有 77 个国家采用准入前国民待遇和负面清单模式》，http://finance.people.com.cn/n/2013/0712/c1004 - 22173506.html，2016 年 1 月 10 日访问。

代表大会常务委员会第四次会议通过了《关于授权国务院在中国（上海）自由贸易试验区暂时调整有关法律规定的行政审批的决定》，① 2014 年 7 月上海市十四届人大常委会第十四次会议表决通过了《中国（上海）自由贸易试验区条例》，明确自贸试验区实行外商投资准入前国民待遇加负面清单管理模式。对负面清单之外的领域，将外商投资项目核准和外商投资企业设立和变更审批改为备案管理。② 此外，2014 年 4 月广东省政府也发布了《实施珠三角规划纲要 2014 年重点工作任务》，提出要在 2014 年加快申报设立粤港澳自由贸易园区，探索实行准入前国民待遇加负面清单管理模式。③ 2015 年 1 月，商务部发文就《中华人民共和国外国投资法（草案征求意见稿）》公开征求意见（下称《草案征求意见稿》），改革了现行外商投资管理体制，实行准入前国民待遇加负面清单的管理模式。④ 可见，准入前国民待遇加负面清单模式有望从区域到全局，从试点到全面在大陆铺开。

在这一轮外资管理体制大变革过程中，大陆涉台投资法的走向如何？从大陆对台政策的一贯精神及涉台投资立法的既有实践可以推定，大陆将顺应国际投资自由化的潮流，一如既往地重视对台商权益的保护，加快《台湾同胞投资保护法》及其《实施细则》的修订步伐，出台一个既能与两岸投资协议相衔接，又能在《草案征求意见稿》的基础上充分体现"两岸特色"修法方案。在这一过程中有两点值得特别讨论，一是要正确理解"超居民待遇"的内涵。随着大陆经济体制的改革推进，虽然各级政府赋予台商的一些"超居民待遇"，如税收优惠应考虑予以逐步取消，但基于"两岸投资关系的特殊性"而赋予台商的具有"两岸特色"的特殊性制度性安排，实质上乃台资"视同"、"参照"外资而引发的必要性制度设计，不应被随意冠以"超居民待遇"。二是要正确理解"同等优先，适当放宽"的意义。"同等优先，适当放宽"是大陆对台商投资的一贯政策，数十年来为优化台

---

① 会议决定，授权国务院在上海外高桥保税区等基础上设立的中国（上海）自由贸易试验区内，对国家规定实施准入特别管理措施之外的外商投资，暂时调整三资企业法规定的有关行政审批。

② 中国上海网：《中国（上海）自由贸易试验区条例》第 13 条第 2 款，http://www.shanghai.gov.cn/shanghai/node2314/node2319/node12344/u26ai37037.html，2016 年 1 月 10 日访问。

③ 《广东省人民政府办公厅关于印发〈实施珠三角规划纲要 2014 年重点工作任务〉的通知》，http://www.gdaudit.gov.cn/infoview.jsp? info_id = 8da91671 - 20ce - 4673 - 91ab - 632c733be946，2016 年 1 月 10 日访问。

④ 商务部网站：《商务部就〈中华人民共和国外国投资法（草案征求意见稿）〉公开征求意见》，http://tfs.mofcom.gov.cn/article/as/201501/20150100871010.shtml，2016 年 1 月 10 日访问。

商大陆投资环境发挥了主要作用。在当前构建开放型经济新体制的新形势下，"同等优先，适当放宽"仍应成为修改《中华人民共和国台湾同胞投资保护法》及其《实施细则》的指导。2015 年 3 月，李克强总理在十二届全国人大三次会议闭幕后回答中外记者时所指出：大陆将会继续维护台资企业和台商的合法权益，保持对他们的合理优惠政策。在对外开放中，我们会先一步对台湾开放，或者说对台湾开放的力度和深度会更大一些。李克强总理上述讲话为涉台投资法的修改指明了方向。

20 世纪 70 年代以后，台湾经历了两次世界能源危机，经济环境发生了急遽变化，贸易、汇率、利率逐步迈向自由化。20 世纪 80 年代中期，台湾当局正式宣布经济自由化、"国际化"、制度化的"三化"政策。为配合"三化"政策的落实，1989 年 3 月，台湾当局对"侨外"投资范围做了突破性放宽，即将"侨外"投资范围由正面表列改为负面表列，同时还出台了"侨外投资负面表列——禁止及限制侨外投资业别项目"（下称"侨外投资负面表列"）。20 多年来，"侨外投资负面表列"经过多次调整，所列禁止及限制投资的项目已为少数。

近年来，为顺应新一轮投资自由化的国际潮流，台湾"经济部"于 2013 年 6 月完成了"侨外"投资业别项目检讨案，将禁止类细类业别由 16 项减至 14 项，限制类细类业别由 52 项减至 30 项。此外，为简化"侨外"投资者来台投资申请审核程序，台湾当局拟再次修订"华侨回国投资条例"及"外国人投资条例"，将审查制度由现行"事前核准"制修改为"原则事后申报，例外事前核准"制。台湾"侨外投资条例"的上述大幅调整标志着其涉外投资体制进一步迈向了自由化模式，这一发展趋势与目前全球投资规则演变的方向，即高标准、自由化和便利化的潮流是相吻合的。在这一大背景下，台湾当局现有对大陆资本所设定的一系列限制更显有违潮流，理应尽速予以调整。

实际上，早在 2012 年台湾当局就意识到在全球经济面临困境的形势下，加大吸引陆资挹注台湾经济是提振岛内经济景气、创造更多就业机会必要途径之一，因而启动了第四波松绑陆资赴台的工作，其重点除开放 LED、太阳能电池、面板等 7 大关键技术产业外，同时取消"不具控制能力"的限制。这个松绑政策如能顺利通过，从法律层面来看，顺应了在全球经济一体化迅速发展的背景下对跨境投资自由化程度与保护标准不断提升的要求；从经济层面来看，对当前的台湾经济发展以及两岸经贸关系的推进将有积极的影响。

遗憾的是，这份原拟于 2013 年 7 月通过的松绑案，由于岛内复杂的政经关系的影响迄今未能正式出台，并且"由于'两岸协议监督条例'未完成审议，第四波陆资开放已经卡关"，"短期内不会有第四波陆资松绑"。①不仅如此，由于短时间内制约台湾当局进一步开放陆资赴台政策法律的岛内外政经因素不会有大的变化，因此，台湾当局陆资赴台的陆资政策法律难以大幅开放。为此，台湾方面陆资赴台法制的应然走向与实然走向将可能呈现两者相异的态势。

---

① 《陆资赴台第四波卡关》，《香港商报》2014 年 7 月 26 日。

两岸税收协议的制度分析及其影响

王选仲*

一、导言

两岸两会围绕《海峡两岸避免双重课税及加强税务合作协议》（下文简称"两岸税收协议"）的谈判历经 6 年，终于在 2015 年 8 月 26 日签署完成，这是大陆方面签订的第 104 个税收协议（含香港、澳门及其他税收协定），台湾地区签署的第 29 个租税协议（含其他租税协定）。与其他协定相同的是，该协议有利于避免双重课税、维护租税公平，在一定程度上限制来源一方的税收管辖权，并给予纳税人在发生双重课税时申请主管机关双边协商的机会，也可以透过双方预先定价协议降低税收风险。[①]

然而与之不同的是，作为两岸复杂政治及经贸关系中的桥梁，两岸税收协议不仅解决了长期以来两岸透过各自税法解决的经贸议题，给予透过第三地间接投资大陆的台商一个重新申请成为台湾居民的机会。在敏感议题上，大陆方面也在资讯交换条款方面做出一定让步，使得在两岸税收协议签署后，台商的财产权仍然受到较大程度的保障。

从签署的结果上来看，由于台湾对于大陆的投资及出口量，远高于大陆对台湾的投资及出口量，因此对大陆方面而言作为所得来源地的税收损失也将远远高于台湾当局。此外，由于大陆地区所得税率较高的缘故，两岸税收

＊ 作者系台北大学财政系硕士研究生。

① 所谓双方预先定价协议，是指在事前预先与两方的税务机关提交相关资料并申请，若经过双方税务主管核可，便可用核可后的转让定价方法进行定价，只要是按照预先定价协议操作的定价，将不会有被查税的风险。一方面可以让纳税人事前确认其所进行的经济活动所需负担的税负，也让税务机关节省了查税的成本；另一方面，也提供了纳税人与税务机关一个良好的沟通环境。

协议让部分台商不必在大陆纳税而仅需向台湾纳税，并因此可以节省税收成本。然而大陆商人无论在台湾有没有纳税义务，都需负担大陆居住地的高税负。因此，整体来说在两岸税收协议下，台湾当局以及台湾纳税人都是较为得利的一方。

另外一个引人注目的焦点在于，两岸税收协议比起大陆与其他周边国家或地区签署的协定或安排，大陆方也给出了明显的优惠待遇，给予来源地较为限缩的税收管辖权。换言之，若透过台湾去投资大陆，比起透过其他国家或地区去投资而言，大陆的税收管辖权会受到较大的限制。如此一来，台湾将可能成为跨国企业在亚洲布局的选择之一，也给台湾在未来经贸发展带来了一个契机。

本文第二部分将阐述两岸税收协议的立法背景。第三部分将详细说明其签署的重要条文，并逐一比较重要条文与《经合组织税收协定范本》以及《联合国税收协定范本》这两个范本的差异，① 部分条文亦会和大陆与其他国家或地区签署的安排或协定进行比较，以便读者权衡得失。第四部分则在进一步考虑双边各自税法的情况下，比较协议签署对两岸官方及纳税人的影响，以便读者充分了解签订此协议的效益。第四部分结论简要概述两岸税收协议在两岸经贸发展方面的重大贡献。

最后，需要说明的是，鉴于两岸税收相关用语上有较大差异，为方便讨论、避免误会，若有两岸用语不同之处，本文将统一使用大陆方面用语，并以注释的方式解释其在台湾地区税法中的用词及意义。

二、两岸税收协议的签订背景

由于两岸特殊的政治关系以及经贸往来的形态，② 两岸税收协议的谈

---

① 由于经合组织中的国家多为发达国家，而联合国则相对经合组织而言也加入了许多发展中国家，而已开放国家往往是投资者的角色，在国际贸易投资中常作为跨国投资者的居住地，反之发展中国家则是被投资者的角色，通常作为跨国投资者的所得来源地。因此，《经合组织税收协定范本》通常比较维护居住地的征税权，而《联合国税收协定范本》则比较维护来源地的征税权。另外，一般各国签署税收协定或者税收学者进行国际税收研究时，通常都会参考上述两个范本的条文，并以此为框架进行谈判或是分析，遇到争端时，也会参考上述两个范本对每条条文的注释。

② 至大陆投资的台商中，由于历史法律禁止因素以及其他税收因素，有很大比例都是透过第三地间接投资，而不是由台湾直接投资，如此状况下课税权应如何归属成了两岸税收协议下极大的难题，根据台湾财政主管部门《海峡两岸避免双重课税及加强税务合作协议》相关说明指出，这个比例高达75%。

判、签署过程可说是一波三折，堪称迄今为止两岸谈判时程最久的协议。①
两岸税收协议自 2009 年 10 月开始了第一次谈判，② 原定于当年 12 月 22 日
的"陈江会"与另外 3 项协议一同签署完成，且根据当时台湾财政主管部
门负责人李述德的说法，12 月 21 日以前两岸已经对协议内容大致达成共
识，③ 当时两岸官方可说是引颈期盼、势在必得。

　　不料在谈判途中，双边各自因内部一些声音而改变想法，直至最后一天
晚上仍努力谈判，希望能够达成共识，仍遗憾破局。有一种观点认为，大陆
方面主要是来自于港澳的压力，希望协议不要将台湾透过第三地（香港）
的征税权归属于台湾，因此改变了对课税权归属的想法；④ 而台湾方面则是
受到台商和民意的反对，后来根据当时"台联党"的民意调查，有高达六
成六的民众认为台湾当局在第四次"陈江会"签署协议前没有和民意好好
沟通。⑤

　　此外，根据台湾《中国时报》的报道，鸿海董事长郭台铭、台积电董
事长张忠谋等 7 名产业大老，主动求见马英九，表达反对立场。⑥ 至于产业
界反对的实际原因为何，外界多有揣测。但笔者认为最具说服力的论述，大
约是当时大多数的台商都是透过第三地支付薪资给台湾干部，并进一步隐蔽
课税资讯，一旦资讯交换便必须摊在阳光下，不仅必须在未来多缴纳税负，
他们更害怕的是若溯及既往与作为刑事调查目的，⑦ 将有可能面临自由权、
财产权上的限制。在此背景下，第四次"陈江会"结束的隔周，台湾地区
民意代表卢秀燕便立即以书面质询的方式，要求行政部门未来谈判时要提出
明确订定不溯及既往的条款的诉求。⑧

　　两岸内部的要求及其所造成的矛盾虽已陆续透过会谈解决，然而 2014
年 3 月 18 日台湾爆发的"太阳花学运"再度挑起台湾民众对于两岸各项协
议签订的敏感神经，当时更有台湾地区民意代表主张要先通过"两岸协议

---

　　① 参见（台湾）"立法院公报"第 103 卷第 30 期，第 499 页。
　　② 参见（台湾）"立法院公报"第 99 卷第 11 期，第 308 页。
　　③ 参见（台湾）"立法院公报"第 99 卷第 6 期，第 272 页。
　　④ 参见（台湾）"立法院公报"第 99 卷第 6 期，第 296 页。
　　⑤ 参见（台湾）"立法院公报"第 99 卷第 6 期，第 346 页。
　　⑥ 参见林如昕、何醒邦、黄馨仪：《七产业大老见马，租税协议踩煞车》，http：//www. cool-
loud. org. tw/node/49451，2016 年 1 月 10 日访问。
　　⑦ 参见赖昭影：《两岸租税协议　台商剥两次皮》，http：//www. obu. com. tw/news _ 06 _
20081222. php，2016 年 1 月 10 日访问。
　　⑧ 参见（台湾）"立法院公报"第 99 卷第 10 期，第 236 页。

监督条例"，才能去谈签两岸税收协议，① 然而，"两岸协议监督条例"因各政党的角力至今仍无法通过，从而为两岸税收协议的签署增添了不少变数。

很庆幸的，台湾方面在 2015 年 4 月 27 日行政部门接受质询时，终于明确表态已经获得台湾各界（包含台商）的支持，解决了台湾方面的内部矛盾。② 而后经过 6 年的努力，双边终于排除万难、达成共识，于两岸两会第十一次高层会谈完成签署两岸税收协议，③ 两岸两会负责人也在新闻记者会上给予其对于两岸税收的公平合理分配极高的肯定。然而最终签署的内容中，透过第三地间接投资大陆的台商课税权究竟应如何归属，以及资讯交换方式与限制究竟在角力与权衡中如何规范，则非常引人注目。当然，签署之后对两岸官方及纳税人会有什么实际影响，也非常值得关注。

三、两岸税收协议的文本分析

两岸税收协议条文配置有别于经合组织与联合国公布税收协定范本的格式，并非在一个文本中详述所有条文，条文的配置也与两范本不尽相同。此税收协议由两个部分构成，一部分是协议文本《海峡两岸避免双重课税及加强税务合作协议》，仅做原则性规范；另一部分为附件《海峡两岸避免双重课税及加强税务合作具体安排》，做较为细节性、具体性的规范，与协议文本具有同等效力。而需特别注意的是，以下所称两岸税收协议同时包含了文本及附件，且本文针对上述两个部分都会具体讨论。另外，由于台湾地区与大陆并非国与国的关系，故在此称税收"协议"而非税收"协定"。

文本《海峡两岸避免双重课税及加强税务合作协议》主要分成 13 条规范原则性事项，附件《海峡两岸避免双重课税及加强税务合作具体安排》也分成 13 个条文详细说明协议中的原则性事项，相关条文的对照可见表 1。其中，仅附件的第 13 条其他规定（一般反避税办法）无法找到文本的明确对照，先将其归类于未尽事宜当中，其余附件条文皆可从文本中找到原则性的规范。

---

① 参见（台湾）"立法院公报"第 103 卷第 24 期，第 35 页。

② 参见（台湾）"立法院第 8 届第 7 会期财政委员会第 8 次全体委员会议记录"，第 121 页。

③ 为因应未来两岸两会领导人的更迭，故在第九次"陈江会"更名为两岸两会第九次高层会谈，此后会谈也就跟着更名了。

表1　两岸税收协议文本及附件条文对照表

文本	附件
一、适用范围	一、适用范围
二、税款征收	二、常设机构及营业利润
	三、关联企业
	四、海运及空运收入
	五、投资所得
	六、财产收益
	七、个人劳务所得
	八、其他所得
三、消除双重征税的方法	九、消除双重征税的方法
四、非歧视性待遇	十、非歧视性待遇
五、相互协商	十一、相互协商
六、资讯交换	十二、资讯交换
七、协助征税	
八、文书格式	
九、业务交流	
十、联系主体	
十一、协议履行及变更	
十二、未尽事宜	十三、其他规定
十三、生效	

资料来源：作者自行整理

　　另外，限于篇幅，本文仅针对与一般税收协定有重大差异或者对两岸经贸往来有较大影响的7个条文进行讨论，分别是适用范围、常设机构及营业利润、投资所得、财产收益、个人劳务所得、资讯交换和其他规定（一般反避税办法）。

　　第一节（适用范围）说明了适用对象以及适用税种的范围，其中关于适用对象上由于两岸的特殊关系，有一些比较特别的判定。第二节到第五节（营业利润、投资所得、财产收益、个人劳务所得）说明各种不同的所得在税收协议中的规范。第三节（资讯交换）说明了资讯交换的方式以及限制，并进一步说明这个议题在两岸税收协议中的敏感性以及最终处理方式。第四节（其他规定）则说明了一般反避税规则在两岸税收协议中的应用，以及国际反避税趋势对其产生的影响。

　　此外，由于在谈及两岸税收协议对台湾的影响时，成为未来亚洲布局中心是台湾行政机关的重要期许。① 其中，投资所得、股权转让所得以及资讯交换条款便是重中之重。因此在上述三个部分，本文将会进一步比较《内地和香港特别行政区关于对所得避免双重征税和防止偷漏税的安排》（下文简称"内地与香港税收安排"）、《新加坡共和国政府和中华人民共和国政府关于对所得避免双重征税和防止偷漏税的协定》（下文简称"中新税收协定"）、《中华人民共和国政府和日本国政府关于对所得避免双重征税和防止偷漏税的协定》（下文简称"中日税收协定"）、《中华人民共和国政府和大韩民国政府关于对所得避免双重征税和防止偷漏税的协定》（下文简称"中韩税收协定"）与两岸税收协议的差异。

（一）适用范围

1. 适用对象

两岸税收协议规定，要适用此协议，必须要是"两岸一方或双方居民"，② 居民的认定则按照各自的税法认定。此条文中，与其他国家间签订的税收协定最大的差异在于，其第 2 项明文规定，"依第三地法律设立的任何实体，其实际管理机构在协议一方者，视为该一方的居民"。

之所以会有这样条文的安排，最主要原因在于，自 1949 年开始台湾当局便规定台商不得与大陆有直接的接触，也就是不得直接投资大陆，若要投资大陆公司，则必须透过第三地的公司间接投资。一直到 2002 年台湾的"台湾地区与大陆地区人民关系条例"（下文简称"两岸人民关系条例"）修订开放通商后，才允许台商直接投资大陆。然而虽然法律开放了，仍因为其他国家或地区与大陆有签署投资保障协议的考虑，或是其他国家或地区的税收因素考虑（如台湾递延纳税的规定、内地和香港签订的税收安排以及新加坡与中国签订的税收协定），台商大多数仍是透过第三地间接投资。

因此，透过此条文的安排，可以将过去必须被迫透过第三地去投资大陆的台商认定为台湾居民并适用协议相关的优惠政策；原本适用其他税收协定套取税收优惠的企业，若其实际管理机构在台湾，也可直接申请成为台湾居

---

① 参见勤业众信：《两岸租税协议签署 打造台湾成跨国企业亚洲布局中心》，http：//www2. deloitte. com/tw/tc/pages/tax/articles/20151208. html，2016 年 1 月 15 日访问。

② 居民在台湾税务规则中称为居住者。一般来说，一旦成为各自地区的税收居民，将必须对各自地区的主管部门负无限纳税义务，也就是有义务针对全球来源的所得向各自主管部门纳税。台湾地区的营利事业所得税，大陆方面的企业所得税、个人所得税皆是采用此标准。

民，避免被大陆判定为滥用税收协定，并据以课税甚至处罚。①

2. 实际管理机构

从其判定的意义来看，在此实际管理机构的作用有别于两范本，两范本规定若不是个人，并同时为缔约国双方居民的人，应以实际管理机构认定其居民身份；然而在两岸税收协议中，实际管理机构的判定，仅是用来认定透过第三地投资的企业的居民身份。

从其判定的标准来看，两范本并没有在文本中规范如何判定，而在此两岸税收协议则有明确规范。要被认定为实际管理机构在协议一方，必须"同时"满足以下三个条件：第一，做出重大经营管理、财务管理及人事管理决策的人为该一方居住的个人或总机构在该一方的企业，或做出该等决策的机构在该一方。第二，财务报表、会计账簿记录、董事会议记录或股东会议记录的制作或储存机构在该一方。第三，实际执行主要经营活动的机构在该一方。

3. 同时为双方居民造成居民管辖权重叠的处理办法

由于缔约双方若皆认定同一企业为自己国家或地区的居民企业，将可能导致严重的重复征税问题，故两范本针对此问题，个人的部分透过"决胜法"解决，非个人的部分透过实际管理机构所在地的判定解决。所谓"决胜法"，即是透过永久性住所所在地、重要利益中心、习惯性居住地、国籍"依序"判定个人为哪一方的居民，若上述标准皆无法判定则交由缔约双方主管机关协商。两岸税收协议在个人的方面，由于两岸并非国与国之间的关系，是故没有其中国籍的判定。在个人以外的人的居民身份判定，则直接交由双方税务主管部门商定。

4. 适用税种

规范的税种范围，只有大陆方面的《个人所得税法》《企业所得税法》，以及台湾地区的"个人综合所得税法""营利事业所得税法"和"所得基本税额条例"。需特别注意的是，两范本中提及财产税的部分并不在两岸税收协议的适用税种之中。②

---

① 详见《关于如何理解和认定税收协定中"受益所有人"的通知》（国税函〔2009〕601号文）。

② 两岸税收协议第二条第二款中有规范海运及空运收入及利润来源地不得课税，且包括营业税、增值税或类似税种，但这本是国际惯例，且在附件中对税种的规范也不及于增值税、营业税等税种，故本文仍仅讨论协议对两岸所得税制的影响。

5. 定义

有别于两范本，两岸税收协议并没有对文中的一些词汇做出明确定义，如"人""公司""企业"等。如此将可能在以下讨论衍生出一些问题，如"企业"究竟有无包含独资合伙企业，大陆的《中华人民共和国企业所得税法》中将独资、合伙企业排除适用，而台湾却将其纳入"所得税法"中营利事业所得税的适用，究竟应如何认定？又如"人"仅包含到个人、公司，或是及于其他团体？

此处的定义不明确，影响的不仅仅是"定义"这一部分本身，更会影响到后面各个条文的解释，如营业利润的来源地需透过常设机构标准来判定，而根据两岸税收协议服务型常设机构的条文规定："一方企业直接或通过雇员或雇用的其他人员，在另一方为同一个项目或相关联的项目提供的劳务，包括咨询劳务，仅以在有关纳税年度开始或结束的任何 12 个月连续或累计超过 183 天者，构成常设机构。"如果独资、合伙的大陆居民派员去台湾未超过 183 天，究竟能否被认定为企业并适用此条文，将营业利润的课税权保留给居民所属一方，此议题尚待厘清。

（二）常设机构及营业利润

1. 常设机构

常设机构（permanent establishment，PE）为税收协定中的用语，通常是用来判断营业利润来源地是否具有税收管辖权的重要标准。在大陆方面的税法中类似的用语为"机构、场所"，在台湾地区税法中类似的用语为"固定营业场所"，其作用与税收协定中的常设机构没有区别。

两岸税收协议中规范的常设机构，共有以下四种：第一，物理型常设机构；第二，建筑型常设机构；第三，代理型常设机构；第四，服务型常设机构。其中，物理型常设机构中的规范采用了经合组织范本的规定，将单纯提供"交付（运送）"功能的设施、货物或商品排除适用常设机构的规定；建筑型常设机构也采用了经合组织范本的规定，将建筑型常设机构的构成时间定为 12 个月，而非联合国范本中的 6 个月；服务型常设机构则采用了联合国范本的规定，若人员在一方区域内提供劳务在任何开始或结束的 12 个月内超过 183 天者，将构成服务型常设机构，经合组织的范本则没有服务型常设机构的规范，也就是认为仅提供服务并不会构成常设机构。

2. 营业利润

在所得税的领域中，所得的分类非常重要，因为这将可能导致不同的税基以及税率的适用。与两范本皆相同，两岸税收协议并没有明确定义何谓营业利润，但明确规定了若任何所得可以归类于两岸税收协议其他条文提及的所得种类，则不应适用营业利润的条款，也就是说营业利润是在无法被归类到协议中其他条款的所得时，才会被归类为营业利润。对于营业利润的归属及扣除，两岸税收协议有特别规范。

首先，关于课税权的归属，此部分两范本与两岸税收协议一致，有如下规定。若一方在营业利润来源地构成常设机构，来源地才对此营业利润具有课税权，也就是说若台湾的企业在大陆构成常设机构，那么大陆就对这间企业来源于大陆的营业利润具有课税权。

在营业利润的归属原则上，两岸税收协议采用了经合组织范本的实际所得原则，仅针对归属于该常设机构的利润，保留给来源地课税权，而非采用联合国范本中引力原则，只要销售相同或类似的货物或提供相同或相类似的劳务，即便与常设机构没有联系，来源地都保有课税权。在营业利润的归属上还有一个特别的规定，就是针对"常设机构仅为该企业采购货物或商品"的情况，能不能对该常设机构归属利润。联合国范本持中立态度，交由双方自行协商，两岸税收协议则规定为不得对其归属营业利润。

其次，关于营业利润扣除的规定，两岸税收协议与联合国范本相同的地方在于"可以扣除"的部分，即"为该常设机构营业目的而发生的费用"可以减除，包括行政及一般管理费用。但与联合国范本不同的地方在于，联合国范本有规范部分的所得不得扣除，包括支付给企业总机构或其他办事处的"由于使用专利或其他权利支付的特许权使用费、费用或其他类似款项""为提供特别劳务或管理而支付的佣金"以及"贷款给常设机构而支付的利息（银行企业除外）"，两岸税收协议则没有不得扣除的规范。

然而，在营业利润的归属及扣除方面，两岸税收协议及联合国范本虽对其有明确规范，经合组织范本却仅给予了原则性规范，只要符合独立交易原则便可扣除（详见表2）。①

---

① 独立交易原则又称公平交易原则，指企业或机构间任何交易的对价，应与两企业或机构在相互独立情况下进行交易的对价相同。在此的意思则是，经合组织的规范中，只要是两机构在互相独立的情况下会归属的利润或是会扣除的费用，就能够对常设机构归属利润或扣除费用。

表 2　营业利润归属及扣除规范比较

项目	两岸税收协议	联合国范本	经合组织范本
营业利润管辖权的确定	常设机构原则		
营业利润的归属原则	实质课税原则	引力原则	实质课税原则
"常设机构仅为该企业采购货物或商品"，能否对其归属利润。	否	双边协商	独立交易原则
是否可以扣除"为该常设机构营业目的而发生的费用，包括行政及一般管理费用"。	是	是	独立交易原则
是否限制对"支付给企业总机构或其他办事处"的费用不得扣除。	否	是	独立交易原则

资料来源：作者自行整理

（三）投资所得

投资所得指的股息、利息、特许权使用费，是指居住地居民持有来源地独立法人居民的股权、债权，或居住地居民授权来源地居民使用特许权利，来源地对居住地股权持有人、债权持有人、特许权持有人取得的股息、利息、特许权使用费课征的预提税。[①] 以下就其优惠税率详细说明，由于投资所得的部分两岸税收协议是根据经合组织的范本谈判的，且联合国范本对于这部分的税率规范大都交由缔约双方自行协商，故此部分主要与经合组织的范本做比较。另外，由于其攸关台湾未来是否吸引到更多投资，因此将进一步和大陆与其他缔约国家和地区签署的安排或协定做比较，关于与经合组织范本及其他安排或协议的投资所得具体规范统整详见表3。

1. 股息[②]

两岸税收协议中对股息的定义为："指以股份或非债权关系参与利润分配的其他权利所取得的所得，以及按照分配利润的公司是其居民一方的税务规定，视同股份所得同样课税的其他公司权利取得的所得。"也就是说，在此协议当中，"股份"以及"非债权关系参与利润分配的其他权利"都将被视为股权，由"此股权取得的所得"以及"按照各自地区的税法规定视同股权取得的所得"都将被认定为股息。

---

① 预提税在台湾相关税务规则称为扣缴税，是一种源泉扣缴的所得税，为了达到税收保全的效果，可能针对非居民取得境内来源所得课征，另外，为了达到稽征简便的效果，也可能对居民取得各项需扣缴的所得课征。

② 股息在台湾相关税务规则中称为股利。

表 3　双方税收安排投资所得规范比较表

所得种类		预提税率限制/有无免税条款					
		经合组织	两岸	内地与香港	中新	中日	中韩
股息	持股 25% 以上	5%	5%	5%	5%	5%	5%
	其他	15%	10%	10%	10%	10%	10%
利息		10%	7%	7%	7% /10%（注一）	10%	10%
特许权使用费		0%	7%	7%	10%	10%	10%
特殊利息免税条款		无	有	无	有	有	有

注一：从银行或金融机构取得：7% ；其他情况：10% 。

资料来源：作者自行整理

　　对来源地征税权的限制为，如果居住地居民持有来源地居民 25% 以上之股份，则来源地不得课征超过股息总额 5% 以上的预提税。若在其他情况下，则不得超过股息总额 10% 以上的预提税。其中仅有在其他情况的部分，经合组织规范的预提税率是 15% ，也就是说比起经合组织的范本，两岸税收协议给予来源地的课税权更为限缩了。

　　相比于大陆与其他缔约国家或地区签署的安排或协定，内地与香港税收安排、中新税收协定、中日税收协定以及中韩税收协定在股息方面与两岸税收协议皆有相同规范。

　　2. 利息

　　两岸税收协议中对利息的定义为："指从各种债权所取得（孳生）的所得，不论有无抵押担保及是否有权参与债务人利润的分配，尤指债券或信用债券的所得，包括附属于该等债券的溢价收入及奖金。但延迟给付的违约金，非本协议所称利息。"

　　对于利息，两岸税收协议规定来源地不得课超过利息总额的 7% 以上的预提税。经合组织规范的税率则为 10% ，也就是说比起经合组织的范本，两岸税收协议在利息部分更限缩了来源地的征税权。

　　需特别指出的是，有别于两范本，由于两岸税法本身都有针对部分利息设立免税条款，故这样的默契与共识也直接被明文写进了协议当中，因而有了"主管部门或其 100% 持有之金融机构取得利息免税条款"以及"促进出口贷款利息免税条款"。

　　至于与大陆与其他缔约国家或地区签署的安排或协定比较上，在预提税率的部分唯内地与香港税收安排与两岸税收协议相同为7%，是对来源国税收管辖权限制最大的协议或安排；中日税收协定及中韩税收协定为10%；中新税收协定则规范若是从银行或金融机构取得预提税率为7%，其他情况则为10%。另外，在免税条款的部分，唯内地与香港税收安排中没有定有免税条款，其余协定皆定有免税条款。

3. 特许权使用费①

两岸税收协议中对特许权使用费的定义为："使用或有权使用文学、艺术或科学作品（包括电影影片、供广播或电视使用的影片、磁带、录音带）的著作权、专利权、商标权，设计或模型、计划、秘密配方或制造程序，或有关工业、商业、科学经验的资讯，所给付的各种款项。其不包括因使用或有权使用任何工业、商业或科学设备所给付的款项。"

对于特许权使用费，两岸税收协议规定来源地不得超过特许权使用费总额的7%以上的预提税，相比之下经合组织只给予了居住地课税权，此协议反而更保护来源地的课税权。至于何谓特许权利以及特别纳税调整方法都与两范本的内容相同，无需特别说明。

至于与大陆与其他缔约国家或地区签署的安排或协定比较上，唯内地与香港税收安排与两岸税收协议相同预提税率为7%，为对来源国税收管辖权限制最大的协议或安排；其余的协定预提税率都为10%。

（四）财产收益

1. 使用、转让不动产取得的所得

居住地居民使用或转让位于来源地的不动产所产生的所得（包括农业或林业所得），来源地可以课税。

2. 转让动产取得的所得

对于位于来源地常设机构或固定处所中的动产转让，来源地具有课税权。对于经营海、空运输业务的船舶或航空器，由转让人为其一方居民具有课税权，也就是转让前持有动产的人的居住地具有课税权，来源地则不具有课税权。转让股权及上述财产以外的其他财产，仅由转让人为其居民的一方具有课税权。

需特别关注的是，股权转让在两岸税收协议中的规范与两范本的规范有

———————————

① 特许权使用费在台湾相关税务规则中称为权利金。

一些不同之处。两岸税收协议股权转让的规范主要是由两个规范所构成，其一是附件的第 6 条第 4 款，该条文规定："一方居民转让股份，且该股份的50% 以上价值直接或间接来自另一方的不动产，其取得的收益，另一方可以课税。"也就是说，若转让者是台湾居民，台湾居民转让股份，且该股份的50% 以上价值直接或间接来自大陆的不动产，台湾居民取得的收益，大陆可以课税。

另一重要条文是附件的第 6 条第 7 款第 1 项："除前述转让股份规定外，一方居民转让其在另一方居民公司资本中的股份或其他权利取得的收益，仅由转让人为其居民的一方课税。"以及第 5 款第 2 项（第 5 款第 1 项的排外条款）："但是如果转让人为其居民的一方对来自于另一方的该项收益免税，且该转让人在转让行为前的十二个月内，曾经直接或间接持有该另一方公司至少百分之二十五资本，另一方可以课税。"也就是说只要满足两个条件其中之一，来源地就不具有课税权，第一是居住地对其居民转让来源地居民的股权免税，第二是在转让前的 12 个月内，转让人不曾直接或间接持有来源地居民公司 25% 以上的资本。

整体来说，满足下列两个条件其中之一，且该股份未达 50% 以上价值直接或间接来自来源地的不动产，来源地就不具有课税权：第一，居住地对其居民转让来源地居民的股权免税；第二，是在转让前的 12 个月内，转让人不曾直接或间接持有来源地居民公司 25% 以上的资本。图 1 详述来源地不具有课税权的情况。

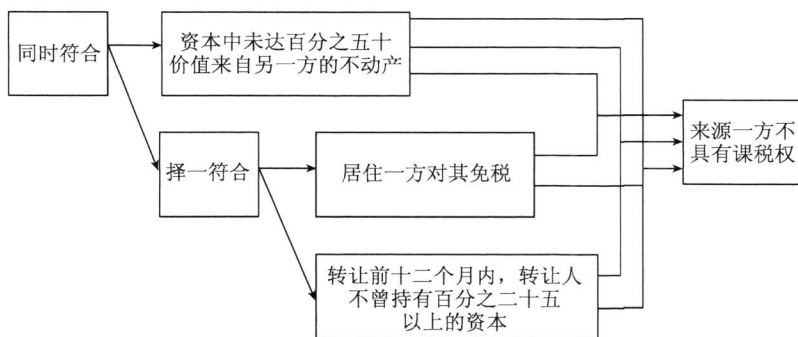

图 1　股权转让来源一方不具课税权之判定

资料来源：作者自行整理

相比之下，经合组织范本仅有第 4 款的条文、第 5 款第 1 项条文，但却没有第 5 款第 2 项，保留给居住地较大的课税权。联合国范本虽有第 4 款条文，也有第 5 款第 1 项条文，但第 5 款第 2 项条文中却只有其中的第二个条件，也就是"转让人在转让行为前的十二个月内，曾经直接或间接持有该另一方公司至少百分之二十五资本，另一方可以课税"，而不需同时满足居住地对其免税的条件，才赋予来源地课税权。因此，综合比较后可见，两岸税收协议对于股权转让所得给予来源地课税权的保障力度介于两范本中间（详见表 4）。

表 4　股权转让所得税收管辖权归属条文比较

条文	详细规范	
第 4 款：股份百分之五十以上价值来自来源地的不动产，来源可以课税。	两岸税收协议与两范本规范皆一致。	
第 5 款第 1 项：除前述规定外，居住地居民转让来源地公司股份，由居住地享有课税权。	两岸税收协议与两范本规范皆一致。	
第 5 款第 2 项（第 5 款第一项的排外条款）：但符合以下要件，来源地有课税权	联合国范本	转让人在转让行为前的十二个月内，曾经直接或间接持有来源地公司至少百分之二十五资本。（给予来源地最多的征税权）
	两岸税收协议	转让人在转让行为前的十二个月内，曾经直接或间接持有该来源地公司至少百分之二十五资本；且居住地对该项收益免税。（给予两范本的征税权，介在两范本之间）
	经合组织范本	无排外条款（给予来源地最少的征税权）

资料来源：作者自行整理

　　但在考虑实际状况下，由于两岸皆没有对境外股权转让所得免税，[①] 是故虽在条文上有第 5 款第 2 项，但实际上比较偏向经合组织的规范，只有第 4 款及第 5 款第 1 项的规范而没有第 5 款第 2 项的规范。

　　至于与大陆与其他缔约国家或地区签署的安排或协定比较（参见表 5），中日税收协定由于签署时间较早，还未考虑到股权转让的问题，故仅简单规范若发生在缔约国另一方，可以在缔约国另一方征税，但却没有对"发生在缔约国另一方"做出明确定义；中韩税收协定虽有第 4 款的规范，但仅

---

　　① 　大陆根据《中华人民共和国个人所得税法》第 1 条与《中华人民共和国企业所得税法》第 3 条，无论对个人居民或法人居民都采行属人主义，对居民的全球来源所得征税；台湾则根据"两岸人民关系条例"第 24 条，对台湾居民来源于大陆的所得征税。

用"主要来自于另一方的不动产",并没有给予50%明确的规范,且仅有第5款第1项,却没有第5款第2项。

表5 股权转让所得税收管辖权税收协定间比较表

	两岸	中新	内地与香港	中日	中韩
第4款	50%	50%	主要	无此条文	主要
第5款第1项	除前述规定外,居住地居民转让来源地公司股份,由居住地享有课税权。				
第5款第2项	居住地免税,且转让前12个月,曾持有25%以上资本。	转让前12个月,曾持有25%以上资本。	转让超过25%股权,来源地有征税权。	无此条文	无此条文

资料来源:作者自行整理

内地与香港税收安排有第4款(与中韩税收协定相同,用"主要来自于另一方的不动产"表述)及第5款第1项的规范,但第5款第2项有些不同,其保留课税权给来源地的条件为"转让股份超过该公司25%的股权";仅有中新税收协定与两岸税收协议最为相似,第4款、第5款第1项皆相同,唯独第5款第2项采用了与联合国范本相同的规范。

故综合上述,并从实际情况来看,除中日税收协定签订较早,规范不清、难以讨论外,两岸税收协议与中韩税收协定为赋予来源地最限缩课税权的协议或协定,只要不符合第4款的标准,根据第5款第1项课税权就直接归属于居住地;至于内地与香港税收安排、中新税收协定除第4款外,都还有其他情况可以根据第5款第2项将税收管辖权归属于来源地。

(五)个人劳务所得(参见表6)

两岸税收协议中对独立个人劳务(在台湾税法中称"执行业务")的定义为:"指具有独立性质的科学、文学、艺术、教育或教学等活动,及医师、律师、工程师、建筑师、牙医师及会计师等独立性质的活动。"此种所得两岸税收协议采用了联合国范本的规范,透过固定处所(fixed base)以及停留时间作为来源地能否课税的依据。详细来说,来源地要课税必须满足下面两个条件之一:第一,在来源地构成固定处所;第二,在有关年度开始或结束的12个月期间,在来源地连续或累计居留达到183天。

受雇劳务所得的规范与两范本都相同。居住地的居民在来源地受雇,而在来源地提供劳务如果同时符合以下三个要件,只有居住地有课税权:第一,在有关年度开始或结束的12个月期间,在来源地连续或累计居留不超过 183 天；第二，报酬并非由来源地居民雇主支付的；第三，报酬并非由雇主在来源地的常设机构或固定处所负担的。

表 6　个人劳务来源地（不）具有课税权之情况判定

所得种类	来源地（不）具有课税权的要件（符合其中之一）
独立个人劳务	具有课税权： 1. 在来源地具有固定处所。 2. 在有关年度开始或结束的 12 个月期间，在来源地连续或累计居留达到 183 天。
受雇劳务	不具有课税权： 1. 在有关年度开始或结束的 12 个月期间，在来源地连续或累计居留不超过 183 天。 2. 报酬并非由来源地居民雇主支付的。 3. 报酬并非由雇主在来源地的常设机构或固定处所负担的。

资料来源：作者自行整理

（六）资讯交换

在看待两岸签署两岸税收协议的进程时，除了要考虑经济议题外，签署成功与否的另一关键便是政治议题。在台湾，民意检验当局政策的力道非常强劲，又尤其去年的"太阳花学运"事件，使任何两岸签署的协议都成了台湾民众极度敏感的议题，而在税收协议的议题上台商最害怕的两个子议题"资讯如何交换"及"是否溯及既往"，更拖慢了整个协议的谈判进程，《天下》杂志也在 2014 年 5 月 13 日用《两岸租税协议喊卡，台商最担心的两大问题》的标题报道了此问题，①《自由时报》在报道中也指名"最受外界担心的"是税务资讯交换的问题。②

也正是在此背景之下，台湾财政主管部门终于在《〈海峡两岸避免双重课税及加强税务合作协议〉相关说明》中提出了资讯交换的相关原则与禁止条款。也就是必须符合两岸税收协议规定的"要件及范围"，且不违反"禁止规定"的情况下方能执行资讯交换。透过此"要件及范围"以及"禁止规定"的细部说明，将更有助于理解两岸税收协议中资讯交换相关条文的执行。

所谓"要件及范围"规定如下，"严谨要件及范围"：（一）限于居住

---

①　参见辜树仁：《两岸租税协议喊卡，台商最担心的两大问题》，2016 年 1 月 7 日访问。

②　参见《经过 6 年谈判两岸租税协议今天完成签》，http://news. ltn. com. tw/news/business/breakingnews/1423589，2016 年 1 月 7 日访问。

者。（二）限于所得税目的。（三）限于具体个案。（四）请求方应尽调查所能。（五）受请求方仅提供合宜协助（不包括第三地资讯）。（六）所请求之资讯限于本协议生效适用后之资讯。（七）所请求之资讯限于税务用途，且不用于刑事。而所谓"禁止规定"指的是，请求之资讯倘涉及一方"贸易、营业、工业、商业、专业秘密或贸易过程之资讯或有违公共政策之资讯"，得依规则拒绝。上述条文对照详见表7。

表7　对于资讯交换条文的理解

严谨要件及范围及禁止规定	条文依据	备注
（一）限于居住者。	文本第1条	
（二）限于所得税目的。	附件第12条第1款	仍有争议
（三）限于具体个案。	附件第12条第2款第1项、第4项	仍有争议
（四）请求方应尽调查所能。	附件第12条第2款第1项	仍有争议
（五）受请求方仅提供合宜协助（不包括第三地资讯）。	附件第12条第2款第2项	
（六）所请求之资讯限于本协议生效适用后之资讯。	文本第13条第2款第3项	
（七）所请求之资讯限于税务用途，且不用于刑事。	附件第12条第1款	
禁止规定	附件第12条第2款第3项	

资料来源：作者自行整理

　　然而观诸文本条文，其中有些标准却无法明确从条文中得知。首先是"限于所得税目的"，条文中写明"仅能提供给予本协议规定税种（税目）的核定、征收、执行、行政救济有关人员或部门"，且"应仅为前述目的而使用该资讯"，同时也没有两范本中情报交换不受第2条（税种范围）之限制的规定。但是协议中终究没有明文规定"限于所得税目的"，一方面，协议对于"前述目的"的解释是否指的是"本协议规定税种（税目）的核定、征收、执行、行政救济"，或是任何税种的"核定、征收、执行、行政救济"。还有，协议文本第2条第2款当中，也规范了海运及空运收入包含营业税及增值税或类似税种的规范，是否也属于"本协议规定税种（税目）"，仍待离清。

　　其次，"限于具体个案"在条文中仅有明确说明一方不具有"执行自动或自发性交换"义务的条文，并没有说明必须是个案才能交换，更没有说明应具体到什么程度。所谓"请求方应尽调查所能"更是完全无法在协议文本即附件中找到相关的条文。

当然，从另一个条文来看或许较有解释的空间，亦即一方不具有"执行与一方或另一方行政惯例不一致的行政措施"的义务。那么就必须进一步检视，大陆或台湾是否有所谓的相关规定或行政惯例，根据财政主管部门台湾省中区税务局在2014年4月5日的新闻稿指出，在台湾税务资讯交换的途径仅有税收协定，而目前台湾签订了25个税收协定（此协议是第26个），过去8年仅执行了13个税务资讯交换，都是透过具体个案的方式交换。[1] 然而，所谓的行政惯例有没有改变之可能，或是没有义务是否代表了禁止执行，仍皆需靠未来两岸税务的实际发展来检验。

由于大陆与其他缔约国家或地区签署的安排或协定的资讯交换条款与两范本皆相同，故以下统一说明差异，主要体现在三个方面。第一，两范本及其他安排或协定允许资讯交换使用在协定适用范围（包括人的范围以及税种范围）以外的部分，而两岸税收协议则限定仅能用于协议范围中规范的税种。第二，两范本及其他安排或协定皆没有限制不得用于刑事用途，而两岸税收协议规定不得用于刑事用途。第三，两范本及其他安排或协定并没有明确指出一方不具有"执行自动或自发性资讯交换"的义务，而两岸税收协议则有。整体而言，目前两岸税收协议对于资讯交换的态度保守与谨慎许多。

（七）其他规定（一般反避税办法）

由于近年来反避税的国际趋势盛行，不仅各国为了打击避税、充实税基，逐步完善各自反避税的国内法，经合组织也提出了15项反避税行动计划（BEPS），计划中更明确说明了税收协定的目已经不仅仅在于最初的"避免双重争税"，反避税亦是相等地位的重要目的。[2] 因此，虽然在两范本中并没有相关的条文，但在BEPS推动下未来预计也极有可能将此条文放入范本当中。[3]

在这个背景下，我们就很好理解为什么两岸税收协议先于范本将相关的条文放了进来，而这个部分主要由两个条文所构成。第一个条文称作"主要目的测试"，指的是若要适用税收协议的优惠政策，不得以套取税收协议

---

① 台湾财政主管部门台湾省中区税务局：《两岸签署租税协议之信息交换说明与释疑》，http：//www. mac. gov. tw/ct. asp？xItem＝108376&ctNode＝5630&mp＝1，2016年1月7日访问。

② （台湾）OECD/G20，Base Erosion and Profit Shifting Project（BEPS）ACTION 6, p. 91.

③ （台湾）OECD/G20，Base Erosion and Profit Shifting Project（BEPS）ACTION 6, p. 91.

的优惠为主要目的或主要目的之一。在两岸税收协议附件的第13条第1款有详细规范："一方居民或与该居民有关的人，以取得本协议的利益为主要目的或主要目的之一者，该居民不可以享受本协议规定的减税或免税。"第二个条文则是禁止滥用税收协定的条文，明确指出两岸税收协议的条文不得妨害一方反避税规则的适用，在两岸税收协议附件的第13条第1款有详细规范："本协议不应被解释为排除一方执行其关于防止规避税负的规定及措施。如上述规定导致双重课税时，双方税务主管部门应相互协商，以避免双重课税。"

（八）小结

整体而言，2009年谈判时双方最关注的两个议题，最终都由大陆方退让告终。也就是透过第三地间接投资的双方居民，若实际管理机构在双方境内，都可以向实际管理机构所在地一方申请成为该地区的居民，而资讯交换也明文规范了不得溯及既往、不得用于刑事目的等条文。而在这些规范下两岸税收协议的资讯交换条款，明显比起两范本以及大陆与其他缔约国家或地区签署的安排或协定保守与谨慎许多。

至于各类所得，其对于来源地税收管辖权的限制，与两范本比起来则各有宽严。营业利润的部分，服务性常设机构的规范其采用了联合国范本，给予了来源地较多的课税权。但对于哪些所得可以归属于该常设机构的营业利润，则采用了经合组织范本，使用实际所得原则，而不是引力原则。

在投资所得的部分，在股息、利息方面，比起经合组织范本，两岸税收协议更为限缩了来源地的课税权。特许权使用费的方面，更为保护来源地的课税权。另外，若与大陆与其他缔约国家或地区签署的安排或协定相较，在不考虑利息免税条款的情况下，两岸税收协议争取到与内地与香港税收安排相同的待遇，也就是比起其他协定都更为限缩了来源地的课税权。

至于财产转让所得，条文上对于来源地课税权的保护程度，介于联合国范本与经合组织范本之间。但实际上比较偏向采用了经合组织的规范，对于来源地管辖权有较大的限制，此外，这也是大陆与其他缔约国家或地区签署的安排或协定中，与中韩税收协定并列对于来源地管辖权限制最大的协议。

最后在于其他规定的部分，两岸税收协议则优先于两范本的修订订立了一般反避税条款。

四、两岸税收协议的经济影响

(一) 对两岸税权分配的影响

两岸税收协议对两岸税权分配的影响主要体现在五个方面。第一是营业利润中常设机构构成的限制，在两岸税收协议的规范下，来源地要认定企业在该国有常设机构将变得相对困难，居住地居民也可以透过法条的明文规定，尽可能避免构成常设机构，而一旦未构成常设机构，原本来源地的税收管辖权，将直接转让给居住地。

第二是对来源地投资所得预提税的限制，无论是台湾或是大陆对于投资所得都有课征预提所得税，尤其台湾对于法人投资所得的预提所得税更是高出大陆的一倍，是故一旦两岸税收协议生效后，来源地原先预定要课征预提所得税的权力将大大受到限制。

第三是股权转让所得来源地征税权的限制，在两岸税收协议的规范下，来源地要课征股权转让所得受到的限制大大增加。根据竟法律的适用，如台湾只要是"经台湾证券主管机关核准在台募集与发行或上市交易之有价证券"，台湾就有权对其课税；大陆则是只要是被转让股权的企业在大陆，大陆就有权对其课税。然而在税收协议的规范下，除股权50%以上的价值是由来源的不动产所贡献的外，必须在居住地对其免税，同时转让前的12个月内曾经持股超过25%的情况下，来源地才有课税权。而又尤其是，无论是个人或是法人，"台湾对来源于大陆的股权转让所得"以及"大陆对来源于台湾的股权转让所得"都没有免税的规范，所以一旦股权50%以下的价值是由来源地不动产所贡献，那么来源地就不具有课税权了。

第四是个人方面取得独立个人劳务所得来源地管辖权的限制，无论是台湾或是大陆，原本只要在来源地提供劳务，就会被认定为当地来源所得。但在税收协议下，必须构成固定处所或是停留超过183天，来源地才具有课税权。

第五是薪资所得来源地管辖权的限制，无论是台湾或是大陆，原本只要停留超过90天，其由境外雇主支付的薪资所得就必须课税（大陆的高层管理职务除外），[①] 但在税收协议下则必须停留超过183天，其由境外雇主支

---

① 详见《国家税务总局关于在中国境内无住所的个人取得工资薪金所得纳税义务问题的通知》国税发〔1994〕148号。

付的薪资所得来源地才具有课税权。

其余部分由于牵涉两岸税法，纵横交错、极为复杂，故以表格统整之，共分成 8 类所得，分别是营业利润、股息、利息、特许权使用费、股权转让、其他财产转让、独立个人劳务、受雇劳务。其中台湾地区除根据台湾"所得税法"第 8 条外，其主要法源来自于"所得税法"第 8 条规定台湾地区来源所得认定原则以及"各类所得扣缴率标准"；大陆方面则是来自于《中华人民共和国所得税法实施条例》第 5 条、第 7 条、第 91 条、《中华人民共和国企业所得税法》第 3 条以及《中华人民共和国个人所得税法实施细则》第 4 条、第 5 条。

在双边税收协定中，要判断对税收金额的实际影响，很大一部分需要看双方对对方的投资总额以及进出口贸易总额，若对对方的投资总额较高或贸易总额较高，代表被投资方、商品进口方透过来源地税收管辖权征收的税收也就越多，若来源地税收管辖权一旦被限制，税收损失也会相对较大。

表 8　两岸税收协议签订前后税率差异表

所得种类	人	来源地	协议生效前	协议生效后
			税制	对来源地税收管辖权的限制
营业利润	法人	台湾	构成固定营业场所或营业代理人：按 17% 结算申报（台湾来源所得，若构成固定营业场所或营业代理人，适用本条）。 未构成固定营业场所或营业代理人，但营业行为在台湾：按 20% 扣缴。	构成常设机构，来源地才有课税权。 差异分析： （1）交易活动发生地标准、劳务提供地标准、营业行为所在地标准不适用。 （2）物理型常设机构：原本仅提供仓储、运输等固定营业场所，都会被认定为常设机构，税收协议下则不会。 （3）建筑型常设机构：原只要在一方进行建筑业务将构成常设机构，税收协议下则必须超过 12 个月才会被认定为常设机构。 （4）代理型常设机构：大陆不具有独立代理人条款（台湾有），也就是说在大陆只要构成代理人，不论是否具有独立地位，都会被认定为构成机构、场所。税收协议下若适用独立代理人条款则不会被认定为常设机构。 （5）服务型常设机构：原本按照劳务发生标准或是营业行为所在地标准，税收协议下只要没有待满 183 天，则不会构成常设机构。
		大陆	构成机构、场所：按 25% 汇算清缴（以下大陆来源所得，若构成机构、场所，适用本条）。 未构成机构、场所，但销售货物交易活动发生地在大陆：按 10% 扣缴。 未构成机构、场所，但提供劳务发生地在大陆：按 10% 扣缴。	

续表

所得种类	人	来源地	协议生效前	协议生效后
			税制	对来源地税收管辖权的限制
股息	个人	台湾	由依台湾"公司法"成立之公司所分配：按20%扣缴。	税率上限：（1）持股25%以上：5%；（2）其他：10%。差异分析：税率降低。
		大陆	从大陆公司、企业及其他组织或个人取得：按20%扣缴。长期持有上市公司：一个月以上按所得50%计入应纳税所得额，一年以上按所得计入25%应纳税所得额，2015年9月8日起，一年以上改成免税（注一）。	
	法人	台湾	由依台湾"公司法"成立之公司所分配：按20%扣缴。	
		大陆	分配股息的企业在大陆：按10%扣缴。	
利息	个人	台湾	自台湾公权力机关、法人以及个人取得：（1）短期票券、受益证券、资产基础证券、公债、公司债或金融债券之利息，或上述证券票券的附条件交易：15%；（2）其余各种利息：20%。邮政存簿储金储蓄利息：免税（注二）。	税率上限：7%。主管部门或其100%持有之金融机构取得利息、促进出口贷款利息：免税。差异分析：（1）税率降低；（2）税收协议中的免税条款，在双方各自税法中已经存在，故没有差异。
		大陆	从大陆公司、企业及其他组织或个人取得：按20%扣缴。国债利息、储蓄利息：免税。	
	法人	台湾	自台湾公权力机关、法人以及个人取得：（1）短期票券、受益证券、资产基础证券、公债、公司债或金融债券之利息，或上述证券票券的附条件交易：15%；（2）其余各种利息：20%。	
		大陆	负担、支付利息的企业或者机构场所在大陆：按10%扣缴。	
特许权使用费	个人	台湾	在台湾供他人使用：按20%扣缴。	税率上限：7%。差异分析：税率降低。
		大陆	特许权利在大陆境内使用：按20%扣缴。	
	法人	台湾	在台湾供他人使用：按20%扣缴。	
		大陆	负担、支付利息的企业或者机构场所在大陆：按10%扣缴。	

所得种类	人	来源地	协议生效前 税制	协议生效后 对来源地税收管辖权的限制
股权转让	个人	台湾	转让经台湾证券主管机关核准在台募集与发行或上市交易之有价证券：按15%扣缴，适用长期持有优惠政策（注三）。	满足两个条件其中之一，且该股份未达50%以上价值直接或间接来自来源地的不动产，来源地就不具有课税权：（1）居住地对其居民转让来源地居民的股权免税；（2）在转让前的12个月内，转让人不曾直接或间接持有来源地居民公司25%以上的资本。 差异分析：（1）大陆居民取得来源于台湾的股权转让所得：若从2016年台湾废除证券交易所得税后的政策来看，仅有法人的部分要课征所得基本税额。而在税收协议下由于大陆并没有对来源于台湾的股权转让所得免税，所以只要该股份未达50%以上价值来自台湾不动产，大陆就没有课税权；（2）台湾居民取得来源于大陆的股权转让所得：原本大陆皆有课税权。在税收协议下，由于台湾并没有对来源于大陆的股权转让所得免税，所以只要该股份未达50%以上价值来自大陆不动产，台湾就没有课税权。
		大陆	在大陆境内转让，不论支付地是否在大陆境内（注四）：按20%扣缴。转让上市公司股：免税。	
	法人	台湾	营利事业所得税：免征。基本所得税额（注五）：（1）在台湾有固定营业场所或营业代理人者，计入基本所得额课征基本税额；（2）持有满三年以上，以所得半数计入基本所得额。	
		大陆	被转让企业在大陆：按10%扣缴。	
其他动产转让	个人	台湾	在台湾注册之动产，或起运地在台湾之动产：按20%扣缴。	转让人为其居民的一方才具有课税权。 差异分析：原台湾居民个人在大陆境内转让财产、大陆居民个人及法人转让注册地或起运地在台湾的动产，来源地即有课税权。税收协议下，仅有居住地有课税权。
		大陆	在大陆境内转让，不论支付地是否在大陆境内：按20%扣缴。	
	法人	台湾	在台湾注册之动产或起运地在台湾之动产：按20%扣缴。	
		大陆	转让动产的企业或者机构场所在大陆才课税，故对非大陆居民企业或是在大陆境内未构成机构场所的企业，不课税。	

续表

所得种类	人	来源地	协议生效前 税制	协议生效后 对来源地税收管辖权的限制
独立个人劳务	个人	台湾	在台湾境内提供劳务：按 20% 扣缴。	符合以下要件之一，来源地具有课税权：（1）在来源地具有固定构成处所；（2）在有关年度开始或结束的 12 个月期间，在来源地连续或累计居留达到 183 天。差异分析：原只要劳务提供地在一方境内，就会被认定为一方来源所得，来源地即具有课税权。税收协议下需构成固定处所或停留达 183 天，来源地才具有课税权。
		大陆	劳务提供地在大陆：超额累进税率：（1）小于 2 万：按 20% 扣缴；（2）一次性收入介在 2 万与 5 万之间的，超过 2 万的部分：30%；（3）一次性收入超过 5 万的，超过 5 万的部分：40%。	
受雇劳务	个人	台湾	在台湾境内提供劳务：按 18% 扣缴；全月给付总额在台湾基本工资 1.5 倍以下的：按 6% 扣缴。停留不超过 90 天，由境外雇主支付的所得：免税。	符合以下要件之一，来源地不具有课税权：（1）在有关年度开始或结束的 12 个月期间，在来源地连续或累计居留超过 183 天；（2）报酬并非由来源地居民雇主支付的；（3）报酬并非由雇主在来源地的常设机构或固定处所负担。差异分析：原本只要停留超过 90 天，由境外雇主支付的薪资就会被认定为来源地来源所得，税收协议下放宽至 183 天。
		大陆	在大陆受雇：须视其停留天数、薪资付方而定，按累进税率 3%～45% 纳税。停留不超过 90 天，由境外雇主支付的所得：免税。	

注一：详见《关于上市公司股息红利差别化个人所得税政策有关问题的通知》（财税 〔2015〕101 号）。

注二：详见台湾"邮政储金汇兑法"第 20 条，但邮政存簿储金最高计息金额为 100 万元新台币，一旦超过便无法取得利息。

注三：2016 年 1 月 1 日起免税。详见台湾"所得税法"第 4 条之一及第 126 条。

注四：实务上被转让企业在大陆，也将被认定为大陆来源所得。参见上海税务微博：《外国人在国外转让境内公司的股权也要缴纳个税》，纳税服务网，2016 年 1 月 9 日访问。

注五：详见台湾"所得基本税额条例"第 7 条。

资料来源：作者自行整理

　　根据台湾陆委会截至 2015 年 10 月的统计，"经济部"核准台商对大陆投资总额为 1531.5 亿美元，陆资核准赴台投资金额为 13.3 亿美元；而同样是台湾陆委会的统计，2013 年度大陆出口商品到台湾的贸易额为 425.9 亿美金，大陆从台湾进口商品的贸易额为 817.9 亿美金，2014 年度则为 480.4

亿美金与 820.1 亿美金。① 很明显的，差异如此之大的经济体之间签署税收协议，无疑是大陆对台湾的让利。

另外，根据台湾财政主管部门的预测数据，在签署此协议之后台湾的年税收净增加额可以达到新台币 81 亿元到 133 亿元，② 当然这个数据也有可能是原本透过第三地投资的台商，透过税收协议申请成为台湾税收居民的贡献。然而无论如何，这个税收协议的签署对于台湾的税收必定有一定程度上的增益。

此外，也有税收以外的影响必须考虑。首先，台商透过第三地间接投资的课税权归属上，给予台商申请认定成为台湾居民的机会，也就间接代表着大陆让度了一部分香港地区的课税权给予台湾。虽说这是双向性的条款，也就大陆的第三地居民也可以透过申请认定成为大陆居民，但基本上大陆方面极少人有诱因透过第三地的方式投资台湾，因此实际上这个条文比较偏向单项性且不对等的条款，而这样的认知，也在台湾财政主管部门负责人张盛和的口中得到证实。③ 第二，对于台商最害怕的资讯交换上，据台湾官方说法，大陆方面对于台商的税收资讯，必须在符合具体个案上、已尽调查所能及不得用于刑事目的等条件下才能要求台湾当局提供，而大陆方面也没有否认，基本上也给予了台湾当局一定的尊重。

第三，勤业众信在新闻稿《两岸租税协议签署，打造台湾成跨国企业亚洲布局中心》中写道，台湾财政主管部门"国际财政司"负责人宋秀玲表示，大陆目前与其他区域或国家签订的租税协定中："两岸租税协议与其他相较相当有利，尤其在出售股票所得免税和资讯交换有条件部分，都比香港、澳门、新加坡、韩国、日本等亚洲国家还更优惠。"并进一步指出："有意投资亚洲的跨国企业，在租税协议上路后，将加深以台湾为中心的意愿，选择台湾作为区域总部或物流中心的布局点。"④

从本文的分析上来看，在比较内地与香港税收安排、中新税收协定、中日税收协定和中韩税收协定后，两岸税收协议确实在投资所得部分以及股权

---

① （台湾）台湾陆委会："两岸经济统计月报"，第 272 期，第 2—3、2—9、2—13 页。

② （台湾）韦枢：《两岸租税协议 台商减税国库增税》，http：//www. cna. com. tw/news/afe/201508250031－1. aspx，2015－08－25/2016－01－14。

③ （台湾）"立法院第 8 届第 4 会期财政委员会第 2 次全体委员会议记录"，第 361 页。

④ 参见勤业众信：《两岸租税协议签署 打造台湾成跨国企业亚洲布局中心》，http：//www2. deloitte. com/tw/tc/pages/tax/articles/20151208. html，2016 年 1 月 15 日访问。

转让部分，都是对于来源地管辖权最为限缩的。此外，资讯交换部分，大多数企业自然是不愿意让税务部门知道太详细的资讯，若对于资讯交换越趋保守、谨慎，对企业而言当然越有利，而其中最为保守、谨慎的便是两岸税收协议。

然而，要考虑台湾是否能成为跨国企业亚洲布局中心，除了上述分析外仍须考虑诸多因素方能断定。如香港因为仅采行地域管辖权，透过香港居民企业转让大陆居民企业股权，就算作为来源地一方的大陆有课税权，纳税人也仅需缴纳 10% 的预提税，香港的部分只要不是在香港达成买卖合约，就无需再纳税（金融机构除外）。[1] 又如新加坡与其他国家或地区已经签署了 88 个税收协定（其中 8 个尚未批准），[2] 而台湾尚且签订 29 个，这个数量是否足以应付跨国企业的投资需求始终无法确定。因此，在签署两岸税收协议后或许是个契机，让台湾会相对过去对跨国公司更具吸引力，但能否一跃成为亚洲布局中心，可能还须视台湾当局的后续努力而定。

（二）对两岸跨境纳税人的影响

在法人方面，不论是台湾或是大陆，由于来源地的预提税率基本上都低于居住地的所得税率，是故所得汇回居住地后，必然仍须面对居住地的所得税率，只是已经在来源地纳税的税负可以抵扣，总税负仍是应税所得乘上居住地的所得税率。因此，就算在两岸税收协议的规范下，也只是对于来源地税收管辖权的限制，对于纳税人的总税负并不会有影响。

但只有一种情况例外，就是若台湾居民原本在大陆构成了常设机构，而在税收协议下不会构成常设机构，则原本应该缴纳给大陆 25% 税率的税负，将变成只要缴纳给台湾 17% 的税负，而根据台湾财政主管部门的预测数据，正是因为这个方面的影响，台商年减税负约为 40 亿元。然而对于大陆投资者赴台投资，其应纳税负并没有实际影响。

而在个人方面则较为复杂，由于个人部分，台湾对所有所得都采取累进税率的制度，大陆也对部分所得采取累进税率的制度，故没有办法直接性判断究竟在何种状况，纳税人的总税负会变多或变少。但能够简单地说明，若

---

① 参见《中华人民共和国香港特别行政区税务局：税务条例释义及执行指引第 21 号（修订本）》，第 15 页。

② 参见 Inland Revenue Authority of Singapore, International Tax, https：//www. iras. gov. sg/irashome/Quick－Links/International－Tax/，2016 年 1 月 15 日访问。

纳税人从来源地取得所得，且其来源地的有效税率（指真实负担的税率，亦即实际总纳税额除以实际总所得）没有高过居住地的有效税率，那么其税负是不会产生变化的。反之，若原本超过了，但在税收协议下没有超过，则可以节约税负。

另外，若从移转定价双边调整机制来看，两岸跨境纳税人可依据该协议之关系企业及相互协商条文，要求双方税捐机关协商避免双重课税或进行双边预先定价协议，不但可以有效避免双重课税，也可以减少事后查核风险，在此部分则是对纳税人都有极大的益处。

当然，以上分析都是在两岸跨境纳税人诚实纳税的情况下进行的分析。根据台湾《联合报》在 2009 年 12 月 20 日的报道，有一位不愿具名的会计师指出，台商往往透过第三地支付员工的薪资，并隐藏支付资料，使得两岸都无法课税，[①] 因此一旦两岸税收协议签署完成，将使得资讯透明化，反而会增加台商的税收成本。若这段论述属实，则确实台商的总税负增加或减少应是难以论断，但这样的偷税行为本身并不可取，若能够借此重新合理正当地归属征税权，对两岸的税收发展亦是一大斩获。

表 9　纳税人总税负影响表（注一）

所得种类	变动状况	来源地	台湾纳税			大陆纳税			纳税人节税 (E + F)
			变化前 (A)	变化后 (B)	差异 (E = B − A)	变化前 (C)	变化后 (D)	差异 (F = D − C)	
营业利润	前：构成 PE 后：未构成 PE	台湾	17%	0%	− 17%	8%	25%	+ 17%	− 0%
		大陆	0%	17%	+ 17%	25%	0%	− 25%	− 8%
	前：未构成 PE，但有来源所得 后：没有来源所得	台湾	20%	0%	− 20%	5%	25%	+ 20%	− 0%
		大陆	7%	17%	+ 10%	10%	0%	− 10%	− 0%
股息	持股 25% 以上预提税率上限	台湾	20%	5%	− 15%	5%	20%	+ 15%	− 0%
		大陆	7%	12%	+ 5%	10%	5%	− 5%	− 0%
	其他状况预提税率上限	台湾	20%	10%	− 10%	5%	15%	+ 10%	− 0%
		大陆	7%	7%	0%	10%	10%	0%	− 0%

---

① 参见赖昭影：《两岸租税协议　台商剥两次皮》，http：//www. obu. com. tw/news _ 06 _ 20081222. php，2016 年 1 月 10 日访问。

续表

所得种类	变动状况	来源地	台湾纳税			大陆纳税			纳税人
			变化前（A）	变化后（B）	差异（E = B - A）	变化前（C）	变化后（D）	差异（F = D - C）	节税（E + F）
利息	预提税率上限	台湾	15%	7%	-8%	10%	18%	+8%	-0%
		大陆	7%	10%	+3%	10%	7%	-3%	-0%
特许权使用费	预提税率上限	台湾	20%	7%	-13%	5%	18%	+13%	-0%
		大陆	7%	10%	+3%	10%	7%	-3%	-0%
股权转让	前：来源地有课税权；后：来源地无课税权	台湾	X%（注二）	0%	E′	25% - X%	25%	F′	-0%（注三）
		大陆	7%	17%	+10%	10%	0%	-10%	-0%
其他财产转让	前：来源地有课税权；后：来源地无课税权	台湾	20%	0%	-20%	5%	25%	+20%	-0%
		大陆	17%	17%	0%	0%	0%	0%	-0%

注一：此表仅对法人部分进行比较。由于个人部分在台湾全部所得皆为累进税率，而大陆亦有部分所得为累进税率，故无法做表比较。

注二：台湾对于营利事业取得"经台湾证券主管机关核准在台募集与发行或上市交易之有价证券"的交易所得，不课征营利事业所得税，以所得基本税额课征之。X% 则代表所得基本税额有效税率。

注三：由于台湾基本所得税额法定税率介在 10% ~12%，X 必定会小于 25%，故 E′ + F′ 必定等于零。

资料来源：作者自行整理

（三）小结

从官方税收总额的角度来看，由于两岸税收协议的条文都是较为限缩来源地管辖权，且大陆大多扮演着所得来源地的角色，是故税收分配上应是台湾受益较多。

从官方的其他方面来看，大陆妥协了其对于资讯交换的限制要求，以及台商透过第三地间接投资课税权可以申请成为台湾居民的要求，也是大陆对台湾的让利。另外，虽然两岸税收协议可能还不能如勤业众信发布的新闻稿标题一般，可以直接使台湾一跃成为跨国企业的亚洲布局中心，但在投资所得、股权转让所得或是资讯交换规范的综合比较上，相较于内地与香港税收安排对于香港、中新税收协定对于新加坡、中日税收协定对于日本以及中韩税收协定对于韩国，两岸税收协议对于台湾确实都来得更为有利。

最后从纳税人的角度来看，由于大陆的法人所得税率高于台湾，故若陆商来台投资会不会构成常设机构其实并不重要，因为回去大陆后都还是要补缴税额，但若是台商赴大陆投资，则可以透过避免构成常设机构省下一大笔税额，也是对于台湾较为有利。综上所述，无论是从对两岸官方的影响或是对两岸跨境纳税人的影响来看，台湾都是相对得利的一方。

五、结　论

两岸税收协议的签署在两岸经贸上具有非常重要的历史意义，它不仅仅与其他税收协议一样，存在着避免双重课税与反避税的意义，也给予了台湾未来另一个发展的契机。更重要的是，两岸税收协议让两岸长期以来由于政治因素而导致的其他问题得到初步正视，像是原本只能透过台面下的投资管道进行投资的问题，甚至因此进一步衍生出的避税问题，都在两岸税收协议中给出了初步的解决方案。

当然，这只是一个开始，至于未来是否能够执行得当并有其效果，或双方是否能够尽速修订规则配合，仍须视两岸后续互动而定。但是不管如何，两岸税收协议都跨出了重要的一步，对未来两岸经贸往来的健康发展做出重大贡献。

台湾地区两岸协议监督法制的发展

季　烨[*]

自 1990 年和 1991 年两岸先后成立海峡交流基金会和海峡两岸关系协会以来，两会已受权签署 25 项协议和多项共识。然而，由于岛内有关政党、机构和阶层的认知差异，两岸协议从诞生之日起便面临着是否需要以及应当如何接受台湾地区内部监督的巨大争议，且此种争议随着两岸关系发展的深化、两会协商进程的加快和两岸协议签署的频繁愈发激烈。

2013 年 6 月，两岸两会签署《海峡两岸服务贸易协议》（以下简称《两岸服贸协议》）之后，台湾地区内部的政治纷争导致该协议长期停留在立法机构的"委员会"审查程序。在此背景下，2014 年 3 月 17 日，中国国民党籍民意代表试图援引"立法院职权行使法"的相关规定将协议送出"委员会"，却被媒体冠之以"黑箱三十秒"的称号，并随即于 18 日引爆了以台湾地区部分民间团体和学生代表为主体的"太阳花学运"。其中，所谓"民间版两岸协定缔结条例草案"（简称"民间版草案"）成为运动的支持对象之一，并经民进党籍民意代表尤美女等提案，进入台湾立法机构议事日程。至此，以"太阳花学运"为直接导火索，台湾行政机构被迫做出妥协，于 4 月 3 日通过"台湾地区与大陆地区订定协议处理及监督条例草案"（简称"行政机构版草案"）并函送立法机构审议，制定专门的所谓"两岸协议监督条例"成为台湾主要政治势力的共识。然而，伴随着"太阳花学运"激情的消退，"两岸协议监督条例"议题也再次淡出公众视野。截至 2015 年年底，相关立法和修订动议在台湾地区立法机构内始终处于"沉睡"状态。

本文旨在简要回顾台湾地区两岸协议监督立法的近期进展（第一部

---

　　[*] 作者系法学博士，两岸关系和平发展协同创新中心、厦门大学台湾研究院法律研究所副教授，所长。

分），着重从法理层面分析两岸协议监督机制法制化的主要争议（第二部分），以及 2016 年台湾地区"大选"对本议题的政治影响（第三部分），并就未来"两岸协议监督条例"的可能发展做出总体判断（第四部分）。

一、台湾地区两岸协议监督机制法制化的最新进展

在"太阳花学运"收场之后，岛内朝野各方围绕两岸协议监督的斗争迅速回归立法机构这一主战场。截至 2015 年年底，除了台湾立法机构"法制局"于 2000 年抛出的"立法机构版草案"之外，台湾立法机构内关于两

表 1　台湾立法机构内两岸协议监督法案一览表

序号	提案主体	提案名称	提案时间	状态
1	行政机构	"台湾地区与大陆地区订定协议处理及监督条例草案"	2014 年 4 月	2014 年 4 月 8 日达成党团协商一致，并经 4 月 11 日立法机构会议决定，各党团同意将两岸协议处理及监督条例相关草案，均提报"院会"立即交付"内政委员会"并案审查。
2	尤美女（所谓"民间版"）	"两岸协定缔结条例草案"	2014 年 4 月	
3	民进党团等	"台湾与中国缔结协议处理条例草案"	2014 年 1 月	
4	姚文智等	"台湾与中国缔结协议处理条例草案"	2013 年 10 月	
5	郑丽君版	"台湾与中国签署条约及协议处理条例草案"	2013 年 10 月	
6	李应元版	"两岸协议监督条例草案"	2014 年 4 月	
7	"台联党"党团版	"台湾与中国缔结协议处理条例草案"	2014 年 4 月	
8	尤美女版	"两岸条例第四条之二、第五条、第九十五条条文修正草案"	2013 年 10 月	退回"程序委员会"，重新提出。
9	段宜康版	"两岸条例第五条、第五条之三修正草案"	2013 年 10 月	退回"程序委员会"，重新提出。
10	李俊俋版	"两岸条例第五条、第九十三条之一及第九十五条条文修正草案"	2013 年 10 月	退回"程序委员会"，重新提出。
11	"台联党"党团版	"两岸条例第五条修正草案"	2012 年 5 月	另定期处理。
12	"台联党"党团版	"两岸条例第五条再修正草案"	2013 年 12 月	退回"程序委员会"，重新提出。

资料来源：台湾地区立法机构网站（截至 2016 年 1 月）。

岸协议监督机制的主要动议已达 12 个版本。其中，5 个版本是针对"两岸人民关系条例"第 4 条的个别修改，另外 7 个版本则主张制定专门的"两岸协议监督条例"。尽管如此，政治立场相近的人士所提的修改方案可谓大同小异，尤以"立法机构版草案""行政机构版草案""民间版草案"以及"民进党版草案"最具代表性。

虽然为结束"太阳花学运"，台湾地区立法机构党团于 2014 年 4 月 11 日协商一致同意将"两岸协议监督条例草案""立即交付""委员会"审查，然而，立法机构内的民进党党团当天中午便以"委员会""无案可审"为由提出"复议案"，[①] 并竭力反对中国国民党籍召集"委员"张庆忠举行"两岸订定协议处理及监督法制化公听会"。民进党表示，既然党籍民意代表已提"复议案"，那么，立法机构"内政委员会"根本便没有这个案子，张庆忠排案欠缺法源，并最终导致"公听会"停摆。[②] 吊诡的是，民进党自身提出"复议案"，又竭力抗拒对"复议案"进行表决，甚至民进党不惜三度祭出变更会议议程的战术，先后提出 405 项甚至 700 多项临时会议议程，要求逐项表决，以此阻挠对"复议案"的表决。[③] 民进党的上述举动，本质上是争夺"两岸协议监督条例"的审查主导权。根据台立法机构的运作规则和惯例，各"委员会"轮值的两名召集人在法案审查方面具有很大权力，既可以强力主导并推进法案的审议程序，也可以借故搁置乃至废弃待审法案。而民进党之所以出尔反尔，拒绝将"两岸协议监督条例"付委审查，主要是为了避免使"两岸协议监督条例"的排案权落入即将轮值的国民党籍召集人之手，更是旨在 2014 年年底的"九合一"选举中给抗拒和恐惧两岸交流的"深绿"选民一个交代。

随着上述杯葛行为的持续，"两岸协议监督条例草案"被拖入选举周期。2014 年 11 月 29 日，台湾历史上规模最大、应选人数最多的"九合一"选举落幕，执政的中国国民党惨败，蓝绿两大政党的政治版图发生结构性变化，进而对"两岸协议监督条例"的立法进程产生消极影响。

第一，从马英九个人的角度看，他失去了推进两岸协议生效的动力。尽管马英九为台湾的生存发展考虑，大力推动《两岸服贸协议》的生效，但因手段不妥而效果不彰。为了对"九合一"国民党的败选负责，马英九辞

---

① 参见（台湾）"立法院公报"第 8 届第 5 会期，第 26 期，2014 年 4 月 14 日，第 169 页。

② 参见刘冠廷：《蓝安排监督条例公听会 民进党：誓死杯葛》，中评社台北 2014 年 4 月 11 日电。

③ 例见《阻两岸监督条例付委"立院"表决战》，中评社台北 2014 年 5 月 27 日电；黄筱筠：《绿营技术杯葛两岸监督条例"立院"又空转》，中评社台北 2014 年 10 月 31 日电。

去了中国国民党主席职务，失去了党机器，难以指挥"立委"，更失去了与立法机构负责人讨价还价的筹码。因此，在两岸协议的生效问题上，马英九即便"有心"，也注定"无力"。

第二，从新行政团队的角度看，毛治国已经表态不会强力推动两岸协议。前行政机构负责人江宜桦坚决贯彻马英九的意志导致风评不加，新任行政机构负责人毛治国则心有戚戚。他在应询时表示，对于两岸议题，将先在原则层面凝聚共识，再在技术层面做好配套工作。① 换言之，他不再坚持向江宜桦时代强力推动协议生效的立场，而是主张先完成"两岸协议监督条例"的立法工作，并对条例内容"不预设立场"，避免行政机构沦为民意的出气筒。

第三，从国民党籍"立委"的角度看，他们对两岸协议的态度日趋保守。相当一部分国民党籍"立委"认为，马英九采取冒进立场，强力推动服贸协议、在"太阳花学运"中"止血"不及时，是此次"九合一"选举溃败的重要原因之一。为了避免2016年继续失势，他们不敢配合马英九的立场推进两岸政策，否则，可能被贴上"倾中"的标签，反而危及自身的"立委"选举。国民党党团甚至已经明确表示，愿意放弃对"两岸协议监督条例草案"审查的排案权。

第四，从民进党的角度看，两岸协议并非其有意优先处理的议题。时任民进党副秘书长邱太三认为，现在最迫切的任务是协助新当选的县市长顺利施政，打好"立委"补选，"两岸协议监督条例"并非首要任务。② 党籍"立委"邱志伟甚至直接宣称《两岸服贸协议》2016前过关几乎"零可能"。③ 上述表态不无道理。事实上，两岸议题是民进党的软肋，加之此前反对的调门拉的太高，"九合一"大胜后的民进党中央即便对两岸议题更有信心，其态度难以发生"重大转折"，最多是"安于现状"后伺机调整。

二、台湾地区两岸协议监督机制法制化的主要争议

（一）两岸协议的定位之争：基于台湾现行规定的分析

台湾当局对两岸协议的定位，实质上暗含着其对两岸政治定位的立场，

① 彭婵琳：《毛治国：两岸监督条例"立委"有共识再推》，中评社台北12月8日电。
② 参见邹丽泳：《邱太三：先打好"立委"补选再谈两岸协议》，中评社台北12月4日电。
③ 参见黄筱筠：《绿委邱志伟：服贸2016前过关几乎零可能》，中评社台北12月12日电。

是检视其统"独"立场的标志之一。对此，台湾"行政机构版草案"和"立法机构版草案"均沿袭了"中华民国宪法增修条文"和"两岸人民关系条例"关于"一国两区"的架构，将两岸分别界定为"大陆地区"和"台湾地区"。相比之下，民进党则提出"台湾与中国缔结协议处理条例草案"，将两岸协议定位为"两国协议"，并还煞有介事地援引"中华民国宪法"第141条关于"外交权"的规定作为"草案"的制定依据，表露出其"一边一国"的"台独"立场。"民间版草案"名为"两岸协定缔结条例草案"，但其所谓"两岸协定"是指所谓台湾当局与中华人民共和国政府之间直接或委托签署的书面文件。对此，起草者认为，这样的用语是为了强调两岸互不否认治权的官方交流，而其标题也采取"较为中性"的"两岸"，并没有超越马英九关于"互不承认主权，互不否认治权"的宣示，并非将"两国论"入法。①

从法律角度看，两岸协议的法律性质或许尚难确定。早在1993年"汪辜会谈"后，台湾学界就曾围绕两岸协议的法律性质展开辩论，具有代表性的包括"国际条约说""公法契约说""私法契约说"以及"准条约说"等四种观点，② 但均未得到台湾地区规定的正面确认。"两岸人民关系条例"第4条仅规定了两岸协议的生效机制，即根据法律优位和法律保留原则分别对两岸协议进行备查和审议，这种做法表面上与台湾当局处理其他对外协议的实践极为相似，③ 从而使两岸协议可能被视为"准条约"。但事实上，多数两岸协议是由台湾行政机构核定并根据"立法院职权行使法"第61条关于行政命令审查的规定自动生效的。④ 在既往实践中，台湾行政机构往往以核定方式将两岸协议转交立法机构"备查"，立法机构则经表决或根据党团协商结论将"备查"改为"审查"，但此后便无下文，从而根据前述第61条视为完成审查。这从反面印证，两岸协议也可能被视为行政命令。

然而，无论是从政治还是从法律角度看，两岸协议绝非所谓"条约"

---

① 参见《民间版是把"两国论"入法吗？》，http：//billy3321. github. io/trade _ act _ qa/，2015年7月15日访问。

② 参见刘汉廷：《台湾地区与大陆地区订立协议处理条例草案评估报告》，载于林锡山主编：《两岸关系与大陆事务研究》，台湾"立法院法制局"2003年版，第143—145页。

③ 参见台湾地区"条约及协定处理准则"第9条和第10条。

④ 台湾地区"立法院职权行使法"第61条（行政命令审查之期限）规定，各"委员会"审查行政命令，应于"院会"交付审查后3个月内完成；逾期未完成者，视为已经审查。

或"准条约",这一点毋庸置疑。一方面,从台湾当局的政治立场来看,马英九一再宣示两岸关系不是"两个中国"或"国与国的关系",① 也"不是国际关系"。② 另一方面,也是更重要的,就台湾内部规定而言,所谓"中华民国宪法"仍是"一中宪法"。"中华民国宪法增修条文"即采用"一国两区"的理念,将"中华民国"的领土分为台湾地区和大陆地区,这一理念在"两岸人民关系条例"中得以延续,并由此奠定了台湾当局大陆政策法制的基石。正是基于上述规定,台湾地区"大法官释字第329号"解释文也明确表示两岸协议并非"国际书面协议",自然应排除立法机构以"条约案"审议两岸协议的可行性。因此,即便就台湾角度来看,无论是其内部规定、官方表态还是政治现实,两岸政治定位仍未超脱"一个国家"的架构,因而,两岸协议也只是国家基于最终统一前秩序的需要而达成的法律安排,而绝不可能属于主权国家之间的条约。

可见,"行政机构版草案"和"立法机构版草案"关于两岸政治定位和两岸协议性质的界定是与台湾地区现行规定相一致,"民进党版草案"则显然违反所谓"中华民国宪法增修条文"和"大法官释字第329号"。而"民间版草案"将两岸协议视为"两府"之间签署的文件,无疑是行"两个中国"或"一中一台"之实。在大陆看来,即便是"一国两府"的观点实质上也是使两岸关系变成"两个国家"之间的关系。③ 因此,"民进党版草案"和"民间版草案"如果通过,不但违反了台湾内部的现行规定,是迈向"法理台独"的危险一步,也无疑将对2008年以来的两岸制度化协商的基础——"九二共识"造成巨大冲击。事实上,部分民进党人对于两岸协议的定位并非"台独"信念使然,而是一种政治姿态的象征性宣示和技术性的杯葛手段。民进党籍民意代表姚文智即坦言,"民进党版草案"有一部分是真正实质的内容,但也有一部分是"立场"。④ 因此,"民进党也不会天真到用那种('国与国'的)方式去订"。⑤

———————————

　　① 参见《马英九接受墨西哥〈太阳报〉系集团董事长瓦斯盖兹专访》(2008年9月3日),台湾"总统府"网站,2014年7月15日访问。
　　② 参见马英九2013年"双十大会"致词全文,台湾"总统府"网站,2014年7月15日访问。
　　③ 参见《国务院台办发言人唐树备就"一国两区"问题发表的谈话》,《人民日报》(海外版),1990年9月28日。
　　④ 参见刘冠廷:《马批绿营不想过监督条例 姚文智反击》,中评社台北4月16日电。
　　⑤ 参见邹丽泳:《两岸协议"国与国"徐永明:绿不会那么天真》,中评社台北4月29日电。

（二） 立法监督的深度之争：基于权力分立原则的分析

权力分立原则是宪法基本原则之一，其并非仅强调"分权"，同时也强调"制衡"。① 就水平层面而言，在两岸协议的推动过程中，权力分立原则主要体现为行政与立法的关系。台湾行政机构认为，根据"两岸人民关系条例"和"立法院职权行使法"，两岸协议的谈判和签署权属于行政机构，立法机构则享有适度的事中参与权（如质询权，听取报告权）和决定性的事后监督权（包括直接的备查和审议权，间接的预算审查权，文件调阅权，调查权等）。

但有论者认为，立法机构事先介入两岸协议谈判的缺位，将丧失影响两岸政策形成之先机，形同完全没有监督。② 为此，"立法机构版草案"和"民进党版草案"均要求行政机关在两岸协议签署前，应先与立法机构相关"委员会"协商甚至经其同意。必要时，立法机构可经全体会议决议直接派员参与谈判。该规定旨在强调立法机构事先参与两岸协议谈判的主动权和控制权，并试图借由民意增加台湾方面的谈判筹码。

立法机构派员参与两岸谈判的设想试图借鉴美国《1974 年贸易法》关于国会议员参与对外贸易谈判的制度，但后者的特定语境在于：一方面，根据美国宪法，对外贸易谈判属于国会权限，总统乃基于国会的授权推动对外贸易谈判，据此，国会议员参与特定谈判方具必要性和正当性；另一方面，作为配套机制，"快车道程序"（fast – track procedure）与国会议员参与对外贸易谈判相辅相成。具体而言，美国行政部门签署协议并送至相关委员会后，委员会应于 45 天内完成审议并提交院会；院会内正反双方辩论均不得超过 20 小时，15 天内未完成审议的，可应任一名议员的要求径付表决，并以简单多数做出批准与否的决定，不能个别修改。从行政部门提出法案到国会完成审议，总时程不得超过 90 日。③ 可见，国会议员以顾问身份参与对外贸易谈判，在很大程度上仅具象征意义，且因为国会的事前介入，其事后

---

① 参见林子仪等编著：《宪法：权力分立》，台北：新学林出版股份有限公司 2013 年版，第131 页。

② 参见刘汉廷：《台湾地区与大陆地区订立协议处理条例草案评估报告》，载于林锡山主编：《两岸关系与大陆事务研究》，台湾"立法院法制局"2003 年版，第 146 页。

③ Sec. 151，152，161，The Trade Act of 1974，as amended through P. L. 113 – 79，enacted February 7，2014.

监督强度受到严重弱化，从而使立法权与行政权仍维持总体平衡。与美国不同，台湾地区的对外谈判权属于行政部门，因此，立法部门派员参与对外谈判缺乏正当性和必要性。此外，在立法机构派员参与两岸协商的同时，"立法机构版草案"和"民进党版草案"却在事后仍维持对协议的高密度审查，显然是对美国配套制度与实践的片面理解和刻意忽略。

此外，"民间版草案"还试图借鉴韩国《通商条约缔结与执行程序法》关于缔结计划书的规定，加强对两岸协议的"民意监督"。根据《通商条约缔结与执行程序法》，韩国政府在推动通商条约谈判时负有如下义务：在谈判前，应举行听证会并向国会报告缔约计划书的内容；在谈判中，应依申请公开相关资讯，将国会的意见纳入谈判立场，并做好影响评估工作；在谈判完成后，应向国会报告通商条约的谈判过程、结果及其影响与对策；在执行期内，应定期做好执行效果评估与损害救济方案。①

笔者认为，鉴于韩国和台湾地区的政治体制具有较大相似性，"民间版草案"对该法的适度借鉴或有必要。然而，上述制度设计显然有意或无意地"误读"了韩国的规定，赋予立法机构更大控制权，包括（1）在谈判前和谈判中，立法机构可以对缔约计划书提出修正意见、附加、保留乃至叫停协商；（2）在协商完成后、协议签署前，要求行政机关公布"协议草案"全文并提出影响报告，立法机构可以退回并要求重启协商；（3）在审议阶段，行政机构应一并提交需修改之行政命令，并可转为无限期审查案，而在此之前，协议视为未通过审议。可见，上述规定极大侵蚀了行政机构的谈判权，为立法机构利用议事手段技术性杯葛协议的审议提供可乘之机，加剧行政与立法二者的权力失衡。一个鲜明的例证是，行政部门按照经过立法机构通过的缔结计划书开展谈判，但达成的协议却可能被立法机构本身所否定，"民间版草案"的荒诞逻辑可见一斑。

在两岸协议的推动过程中，台湾地区的政治体制是决定立法机构监督深度及其限度的关键因素。"立法机构版草案"等提出的事中派员参与谈判和缔结计划书制度，并非基于对台湾现行行政立法关系的尊重，其对美国和韩国相关制度的借鉴更是以偏概全，远远偏离了权力分立的宪法基本原则，也再次表明其欲盖弥彰的政治动机。

---

① 参见段宜康等：《两岸协议法制化之修法历程》，（台湾）《新社会政策》2013 年第 5 期，第 28—29 页。

（三）事后监督的方式之争：基于保留理论与实践的分析

立法机构对于两岸协议的事后监督主要指协议签署后的生效机制。对此，上述 4 个版本除了对法律保留的范围、条例是否溯及既往存有分歧之外，还表现在对于两岸协议可否"保留"的争议。对此，"行政机构版草案"认为立法机构仅可做出通过与否的决定，如不通过，则由协议办理机关通知大陆并视情况重启协商。"立法机构版草案"和"民进党版草案"则主张可经全体决议提出修正意见或保留，但立法机构亦可撤销保留。"民间版草案"则主张"前置性保留"，声称立法机构可以对行政机构提出的缔结计划书提出修正意见、附加条款或保留。对此，岛内亦有学者与之呼应，主张"没有条文是不能改的，否则就是架空'国会'，没有民主程序"，[①] 甚至称美国参议院从 1795 年以来对双边协议已进行一百次以上的"保留"。[②]

但上述观点值得商榷。事实上，前述岛内学者的数据引自联合国国际法委员会《对条约的保留实践指南》，但其重点在于，对双边协议可否予以保留这一问题，除了美国之外，其余 26 个被询问的国家都给予否定答复甚至表示关切。因此，该报告的结论是：除了美国之外，很少国家对双边协议提出保留。[③] 可见，岛内有关学者的论述显然是预设立场、以偏概全之举。此外，即便就台湾当局的实践而言，立法机构在议决"条约案"时也仅有批准权，不得加以修正，二读会时也无需逐条讨论。例如，在 1963 年审查"1948 年及 1960 年国际海上人命安全公约及国际海上避碰规则案"时，立法机构会议主席便裁决："二读会时读条讨论，但条约案是不逐条讨论的，因为它只讨论通过或不通过，不能作条文或文字修正。"[④] 1991 年审查台湾地区与多米尼加共和国之间的"引渡协议"时，会议主席也再次宣告，立法机构审议"条约案"只能做"准与不准"的决议，向来不修改其内容，这是立法机构议决"条约案"的惯例。[⑤] 上述实践是台湾立法机构在职权行使中确立并沿用至今的议事"先例"，这一观点也得到了台湾权威学者和实

---

① 参见陈璟民：《姜皇池："立院"可修服贸 证明台湾民主》，（台湾）《自由时报》2013 年 7 月 9 日。

② 参见姜皇池：《对〈服贸协议〉审议之意见》，（台湾）《自由时报》2013 年 9 月 3 日版。

③ 参见《联合国国际法委员会报告》（A/66/10/Add. 1），第六十三届会议，大会正式记录第六十六届会议补编第 10 号，联合国，2011 年，第 100—104 页。

④ 参见（台湾）"立法院公报"第 1 届第 34 会期，第 5 期，1964 年 11 月 17 日，第 92 页。

⑤ 参见（台湾）"立法院公报"第 80 卷第 6 期（上），1991 年 1 月 19 日，第 271 页。

务专家的认可。①

此外，台湾对其他对外协议是否有过成功"保留"？就笔者有限的阅读范围而言，答案是否定的。1992 年 6 月，台湾行政机构函请立法机构审议"北美事务协调委员会与美国在台协会著作权保护协议"。台立法机构于 1993 年决定以附加 8 个保留条款方式予以批准。对此，台行政机构再两度派员赴美协商未果，美国不但表示无法接受"保留"，甚至威胁采取贸易报复。于是，台行政机构不得不再次函请立法机构"撤销"上述"保留"。立法机构"考虑全局"后，也不得不决议全数解除保留条款。2002 年，台湾立法机构审议台美"刑事司法互助协定"并以附加保留条款的方式二读通过。但美方同样未接受上述"保留"，台湾方面还是不得不照案通过。因此，以这些失败的实践证明台湾立法机构具有对两岸协议的"保留权"，说服力仍有待加强。

笔者认为，双边协议无所谓"保留"问题。两岸协议的所有条文是两会达成的一揽子协议，体现了两岸权利义务的大致平衡。如果任由一方对其挑挑拣拣，将严重损害两岸协商的严肃性。即便台湾立法机构决定修改两岸协议的部分条文，也只是"一厢情愿"，其最终结局如何，还要看大陆方面是否接受。如果大陆方面不认可，两岸制度化协商的成果便化为乌有，即便两会有意重启谈判，时间成本难以估量。

（四）公众参与的限度之争：基于台湾"公民投票法"的分析

面对"太阳花学运"对于台湾当局在《两岸服贸协议》协商阶段"黑箱作业"的指控，各版本的"两岸协议监督条例草案"均以扩大公众参与为努力方向，但其允许的参与程度和真实意图并不相同。"民进党版草案"和"民间版草案"还一致引入"公民投票机制"，但在具体范围上有所差异。"民间版草案"将"公民投票"的范围限于内容涉及建立两岸军事互信机制、结束两岸敌对状态等可能影响所谓台湾"主权"的协议，而"民进党版草案"还在此基础上扩大至内容涉及财政、经济利益等重大事项的两岸协议。

这些规定貌似体现了"尊重民意"的自我标榜，实则与台湾地区"公

---

① 参见许剑英著：《立法审查理论与实务》，台北：五南图书出版股份有限公司 2002 年版，第 59 页；周万来：《"立法院"职权行使法逐条释论》，台北：五南图书出版股份有限公司 2011 年版，第 31 页。

民投票法"不相兼容。根据该规定第 16 条第 1 项，台湾立法机构对重大政策的创制与复决事项，认为有必要进行"公民投票"时，得附具主文、理由书，经立法机构会议通过后，交由"中央选举委员会"办理"公民投票"。可见，重大政策复决事项的"公投"属于任意性"公投"，其发动与否，取决于立法机构的裁量与多数决。但"民进党版草案"却忽略了这一前提，要求径付"公投"，显然与"公民投票法"的现行规定不符，因而在更大程度上是出于哗众取宠的新闻效应。"民间版草案"则降低了"公民复决"的人数门槛，主张经有效投票数过半即视为通过，亦与"公民投票法"关于投票人数过半的规定不符。

三、台湾地区"大选"对两岸协议监督法制的影响

自赢得台湾地区"九合一"选举以来，民进党便积极布局 2016 年台湾地区"大选"，并据此对两岸协议监督法制议题进行策略性调整。2015 年 4 月 15 日，民进党中执会通过党主席蔡英文代表民进党参加 2016 台湾地区领导人选举后，蔡英文在参"选"记者会上发言表示，"民进党将承担改革责任，坚定推动完成'两岸协议监督条例'的立法，为两岸持续交流协商，建立周全规范"。[①]

与上述宣示相呼应，民进党于 4 月 20 日召开重大议题协调会讨论"两岸协议监督条例"，并决定将其列为最优先法案，并送交立法机构"程序委员会"审查。4 月 21 日，台湾地区立法机构"程序委员会"将"台湾地区与大陆地区订定协议处理及监督条例"等 7 个版本"草案复议案"，成功排入 24 日立法机构会议的讨论事项。但 24 日，"台联党"却以反对中国国民党主审此案为由，宣称将提出 200 多案的变更议程案，试图以冗长的表决程序杯葛表决，"两岸协议监督条例草案"交付"委员会"审查的进程再次受阻。

尽管如此，随着 2016 年台湾地区"大选"的临近，民进党在两岸协议监督议题上的立场开始松动。然而，这并不意味着民进党在两岸议题上转向理性，而是在更大程度上充斥着政治考量。首先，民进党放行"两岸协议监督条例"，旨在缓解其在两岸政策方面的压力。面对即将展开的"大选"，民进党的两岸政策备受关注。尽管"九二共识"对于两岸关系的基础性作

---

① 参见邹丽泳:《蔡英文正式代表民进党参选 2016 讲话全文》，中评社台北 2015 年 4 月 15 日电。

用不言而喻，但囿于自身刻板的意识形态和政治偏见，民进党始终不愿意正面以对。在此背景下，蔡英文选择从"两岸协议监督条例"入手，宣誓"坚定推动两岸协议监督条例完成立法"，一方面，试图从技术层面向大陆方面展示其在两岸关系方面的进取心，向台湾民众和国际社会展示其处理两岸议题的能力，从而跨越迈向执政的"最后一哩路"；另一方面，也是更重要的，则是企图以技术性手段对"九二共识"采取继续回避的消极立场。其次，民进党放行"两岸协议监督条例"，意在粉饰自身"改革者"的形象。2008 年以来，两岸协议所引导的两岸关系和平发展成为岛内最大"红利"。然而，民进党却始终"唱衰"，两岸协商被污名化为"密室协商"，两岸协议被恶意揣度为"卖台协议"。为此，蔡英文宣称民进党将承担改革责任，将两岸互动引导到"民主轨道"上。最后，上述立场转向也是试图为2016 可能的政党轮替做铺垫。台湾内部的政党恶斗使关乎民生福祉的两岸关系沦为各党争取选票的工具。为此，民进党再三以"反黑箱"为幌子，试图分享两岸政策话语权，甚至不惜鼓噪"两岸协议监督条例"，延宕《两岸服贸协议》生效和 ECFA 后续协商进程。然而，展望后 2016 时代，维系两会机制，推进两岸制度化协商，仍然是破解岛内民生经济发展瓶颈的不二法门。对此，民进党了然于心。为防止 2016 年以后可能沦为"在野"的国民党依葫芦画瓢，重演民进党以"两岸协议监督条例"杯葛两岸协商的伎俩，民进党不得不提前放手，为 2016 以后自身的大陆政策做铺垫。

总之，从"催生者"到"阻挠者"再到"放行者"，民进党在"两岸协议监督条例"方面的角色转变及其在审查程序上的妥协，并不意味着民进党在法案实质内容上的让步或其两岸政策转向理性，只不过是以退为进的策略，是为因应选举的权宜之计。这种"相时而动"的立场恰恰凸显了民进党在两岸关系方面的政治投机和非理性立场，这也是岛内立法机构审议两岸协议泛政治化的政治根源。[①]

四、台湾地区两岸协议监督机制法制化的未来走势

台湾内部关于两岸协议监督机制法制化的纷争，主要表现为行政权与立

---

① 参见纪焱：《两岸协议监督条例是民进党的"照妖镜"》，《两岸视点》2015 年第 5 期，第32—37 页。

法权之间的紧张关系，其实质是蓝绿政治势力对大陆政策主导权的争夺，同时也夹杂着少数政治人物的个人政治企图。以"民间版草案"为例，其多处条款声称不受"立法院职权行使法""公民投票法"等现行规定的限制，即直观地表明其以"特别法"取代"一般法"、以"法制化"为名行"泛政治化"之实的真实意图。

鉴于当前两岸的实力对比以及台湾内部的政治博弈和社会氛围，未来的"两岸协议监督条例"在两岸政治定位方面似应不会突破台湾现有关于"一国两区"的规定，但在监督强度方面可能会超出"行政机构版草案"的限度，在立法机构参与和民众参与方面释出更大空间，但不会明显逾越权力分立的基本原则。从政策角度看，表面上主张强化立法监督和民众参与的民进党，也不得不考虑政党轮替后延续后两岸制度化协商的可能性，而任何过于激进的监督方案无疑为自己的施政埋下隐患。

从理论上讲，两岸协议监督机制法制化似乎有助于强化台湾内部政治势力对于两岸协议的共识，扩大社会民众对两岸事务的参与并凝聚民意。但鉴于两岸协议监督机制"泛政治化"的本质，上述正面影响有待观察。相反，在可预见的范围内，"两岸协议监督条例"对两岸关系的消极影响尤为明显。从直接影响来看，"两岸协议监督条例"已经与《两岸服贸协议》挂钩，但其审议进程却滞后于后者（前者尚未完成台湾立法机构的一读程序），从而大大延误《两岸服贸协议》的生效进程；从长远角度看，"两岸协议监督条例"为反对党以立法机构为平台，对关于两岸民众福祉的两岸事务进行"议题化"操作和技术性杯葛提供了法律空间，反对党乃至立法机构对两岸协议的监督将实现从实体到程序的重心转换。

台湾地区"宪政"改革新态势述评

刘文戈*

20世纪90年代以来，台湾地区陆续进行了7次"宪政改革"，通过制定"宪法增修条文"对既有的政治体制进行了大幅修改。2005年以后，"修宪"程序中立法机构和"公民复决"规定了双重的高门槛，[1]"修宪"难度提高，"宪政改革"的议题在台湾地区逐渐降温。2006年以后，时任台湾地区领导人的陈水扁试图启动第八轮"宪政改革"，最终也并未成功。[2]2014年岛内爆发"反服贸"风潮以来，"宪政改革"议题再度进入台湾地区的政治舞台。特别是国民党在地方选举中惨败之后，新任党主席朱立伦在竞选宣言中提出了"宪政改革"的设想，[3]从一定程度回应了社会运动和民进党关于"宪政改革"的呼吁。2015年伊始，两党正式开始"修宪"的准备工作，各路社会力量也纷纷登场。

---

* 作者系法学博士，两岸关系和平发展协同创新中心、厦门大学台湾研究院法律研究所助理教授。

[1] 台湾地区"宪法增修条文"第十二条规定："'宪法'之修改，须经'立法院立法委员'四分之一之提议，四分之三之出席，及出席'委员'四分之三之决议，提出'宪法修正案'，并于公告半年后，经'中华民国''自由地区'选举人投票复决，有效同意票过选举人总额之半数，即通过之，不适用'宪法'第一百七十四条之规定。"

[2] 参见周叶中、祝捷：《台湾地区"宪政改革"研究》，香港社会科学出版社2007年版，第50—53页。

[3] "十多年来的宪政僵局及失能的政治体系无法解决人民的问题。唯有重建权责相符的制度，让人民的力量进入体制内运作，才能打破宪政僵局，解决蓝绿对立的局势。提出修宪公投以内阁制取代现行的双首长制已势在必行。扩大青年参与，降低投票年龄到18岁；降低政党门槛到3%；推动不在籍投票及检讨单一选区两票制都应纳入国民党的主张"。参见朱立伦：《找回创党精神，和人民站在一起》。

前 7 次的"宪政改革"，由政党主导，民众的参与途径和作用非常有限。[①] 在第七次"宪政改革"之后，台湾地区宪法学者叶俊荣教授曾指出台湾未来的"宪政改革"具有一些特点，包括议题综合性、启动周期性、参与广泛性，[②] 确立了"民众当家做主的时代趋势"。两党的政治人物均在"宪政改革"的主张中提出了青年世代、社会力量的重要性，"反服贸"风潮中涌现出的"公民宪政会议"的主张，"十八岁公民权推动联盟""宪改联盟"等社会团体的产生和活跃，让台湾新一波"宪政改革"风潮呈现了代际变迁的形态，仿佛青年世代成了台湾政制发展的主导力量。笔者认为，从现有的"宪政改革"过程观察，这一轮"宪政改革"在议题上与以往的"宪政改革"有一些变化，但从整体上，尚不构成代际变迁；青年议题只是"宪政改革"中的一小部分，青年世代尚未获得体制内足够的参与空间。截至 2015 年 6 月本轮"修宪"活动终止，[③] 国民党和民进党两党并未提出政党版"修宪"提案。尽管这一轮"修宪"活动并未实际影响到台湾地区的制度，但其中反映出的公法改革思潮及意识形态特征仍可作为观察台湾地区政治脉动的窗口。基于此，笔者将结合台湾地区立法机构"修宪委员会"所审议的"修宪"提案来进行评析。

一、本轮"修宪"提案概况

根据笔者在"立法院议案整合暨综合查询系统"搜索，2012 年新一届立法机构开始运转以来，截至 2015 年末，立法机构共收到 44 个"修宪"提案（详情见本文"附表"）。

从提案的领衔"立委"党派分布看，44 个"修宪"提案中，由国民党籍"立委"领衔提出的"修宪"提案有 14 个，由民进党籍"立委"领衔提

---

① 参见李晓兵：《从"宪法修改"到"宪政改造"——台湾"宪法演进"的再思考》，《"一国两制"研究》2010 年第 5 期，第 110—120 页；周叶中、祝捷著：《台湾地区"宪政改革"研究》，香港社会科学出版社 2007 年版，第 104—106 页。

② 参见"行政院研究发展考核委员会"主编、叶俊荣等著：《宪改方向盘》，台北：五南图书出版股份有限公司 2006 年版，"编者序"。

③ 根据台湾地区现行"宪法增修条文"，"修宪"需要立法机构民意代表四分之一提议、四分之三出席、出席者四分之三决议，方可提出"宪法修正案"，并于公告半年后，经台湾地区选举人投票复决，有效同意票过选举人总额之半数通过。2015 年的这一轮"修宪"并未于 2016 年 1 月台湾地区领导人选举之前 6 个月提出经立法机构通过"宪法修正案"，而立法机构已于 2016 年 1 月换届，原有提案不能跨届次，因此而终结。

出的"修宪"提案有 29 个,民进党籍"立委"在"修宪"问题上较为积极;从提案的时间分布看,2 个提案是于 2013 年提出,其余 42 个提案均是在 2014 年"反服贸风潮"之后提出,绝大多数提案是在 2014 年地方选举之后提出,这充分反映了"修宪"进程与台湾地区政治情势的互动关联;从提案的状态上看,有 35 个提案被交付"修宪委员会"进行"二读"审议,部分提案(主要由民进党籍"立委"领衔提出)因为国民党团的异议而未进入"委员会"审议。经过"修宪委员会"二读的提案进入"党团协商"程序,最后因党派间无法达成共识,无疾而终。

现有"修宪"提案的内容涉及两岸政治定位、"修宪"程序、政治体制、权利保障等诸多方面。鉴于两党并未提出"政党版"的"修宪"提案,本文拟就现存部分代表性提案中有关"修宪"程序、政治体制、权利保障的观点,结合两党政治人物的政见内容进行分析。

二、关于"修宪"程序的观点

如前所述,台湾地区第七次"宪政改革"为之后的"修宪"设定了较高的门槛。在当前台湾地区的政治力量对比条件下,这一门槛以及立法机构的议事程序使得国民党能够牢牢把握"宪改"的进程,民进党的"宪改"主张如未获得国民党的共识,则无法推动。对于此问题,台湾地区前领导人李登辉在近期一些政治讲话中,提出了"两阶段'修宪'",即先降低"修宪"门槛,再修改"宪法"其他条文。① 在推动新一轮"宪政改革"时,调整"修宪"门槛成为一个重要的程序性问题,有 6 份"修宪"提案专门或附带提出了降低"修宪"门槛的方案,具体如下表。

有关提案虽然运用了比较法的方法,考察了世界各国修改宪法的程序要求,认为台湾地区"修宪"门槛过高,应当降低。事实上,立法机构审议"修宪"提案的决定因素是不同党派在立法机构中的力量对比,多数的党派不容易发动"修宪",少数的党派可以抵制"修宪"。从台湾地区立法机构1999 年以来的历届组成来看,即便"修宪"门槛降为"2/3 出席",两党在绝大多数情况下,都可以对其他党派提出的"修宪"提案进行有效的抵制。

---

① 参见陈乃绫:《李登辉提"两阶段"修宪 降门槛再改体制》,http://udn.com/news/story/7753/683351,2016 年 1 月 3 日访问。

表 1　新一轮"宪改"关于降低"修宪"门槛的主张

"修宪"提案	降低"修宪"门槛的具体主张
"院总第 1607 号委员提案第 17348 号"陈唐山等 30 人"宪法增修条文部分条文修正草案"	第十二条"宪法"之修改，须经"立法院立法委员"四分之一之提议，三分之二出席，及出席"委员"三分之二之决议，提出"宪法修正案"……
"院总第 1607 号委员提案第 17495 号"郑丽君等 29 人"宪法增修条文第十二条条文修正草案"	第十二条"宪法"之修改，须经"立法院立法委员"四分之一之提议，三分之二出席，及出席"委员"四分之三之决议，提出"宪法修正案"，并于公告半年后，经"中华民国""自由地区"选举人投票复决，有效同意票超过二分之一即通过之……
"院总第 1607 号委员提案第 17496 号"李应元等 29 人"宪法增修条文第一条之一、第四条及第十二条条文修正草案"	第十二条"宪法"之修改，须经"立法院立法委员"四分之一之提议，三分之二出席，及出席"委员"三分之二之决议，提出"宪法修正案"，并于公告半年后，经"中华民国""自由地区"选举人投票复决，有效同意票数超过反对票数，即通过之……
"院总第 1607 号委员提案第 17567 号"尤美女等 33 人"宪法增修条文第十二条条文修正草案"	第十二条"宪法"之修改，须经"立法院立法委员"四分之一之提议，三分之二出席，及出席"委员"三分之二之决议，提出"宪法修正案"，并于公告半年后，经"中华民国"自由地区选举人投票复决，有效同意票多于不同意票，即通过之……
"院总第 1607 号委员提案第 17609 号"李俊俋等 30 人"宪法增修条文第十二条条文修正草案"	第十二条"宪法"之修改，须经"立法院立法委员"四分之一之提议，三分之二出席，及出席"委员"三分之二之决议，提出"宪法修正案"，并于公告半年后，经"中华民国""自由地区"选举人投票复决，有效同意票过选举人总额之五分之二，即通过之……
"院总第 1607 号委员提案第 17716 号"柯建铭等 40 人"宪法增修条文部分条文修正草案"	第十二条"宪法"之修改，得由"公民"发动联署，或由"立法院"提出"宪法修正案"。"公民"提议之"宪法修改提案"，经最近一次"总统""副总统"选举选举人总数百分之五以上联署，成为"宪法修正案"，并送交"公民复决"。"立法院"提议之"宪法修改提案"，须经"立法院立法委员"三分之一之提议，三分之二之出席，及出席"委员"三分之二之决议，提出"宪法修正案"，并送交"公民复决"。前二项"宪法修正案"于公告半年后，经"中华民国""自由地区"选举人投票"复决"，投票人数达全岛、"直辖市"、县（市）投票权人总数二分之一以上，且有效投票数超过二分之一同意者，即为通过……

资料来源：作者自行整理

而"公民复决"部分的门槛关乎于"统独"议题，十分敏感；台湾地区已举行过的 6 案"公投"，由于政治动员等因素，领票人数均未达到 1/2。因此，这一门槛可以有效地遏制涉及"台独"议题的"公投"，同时也为关乎两岸关系和平发展的议题设定了较高的门槛。①

在"修宪"程序的议题上，民进党和社会团体较为积极，而国民党非常谨慎。除 1 个涉及降低"修宪"门槛的提案由于国民党的异议，绝大多数涉及"修宪"程序问题的提案被交付"修宪委员会"。

三、关于政治体制的观点

政治体制改革一直是台湾地区"宪政改革"的主轴，也是本轮"修宪"的主要议题。有关提案较为集中于三个问题域，政权组织形式、机构存废、立法机构的选制。

有关政权组织形式的提案主要来自国民党内部，主要围绕"总统"任命"行政院长"的权力以及"行政院长"对立法机构负责的问题。从政治人物的表态看，以"内阁制"替代"双首长制"是一个趋势。② 国民党籍"立委"赖士葆等 33 人的提案建议恢复第四次"宪政改革"前立法机构所拥有的"阁揆同意权"，这实际上只是对"双首长制"进行了微调，避免"总统"在任命"行政院长"过程中的恣意；而国民党籍"立委"吕学樟等 50 人的提案在恢复"阁揆同意权"时，侧重于限制"总统"行使权力的过程，恢复"行政院长""部会首长"的副署权，限制了"总统"解散立法机构的权力。此外，国民党籍"立委"吕学樟等 50 人的提案进一步对"双首长制"进行修改，提出行政机构主要成员由"立委"兼任，这充分体现了"内阁制"的特点。围绕"总统"权力的改革，充满了政治算计：作为执政党的国民党，既需要面对政治僵局，进行合乎党内政治力量对比的调整，又要为"下野"后仍保有权力做打算；作为"在野党"的民进党，可能出于对"总统"大位的志在必得，并不急于对"总统"权力进行限缩，因此并未提出明确的方案。

---

① 例如陈唐山领衔的"修宪"提案新设一条："'国家主权'全部或一部之抛弃或让渡，非经'中华民国'全体公民过半数之投票，有效票过半数之同意，不得为之。与中华人民共和国任何形式之合并，亦同。"

② 参见朱立伦：《找回创党精神，和人民站在一起》。

　　有关机构存废的提案主要来自民进党方面，主要围绕"监察院""考试院"和省建制的存废。"监察院""考试院"是"中华民国"的"五权宪法"体制区别于西方宪政体制的重要特征。然而，经历了七次"宪政改革"，"监察院"逐渐发展为准司法机构，"考试院"的职权则与"行政院"的部分职权竞合。学界一直对"监察院""考试院"的存废以及改革有较为深入的探讨。[①] 民进党籍"立委"提出的废除"监察院"或"考试院"的建议，伴随着立法机构权力的扩充。

表 2　新一轮"宪改"关于改革"监察院"或"考试院"的主张

"修宪"提案	改革"监察院"或"考试院"的具体主张
"院总第 1607 号委员提案第 15407 号"李俊俋等 31 人"宪法增修条文第四条、第四条之一及第七条条文修正草案"	"立法院"设"监察使"，由"总统"提名，"国会"同意任命，负责监督各级行政机构的人权保障；审计权由新设"审计委员会"行使。
"院总第 1607 号委员提案第 15906 号"陈其迈等 31 人"宪法增修条文部分条文修正草案"	"考试院"职权划归"行政院"内的独立机构行使。"立法院"被赋予调查权，行使原属"监察院"的权力，并增设"人权委员会"和"审计部"行使相关职权。
"院总第 1607 号委员提案第 16966 号"陈亭妃等 31 人"宪法增修条文部分条文修正草案"	"考试院"职权划归"行政院"内的独立机构行使。"立法院"被赋予调查权，行使原属"监察院"的权力，并增设"审计部"行使相关职权。
"院总第 1607 号委员提案第 17410 号"叶宜津等 29 人"宪法增修条文部分条文修正草案"	"考试院"职权划归"行政院"内的独立机构行使。"立法院"被赋予调查权，行使原属"监察院"的权力，并增设"人权委员会"和"审计部"行使相关职权。
"院总第 1607 号委员提案第 17459 号"吕学樟等 50 人"宪法增修条文部分条文修正草案"	"监察院"人事改交叉任期制，解决人事同意权僵局问题。
"院总第 1607 号委员提案第 17716 号"柯建铭等 40 人"宪法增修条文部分条文修正草案"	"考试院"职权划归"行政院"行使。"立法院"被赋予调查权，行使原属"监察院"的权力，并增设"审计部"行使相关职权。
"院总第 1607 号委员提案第 17747 号"赖士葆等 58 人"宪法增修条文部分条文修正草案"	"考试院""监察院"减少人员，改交叉任期制。

资料来源：作者自行整理

---

　　① 参见吴庚、陈淳文著：《宪法理论与政府体制》，台北：三民书局 2014 年增订版，第 563—610 页。

"监察院"和"考试院"的存废问题,事关"中华民国"的"法统",事关执政党的"政治版图"。面对民进党籍"立委"通过比较法学方法、机构实际运作效能、"人权保障"等方面的论证,国民党籍"立委"吕学樟也在"修宪"提案中提出了一些针对"监察院"的改革建议,拟在"监察院"人事程序引入"司法院大法官"任期交错的机制,增强"监察院"的独立性,避免因政党恶斗而引起"监察院"人事僵局。此外,民进党籍"立委"李俊俋等29人在"修宪"提案中提出彻底废除"省"这一本已被虚化的建制。

有关立法机构的选制,各种提案有共识,也有分歧。第七次"宪政改革"将"立委"总额减到113名,"立委"的产生采"单一选区两票并立制",政党票的门槛为5%,产生了"票票不等值"的现象,不利于小党、有利于大党,有助于形成两党政治。吕学樟和李应元的"修宪"提案均将"立委"总额提高到150名,改"单一选区两票并立制"为"单一选区两票联立制",对于具体名额分配提出了不同的方案,具体如下表。

表3 新一轮"宪改"关于改革立法机构选制的主张

"修宪"提案	改革时间	区域名额/名	不分区名额/名	政党门槛	不分区妇女名额	不分区原住民名额/名
"院总第1607号委员提案第17459号"吕学樟等50人"宪法增修条文部分条文修正草案"	第九届(2016)	80	70	3%	=50%	6(不变)
"院总第1607号委员提案第17496号"李应元等29人"宪法增修条文第一条之一、第四条及第十二条条文修正草案"	第十届(2020)	73(不变)	77	5%	≥50%(不变)	11
"院总第1607号委员提案第17716号"柯建铭等40人"宪法增修条文部分条文修正草案"	第九届(2016)	73(不变)	34(不变)	3%	≥50%(不变)	6(不变)
"院总第1607号委员提案第17747号"赖士葆等58人"宪法增修条文部分条文修正草案"	第九届(2016)	73(不变)	34(不变)	3%	≥50%(不变)	6(不变)
"院总第1607号委员提案第17953号"黄志雄等28人"宪法增修条文第四条条文修正草案"	第九届(2016)	73(不变)	34(不变)	3.5%	≥50%(不变)	6(不变)

资料来源:作者自行整理

台湾地区"立委"选制改革牵涉各政党的政治版图，尽管现有的制度存在诸多不合理，但新选制的产生仍需要各党派之间进行政治算计。现有方案中仍存在一些差异，这些差异背后直接牵涉到不同性别、族群的选民，牵涉到大小党派之间的关系，牵涉到选区划分。在即将迎来新一届"立委选举"的阶段，各党派在此议题上不会轻举妄动。

四、关于权利保障的观点

台湾地区第一次到第七次"宪政改革"，一个重要的特征就是内容以政治体制改革为主，权利保障则是附带的。[①] 在本文提到的"修宪"提案中，有不少是涉及权利保障的修改意见，大致分为综合性权利保障和政治权利保障两类。

关于综合性权利保障的修改意见，主要是来自郑丽君等 31 人的"修宪"提案。1946 年《宪法》的"人民之权利义务"部分并未被修改，台湾地区的权利保障主要由"司法院"通过"大法官解释"的形式进行；"人性尊严""平等原则""人身自由""言论自由""信仰自由"等等"宪法"所保障的权利，在"大法官解释"中得到阐释。[②] 从政治意涵分析，在"修宪"中提出权利保障，可以占据"道德制高点"，吸引选民，同时通过人权保障的国际法机制，来变相谋求所谓的台湾的"国际地位"。郑丽君等 31 人的"修宪"提案中，以大幅扩充"人权清单"为主题，将"大法官解释"中已经成熟的"人性尊严""平等原则""人身自由""言论自由"等修订完善至现有条款中，增订了诸如"环境权""劳动权"等新兴权利种类；在权利保障机制上，一方面要求设立"人权委员会"，[③] 另一方面规定当局在遵守人权国际公约方面的义务，这两个修改建议均是从要求当局参照《国际人权法》的原则和规则的角度提出的。

关于政治权利保障的问题，是本次"修宪"的热点问题，也是共识较

---

① 参见周叶中、祝捷著：《台湾地区"宪政改革"研究》，香港社会科学出版社 2007 年版，第 315—320 页。

② 相关研究参见祝捷编：《台湾地区权利保障司法案例选编》，北京：九州出版社 2013 年版。

③ 当然，对于"人权委员会"的定位问题，学界尚有不同的看法。参见颜阙安：《人权清单与宪法上保障人权之相关机制的整体检讨》，载"行政院研究发展考核委员会"主编、叶俊荣等著：《宪改方向盘》，台北：五南图书出版股份有限公司 2006 年版，第 292 页。

多的领域。台湾地区现行"宪法"第 130 条规定了年满 20 周岁者方拥有选举权。近年来，台湾地区的各种政治风潮中，青年议题不断升温，青年世代往往通过体制外的社会运动方式表达诉求、施加影响；有专门的社会团体为降低选举权年龄而发声；不同党派也逐渐意识到，青年人对扩大民意基础方面的作用。"反服贸风潮"以来，两党均提出了下调选举权年龄到 18 岁的"修宪"提案。从本文列出的"修宪"提案来看，有多个提案涉及下调选举权年龄到 18 岁，尽管在具体方式上有修改"宪法"条款和制定"宪法增修条文"的不同，① 在具体标准上都是一致的。有关提案多采用比较法的方法，列举了大量外国法有关规定加以论证。尽管在这个问题上，各界具有较高共识，但是也不是一蹴而就的：从程序上看，修改"宪法"关于选举权年龄的规定后，最早要到 2018 年的选举中，方能真正落实 18 岁以上的青年的选举权；降低选举权年龄不仅是"修宪"的问题，"公职人员选举罢免法""民法"等相关规定也应配套修改，② 然而选举在即，"立委"即将投入选战，恐怕也难有足够的精力来修订。

五、核心争议及其"死局"

尽管本轮"修宪"所涉及的议题非常广泛，鉴于"修宪"程序的高门槛，相关议题必须获得立法机构两大政党的共识方能进入下一阶段的所谓"公投"程序。因此，两大政党重点关注且立场分歧较大的问题，就成为本轮"修宪"的核心争议。

青年参政权议题是两大政党争取青年世代支持的重要战场，看似拥有广泛共识的议题背后却暗藏着诸多无法克服的矛盾。为此，两党的民意代表纷纷提出了关于青年参政权的改革主张，针锋相对。两党共有 8 个提案涉及降低投票权年龄门槛至 18 周岁，甚至有跨党派联署提交的提案；各提案的内容、论证大同小异，区别仅在于是修改"宪法"本文或是"宪法增修条

---

① 关于选举权年龄的问题，由于"修宪"门槛过高，台湾地区也有考虑直接修改"公职人员选举罢免法"的意见，郑丽君等 33 人的提案中有提及。关于此问题，国民党籍"立委"丁守中等人于 2014 年 10 月试图申请"司法院大法官解释"来改变"公职人员选举罢免法"对选举权年龄的限制，有关申请被"大法官"以不合程序为由予以受理，见"司法院"网站"大法官第 1428 次会议议决不受理案件决议"。

② 比如台湾地区现行"民法"关于成年的年龄标准应一并修改，否则会发生未成年人行使投票权是否需要法定代理人同意的问题。

文"。然而出于复杂的政治算计，国民党在提案支持下修选举权年龄同时，却提出了与实现青年参政权相关的"不在籍投票"主张。出于所谓的"国家安全"考虑，① 两党最终在此看似具有最大共识的问题上没有达成共识。

政权组织形式改革是"马王政争"之后两党基于未来选举后的政治得失而开展的"宪政攻防"。在"九合一"选举后，国民党认定在台湾地区领导人选举中缺乏优势，转而试图通过改革政权组织形式，强化立法机构的权力，实现某种意义上的"内阁制"，来夺取 2016 年以后政权的主导权。在此问题上，两党根本无法取得共识。2016 年的选举结果也证明，无论国民党这种制度改革的算计是否成功，都不影响其在岛内沦为"在野党"的命运。

除此之外，"宪政改革"所关注的人权保障、台湾地区经济社会发展等"真问题"并未成为核心。由于两党的分歧在"党团协商"中无法调和，因此，本轮"修宪"也就进入了"死局"。

六、新一轮"宪改"的变与不变

经历了前 7 次"宪政改革"，台湾地区的政治体制发生了较大变化，近 10 年的"宪政"实践，都给新一轮"宪政改革"带来一些新变化。首当其冲的就是"修宪"的高门槛与围绕降低"修宪"门槛的攻防，较高的"修宪"门槛限制了不能获得高度共识的议题进入"宪法"修改的程序，但同时也影响到一些有益于改革治理体制的"修宪"，如何在二者之间取得平衡，需要考验台湾地区法律人的"政治智慧"和各政党的"法律智慧"。新一轮"宪政改革"在内容上体现了政治体制改革与权利保障的协调，在调整权力配置的同时，体现了对权利保障的关切，出现了制定"人权清单"、完善"人权保障机制"、改善选举权有关制度的"修宪"意见，为青年在体制内政治参与拓展了空间。

以上变化，可以说是新一轮"宪政改革"相较于过往 7 次"宪政改革"的模式变迁，但"宪改"的核心议题、青年政治参与的实际状况尚不足以支撑其发生翻天覆地的变化。具体而言，从"修宪"主要议题看，新一轮

---

① 参见李念祖：《若干"修宪"提案背后的价值选择试论》，载"宪法学会"2015 年度学术研讨会"宪政改革"会议论文集。

"宪政改革"仍注重政治体制的改革，关于"总统"权力、立法机构的选制、"五权体制"的改革等议题，要么是处理历次"宪政改革"的遗留问题，要么是对历次"宪政改革"成果的反思，尚未逃出"宪政改革"的脉络；从"修宪"与"统独"议题的关系看，尽管《反分裂国家法》实施对于"法理台独"起到了很好的遏制作用，现有的"修宪"提案中仍有以"统独"议题为主的提案，许多变相谋求"国际空间""国际参与"的提议也存在于"人权保障机制"的提案中；最后，青年的政治参与要落实到"宪法"还需要一段时间，"宪政改革"的青年参与或社会参与尚不具备体制内的程序空间。青年追求所谓"代际公平"的诉求对于新一轮"宪政改革"，是一种"建设性的力量"，还是"破坏性的力量"，尚需要长期观察。

台湾地区新一轮"宪政改革"已告一段落。2016 年民进党"全面执政"之后，民进党是否会对台湾当局的政治体制做修改，尚未显现端倪。台湾地区现行"宪法"及"宪法增修条文"为台湾地区的政治制度改革所确立的"高门槛"程序防止了破坏性修改，同时限制了治理体制优化所需要的制度供给。台湾地区"宪政改革"是否会进入一个"死胡同"？或是转由政治人物的"宪法理解"① 或是"大法官解释"所构成的"释宪"机制来完成所谓"宪法变迁"?② 有待进一步观察。

表4　新一轮"宪改"提案内容一览表

序号	"修宪"提案	领衔"立委"党派	提案日期	主张	是否进入二读
1	"院总第 1607 号委员提案第 15407 号"李俊俋等31 人"宪法增修条文第四条、第四条之一及第七条条文修正草案"	民进党	2013 –10 – 25	废除"监察院"，调整"立法院"职权。	是
2	"院总第 1607 号委员提案第 15906 号"陈其迈等31 人"宪法增修条文部分条文修正草案"	民进党	2013 –12 – 20	废除"监察院""考试院"，调整"立法院"职权。	是

① 例如日本首相安倍晋三对于日本宪法实施的政策。

② 相关论著参见周叶中、祝捷：《论我国台湾地区"司法院"大法官解释两岸关系的方法》，《现代法学》2008 年第 1 期；周叶中、祝捷著：《台湾地区"宪政改革"研究》，香港社会科学出版社有限公司2007 年版有关"释宪台独"章节。

续表

序号	"修宪"提案	领衔"立委"党派	提案日期	主张	是否进入二读
3	"院总第 1607 号委员提案第 16546 号"卢秀燕等 38 人"宪法第一百三十条条文修正草案"	国民党	2014 - 05 - 30	降低选举权年龄。	是
4	"院总第 1607 号委员提案第 16547 号"郑丽君等 33 人"宪法第一百三十条条文修正草案"	民进党	2014 - 05 - 30	降低选举权年龄。	是
5	"院总第 1607 号委员提案第 16905 号"高志鹏等 37 人"宪法增修条文第十条条文修正草案"	民进党	2014 - 05 - 30	降低选举权年龄。	是
6	"院总第 1607 号委员提案第 16957 号"陈亭妃等 33 人"宪法第一百三十条条文修正草案"	民进党	2014 - 09 - 12	降低选举权年龄。	是
7	"院总第 1607 号委员提案第 16966 号"陈亭妃等 31 人"宪法增修条文部分条文修正草案"	民进党	2014 - 09 - 12	废除"监察院""考试院"，调整"立法院"职权。	是
8	"院总第 1607 号委员提案第 17348 号"陈唐山等 30 人"宪法增修条文部分条文修正草案"	民进党	2014 - 12 - 26	两岸政治定位两岸关系发展的法律程序；降低"修宪"门槛。	否（退回程序）
9	"院总第 1607 号委员提案第 17370 号"赖士葆等 33 人"宪法增修条文第三条条文修正草案"	国民党	2014 - 12 - 26	调整政权组织形式。	是
10	"院总第 1607 号委员提案第 17410 号"叶宜津等 29 人"宪法增修条文部分条文修正草案"	民进党	2015 - 01 - 06	废除"监察院""考试院"，调整"立法院"职权。	是
11	"院总第 1607 号委员提案第 17411 号"郑丽君等 31 人"宪法增修条文部分条文修正草案"	民进党	2015 - 01 - 06	增设"人权清单"。	是
12	"院总第 1607 号委员提案第 17459 号"吕学樟等 50 人"宪法增修条文部分条文修正草案"	国民党	2015 - 01 - 22	调整政权组织形式；调整"立法委员"席次、选制；降低政党门槛；改革"监察院"。	是

续表

序号	"修宪"提案	领衔"立委"党派	提案日期	主张	是否进入二读
13	"院总第 1607 号委员提案第17495 号"郑丽君等 29 人"宪法增修条文第十二条条文修正草案"①	民进党	2015 – 02 – 24	降低"修宪"门槛。	是
14	"院总第 1607 号委员提案第17496 号"李应元等 29 人"宪法增修条文第一条之一、第四条及第十二条条文修正草案"②	民进党	2015 – 03 – 03	降低选举权年龄;调整"立法委员"席次、选制;降低"修宪"门槛。	是
15	"院总第 1607 号委员提案第17505 号"李俊俋等 29 人"宪法增修条文第九条条文修正草案"	民进党	2015 – 03 – 06	废除省建制。	是
16	"院总第 1607 号委员提案第17566 号"尤美女等 34 人"宪法增修条文第十二条条文修正草案"	民进党	2015 – 04 – 10	降低选举权、被选举权年龄。	是
17	"院总第 1607 号委员提案第17567 号"尤美女等 33 人"宪法增修条文第十二条条文修正草案"	民进党	2015 – 04 – 10	降低"修宪"门槛。	是
18	"院总第 1607 号委员提案第17591 号"江启臣等 34 人"宪法增修条文部分条文修正草案"	国民党	2015 – 04 – 10	恢复立法机构"阁揆同意权""立委"兼任"阁员"。	是
19	"院总第 1607 号委员提案第17592 号"吴育升等 33 人"宪法增修条文第二条及第四条之一条文修正草案"	国民党	2015 – 04 – 10	不在籍投票(大陆地区除外)。③	是

---

① "院总第 99 号委员提案第 17495 号之 2"中国国民党党团:撤回对"委员"郑丽君等 29 人拟具"宪法增修条文第十二条条文修正草案"及"委员"李应元等 29 人拟具"宪法增修条文第一条之一、第四条及第十二条条文修正草案"之"复议案"(2015 – 03 – 20/2015 – 03 – 24)。

② "院总第 99 号委员提案第 17495 号之 2"中国国民党党团:撤回对"委员"郑丽君等 29 人拟具"宪法增修条文第十二条条文修正草案"及"委员"李应元等 29 人拟具"宪法增修条文第一条之一、第四条及第十二条条文修正草案"之"复议案"(2015 – 03 – 20/2015 – 03 – 24)。

③ 第四条之一:在岛内、外之"中华民国""自由地区"人民行使选举、罢免"总统""副总统"及"立法委员","公民投票""宪法修正案"之复决得以不在籍投票之方法行之,其实施办法以法律定之。……在大陆地区之"中华民国""自由地区"人民,则需返回行使选举、罢免"总统""副总统"及"立法委员","公民投票""宪法修正案"之复决之权利者,不适用前项之规定。

续表

序号	"修宪"提案	领衔"立委"党派	提案日期	主张	是否进入二读
20	"院总第1607号委员提案第17609号"李俊俋等30人"宪法增修条文第十二条条文修正草案"	民进党	2015-04-17	降低"修宪"门槛。	是
21	"院总第1607号委员提案第17610号"李俊俋等30人"宪法增订部分条文草案"	民进党	2015-04-17	增补政党制度。	否（退回程序）
22	"院总第1607号 委员提案第17626号"杨曜等30人"宪法增修条文第十条条文修正草案"	民进党	2015-04-24	扩充离岛发展政策。	是
23	"院总第1607号委员提案第17636号"郑丽君等35人"宪法部分条文修正草案"	民进党	2015-05-01	扩充基本权利。	是
24	"院总第1607号委员提案第17637号"郑丽君等35人"宪法增修条文增订第一条之一条文草案"	民进党	2015-05-01	扩充基本权利。	是
25	"院总第1607号委员提案第17638号"郑丽君等35人"宪法增修条文第十条及第十条之一条文修正草案"	民进党	2015-05-01	基本权利增补（基本权第三人效力）。	是
26	"院总第1607号委员提案第17653号"吴育升等32人"宪法增修条文第十条条文修正草案"	国民党	2015-04-24	增补"十二年教育"条款。	是
27	"院总第1607号委员提案第17656号"郑丽君等34人"宪法增修条文增订第一条之一条文草案"	民进党	2015-05-01	降低投票权年龄至18岁。	是
28	"院总第1607号委员提案第17658号"尤美女等40人"宪法增修条文增订第十条之一条文草案"	民进党	2015-05-01	基本权利增补（基本权第三人效力）。	是

续表

序号	"修宪"提案	领衔"立委"党派	提案日期	主张	是否进入二读
29	"院总第 1607 号委员提案第 17694 号"颜宽恒等 30 人"宪法增修条文第四条条文修正草案"	国民党	2015 - 05 - 08	取消比例代表制政党得票门槛;提升妇女参政比例。	是
30	"院总第 1607 号委员提案第 17716 号"柯建铭等 40 人"宪法增修条文部分条文修正草案"	民进党	2015 - 05 - 08	降低投票权年龄至 18 岁;降低被选举权年龄至 20 岁;基本权利条款扩充;废除"考、监两院";调整"修宪"方式及降低通过门槛;降低比例代表制政党得票门槛至 3% 。	是
31	"院总第 1607 号委员提案第 17724 号"郑天财等 31 人"宪法增修条文部分条文修正草案"	国民党	2015 - 05 - 15	增补"原住民"权益条款。	是
32	"院总第 1607 号委员提案第 17725 号"李桐豪等 33 人"宪法第一百三十条条文修正草案"	亲民党	2015 - 05 - 15	降低投票权年龄至 18 岁。	是
33	"院总第 1607 号委员提案第 17747 号"赖士葆等 58 人"宪法增修条文部分条文修正草案"	国民党	2015 - 05 - 15	"内阁制"改革"司法院大法官""监察院""考试院""减肥";推行"不在籍投票";降低投票权年龄至 18 岁;降低比例代表制政党得票门槛至 3% 。	是
34	"院总第 1607 号委员提案第 17762 号"李庆华等 39 人"宪法第一百三十条条文修正草案"	国民党	2015 - 05 - 22	降低投票权年龄至 18 岁。	是
35	"院总第 1607 号委员提案第 17772 号"尤美女等 31 人"宪法部分条文修正草案"	民进党	2015 - 05 - 22	增补平等权条款及保护义务。	是
36	"院总第 1607 号委员提案第 17773 号"李贵敏等 32 人"宪法增修条文部分条文修正草案"	国民党	2015 - 05 - 22	明确保障人性尊严;人权保障国际接轨;恢复"立法院"之"阁揆同意权";下修选举、罢免、创制、复决权年龄门槛;确立不在籍投票制度。	是

续表

序号	"修宪"提案	领衔"立委"党派	提案日期	主张	是否进入二读
37	"院总第 1607 号委员提案第 17778 号"陈节如等 31 人"宪法增修条文第十条条文修正草案"	民进党	2015 – 05 – 22	政策条款增补。	否（退回程序）
38	"院总第 1607 号委员提案第 17834 号"许添财等 29 人"宪法第十五条条文修正草案"	民进党	2015 – 05 – 29	基本权利扩充（细化生存权、财产权）。	否（一读）
39	"院总第 1607 号委员提案第 17835 号"许添财等 29 人"宪法第十条及第一百四十四条条文修正草案"	民进党	2015 – 05 – 29	政策条款（住宅权、公营事业）。	否（一读）
40	"院总第 1607 号委员提案第 17836 号"刘建国等 34 人"宪法增修条文第十条条文修正草案"	民进党	2015 – 05 – 29	政策条款（动物保护）。	否（一读）
41	"院总第 1607 号委员提案第 17890 号"黄志雄等 31 人"宪法第一百三十条条文修正草案"	国民党	2015 – 06 – 12	降低投票权年龄至 18 岁。	否（一读）
42	"院总第 1607 号委员提案第 17898 号"李庆华等 34 人"宪法增修条文部分条文修正草案"	国民党	2015 – 06 – 12	不在籍投票。	是
43	"院总第 1607 号委员提案第 17940 号"刘建国等 29 人"宪法第十五条条文修正草案"	民进党	2015 – 06 – 12	基本权利增补（健康权、环境权）。	否（一读）
44	"院总第 1607 号委员提案第 17953 号"黄志雄等 28 人"宪法增修条文第四条条文修正草案"	国民党	2015 – 09 – 15	降低政党比例代表门槛到 3.5%。	否（一读）

资料来源：作者自行整理

陆生在台竞选学生会长的权利保障

徐昆明[*]

一、蔡博艺事件原委与台湾地区陆生法制

（一）蔡博艺事件原委

台湾淡江大学于 2014 年 5 月所举行的学生会会长选举由于投票率未达 15% 的门槛，依法必须于同年 9 月进行补选。在本次补选中，大陆学生蔡博艺同学登记参选。后来，淡江大学选举委员会决定在选举公报上注明候选人"国籍"，并以"国旗"标示之。此举是否具有针对性，随即引发争议。为此，蔡博艺要求选委会主席及学生会代理会长提供完整的法规及组织章程，两位却都表示无法提供。同时间，他组参选人却在法定竞选期间前即开始竞选宣传。蔡博艺向选委会投诉后，选委会表示，选举办法已修改，2013 年 3 月 6 日通过的《学生会正副会长暨学生议员选举办法》已经取消对于竞选期间的限制。然而，淡江大学对外公布的规定却未见此修正后的条文，也因此连带引发新旧规定适用的争议问题。于是，选委会于 9 月 15 日决议暂停学生会会长的选举，同时召开记者会宣布解散选委会。选委会解散后，由于校内并无其他救济管道，蔡博艺递交陈情书予校长，请学校确认学生会相关规定的有效性。校方于 9 月 17 日召开会议进行规定说明，认定新公布的选罢规则未经校长核定，因此，本次选举仍应依据 2012 年 11 月 19 日公布的选罢规则，并且建议重新举办补选。但争议并未就此落幕。在第二次的补选登记前，蔡博艺遗失了学生证，但选委会主席表示，于抽签时补正登记程序即可。本次补选共有三组候选人登记参选。但到了抽签当日，选委会却又以

* 作者系法学博士，两岸关系和平发展协同创新中心、金门大学社会科学院助理教授。

蔡博艺未完成登记为由，取消其资格，不准参与候选人号次抽签。不过，校方却认为应当保留蔡博艺的资格。此举引发选委会委员集体请辞，同时，代理议长和代理会长都拒绝为新的选委会人事公开招募，于是，学务处再度召开协调会，希望三组同学继续竞选，并且共同推选新的选举委员以及监察委员。但另外两组候选人皆拒绝推选新的选委会，并且坚持蔡博艺未依规定登记，应该丧失资格，学校偏袒、不符合程序正义，因此退出选举。于是，于2014年11月3日至5日所进行的学生会会长补选投票呈现同额竞选的状况，但最后，仍因投票率未达15%的门槛而难产。时至2015年10月15日，学生会再次举办补选。本次补选仅有二组候选人，蔡博艺并未再参与竞选，但最终仍因投票率未达15%的门槛而宣告从缺。目前，依学生会组织章程第13条，系由学生议会议长代理学生会会长。

（二）台湾的陆生法制概况

台湾地区立法机构于2010年修正通过"台湾地区与大陆地区人民关系条例"（以下简称"两岸人民关系条例"）第22条、"大学法"第25条和"专科学校法"第26条（亦即所谓"陆生三法"），[①] 开放大陆学生（以下简称"陆生"）来台就读大学。截至2014年，已累计有6272位陆生赴台注册就读。[②] 当年在开放陆生赴台时，乃以所谓"三限六不"为导向，除了先由立法机构修正"陆生三法"之外，再由权责机关接续，对其所未及规定以及尚待具体化的事项续行制定相关规定。其中对于陆生赴台的资格及其在读期间的行为与待遇构成诸多特别的限制，于其基本权保障上自然是有讨论价值的，尤其不得在学打工、不得领取奖助学金、不得报考专业证照、不得续留台湾就业等问题，在"宪法"所保障的工作权、应考试权、服公职基本权乃至于平等权上都有讨论价值。尽管开放至今4年多，随着赴台陆生人数增加，其生活圈除了校园之外，尚且深入台湾民间，多少使得台湾的大学学生、教师乃至民众，能够更加正面、理性地看待陆生在台求学以及生活所衍生的权益保障问题，加上台湾少子化所导致大学生源缺乏的问题日益严重，论者建议多收陆生以为缓解，[③] 都使得所谓"三限六

---

① 台湾地区"专科学校法"于2014年6月18日再度修正，将原本第26条调整条次为现行第32条。

② 参见大学院校招收大陆地区学生联合招生委员会，http：//rusen. stust. edu. tw/cpx/Data. html，2015年12月23日访问。

③ 参见陈振贵：《时论——大学少子化危机有解》，http：//www. chinatimes. com/newspapers/20141020000705 – 260109，2015年12月23日访问。

不"受到检讨。① 但由于事涉修订规则，两岸无小事，至今仍难摆脱政治包袱，就权利保障论权利保障，短期内恐怕仍无法松绑。

除了由立法与教育行政主管机关所共构的所谓"三限六不"之外，影响在台陆生各项权利更多的，恐怕是其就读的大学所采取的各项举措。毕竟大学于台湾地区"宪法"第 11 条所赋予的直接关涉教学与研究的重要学术事项上享有自治权，② 在此范围内，立法与行政措施的规范密度皆须受到适度的限制。③ 不但如此，大学在不逾越大学自治的范畴下所订定的规定，并不会产生法律保留原则的适用问题。④ 也就是说，即使是对于学生的自由与权利产生限制的规定，也是大学可以自行订定的。可见，在大学自治的范畴内，并不排除大学因特定目的而对于陆生加诸特别限制。唯若如此，其所引发的争议在"释字第 684 号"为大学生撬开特别权力关系的枷锁，广开救济大门，但立法与行政措施规范密度下降，法院审查密度也跟着下修的状况下，在处理上毋宁更倚赖校内程序，并且更加考验各个人权条款如何具体适用到个案争议上。上述淡江大学选举学生会会长的争议极具指标意义，其不但事属大学自治，更是学生自治的事项，而且也深刻体现陆生在校园中的受教权以及学习自由是否得到保障的问题。透过此个案，除了可以凸显在台陆生的权利保障问题远比所谓"三限六不"来得广泛之外，更能联结大学自治这个制度因素，针对性地考察"宪法"人权条款，乃至于权利保障机制，能否以及如何适用到陆生身上。

本文拟以上述淡江大学学生会会长选举争议为背景，首先，从"宪法"条款出发，界定大学生参选学生会会长属于哪个人权条款的保障范围。尽管本案最终并未直接否定该生的参选资格，而是在选举公报中标示"国旗"，借以揭露其陆生身份，在人权条款上反而主要涉及个人资讯自主权，但因陆生是否有权利参选学生会会长，已经广泛引起讨论，所以本文选择以此为讨论重点。其次，在界定参选学生会会长属于何种基本权后，必须尝试将其适用到陆生身上，为此，先须处理陆生是否为"中华民国宪法"基本权主体

---

① 参见赵怡：《以更宽广的心迎接陆生来台》，http://www.npf.org.tw/post/3/10494，2015 年 12 月 24 日访问；人间福报：《善待陆生"总统"：检讨三限六不》，http://www.merit-times.com.tw/NewsPage.aspx？Unid=333161，2015 年 12 月 23 日访问。

② 参见台湾地区"司法院大法官释字第 563 号"。

③ 参见台湾地区"司法院大法官释字第 380、450 号"。

④ 参见台湾地区"司法院大法官释字第 563 号"。

的问题；接着，再说明对于陆生，甚至大陆地区人民加诸特别限制，其"宪法"界限为何；最后，再总结说明陆生是否享有参选学生会会长的权利。

二、大学生参选学生会会长的基本权性质

（一）台湾地区"宪法"第17条的被选举权？

台湾地区"宪法"第17条规定："人民有选举、罢免、创制及复决之权。"所称选举之权，解释上包括选举权与被选举权。[①] 其中，选举权，乃人民得以投票的方法，选举其代表或官吏；[②] 被选举权，则与任官权相似，或仅属一种资格。[③] 大学生参选学生会会长可否直接援用本条，受到被选举权的保障？可能有正反两说：

1. 肯定说

本件争议发生后，前"大法官"许宗力教授于2014年8月14日在某社交网站发表文章指出，淡江大学蔡博艺同学参选学生会会长，引发大陆学生究竟可否参选台湾地区大学学生会会长的争议，这是一个未曾被注意过的公法问题。"大学法"第33条规定，"大学……应成立由'全校学生'选举产生之学生会"。因此，依常理来理解，任何外地学生，只要他是来读学位，具有正式学籍的学生，在学生自治事项范围内，就应该与本地学生享相同权利、负相同义务，包括参选学生会会长的被选举权。在法律上会产生的疑惑是，如果学生会是一个公法组织，可以在法定自治事项范围内行使公权力，则一个外地人岂能代表台湾的一个"公法团体"行使公权力？学生会的法律地位，依他的看法，是具有部分权利能力的"公法团体"，一定范围内可以行使公权力（例如收会费）。因此，如果从这个观点出发，质疑"外国"学生的参选资格，不是没有道理，[④] 似乎是直接将参选学生会会长解为"宪法"第17条所保障的被选举权，并且将陆生视为"外国学生"。

---

① 参见林纪东：《"中华民国宪法"逐条释义》（一），台北：三民书局1990年版，第271页。

② 参见刘庆瑞：《"中华民国宪法"要义》，台北1991年自版，第96页。

③ 参见林纪东：《"中华民国宪法"逐条释义》（一），台北：三民书局1990年版，第275—276页。

④ 参见许宗力：《大陆学生可否参选学生会会长？》，http://api.nexdoor.stormmediagroup.com/opencms/review/detail/68cb9d2d-2369-11e4-bbc0-ef2804cba5a1/? uuid=68cb9d2d-2369-11e4-bbc0-ef2804cba5a1，2015年3月6日访问。

其实，相较于许宗力"大法官"只援引"大学法"第 33 条第 2 项和第 3 项，[①] 值得补充的是，以《淡江大学学生自治组织规则》为例，其第 10 条规定："学生会为学生自治组织最高行政机关。学生会置会长、副会长各一人……会长对外代表本会，对内领导各部门及代表本会应邀出列席学校会议"；第 15 条规定："会长有向议会提出议案之权利"；第 17 条前段规定："会长对议会之决议，如认为有窒碍难行之时，得由会长收到决议文后二周内移请议会复议。"同时，"大学法"第 33 条第 1 项规定："大学为增进教育效果，应由经选举产生之学生代表出席校务会议，并出席与其学业、生活及订定奖惩有关规章之会议；学生出席校务会议之代表比例不得少于会议成员总额十分之一"，体现学生会会长在学生自治以及校园民主[②]的架构下，不但在学生自治组织的层级有行使公权力的资格，[③] 即使在整个校园的层级，亦有权代表全校学生出席校务会议，参与学校决策，尽管其权限可能只占十分之一。

2. 否定说

反对直接将大学生参选学生会会长认定为被选举权，其论据主要有四：

（1）台湾地区"宪法"第 17 条的选举权在"释字第 546 号解释"的操作下已经与第 18 条的服公职基本权相互串联，[④] 使人民选举产生的代表或官吏必须收拢在所谓公职的概念范围内。至于所谓公职，依据"释字第 42 号解释"，乃指"依规定从事于公务者"。学者有以公勤务来诠释所谓依规定从事于公务而谓"宪法"第 18 条所规定的公职，其意义是指具有职业性与持续性之职位。[⑤] 尽管以《淡江大学学生自治组织规则》为例，学生会会

---

① 台湾地区"大学法"第 33 条第 3 项规定："学生为前项学生会当然会员，学生会得向会员收取会费；学校应依学生会请求代收会费。"

② 参见陈新民：《宪法学释论》，台北 2011 年自版，第 279—281 页。

③ 台湾地区"司法院大法官释字第 382 号"解释理由书指出："公立学校系各级政府依法令设置实施教育之机构，具有机关之地位，而私立学校系依私立学校法经主管教育行政机关许可设立并制发印信授权使用，在实施教育之范围内，有录取学生、确定学籍、奖惩学生、核发毕业或学位证书等权限，系属由法律在特定范围内授与行使公权力之教育机构，于处理上述事项时亦具有与机关相当之地位（参照'本院释字第 269 号解释'）。"因此，淡江大学虽然是私立大学，但透过委托行使公权力的说法，与公立大学在教育行政上几乎没有差别。详请参阅张嘉尹：《大学"在学关系"的法律定位与其宪法基础的反省》，（台湾）《台湾本土法学杂志》，2003 年第 50 期，第 8 页。

④ 台湾地区"司法院大法官释字第 546 号"解释理由书第 1 段中段指出："……服公职之权，则指人民享有担任依法进用或选举产生之各种公职、贡献能力服务公众之权利。"

⑤ 参见游钲添：《公务员概念与体系之检讨》，台湾辅仁大学法研所硕士论文，1992 年 6 月，第 9—10 页。

长按本规则第 10、15 和 17 条，看似在组织规定上有其职权，但因其不可能具备职业性这个标准，仍然无法纳入所谓公职的概念中。据此，则参选学生会会长亦难谓受"宪法"第 17 条的被选举权所保障者。何况，"宪法"第 130 条规定必须年满 23 岁才有被选举之权，此与目前大学生的在学年龄大致在 19 到 23 岁，显然不相符合。

（2）台湾地区"宪法"第 17 条所保障的乃所谓的参政权，系配合"宪法"第 1 条的"民主原则"，彰显"国家"的统治必须得到被统治者的同意，[1] 其范围配合"宪法"第 11 章关于地方制度（尤其第 123 和 126 条）的规定进行解释，毋宁限于规定，亦即唯有"中央"与地方的统治正当性始有其适用。反观大学治理，其本于学术自由所导出的大学自治，在内容和建置上与规定显不相同。首先，在内容上，规定涉及政治、经济、社会、文化等等诸多事项；反观大学，相对局限于研究、教学与学习事项上。其次，在建置上，透过参政权体现民主正当性时，以票票等值为原则；反观大学，决定学生在校权益的，主要还是校务会议，按"大学法"第 33 条第 1 项，学生代表在校务会议的组成上只需符合最低门槛十分之一，校务十之八九是由教师代表决定的，学生与教师的权利根本无法相提并论。两相比较，直接将大学生参选学生会会长认定是"宪法"第 17 条所保障的被选举权是有疑问的。

（3）台湾地区"大学法"第 33 条第 2 项规定："大学应辅导学生成立由全校学生选举产生之学生会及其他相关自治组织，以增进学生在校学习效果及自治能力。"本规定予大学辅导义务，意味着立法者有意将学生选举产生学生会这件事情纳入教学范围，相对来说，也等于将其转化为大学生的学习内容。据此，则将大学生参选学生会会长解为学习自由或者受教权，应该是比较符合立法意旨的。

（4）征诸"大法官解释"，其中有提及学生自治的主要有两号"解释"，其一，"释字第 380 号解释"理由书第二段指出："按学术自由与教育之发展具有密切关系，就其发展之过程而言，免于国家权力干预之学术自由，首先表现于研究之自由与教学之自由……研究以外属于教学与学习范畴之事项，诸如课程设计、科目订定、讲授内容、学力评定、考试规则、学生选择科系与课程之自由，以及学生自治等亦在保障之列。"这明确认定学生

---

① 参见刘庆瑞：《"中华民国宪法"要义》，台北 1991 年自版，第 95 页。

自治受到学术自由当中的教学与学习自由的保障。其二，"释字第 563 号解释"理由书第 4 段指出："学生之学习权及受教育权，国家应予保障（'教育基本法'第八条第二项）……大学依其章则对学生施以退学处分者，有关退学事由及相关内容之规定自应合理妥适，其订定及执行并应践履正当程序。'大学法'第十七条第一项：'大学为增进教育效果，应由经选举产生之学生代表出席校务会议，并出席与其学业、生活及订定奖惩有关规章之会议。'同条第二项：'大学应保障并辅导学生成立自治团体，处理学生在校学习、生活与权益有关事项；并建立学生申诉制度，以保障学生权益'，系有关章则订定及学生申诉之规定，大学自应遵行，乃属当然。"乃以学习权及受教权为本导出正当程序的要求，借以保障学生在校权益，其具体实践是由学生选举产生学生代表，参与学校章则订定以及学生申诉程序。可见，"大法官"倾向从学习自由及受教权当中导出学生自治，尤其"释字第 380 号解释"相对明确地将学生自治放在学习自由的保障范围中。

（二）本文评析

界定学生参选学生会会长属于何种基本权，从后续规范上来说，确实是影响深远的。盖若界定其属台湾地区"宪法"第 17 条的被选举权，则通说认为其属性为民众权利兼职务，而且相较于狭义选举权，其社会职务的色彩更为浓厚；法律因维护社会公益之必要，对于被选举权所加之限制，自亦可较狭义之选举权为多。① 反之，若将其界定为学习自由或者受教权，乃"宪法"第 11 条或者第 22 条所保障者，② 则其作为自由权，并不须承担所谓的社会职务，法律不得据以加诸相关限制。

归纳上述正反两说，本文认同否定说强调"宪法"第 17 条所保障的被选举权应该局限于公务员以及人民代表，以执行"国政"的职位为限，不宜扩张到校园，甚至学生会。但肯定说所言亦非全无道理，学生会会长在校园中，尤其是学生自治组织的运作上，的确有行使公权力的权能，参选会长容有类似被选举权所内含的社会职务般，或可谓为校园职务，与主动地位的参政权性质相仿，与单纯的学习自由或者具有受益性质的受教权

---

① 参见林纪东：《"中华民国宪法"逐条释义》（一），台北：三民书局 1990 年版，第 276 页。

② 参见法治斌：《独立于大法官解释外之司法审查：评台北高等行政法院 2000 年度诉字第 1833 号判决》，收于《资讯公开与司法审查——行政法专论》，台北：正典出版文化有限公司 2003 年版，第 100 页。

略有不同。据此，似非不得因校园公益之必要而对其参选权加诸较多限制。不过，本文认为大学是学生学习民主法治以及社会生活的重要阶段，让大学生从校园职务的承担中学习未来如何承担社会职务诚属必要。有鉴于此，对其参选学生会会长应该基于前述台湾地区"大学法"第33条第2项，以辅导、鼓励为宜，不宜加诸较多限制。尽管学生会会长确实有其职权，但仍以见习成分居高。将参选学生会会长定性为参政学习，应该更贴近校园本质。至于其台湾地区"宪法"基础，由于学习自由目前仍是从台湾地区"宪法"第11条所导出，仅有防御功能，乃人民立于消极地位；相较之下，受教权作为受益权，[①] 乃台湾地区"宪法"第22条所保障，从中导出大学有义务建立学生自治制度，甚至让学生透过参选学生会会长，学习在校园中扮演主动地位，更为合适。

三、陆生作为台湾地区"宪法"基本权的主体

如上所述，本文认为大学生参选学生会会长，乃是受台湾地区"宪法"第22条所保障的基本权。但当主体是陆生时，是否亦可以主张？就此，首先必须讨论陆生是否为"中华民国宪法"基本权的主体？其实，讨论台湾地区"宪法"基本权的主体，很大的意义在于"外国人"是否为其所规定的基本权的权利人。所谓外国人，乃本国人以外者，按台湾地区"宪法"第3条规定："具中华民国国籍者为中华民国国民。"至于谁具有"中华民国国籍"，则委由法律规定。但依现行法律，大陆地区人民是否为"中华民国国民"？答案南辕北辙，[②] 连带使其于台湾地区的法律地位显

---

① 参见刘庆瑞：《"中华民国宪法"要义》，台北1991年自版，第92—93页。

② 主要有四种规定与此相关，其一，台湾地区"两岸人民关系条例"第2条第4款规定："大陆地区人民：指在大陆地区设有户籍之人民。"又，同条第2款规定："大陆地区：指台湾地区以外之中华民国领土。"综合解释之，大陆地区人民乃"中华民国国民"。其二，台湾地区"护照条例"第9条规定："普通护照之适用对象为具有'中华民国国籍'者。但具有大陆地区人民、香港居民、澳门居民身份或持有大陆地区所发护照者，非经主管机关许可，不适用之。"似乎有意将大陆地区人民排除于"中华民国国籍"之外。其三，台湾地区"入出国及移民法"第3条第1款规定："国民：指具有'中华民国'国籍之居住台湾地区设有户籍国民或台湾地区无户籍国民。"大陆地区人民既不居住台湾，也没设户籍，自然不是"国民"。其四，按台湾地区"国籍法"第2条第1款，出生时父或母为"中华民国国民"，即属"中华民国国籍"，据此，则眼下所有大陆地区人民的父母甚或祖父母辈都曾经历过1949年以前的"中华民国年代"，依规定皆具有"中华民国国籍"。以上四种规定，有两种导出大陆人民为"中华民国国民"，有两种则相反。

得错乱。① 症结所在，乃两岸关系至今定位不明，造成个别立法犹疑于"本国人"与"外国人"，甚至"特殊本国人与特殊外国人"之间，各取所需。为了清楚界定大陆地区人民的法律地位，不免须从"宪法"的文本出发，爬梳其究竟是如何定位两岸关系的。

两岸关系定位为何？台湾学者纷纷从宪法学和国际法学的观点出发，主要形成四种学说，② 但关键所在，毋宁还是国际法学所念兹在兹的国家意识（或谓国家自我理解）在"中华民国宪法"中是如何呈现的。③ 由于本部台湾地区"宪法"历经了"动员戡乱时期"、20 世纪 90 年代"宪改"以及"大法官"作成诸多指标性"解释"，其中有不少已经碰触到两岸定位以及国家意识的，本文汇整并评析如下：

（一）"动员戡乱时期临时条款"第四次修正

20 世纪 70 年代，台湾执政当局因察觉再无法抵挡政治浪潮而于 1972 年第四次修改"动员戡乱时期临时条款"，其中首度以"自由地区"为界，不按台湾所占的人口比例增额改选"中央民意代表"。但此番修正乃老"国代"时期所为，所表达的国家意识自然是固守 1912 年所建立的"中华民国"，而且其民主正当性不足，所表达的人民总意志相对薄弱；相形之下，20 世纪 90 年代以后通过的"增修条文"较有解读价值。

（二）"宪法增修条文"

1991 年通过的"增修条文"中有涉及"国家"意识或者两岸定位的主要有

---

① 李建良教授主张："以其是否直接涉及人类之属性，抑或与国家主权或与该国特定政治及经济条件有所关联作为划分标准，前者属于普遍性的人权，例如言论自由、信仰自由等，外国人亦应享有；反之，后者仅有具有国民身份者，方得享有之，例如选举权、服公职基本权、工作权。"详请参阅李建良：《大陆地区人民的人身自由权》，《台湾本土法学杂志》（台湾）2000 年第 11 期，第 132 页。李震山教授主张："对每个人的基本权利中具原权、自然权、固有权性质之人权，不得为差别待遇，因为就该等权利之遂行，外国人与本国人应无本质上差异，若为差别待遇即构成歧视。至于其他国民权、公民权，甚至经济权者，则可为合理差别待遇"，详请参阅李震山：《台湾人权——甲子回顾与前瞻》，收于《人性尊严与人权保障》，台北：元照出版公司 2009 年，第 389 页。

② 学说一：在台湾的"中华民国"与 1912 年建立的"中华民国"不具同一性，大陆为"外国"；学说二：在台湾的"中华民国"与 1912 年建立的"中华民国"具有同一性，大陆为一事实上政权；学说三：在台湾的"中华民国"与 1912 年建立的"中华民国"不具同一性，两岸是"特殊的国与国"；学说四：在台湾的"中华民国"与 1912 年建立的"中华民国"不具同一性，两岸同属一个中国。详请参阅陈静慧：《限制原大陆地区人民出任公务人员合宪性之研究——以平等权为中心之观察》，台湾政治大学法研所硕士论文，2003 年 7 月，第 13—18 页。

③ 参阅陈静慧：《限制原大陆地区人民出任公务人员合宪性之研究——以平等权为中心之观察》，台湾政治大学法研所硕士论文，2003 年 7 月，第 18—23 页。

三（以目前的条号为准），包括：其一，前言规定："为因应国家统一前之需要……"；其二，第 2 条第 1 项规定："'总统'、'副总统'由'中华民国''自由地区'全体人民直接选举之"；其三，第 11 条规定："'自由地区'与大陆地区间人民权利义务关系及其他事务之处理，得以法律为特别之规定。"事隔 14 年，又于 2005 年修正公布"增修条文"第 1 条第 1 项规定："'中华民国''自由地区'选举人于'立法院'提出'宪法修正案'、'领土变更案'，经公告半年，应于三个月内投票复决。"

（三）指标性"大法官解释"

学者归纳 20 世纪 90 年代"修宪"后，"大法官解释"涉及两岸事务，并且较具指标的，包括"释字第 329 号、454、481 和 497 号解释"。[①] 首先，"释字第 329 号解释"理由书表示台湾地区与大陆地区签订之协议"非国际书面协定"，显示"大法官"认为两岸间之法律关系并非国际法上国家间之关系。其次，"释字第 454 和 497 号解释"，是有关人民居住迁徙自由中的入境居留权的限制问题，入境居留权唯有"国民"方得享有之，[②] 观乎"释字第 454 号解释"的整体意旨，乃认为大陆地区人民亦享有入境居住权，明显将其界定为"本国人"。类似情形，"释字第 497 号解释"，也以大陆地区人民享有入境居留权为前提而进行授权明确性的审查，乃将大陆地区人民视为"本国人"。[③] 再者，"释字第 481 号解释"肯定福建省是所谓"辖区

---

① 参见苏永钦：《宪政主义与国家认同》，载于《走入新世纪的宪政主义》，台北：元照出版公司，2002 年，第 159 页；陈静慧：《限制原大陆地区人民出任公务人员合宪性之研究——以平等权为中心之观察》，台湾政治大学法研所硕士论文，2003 年 7 月，第 27—28 页。

② 台湾地区"司法院大法官释字第 558 号解释"揭示："'国家'不得将'国民'排斥于'国家'疆域之外。"

③ 但同样以"本号解释"为本，亦有学者以大陆地区人民入台比外国人困难、其基本权利受到严重的限制、地位甚至不如外劳为由，导出大陆地区人民不属于"中华民国国民"者。详请参阅陈英钤：《从法的观点论"特殊的国与国的关系"》，收于《"两国论"与台湾"国家定位"》，台北：学林出版社，2000 年，第 61 页。其实，若将"释字第 618 号与第 497 号解释"拿来对比，确实不无可能得出相反见解，前提是认定"宪法"第 7 条平等权的主体限于"中华民国"人民。盖观乎"释字第 497 号解释"的声请目的明确指摘相关许可办法违反"宪法"第 7 条的平等原则，但"大法官"于"解释文和理由书"中却只字未提，直到"释字第 618 号解释"面对到台湾未满 10 年的大陆地区人民，才启动平等审查。两相对照，或将推论出"大法官"认为未入籍台湾地区的大陆人民非"中华民国"人民的结论。但也有学说主张"宪法"第 7 条平等权的主体，并不排除"外国人"。据此，则上述推论将不成立（关于"宪法"第 7 条平等权的主体范围，详请参阅林孟楠：《论外国人的国际迁徙自由》，政治大学法研所硕士论文，2004 年 7 月，第 25—27 页）。就此，本文认为，对照"释字第 497 和第 618 号解释"，严格来讲，只能说"大法官"仍然避免直接在台湾地区人民与大陆地区人民间操作平等审查；至于大陆人民间，则未必。关于"释字第 497 号解释"的声请目的及声请理由，详请参阅台湾地区"司法院释字第 497 号解释"，http：//www. judicial. gov. tw/constitutionalcourt/uploadfile/C100/497. pdf，2015 年 3 月 6 日。

不完整之省",并于理由书中指出:"将辖区特殊之省组织授权行政院以行政命令方式订定之,系因考虑其辖区之事实情况。"言下之意,乃福建省仍为"宪法"效力所及,只不过在现实上有治权未及之处。最后,近来"大法官"作成"释字第710号解释",其针对强制大陆地区人民出境,乃同时揭示"宪法"第10条的居住迁徙自由与第8条的人身自由,相较于案情雷同、作成时间仅差距5个月的"释字第708号解释"只揭示"宪法"第8条的人身自由,在"解释理由书"第3段中更明确指出:"外国人并无自由进入我国国境之权利",说明"大法官"采取内外有别的见解。①

(四) 本文评析

综合解释上述"宪法增修条文",前言②所谓的"国家"只能解释为主权范围涵盖台湾地区与大陆地区的"中华民国",乃"1912年建立并且延续至今者",③唯其实际治权范围仅限于台湾地区,亦即条文所谓的"自由地区"。其实,"宪法增修条文"第11条授权立法者对大陆地区人民涉台的权利得制定特别规定,在逻辑上,已经等于承认大陆地区人民在与台湾事务有关联的基本权范围内,享有台湾地区"宪法"基本权的权利能力。④盖大陆地区人民若属于外国人,则又何须授权立法者制定特别规定。上述多号"大法官解释"所持见解(尤其最近的"释字第710号和释字号712号解释",在"解释理由书"中都不约而同地提到"在两岸分治之现况下"更具象征意义)也在有权解释上界定两岸目前仍处于"一个国家,两个地区"的关系。大陆地区人民仍为"中华民国国民",若以"自由地区"为界,也

---

① 台湾地区"立法院"于2014年6月18日修正通过"行政诉讼法",增订了第二编第四章的收容声请事件程序。其修订理由为:"鉴于'宪法'第八条及《公民与政治权利国际公约》第九条对于人身自由保障之要求,同时为了恪遵'释字第708号与第710号解释'宣告'入出国及移民法'及'台湾地区与大陆地区人民关系条例'未赋予受暂时收容人实时之司法救济、逾越暂时收容期间之收容、非由法院审查之收容决定,均违反'宪法'第8条第1项保障人民身体自由之意旨……"明确响应了"大法官"对于大陆地区人民人身自由和居住迁徙自由的保障要求。

② 宪法前言或因带有宣言的性质,其规定方式有异于本文,但各国多承认其具有法的意义与效力。台湾地区"释宪"实务上曾有积极肯定"宪法"前言得直接作为依据者,例如"大法官释字第3号解释"。详请参阅汤德宗:《论宪法前言之内容及性质》,(台湾)《宪政时代》1980年第5卷第4期,第83—91页。

③ 相同见解,参阅苏永钦:《宪政主义与国家认同》,载于《走入新世纪的宪政主义》,台北:元照出版公司2002年版,第158页。不同见解,参阅许宗力:《两岸关系法律定位百年来的演变与最新发展》,载于《宪法与法治国行政》,台北:元照出版公司1999年版,第245—249页。

④ 参见许宗力:《基本权主体》,(台湾)《月旦法学教室》,2003年第4期,第82页。

只能以"特殊本国人"视之。①

然而，从"宪法增修条文"和"大法官解释"导出所谓"一国两区"的两岸定位，学界不乏反对意见。但考其见解，乃多从国际法上关于国家的组成要素——进行检视，而谓："一国两区"所称的"地区"不具有任何法律层次上的意义。② 本文认为，"一国两区"在"宪法增修条文"的规范下，并非毫无法律效果。尤其"增修条文"第11条以"自由地区"与"大陆地区"相互对应，乃隐含大陆地区仍属非"自由地区"的寓意；台湾作为"自由地区"，在"增修条文"第5条第5项引进"防卫性民主"，③ 并经"释字第499号解释"将本项所称"自由民主之宪政秩序"拉高位阶，解为台湾地区"宪法"第1条的"民主共和国原则"、第2条的"国民主权原则"、第2章的人民权利保障以及权力分立制衡等具有本质重要性的"宪法"整体基本原则所形成者，乃现行"宪法"赖以存立之基础，凡"宪法"设置之机关均有遵守之义务，④ 更凸显其规范意义。立法者依据"增修条文"第11条，针对两岸事务制定特别规定时，自不得违逆之。

四、限制大陆地区人民权利的"宪法"基础

如上所述，依据"宪法增修条文"，以及指标性的"大法官解释"，大陆地区人民仍为"本国人"，得作为基本权的主体；各个人权条款，以及与其保障息息相关的法律保留、明确性、比例原则等等，皆有其适用。至此，尚与台湾地区人民不分轩轾。证诸"大法官解释"，举凡"释字第454号解释"援用法律保留原则；"释字第497、521、558、618和712号解释"援用比例原则；"释字第710号解释"援用正当法律程序原则，均属明证。不

---

① 不同见解，参阅黄昭元：《两国论的宪法分析——宪法解释的挑战与突破》，载于《"两国论"与台湾"国家"定位》，台北：学林出版社2000年版，第24、32—33页。

② 参见许宗力：《两岸关系法律定位百年来的演变与最新发展》，载于《宪法与法治国行政》，台北：元照出版公司1999年版，第249页。

③ 参见吴庚、陈淳文著：《宪法理论与政府体制》，台北2013年自版，第635页；陈英黔：《从法的观点论"特殊的国与国的关系"》，载于《"两国论"与台湾"国家"定位》，台北：学林出版社2000年版，第69页。其实，能否单从"增修条文"第5条第5款和"释字第499号解释"中导出具有宪法拘束力的所谓防卫性民主的整体决定，仍不无讨论空间。关于德国法制上的论证，请参阅陈英黔：《防卫性民主与政党禁止》，台湾大学法研所硕士论文，1992年6月，第97—122页。

④ 参见台湾地区"司法院大法官释字第499号"解释文第2段末。

仅实务如此，学界亦多持相同见解。①

　　但依"增修条文"第 11 条，两岸事务得以法律为特别规定；若无必要，即不得为之。本文归纳"大法官"在涉及两岸事务的"解释"中曾经明确阐释过法令的制定目的的，计有 5 号，包括"释字第 497 号解释"揭示："确保台湾地区安全与民众福祉"；"释字第 521 号解释"理由书第 3 段揭示："基于维护安全及经济贸易正常发展等政策目的，得禁止或限制与特定国家或地区之贸易"；"释字第 558 号解释"揭示："唯为维护安全及社会秩序，人民入出境之权利，并非不得限制"；"释字第 618 号解释"第 2 段揭示："为确保台湾地区安全、民众福祉暨维护自由民主之'宪政'秩序，所为之特别规定，其目的洵属合理正当"；"释字第 712 号解释"理由书第 4 段揭示："乃制定系争规定，以确保台湾地区安全及社会安定，核属维护重要之公共利益，目的洵属正当。"

　　上述"各号解释"，以"释字第 618 号解释"同时揭示了"确保台湾地区安全""确保民众福祉"和"维护自由民主之宪政秩序"三者，最为全面。而且，相较于"确保台湾地区安全与民众福祉"规定于"两岸人民关系条例"，最终须借台湾地区"宪法"第 23 条的公益条款来"合宪化"，所谓"自由民主之宪政秩序"身居"宪法"位阶，乃"增修条文"第 5 条第 5 项所明定解散"违宪"政党的构成要件，并与"增修条文"第 11 条所界定的"自由地区"相互联结，且经"释字第 499 号解释"解为"修宪"的界限；学者更以"宪法"价值体系视之，不但将成为"宪法""解释"的原则，② 亦得作为限制基本权的基础。③ 其相较于台湾地区"宪法"第 23 条的公益条款，乃"特别法"，必须优先适用。虽然可能因此受限的人权种类

---

　　① 参见李念祖：《两岸人民关系条例中三项基本宪法问题初探》，（台湾）《理论与政策》1992年第 7 卷第 2 期，第 116—119 页；姚立明：《两岸关系法制的宪法界限》，（台湾）《宪政时代》1992 年第 17 卷第 4 期，第 12—15 页；朱武献：《两岸关系法制合宪性之界限》，（台湾）《宪政时代》1992 年第 17 卷第 4 期，第 25—26 页。

　　② 李惠宗教授引用"释字第 499 号解释"，指出"解释文中所称作为'宪法整体基本原则之所在'之'具有本质之重要性的宪法条文'，即为'宪法'的价值体系"，并且从中推导出"宪法"基本价值体系计有下列四种功能。其一，作为发掘新种类基本权的原动力；其二，作为"宪法""解释"的指导方针；其三，作为组织建构的指导方针；其四，作为"修宪"的界限。但却未明确指出其得作为拘束基本权的"宪法"基础。详请参阅李惠宗：《谈"宪法"的价值体系——评"释字第四九九号解释"及第六次"宪法增修条文"》，（台湾）《月旦法学杂志》2000 年第 61 期，第145—147 页。

　　③ 参见陈英钤：《防卫性民主与政党禁止》，台湾大学法研所硕士论文，1992 年 6 月，第75 页。

尚不完全确定，但可以确定的是，其不仅在台湾内部发生拘束力，在面对大陆地区时，亦将作为两岸互动的准绳，同时，亦得作为加诸大陆地区人民特别限制的"宪法"基础。因此，在论及大陆地区人民的基本权保障时，殊有必要说明之。主要必须厘清两个重点：其一，除了结社自由之外，哪些基本权可能因此受限或者受惠？其二，为实现"自由民主之宪政秩序"而加诸大陆地区人民特别限制时，其"宪法"界限为何？兹说明如下：

（一）在"自由民主之宪政秩序"的实践下，哪些基本权可能因此受限或受惠？

台湾地区"宪法增修条文"第 5 条第 5 项规定"违宪"政党的解散，原只限制人民政治性结社自由，唯其所称"自由民主之宪政秩序"经"释字第 499 号解释"加持后，已经位居"宪法"的整体指导原则。从中，也意味着所有基本权都有可能在此指导原则的实践下受到影响，不以结社自由为限。

以德国为例，学者归纳所谓"自由民主之宪政秩序"对于基本权所发生的影响，计有五种类型：其一，价值拘束的民主：1. 人性尊严（§1），2. 修宪界限（§79）；其二，忠诚义务：1. 教师忠诚义务（§5Ⅲ），2. 法官忠诚义务（§98Ⅱ），3. 公务员忠诚义务，4. 一般人忠诚义务；其三，政治性自由的限制：1. 基本权失效（§18），2. 违宪社团禁止（§9Ⅱ），3. 违宪政党禁止（§21Ⅱ），4. 宪法保护局（§87Ⅰ）；其四，对于自由民主基本秩序急迫危险的防卫（§91）；其五，人民抵抗权（§20Ⅳ）。[①] 其中，从忠诚义务和政治性自由的限制这两种类型所投射出去的基本权限制至为广泛。当中，基本权失效这种形态，其透过禁止言论自由、出版自由、讲学自由、集会自由、结社自由、秘密通讯自由、财产权等基本权的滥用来防卫自由民主之"宪政"秩序遭到攻击，所可能限制的基本权可谓林林总总。

反观台湾的"大法官解释"，有提及"自由民主之宪政秩序"者，举凡有"释字第 381、445、499、618 和 644 号解释"。其中"释字第 445、618和 644 号解释"与本文主题关联性较强，有必要节录其关键部分，说明如下：

[①] 参见陈英黔：《防卫性民主与政党禁止》，台湾大学法研所硕士论文，1992 年 6 月，第 77—97 页。

　　"释字第 445 号解释"理由书回应台湾法务主管部门代表行政机构表达的意见,[①] 指出:"所谓'主张共产主义或分裂国土'原系政治主张之一种,以之为不许可集会、游行之要件,即系赋予主管机关审查言论本身的职权,直接限制表现自由之基本权。虽然'宪法增修条文'第五条第五项规定:'政党之目的或其行为,危害中华民国之存在或自由民主之宪政秩序者为违宪。'唯政党之组成为结社自由之保障范围,且组织政党既无须事前许可,须俟政党成立后发生其目的或行为危害'中华民国'之存在或自由民主之宪政秩序者,经'宪法'法庭作成解散之判决后,始得禁止,现行法律亦未有事前禁止组成政党之规定。相关机关'内政部'以'集会游行法'第四条与'宪法增修条文'第五条上开规定相呼应云云,自非可采。"明显看出"大法官"并不否定从自由民主之"宪政"秩序可以导出"不得主张共产主义及分裂国土"的限制,但以此作为是否许可集会游行的要件,乃因涉及事前审查而有违"宪法"保障集会、游行参与者之政治上意见表达之自由;但若其主张于社会秩序、公共利益有明显而立即危害的事实时,则仍可限制之。[②] 在"本号解释"中,"自由民主之宪政秩序"所限制的是集会(游行)与政治性表意自由。

　　"释字第 644 号解释"理由书第 5 段末除了延续上述"释字第 445 号解释"言论事前审查"违宪"的基调之外,更明确指出:"所谓'主张共产主义,或主张分裂国土'原系政治主张之一种,以之为不许可设立人民团体之要件,即系赋予主管机关审查言论本身之职权,直接限制人民言论自由之基本权利。虽然'宪法增修条文'第五条第五项规定:'政党之目的或其行为,危害中华民国之存在或自由民主之宪政秩序者为违宪。'惟组织政党既无须事前许可,须俟政党成立后发生其目的或行为危害'中华民国'之存在或自由民主之宪政秩序者,经'宪法'法庭作成解散之判决后,始得禁止。"在"本号解释"中,"自由民主之宪政秩序"所限制的是结社自由与言论自由。[③]

---

　　① 当时台湾法务主管部门代表行政机构表示:"惟衡诸两岸关系,中共对我之'敌对'状态并未消除,其以'武力威胁''飞弹恫吓'之危险仍然存在,为维护国家安全及社会秩序,对于集会、游行所涉及有关国家安全之言论因可能产生内部不安,自有限制必要。主张共产主义与分裂国土之集会、游行,危害'中华民国'之存在或'自由民主之宪政秩序',参照'宪法增修条文'第五条第五项之规定意旨,应不受'宪法'保障。"参见台湾地区"司法院大法官释字第 445 号解释"理由书。
　　② 参见台湾地区"司法院大法官释字第 445 号解释"理由书。
　　③ 参见台湾地区"司法院大法官释字第 644 号解释"理由书第 5 段末。

"释字第 618 号解释"第 2 段揭示："2000 年 12 月 20 日修正公布之'两岸人民关系条例'第 21 条第 1 项前段规定，大陆地区人民经许可进入台湾地区者，非在台湾地区设有户籍满 10 年，不得担任公务人员部分，乃系基于公务人员经任用后，即发生公法上职务关系及忠诚义务，其职务之行使，涉及公权力，不仅应遵守法令，更应积极考虑'国家'整体利益，采取一切有利于'国家'之行为与决策；并鉴于两岸目前仍处于分离之状态，且政治、经济与社会等体制具有重大之本质差异，为'确保台湾地区安全、民众福祉暨维护自由民主之宪政秩序'，所为之特别规定，其目的'洵属合理正当'。基于原设籍大陆地区人民设籍台湾地区未满十年者，对自由民主'宪政'体制认识与其他台湾地区人民容有差异，故对其担任公务人员之资格与其他台湾地区人民予以区别对待，亦属'合理'，与台湾地区'宪法'第 7 条之平等原则及'增修条文'第 11 条之意旨'尚无违背'。"在"本号解释"中，自由民主之"宪政"秩序所限制的是服公职基本权。

综观上述，德国在自由民主之"宪政"秩序的实践下所可能影响的基本权范围相当广泛，而且其除了对基本权造成限制之外，依其宪法法院的见解，却也有可能强化，甚至嘉惠某些基本权，例如基本法第 1 条的人性尊严，以及保障公民平等行使选举权。① 反观台湾，征诸上述"解释"，"大法官"仅揭示了集会、结社自由、言论自由和服公职基本权四者，范围相对局限于政治性表意自由和广义参政权，而且仅有因自由民主"宪政"秩序而限制基本权的状况，尚无因此而强化甚至嘉惠基本权的情形出现。

（二）为实现自由民主之"宪政"秩序而加诸大陆人民特别限制，其"宪法"界限为何？

就此，"释字第 618 号解释"特别值得关注。其相较于"释字第 445 和 644 号解释"，乃直接针对原来设籍于大陆地区的人民所作成，必须说明以下三点：

1. 对于大陆地区人民加诸特别限制，仍须适用法律保留原则。

"本号解释"文第 2 段揭示："为确保台湾地区安全、民众福祉暨维护自由民主之宪政秩序，所为之特别规定，其目的洵属合理正当。"这明显是在

---

① 参见陈英黔：《防卫性民主与政党禁止》，台湾大学法研所硕士论文，1992 年 6 月，第 78、129 页。

"增修条文"第 11 条"得以法律为特别之规定"的基础上进行论述的，乃有意体现条文当中所称的"特别"与"法律"，强调对于大陆地区人民加诸特别限制既须有为"确保台湾地区安全、民众福祉暨维护自由民主之宪政秩序"的目的，又须以法律定之，亦即仍须适用法律保留原则。从中，亦可谓其"宪法"依据已经从第 23 条移到"增修条文"第 11 条。至于"释字第 443 号解释"所建构的层级化保留体系是否同样有其适用，有待观察。

2. 对于大陆地区人民加诸特别限制，仍须适用台湾地区"宪法"第 23 条的比例原则。①

相对于法律保留原则所体现的形式意义的法治，实质意义的法治特别重视法的内容能否实现正义，以及基本权的保障，②"宪法"平等原则及比例原则主要拘束立法者，尤其能够彰显这个面向。其实，"大法官"动用比例原则审查大陆人民权利限制的必要性的，除了"释字第 618 号解释"之外，尚有"释字第 497、558、710 和 712 号解释"。综观以上 5 号"解释"，其"宪法"基础都摆在台湾地区"宪法"第 23 条。换句话说，"两岸人民关系条例"第 1 条或者以上"各号解释"所揭示的"确保台湾地区安全与民众福祉"都必须转化到"宪法"第 23 条的"防止妨碍他人自由""避免紧急危难""维持社会秩序"和"增进公共利益"4 个公益条款中，再操作适宜性、必要性和狭义比例性等派生原则。由于 4 个公益条款抽象性颇高，"解释"操作难度不大；唯所谓"自由民主之宪政秩序"已经高居"宪法"位阶，与 4 个公益条款平起平坐，但"大法官"却未将其置于"宪法"第 23 条之外，在"宪法"解释论上如何自圆其说，仍有待观察。

3. 比例原则在两岸事务上的审查密度偏低

先须说明，审查密度有异于审查基准，系指宪法法院运用审查基准对于作为审查对象的规范，所采取的宽严不同的判断尺度。③ 因此，探讨审查密

---

① 李念祖教授亦主张："'两岸人民关系条例'相关规定是否符合'宪法'第二十三条之规定，亦须加以讨论"；"增修条文第 11 条，应系指授权法律得立法针对台湾地区与大陆地区人民的权利义务关系为合理而必要的差别待遇而言，而构成'宪法'第七条的特别规定"；"立法者虽然可以根据两岸现况，以地域作为区别人民权利义务的标准，但非谓立法者如此立法，即可完全不受'宪法'第二十三条的限制"。参阅李念祖：《两岸人民关系条例中三项基本宪法问题初探》，（台湾）《理论与政策》1992 年第 7 卷第 2 期，第 117 页。

② 参见法治斌、董保城：《宪法新论》，台北元照出版公司 2010 年版，第 47 页，第 64—65 页。

③ 参见吴庚、陈淳文著：《宪法理论与政府体制》，台北 2013 年自版，第 639、646 页。

度须先设定所欲考察的审查基准为何。于此，乃是在比例原则这个审查基准上探讨所谓的审查密度。至于比例原则在两岸事务上的审查密度，应该是偏向低度的。首先，"释字第 475 号解释"揭示："人民之自由权利固受'宪法'之保障，惟基于公共利益之考虑及权衡个人私益所受影响，于符合'宪法'第二十三条之要件者，立法机关得以法律为适当之限制。"这仅要求立法者权衡公益与私益，明显属于低度审查。其次，"释字第 618 号解释"提到，系争规定要求原设籍大陆地区人民须在台湾地区设有户籍满 10 年作为担任公务人员的要件，实乃考虑原设籍大陆地区人民对"自由民主宪政"体制认识之差异，及融入台湾社会需经过适应期间，且为使其担任公务人员时普遍获得人民对其所行使公权力之信赖，尤需有长时间之培养，系争规定以 10 年为期，其手段仍在必要及合理之范围内，"立法者就此所为之斟酌判断，尚无明显而重大之瑕疵，难谓违反'宪法'第二十三条规定之比例原则"。不难看出，"大法官"将原本用来判断行政处分无效的所谓"重大明显瑕疵说"引进到法律是否符合比例原则的审查上，其审查密度依然偏低。近来，"释字第 712 号解释"于其理由书第三段指出："鉴于两岸关系事务，涉及政治、经济与社会等诸多因素之考虑与判断，对于代表多元民意及掌握充分信息之立法机关就此所为之决定，如非具有明显之重大瑕疵，职司法律'违宪'审查之'释宪'机关固宜予以尊重（'本院释字第 618 号解释'参照)。"可见，本号"解释"完全承袭"释字第 618 号解释"的审查密度。综合以上 3 号"解释"，充分显示"大法官"在两岸事务上操作比例原则时，其审查密度偏低，特别尊重立法机构。

五、结语

综合以上论述，本文认为，大学生参选学生会会长，乃台湾地区"宪法"第 22 条所保障的受教权，并非第 17 条所保障的被选举权。陆生在"宪法增修条文"与指标性"大法官解释"对于两岸关系的定位下，仍为"本国人"，得作为"中华民国宪法"基本权的主体。但"宪法增修条文"第 11 条以"自由地区"界定台湾地区，对比于大陆地区，其间传达出"修宪"者有意透过所谓"自由民主之宪政秩序"来拘束两岸互动。为此，人民的基本权自有可能因此受限，大陆地区人民自不例外。相较于同样采取防卫性民主的德国，台湾截至目前，不但受限范围仍局限于政治性表意自由和服公职基本权，而且也尚无因此受惠的例子。

但本文认为，大学是学生学习民主法治以及社会生活的重要阶段，台湾地区"大学法"第33条第2项规定："大学应辅导学生成立由全校学生选举产生之学生会及其他相关自治组织，以增进学生在校学习效果及自治能力。"这充分体现了大学有义务辅导甚至鼓励学生透过选举产生学生会，包括积极参选会长，借以增进其在校学习效果。对于台湾地区大学生尚且如此，若再观乎"释字第618号解释"以"原设籍大陆地区人民对自由民主宪政体制认识之差异"为由，肯定"两岸人民关系条例"第21条要求在台设籍满10年者，方能担任公务人员的规定，则对于陆生不但不该加诸限制，反而更该鼓励他们参与学生自治组织，甚至参选会长，强化其对于"自由民主宪政体制"的认识。尽管学生会会长确实有其职权，但毕竟只涉及学生与校园事务，并非"国政"，尚非防卫性民主所重兵设防者，反而应该站在教育的立场上，增加陆生见习"自由民主宪政体制"的机会。换句话说，姑且不论"确保台湾地区安全"与"确保民众福祉"，若单从"维护自由民主之宪政秩序"来说，反而将会获致鼓励陆生参选台湾地区大学学生会会长的结论。

但因学生自治属于大学自治的范围，在前揭"宪法"界限中，偏向形式意义法治的法律保留原则按"释字第563和第626号解释"，并无适用余地。至于偏向实质意义法治的比例原则与平等原则，"释字第626号解释"显示平等原则仍有其适用，[①] 但比例原则在该两号"解释"中均未提及，唯"释字第563号解释"揭示："大学对学生所为退学之处分行为，关系学生权益甚巨，有关章则之订定及执行自应遵守正当程序，其内容并应合理妥适。"尽管未以台湾地区"宪法"第23条为依据，但其所谓内容并应合理妥适，在实质上应该接近比例原则的审查。不过，学生会会长"选举罢免法"是由学生议会（或者代表大会）所通过，"释字第712号解释"以立法机构代表多元民意并且充分掌握信息所建立的低度审查能否加以沿用，恐怕仍有讨论空间。

---

① 参见台湾地区"司法院大法官释字第626号"解释理由书第5段。

台湾地区人民观审制改革进展述评

孙志伟*

从 2010 年开始，"人民观审制度"逐步成为台湾地区法学法律界的热烈议题。按照台湾刑事诉讼法学者王兆鹏的说法，2011 年"刑事程序法最重大的讯息为'司法院'拟推动'观审制'"。[1] 4 年过去了，围绕观审制的争议不仅没有停息，反而有愈演愈烈的趋势，说它是目前台湾讨论最热烈的"司法改革"议题也不过分。从力推改革的"司法院"，到民间团体、学者，乃至普通大众，纷纷参与其间献计献策。为了给观审制改革积累经验，"司法院"于 2012 年 2 月制定士林地方法院及嘉义地方法院办理模拟法庭，于 2014 年 2 月增列基隆地方法院及高雄地方法院，后又于 2015 年 1 月增列宜兰地方法院及花莲立方法院。每场模拟法庭结束后，均会邀请各界人士进行研讨。到目前为止，除台湾地区"司法院"外，"立法委员"田秋堇等人提出"陪审团法草案"、"立法委员"吴宜臻等人提出"国民参与刑事审判法草案"、"立法委员"柯建铭等人提出"国民参与刑事审判法草案"等提案。但到目前为止，包括"司法院"提案在内的上述提案均未被"立法院"通过。

无独有偶。在大陆行之有年的人民陪审员制度也在近年迎来了改革的契机。2013 年 9 月 17 日，安阳市中级人民法院公开开庭审理了一起故意杀人案。与以往不同，在旁听席上，由人大代表、政协委员、人民陪审员、律师代表、媒体代表和群众组成的人民观审团在前排就座。法庭经过审理，在听取了人民观审团的量刑意见后，当庭做出了判决。[2] 试行近一年，人民观审团机制取得了较好的社会效果。据称，在人民观审团参与的 42 件已结案件

---

* 作者系西南政法大学诉讼法与司法改革研究中心博士研究生。

① 王兆鹏：《2011 年刑事程序法发展回顾》，（台湾）《台大法学论丛》2012 年第 41 卷特刊，第 1577 页。

② 武建玲：《安阳中院试水人民观审团机制》，《郑州日报》2013 年 9 月 18 日。

中，被告人均表示服判不上诉，服判息诉率100%，抗诉率、涉诉信访率均为零。①

此外，为贯彻落实党的十八届三中、四中全会关于人民陪审员制度改革的部署，最高人民法院与司法部联合印发《人民陪审员制度改革试点方案》（法2015100号）。该方案于4月1日经中央全面深化改革领导小组第11次会议审议通过。4月24日，十二届全国人大常委会第十四次会议做出授权在部分地区开展人民陪审员制度改革试点工作的决定，确保改革于法有据。5月20日，最高人民法院与司法部联合发布《人民陪审员制度改革试点工作实施办法》。该方案就人民陪审员制度改革试点做出部署，着力通过改革完善人民陪审员制度推进司法民主，促进司法公正，保障人民群众有序参与司法，提升人民陪审员制度公信度和司法公信力。

本文拟先介绍观审制的内涵及提出背景，在此基础上揭示台湾观审制改革的主要内容，之后探讨台湾地区的观审制改革对河南正在推行的人民观审团机制的借鉴意义。

一、台湾地区人民观审制改革的缘起

"观审"是台湾地区现任"司法院长"赖浩敏在被马英九提名为"司法院长"并接受"立法院"对其任职进行审查时提出的概念。在向"立法院"做的口头报告中，赖浩敏指出，当前司法目标，不再是排除不当政治干预，而是如何赢得普通民众信任。改革必须从普通民众角度看问题及解决问题，在程序上要开放社会参与，他的建议就是引进"观审"制度。也就是让普通民众参与审判过程，甚至在评议时发表意见，为专业法官判决提供参考。观审制实施效果，也将作为台湾是否采行参审制度的参考。② 赖浩敏的观点甫一抛出，学界纷纷表示不解，认为"此制在司法院长上任前，闻所未闻，理论不曾探讨，外国几无实践"。③

其实"观审"一词在清末就已出现。按《中英五口通商章程》及其后

---

① 张亮、赵红旗：《人民观审团参审防止冤假错案》，《法制日报》2014年8月13日。

② 《引进观审制度，致力司法改革》，http://www.chinareviewnews.com，2015年12月6日访问。

③ 王兆鹏：《2011年刑事程序法发展回顾》，（台湾）《台大法学论丛》2012年第41卷特刊，第1577页。

一系列不平等条约，涉外诉讼一般由被告一方国家司法管辖。在外国人是原告时，1876 年《中英烟台条约》第二端第三款规定了原告所属国领事官员可以"赴承审官员处观审"，有不同意见"可以逐细辩论"的"观审"制度。也就是说如果观审官员认为审判、判决有不妥之处，有权提出新证据，再传原证，甚至参与辩论。当然，"司法院"所采行的观审制与不平等条约下的观审有实质区别，但是通过审理，引入监督者来防止法官滥权这点，却有共通性。①

根据台湾地区"司法院"官方网站的解释，"司法院构思中的人民观审制度，是让经由一定程序选出的人民担任'观审员'，针对一些重罪案件，从头到尾全程参与'第一审'法院的审判程序，观审员在法官下判决结论时，虽没有参与表决，但可以表示意见，提供法官下判决时的参考"。② 具体而言，观审制主要包括以下四个方面的内容：（1）观审的主体是依据一定程序选出来的普通民众；（2）观审制仅适用于一些重罪案件；（3）观审制的程序是由观审员全程参与第一审法庭审判程序；（4）观审员有权在审判结束时表达观审意见，供法官判决时参考。如果法官不采纳观审员的意见，应当在判决书中说明理由。

为什么赖浩敏要引进观审制呢？

首先，台湾民众对司法的不信任是提出观审制的最主要的动因。最近几年，台湾爆发了一系列的重大司法事件，司法受到前所未有的瞩目，司法公信力也跌至低谷。引爆台湾民众对司法不满的是 2010 年的两件性侵案件。由于法官量刑与公众期待的量刑相差甚远，上述案件中的法官被民众视为像恐龙一样思维脱节，脱离社会现实，因此被网友称为"恐龙法官"。屋漏偏逢连夜雨，法官群体偏偏在此时传出贪腐丑闻。台湾"司法院长"赖英照、"高等法院院长"黄水通也因此下野。接替赖英照任"司法院长"的就是赖浩敏。一方面是法院判决被认为"脱离社会现实"，另一方面是司法系统丑闻频传，导致民众对司法的信任连连走低。在 2011 年 5 月，由民间团体"群我伦理促进会"委托远见民调中心进行的"台湾信任调查"中，在 21 个社会角色中，法官排名第 16，警察排名第 12。法官的排名仅比民意代表、

① 《观审制可以抑制法官专断？》，http：//www. nownews. com/2011/07/02/142 - 2724406. htm，2015 年 12 月 6 日访问。

② 台湾"司法院"官方网站，2015 年 12 月 6 日访问。

外来劳工、名嘴和命理师高。主持民调的许士军教授表示："司法是正义最后一道防线，法官不受信任是很危险的事。"① 可以说，"司法院"正、副长官赖浩敏、苏永钦正是在民众不信任司法的大背景下上台的。因此上任伊始，即力推观审制改革，希望通过观审制的推进，提升民众对司法的信任。正如"人民观审试行条例草案"（以下简称"草案"）条文说明所言："借由观审员之参与，……提升人民对司法之信赖。"②

其次，日本、韩国近年国民参与审判制度的立法是观审制提出的外部原因。日本 2004 年通过立法引入裁判员制度，并于 2009 年正式施行。裁判员制度也曾面临宪法争议，但 2011 年 11 月 16 日，日本最高法院大法庭做出裁判员制度合宪判决，为此一争论画上句号。"就裁判员制度适用情形，一般的评价皆认为开始运作情况大致良好。……媒体对裁判员制度的评论，也多属积极、正面"。③ 与台湾类似，韩国引入国民参与裁判制度的背景也是因为长期以来民众对司法的不信任。④ 2007 年韩国颁布了《国民参与刑事审判法》，并赶在日本之前，于 2008 年施行。根据韩国学者的说法："国民参与裁判系将英美法系陪审制与大陆法系参审制混合并加以修正而制定之模式，除陪审员之评议结果仅具劝告效力外，其余整体模式已趋近于陪审制。"⑤ 台湾地区与日本、韩国法律体系均继受自欧美，且经济、法治发展水平相近。而日本、韩国相继于近年引进国民参与审判制度，在给台湾提供制度借鉴的同时，也无形中给台湾以压力。"司法院"也承认"构思中的人民观审制度，其原型近似于德国、日本的参审制，但也有若干韩国制的精神。"⑥

---

① 《台湾信任调查 民众最信任家人朋友》，http：//www.fjsen.com/b/2011 - 05/31/content _ 4701367 _ 3.htm，2015 年 12 月 6 日访问。

② "人民观审试行条例草案"第 1 条条文说明。

③ 林裕顺：《国民参审"法官职权"变革研究——兼论"高法院 2012 年度第二次刑庭决议"司改契机》，（台湾）《月旦法学杂志》2013 年第 217 期，第 144—147 页。

④ 目的不同自然会引发制度设计不同，依照对韩国国民参与审判制度有深入了解的日本学者今井辉幸的看法，日韩国民参与裁判制度最具代表性的差别在于日本裁判员制度适用的案件范围广，且裁判员对案件有决定权。参见今井辉幸：《日本的裁判员制度——施行三年期间的实况与课题》，张永宏译，（台湾）《月旦法学杂志》2013 年第 217 期，第 189 页。

⑤ 《韩国的国民参与裁判——以运作状况之评价及今后之课题为中心》，http：//www.judicial.gov.tw/revolution/judReform03.asp，2015 年 12 月 6 日访问。

⑥ "司法院刑事厅"：《"司法院"构思中人民观审制度 Q&A 进阶版》，（台湾）《军法专刊》2011 年第 6 期，第 203 页。

二、台湾地区人民观审制的主要内容

经"司法院"和"行政院"联合署名之后送"立法院"的"人民观审试行条例草案"共6章81条。主要包括以下内容。

（一）观审员及其选任程序

为何参与审判的民众被称为"观审员"？根据"草案"的说明："又参与审判之国民，亦应赋予正式名称，为表彰其国民之身份及所代表之社会常识，并与法官区别，爰称为'观审员'。"①"草案"同时规定了备位观审员制度。所谓备位观审员，是指视审理需要，在观审员不能执行其职务时，依序递补为观审员之人。观审员不能执行职务的情形包括观审员因疾病、重大事故而不能到庭，或观审员被法院解任、准予辞任等。

关于观审员及备位观审员的任职资格，"草案"规定须年满23岁，且在试行地方法院管辖区域内连续居住4个月以上。"草案"同时也规定了诸如被褫夺公权、被判处刑罚、有身体精神障碍或其他心智缺陷等情形，不得被选为观审员和备位观审员。另外，特定人员，如"立法"、行政、政党工作人员以及军人、警察、消防员等也被排除在外，前者是出于权力分立的考虑，后者则是因其工作性质与公众关系极为密切出于不影响公共利益的考虑。另外，因年龄、职业、生活、疾病因素，致执行观审员、备位观审员职务有明显困难的，可不被选任为观审员、备位观审员。

观审员与备位观审员的选任程序比较复杂。试行地方法院应于每年9月1日前，将所估算的次年度所需备选观审员人数，通知管辖区域内的"直辖市"、县（市）。后者于每年10月1日前，从辖区内具有符合观审资格者中，随机抽选出备选观审员，造册送交试行地方法院。接着由试行地方法院设立的审核小组进行审核。之后，试行地方法院应书面通知名册内的备选观审员，以便其事先知悉其有可能于第二年参与刑事审判并进行预先准备。在观审审判程序前，法院应从复选名册中，随机抽选出该案所需人数的候选观审员，并且做必要的调查，以审核其有无资格。之后法院应提前30日书面通知候选观审员在选任时到庭，并于观审员选任日期2日前，将应到庭的候

———————

① "人民观审试行条例草案"第3条条文说明。

选观审员名册送交检察官及辩护人。观审员选任时，法院应通知检察官、辩护人到庭，在必要时，也可让被告人到场。检察官或辩护人可以申请法院询问候选观审员。审判长认为适当时，也可以由检察官或辩护人直接询问候选观审员。当事人或辩护人，在上述程序后，还可不附理由申请法院不选任特定的候选观审员，但双方各不得逾 3 人。经过之前遴选程序，再由法官抽签抽选 5 名观审员。在法院认为有必要时，再抽签抽选一定人数的备位观审员，编定其递补序号。

（二）观审法庭组成及适用案件类型

观审审判之案件，由法官 3 人及观审员 5 人组成观审法庭。法官 3 人观审员 5 人的组合是为了排除极端偏执或具有主观偏见的人发挥决定性影响，对这类人进行"稀释"，以"反映人民健全社会常识"。[①]

观审审判一般适用于下列案件的一审审判：可能判处 7 年有期徒刑的案件；除前款情形外，故意犯罪因而致人于死者。但少年刑事案件，依"少年事件处理法"规定，应由少年法院（庭）审判，故将少年刑事案件排除。"故意犯罪因而致人于死者"，因所造成的社会影响很大，也适用观审审判。一言以蔽之，观审适用于重大案件。为何在重大案件中适用观审制度？根据"司法院副院长"苏永钦的解释，原因有二：一是重大案件容易引起社会瞩目与关切，由民众参与审判，能增进司法透明与普通民众信赖；二是 3 名法官加上 5 名观审员，准备程序精致，审判及评议程序慎重，适用于刑度较重、通常争议较大的案件，符合"疑（重）案慎断"的诉讼原则。[②] 观审制适用的一般是比较重大的案件，观审制下直接言辞原则贯彻较为彻底，这些都使得辩护人变得必要。因此，观审审判案件，被告人没有委托辩护人时，审判长应指定公设辩护人或律师为其辩护。但"草案"并未赋予被告人以程序选择权，因观审制被认为有助于提升民众对于司法的信赖、实现更良善妥适之审判，而非着眼于被告人权利的保障。[③]

---

① 林俊益、林信旭：《人民观审之建构（一）》，（台湾）《军法专刊》2012 年第 3 期，第 29—30 页。

② 苏永钦：《白玫瑰运动带给司法改革的启示——为什么要推动人民观审制》，2012 年 10 月 15 日，台湾中正大学法律学系 20 周年庆演讲。

③ "司法院刑事厅"：《司法院构思中人民观审制度 Q&A 进阶版》，（台湾）《军法专刊》2011 年第 6 期，第 207 页。

即使符合上述适用观审审判案件的规定，在诸如观审审判很难保证公正、观审员本人或其亲属受到生命财产等威胁、案件复杂或需要专业知识、根据案件情节不宜适用观审程序等情形下，法院可依职权或依申请，裁定不行观审审判。

（三）审判程序

考虑到观审员、备位观审员均从普通民众中随机抽选产生，与作为法律人的法官、检察官、律师相比，他们一般欠缺法律专业能力。这就使得审判简明易懂成为必要，使得防止观审员、备位观审员产生预断偏见成为必要。鉴于观审员、备位观审员来自各行各业，也不可能在审判上耗费太多时间，使得审判集中迅速成为必要。"草案"因此做出一系列的规定。

在准备程序中"草案"规定了争点整理程序。但考虑到观审员一般欠缺专业训练，事先接触案卷，可能先入为主，不利于案件的公正审理，观审员不能参加准备程序。而为尽量避免观审法庭的法官与观审员间产生信息落差，故准备程序虽应由法官进行，但仅由受命法官参与，以尽量减少观审法庭法官事先接触卷证的机会。但"司法院"与"行政院"就法官是否可以在准备程序中排除证据存在争议。"司法院"认为可以。第一，防止庭审过程中，观审员、备位观审员接触无证据能力及有无证据能力不明之证据，造成心证污染，影响事实认定的正确性。第二，防止因对上述证据的调查导致庭审拖延迟滞，造成诉讼效率低下。但"行政院"认为不可以。理由一，有违立法原意。"刑事诉讼法"第158条之四规定采权衡原则，并非绝对排除其证据能力。若要求法院必须在准备程序中就裁定有无证据能力，在无充分证据可供考虑的情况下，可以预见法院将一概认为该等证据均无证据能力，如此恐违反第158条之四的立法原意，对社会治安及公平正义，将会有不利影响。理由二，"草案"目前仅在数个地方法院试行，并未适用于全台湾。如因本条规定导致"刑事诉讼法"第158条之四无法适用，将造成试行观审制之法院，与未试行观审制之法院，适用不同的证据规则，而有违反"宪法"平等原则的可能。① "行政院"下辖"司法部"，负责管理检察官。一旦某项证据被排除，可能极大影响公诉效果，甚至导致败诉。因此，对法官在审前阶段拥有排除证据的权力十分抵触，寄希望于法官在审理之后，综

---

① "人民观审试行条例草案"第43条条文说明。

合全案"权衡利弊"保留证据。然而从"司法院"角度，希望通过观审制提振民众对司法的信息，自然不希望因允许某项证据"带伤上阵"并作为判决依据，而被观审员甚至民众诟病。并且，如果在观审法庭审理中，讨论是否排除某项证据可能拖延审判，也确实不利于诉讼效率。因此，无论是基于程序正义还是程序效率，"司法院"的说法都更有道理。但"行政院"更为强势。为了让"草案"通过，双方只好针对此条提出两个版本，留待"立法院"定夺。

观审员、备位观审员在第一次审判前，应进行宣誓，备位观审员经递补为观审员的，应另行宣誓。宣誓之后，审判长应向观审员、备位观审员说明观审审判程序的注意事项。如果在审判过程中，审判长认为有必要向观审员、备位观审员说明上述事项时，应当进行中间讨论。在审判长对被告尽告知义务后，检察官应向观审法庭说明待证事实、调查证据的范围次序及方法、证据与待证事实的关系等事项。被告、辩护人主张待证事实或申请调查证据的，应在检察官说明后，向观审法庭说明。观审员可以向审判长请求由审判长询问或讯问相关诉讼参与人。审判长认为适当时，可以由观审员直接发问。调查证据完毕后，依照检察官、被告、辩护人顺序分别就事实及法律问题进行辩论。最后再对刑事责任问题进行辩论。

（四）评议程序

一般情况下，辩论终结后，即开始终局评议。为使观审员之意见陈述能区分为"事实之认定、法律之适用"与"量刑"两个阶段，以利观审员能区分"定罪""量刑"两者差别，有条理、严谨地陈述其意见，并给予法官另行评议以决定是否采行观审员多数意见的机会，"草案"将终局评议区分为六个阶段。根据"草案"，终局评议顺序如下：一、观审法庭就事实之认定、法律之适用讨论；二、观审员就事实之认定、法律之适用陈述意见；三、法官就事实之认定、法律之适用评议；四、法官评议认被告有罪时，观审法庭就量刑讨论；五、观审员就量刑陈述意见；六、法官就量刑评议。观审法庭讨论时，应由法官及观审员全程参与，并以审判长为主席。为免法官在观审法庭讨论时，直接陈述意见，造成法律专业知识及审判经验远不及于法官的观审员附从法官之意见，以致无法自主、自由陈述其意见。"草案"规定观审法庭讨论时，审判长要给予观审员、法官充分的讨论机会。审判长认为有必要时，应当对有关证据问题和法律问题做出解释。

观审员陈述意见的程序由全体观审员参与讨论并选一人为主席，讨论次序以最年少者为先，至最年长者为终。此时法官一般不得在场。但过半观审员认为有必要时，法官可以到场做必要说明。观审员的意见应由书记官整理、制作意见书，经观审员确认无误后签名，书记官应当场宣读。之后审判长应依书记官制作的意见书，制作《终局评议之观审员多数意见书》，由持多数意见的观审员在确认无误后签名。观审员的多数意见，过半数就构成。如意见分三种以上，且都达不到半数时，将最不利于被告的意见顺次算入次不利于被告的意见，直到超过半数为止。

法官评议时，观审员不得在场。但法官认为有必要时，可以让观审员在场。法官对案件的评议，以法官全体过半数来决定，不受观审员多数意见的约束。但如果法官评议结果与观审员多数意见不同时，审判长要向观审员简要阐述理由。终局评议终结后一般应立即宣示判决。宣示判决，不管观审员、备位观审员是否在场，均有效力。观审法庭宣示的判决，由法官制作判决书并签名，且应记载本案经观审员全体参与审判。

传统上，民众参与刑事审判的方式，大体可以分为陪审制与参审制两种模式。但无论是陪审制还是参审制，都赋予了参与审判的普通民众以表决权。尽管这种表决权的外延不尽相同，但赋予非职业法官表决权仍可以视作陪审制与参审制的一个公约数。如此看来，尽管观审制也采取了类似陪审制的观审员选任程序、类似参审制的审判程序，但因为其只赋予了观审员以表意权，故既不属于陪审制，也不属于参审制。难怪王兆鹏教授会说，人民参与审判，在其他国家和地区有"陪审制""参审制"，台湾地区推出之"观审制"，与其他国家和地区的制度虽仅一字之别，但精神与意义却如天渊之悬。① 也难怪一些学者认为观审制"不伦不类非驴非马"，讽刺观审制在比较司法上"独步全球""举世罕见"。② 在上述学者看来，赋予民众表决权所体现的不仅是民众在审判中的参与程度，一定意义上也体现了执政机关希望民众参与裁判的"诚意"。

学者的"义愤"自有其原因。事实上，自托克维尔之后，以陪审制为代表的民众参与审判制度，就从司法制度"升格"为政治制度，从美国走

---

① 王兆鹏：《2011 年刑事程序法发展回顾》，（台湾）《台大法学论丛》第 41 卷特刊，第 1577 页。

② 王兆鹏、黄国昌、林裕顺：《是司法改革还是司法骗局?》，（台湾）《司法改革杂志》2011 年第 85 期，第 29 页。

向全世界，并伴随着各国反对专制的斗争走上神坛。然而，光环之下，我们却忽略了民众参与审判制度的另一个侧面。1812 年，德国刑法学家费尔巴哈在一篇名为《为陪审制而奋斗》的文章中提醒读者，关于陪审制度，必须区别两点：纯粹政治的观点和刑事法的观点。作为前者的陪审制，是宪法的一部分，这是为抵抗少数人专制并确保国家自由的手段；作为后者的陪审制，只不过是实现国家刑罚权的制度而已。[①] 或许，对台湾地区而言反对专制的斗争已经基本成为过去，当务之急是寻找一种更适合台湾地区的"实现刑罚权的制度"！有必要从对陪审制、参审制所蕴含的司法民主化的激情和迷思中解放出来，实事求是地以"技术员"的理性为台湾寻找一种真正适合台湾当下的民众参审制度。受制于台湾现阶段的"宪法"规范、强势的"行政院"、对司法强烈不满的民众，可以说"司法院"版本的观审制，是目前可能找到的成本最低的解决之道。

三、大陆人民观审团机制的主要内容

在台湾地区观审制改革如火如荼之时，大陆地区也紧随其后进行着类似的尝试。2013 年 5 月 6 日，最高人民法院常务副院长沈德咏在《我们应当如何防范冤假错案》一文中，提出"一些重大、疑难、争议较大案件的审判，可以考虑组织人大代表、政协委员、律师代表、媒体代表、基层群众代表组成观审团旁听观审，并以适当方式听取他们对案件处理的意见"。[②] 这是大陆司法实务界高层首次提出"观审团"这一概念。此后，2013 年 10 月 9 日，最高人民法院出台《关于建立健全防范刑事冤假错案工作机制的意见》，第 25 条规定："重大、疑难、复杂案件，可以邀请人大代表、政协委员、基层群众代表等旁听观审。"这一文件进一步将"观审"上升到国家司法解释的高度。正是在此背景下，河南省高级人民法院在 2013 年底，选择安阳市中级人民法院、郑州市二七区人民法院、许昌市魏都区人民法院进行试点。在总结试点法院经验基础上，2014 年 5 月 16 日，河南省高级人民法院出台《关于适用人民观审团机制的规定（试行）》（以下简称"规定"），

---

① 何赖杰：《从德国参审制谈司法院人民观审制》，（台湾）《台大法学论丛》第 41 卷 2012 年特刊，第 1198 页。

② 《我们应当如何防范冤假错案》，http：//www.chinacourt.org/article/detail/2013/05/id/954609.shtml，2015 年 12 月 10 日访问。

并要求全省法院开展人民观审团工作。"规定"共八章 36 条。主要包括以下内容：

（一）人民观审团成员资格及选任

关于人民观审团成员的任职资格，"规定"第 8 条要求须年满 23 周岁、初中以上文化程度、未受刑事处罚、身体健康、拥护《中华人民共和国宪法》的中国公民。但是国家立法机关、司法机关和行政机关的工作人员通常不能成为人民观审团成员。特别的，"规定"第 10 条赋予符合条件的人大代表、政协委员、人民陪审员、社会法官、律师、媒体记者以优先入选权。

至于人民观审团成员的选任方式，则采取推荐和群众自荐相结合的方式，由乡镇或街道办事处审核，基层法院审定后，统一颁发聘书。基层法院要组建人民观审团成员库，人数不低于 500 人。在人民观审团成员主动申请退出、无正当理由两次拒绝参加、违反法律、被追究刑事责任或出现其他不适宜担任人民观审团成员情形时，经基层人民法院查证，应当解聘。

法院应当保护人民观审团成员人身安全，并提供必要的后勤保障，发放适当的交通费及误餐补助费。

（二）适用案件类型及范围

适用人民观审团机制的，通常为刑事案件。但是某些重大、疑难、复杂的民事、行政案件和涉诉信访案件，也可以组织人民观审团参加庭审、听证。裁量权属于法院。即使刑事案件中，适用简易程序审理的案件、不公开审理的案件以及其他法院认为不适宜的，也不适用人民观审团机制。

可以组织人民观审团参加庭审的刑事案件，通常是重大、疑难、复杂的案件，包括：有较大社会影响、群众关注度高的；法律评判与社会评判可能出现重大偏差的；涉及群体性利益的；经评估认定当事人信访可能性较大的；被告人或其辩护人做无罪辩护，并提供一定证据或依据的；其他适宜人民观审团参加的。

（三）人民观审团参加庭审的程序

人民观审团案件的启动既可以是合议庭报告后主管院长批准，也可以是院长、副院长直接决定适用。在决定适用人民观审团机制审理案件后，合议庭还要事先征求公诉机关的意见。之后，法院从人民观审团成员库中随机抽取 15～20 人，并在审核是否存在回避情形及能否参加庭审等因素后，确定一个 7～13 人的单数名单。人民观审团成员的回避情形大致与法官相同。是否回避由合议庭决定。至迟在开庭 3 日前，法院要将拟定的人民观审团成员名单告知公诉机关、当事人及辩护人，并根据上述人员的异议进行调整。人民观审团名单确定后，合议庭要及时通知人民观审团成员开庭的时间和地点，通报案件有关情况，并将与本案有关的公诉书、辩护意见、裁判文书等的复印件发送人民观审团成员。

庭审前，人民观审团成员要推选或由审判长指定一人作团长，主持人民观审团会议。人民观审团专席位于旁听席首排。庭审中，人民观审团成员对庭审内容有疑问的，应当向审判长提出书面请求，合议庭认为必要时，由审判长发问。

休庭后，人民观审团应当立即召开会议，就案件事实认定、有罪与否及量刑问题发表意见并进行讨论。讨论之后形成人民观审团书面意见。书面意见可以是一致意见，也可以包含多种意见，各种意见均应当记录。人民观审团书面意见经全体成员确认无误后签名，并由团长将其提交审判长。此书面意见存入案卷副卷。

（四）人民观审团意见的效力

在人民观审团提交意见后，合议庭评议时，应将此意见作为重要参考。无论是否采纳人民观审团意见，均应在合议庭评议笔录中明示。特别的，当人民观审团的一致意见或多数意见与合议庭的一致意见或多数意见不同时，应将该案提交本院审判委员会讨论。审判委员会讨论笔录中应当明示讨论人民观审团意见的情况。

另外，制作裁判文书时，可以在裁判文书中显示人民观审团意见，并说明采纳以及不采纳人民观审团意见的理由。在裁判文书生效后，法院应当及时将文书复印件发送给人民观审团成员。在人民观审团意见未被采纳时，主审法官应当予以必要的解释。

四、台湾地区人民观审制改革的启示

台湾地区与大陆地区同属一个中国。只是由于众所周知的原因才至今尚未完全统一。但毋庸置疑，台湾地区法律制度与大陆地区法律制度的亲缘性远远高于其他法域，这使得台湾地区的类似制度对大陆地区的相关改革具有较高的借鉴意义。并且，具体到观审改革，台湾的观审制改革与河南省的人民观审团机制不仅名称相似、内容相似，其制度功能也极为相似。"草案"第1条规定，观审制改革的目的是提升司法透明度、增进民众对司法了解与信赖。"规定"第1条规定，人民观审团机制的目的是提高司法透明度、实现案件法律效果与社会效果的统一。可见，无论是观审制还是人民陪审团机制，都追求民众对司法的信赖，希望达致服判息诉、案结事了的状态。制度功能的相似，进一步增加了这两种类似的改革之间可借鉴的因素。

具体而言，人民观审团机制可以从以下几方面借鉴台湾的观审制：

首先，增加控辩双方在选任人民观审团成员时的权利。对人民观审团成员的资格问题，"规定"让符合条件的人大代表、政协委员、人民陪审员、社会法官、律师、媒体记者优先入选人民观审团成员库。人民观审团成员的选任采取村民委员会或居民委员会推荐和群众自荐相结合的方式，由乡镇或街道办事处审核，基层法院审定。具体案件审理时，由法院从人民观审团成员库中随机抽取15～20人，并根据是否应当回避能否参加庭审等情况，最终确定7～13人的单数组成人民观审团。法院牢牢地掌握着人民观审团成员的决定权，不仅可以审定人民观审团成员库，而且在具体案件中还可以"最终确定"人民观审团的成员和人数。实践中，某些法院甚至会直接决定由谁来观审。如淅川县法院邀请来自律师、人民陪审员、群众代表组成的6人观审团全程旁听了案件审理。[①] 法院如此大的决定权及行使决定权过程的不透明性，不利于提升民众对司法的信任，容易让民众认为人民观审团不过是法院请来为其裁决背书的摆设，会极大损害人民观审团机制的社会效果。当事人也可能产生类似的想法，从而损害这一机制的法律效果。另外，法院还面临着一个难以解决的矛盾，即如何在随机抽选人民观审团成员的同时保证特定群体优先入选。实践中的做法大体有三种：一种是比例抽选，比如平顶山市石龙区法院，预先确定了抽取人民观审团成员的组成比例，即2名人大代表、1名政协委员、1名廉政监督员、1名人民陪审员和2名基层群众

[①]《淅川法院首例适用人民观审团旁听——刑事案件开庭》，http://henan.sina.com.cn/nanyang/fazhi/2014-08-15/080918153.html，2015年12月20日访问。

代表，共 7 名成员。① 一种是先随机抽选，再认真筛选，比如安阳市文峰区法院，先从人民观审团成员库随机抽取了 15 名观审团成员，并从各自职业、学历等方面，经过认真筛选，最后确定了由律师代表、人民陪审员代表、群众代表等 7 人组成的人民观审团。② 一种是随机抽选，如光山县法院从人民观审团成员库中随机抽取戴启胜、张锋、张成全等 7 名普通群众，组成人民观审团。③ 这三种做法都不无问题，第一种已经不是随机抽选，第二种在筛选时只顾群众的代表性不顾案件本身情况，第三种则很难保证特定群体优先入选。问题其实出在"规定"本身，在让普通民众参与审判的同时要求特定群体优先很难做到。在此问题上，台湾的观审制"草案"颇具启发意义。法院在选任人民观审团成员的过程中是一个组织者的角色，将更多的决定权留给当事人。如在形成人民观审团成员库时，法院要在形式上审查是否符合资格，同时适当增加特定人群在成员库中的比重。庭审前的抽签程序也应当由法官在控辩双方在场时进行，但最好让抽中的群众到场。最后，在决定某位群众是否担任人民观审团成员时，除了尊重其本人意愿，更多要听取控辩双方意见。控辩双方应有要求有因回避甚至无因回避的权利。如此操作，可以大幅度降低群众对法院操纵人选的疑虑，增加选任程序的透明度。

其次，规范人民观审团的评议程序。对于人民观审团的评议程序，"规定"只做简略处理。根据"规定"，休庭后，人民观审团应当立即召开会议，就案件事实认定、有罪无罪以及量刑发表意见并进行讨论。人民观审团可以形成一致意见，也可以形成多种意见。各种意见均应当予以记录，经全体成员确认无误后签名。司法实践中，在庭审结束后，法院通常将人民观审团带到一个独立的房间，让人民观审团成员在里面发表意见，评议的过程法官并不参与。人民观审团在评议后，由一个执笔人汇总形成人民观审团对案件的总的看法和意见。一般而言，人民观审团能够形成统一意见，少数情况下会分成两种。而这两种意见通常都是针对量刑而言，人民观审团很少对被告人定罪产生分歧。如平顶山市石龙区法院审理的一件盗窃案中，多数意

---

① 《石龙区法院运用人民观审团制度审理一起刑事案件》，http：//slqfy. hncourt. org/public/detail. php? id＝555，2015 年 12 月 20 日访问。

② 《安阳首例适用人民观审团观审行政案件开庭》，http：//ayzy. hncourt. org/public/detail. php? id＝10582，2015 年 12 月 20 日访问。

③ 《光山县法院积极引入人民观审团观审案件》，http：//www. hncourt. org/public/detail. php? id＝147489，2015 年 12 月 20 日访问。

见认为被告人年龄不大，有改造可能性，主张轻判；少数意见认为，此种犯罪严重影响群众安全感，应当从重处理。① 由于定罪与否几乎没有疑问，人民观审团通常会将注意力集中于被告人的量刑问题。这导致人民观审团与合议庭的职业法官之间的某种张力。观审团成员更倾向于对具体量刑发表意见，而合议庭成员更倾向于观审团成员仅应就从轻或减轻、从重或加重发表意见，而不对具体量刑发表意见。如某案中观审团成员认为应以故意杀人罪判处被告人 10～13 年有期徒刑。合议庭则主张以故意杀人罪判处被告人有期徒刑 15 年，剥夺政治权利 5 年。② 让人民观审团在法官不在场的情况下闭门评议，这种做法类似英美法系的陪审制，其优点是可以最大限度保障人民观审团的独立性，其缺点是离开了职业法官的指导评议可能变得很业余。另外，与英美法系陪审团只单独评议定罪问题不同，人民观审团要同时评议定罪和量刑问题。考虑到量刑的技术性，无论大陆法系国家还是英美法系国家都从未赋予参与审判的普通民众独立评议量刑的权力。另外，"决定"所设计的评议程序不仅不能让职业法官和人民观审团一起讨论、切磋琢磨，而且也没有设计在双方意见不同时的磋商机制。如此则不利于人民观审团制度的作用发挥，容易给观审团成员造成观点一致时采纳，不一致时弃之不顾的印象。另外，评议事项包括事实认定、定罪、量刑问题，而评议的议程却没有规定，容易造成议程紊乱，费时费力又事倍功半。最好还是借鉴台湾观审制改革办法，让职业法官和人民观审团坐到一起，但设置一定的议程，使得职业法官既能为人民观审团提供法律指导，又不至于产生诱导。具体可参见前文所述"草案"规定的评议程序。

再次，增强人民观审团意见的约束力。从"决定"来看，人民观审团意见的约束力主要体现在以下四方面：一是合议庭评议时，应将人民观审团意见作为重要参考。无论是否采纳，都应当在评议笔录中明确显示。二是人民观审团一致意见或多数意见与合议庭意见不一致的案件，应当提交本院审委会讨论。三是法院制作裁判文书时，可以显示人民观审团意见，并说明采纳与不采纳人民观审团意见的理由。四是裁判生效后，法院应当及时将文书复印件发送人民观审团成员。人民观审团意见未被采纳的，主审法官应当予

① 《石龙区法院运用人民观审团制度审理一起刑事案件》，http：//slqfy. hncourt. org/public/detail. php？id＝555，2015 年 12 月 20 日访问。

② 张亮、赵红旗：《人民观审团参审防止冤假错案》，《法制日报》2014 年 8 月 13 日。

以必要的解释。这四者中，最为"坚挺"的程序约束当属意见不一致时，提交审委会讨论。审委会讨论增强了对审判的监督，但也面临"审者不判判者不审"的尴尬，其效果尚难预料。然而，"决定"却精心地回避了是否应当在裁判文书中阐述采纳与不采纳人民观审团意见的理由这一问题，将是否阐述理由留给法官自由裁量。这一做法在人民观审团与合议庭意见一致时，还不至于产生明显问题。但在人民观审团与合议庭意见不一致时，在裁判文书中阐述理由就显得尤为必要，否则极易使人民观审团认为自己的作用被贬损。在拒绝采纳人民观审团意见时，甚至不能通过裁判文书予以正式的阐释，而通过私下的非正式的方式"予以必要的解释"，这一做法不利于人民观审团机制的真正发挥，可能对人民观审团成员的积极参与产生负面作用。并且，如果不在裁判文书中阐述理由，也无法"考证"法院在做出决定时是否将人民观审团意见作为重要参考。合理的办法是借鉴台湾观审制"草案"的规定，在合议庭与观审团意见不一致时，应于裁判文书内记载不采纳的理由，以便真正发挥人民观审团意见的约束作用。

五、结语

从比较司法的角度，民众参与刑事审判的方式，大体可以分为陪审制与参审制两种模式。陪审制的典型代表是英国，参审制的典型代表是德国。对两种模式都吸收一部分设立的制度被称为"混合制"。混合制的典型代表是日本。

陪审制与参审制的区别主要体现在两方面：非职业法官的选任方式和非职业法官参与的审判程序。[①] 就非职业法官的选任方式而言，陪审制下一般是随机选任，且双方当事人可以申请无因回避。参审制下的德国则是先制作参审员名册，然后以抽签方式排出顺序，而后依此顺序依次参加审判。陪审制度下的选任方式，其优点在于选出来的陪审员容易被控辩双方接受，缺点在于耗费时间且容易被当事人滥用。参审制度下的选任方式，其优点在于迅速决定，节省时间成本，缺点在于参审员人选容易被国家操控，当事人没有决定空间，因此参审员可能不被当事人信赖。就非职业法官参与的审判程序

---

① 何赖杰：《从德国参审制谈司法院人民观审制》，（台湾）《台大法学论丛》2012年第41卷特刊，第1194页。

而言，陪审制下，法庭是二元的，非职业法官负责定罪程序中的事实认定，职业法官则负责定罪程序中的法律问题以及量刑程序，可以说这是对审判权的一种分割；参审制下，法庭是一元的，非职业法官与职业法官共同处理事实问题与法律适用，可以说这是对审判权的一种分享。陪审制中，非职业法官和职业法官间是一种职权分工的关系，参审制下，非职业法官和职业法官则是一种合作的关系。陪审制下，由非职业法官单独决定被告人有罪与否，判决的正确性容易受到质疑；参审制下，非职业法官意见可能被职业法官左右，有沦为"橡皮图章"的隐忧。混合制往往是试图采撷二者的优点设立。比如日本的裁判员制度。裁判员的选任程序采取类似陪审制的随机选择制，裁判员与职业法官共享裁决权则类似于参审制。其制度的混合性还体现在裁判员的人数，多于参审制少于陪审制。

但无论是陪审制还是参审制，都赋予了参与审判的普通民众以表决权。尽管这种表决权的外延不尽相同，但赋予非职业法官表决权仍可以视作陪审制与参审制的一个公约数。如此看来，尽管观审制也采取了类似陪审制的观审员选任程序、类似参审制的审判程序，但因为其只赋予了观审员以表意权，故既不属于陪审制，也不属于参审制。难怪王兆鹏教授会说："人民参与审判，在国外有'陪审制''参审制'，'我国'推出之'观审制'，与国外制度虽仅一字之别，但精神与意义却如天渊之悬。"[1] 也难怪一些学者认为观审制"不伦不类非驴非马"，讽刺观审制在比较司法上"独步全球""举世罕见"。[2] 在上述学者看来，赋予民众表决权所体现的不仅是民众在审判中的参与程度，一定意义上也体现了执政机关希望民众参与裁判的"诚意"。学者的"义愤"自有其原因。事实上，自托克维尔之后，以陪审制为代表的民众参与审判制度，就从司法制度"升格"为政治制度，从美国走向全世界，并伴随着各国反对专制的斗争走上神坛。然而，光环之下，我们却忽略了民众参与审判制度的另一个侧面。1812 年，德国刑法学家费尔巴哈在一篇名为《为陪审制而奋斗》的文章中提醒读者，关于陪审制度，必须区别两点：纯粹政治的观点和刑事法的观点。作为前者的陪审制，是宪法的一部分，这是为抵抗少数人专制并确保国家自由的手段；作为后者的陪审制，

---

[1] 王兆鹏：《2011 年刑事程序法发展回顾》，（台湾）《台大法学论丛》2012 年第 41 卷特刊，第 1577 页。

[2] 王兆鹏、黄国昌、林裕顺：《是司法改革还是司法骗局？》，（台湾）《司法改革杂志》2011 年 2011 年第 85 期，第 29 页。

只不过是实现国家刑罚权的制度而已。① 或许，对台湾而言反对专制的斗争已经基本成为过去，当务之急是寻找一种更适合台湾的"实现刑罚权的制度"！有必要从对陪审制、参审制所蕴含的司法民主化的激情和迷思中解放出来，实事求是地以"技术员"的理性为台湾寻找一种真正适合台湾当下的民众参审制度。理想可以很丰满，但现实却是很骨感。受制于台湾现阶段的"宪法"规范、强势的"行政院"、对司法强烈不满的民众，可以说"司法院"版本的观审制，是目前可能找到的成本最低的解决之道。

"人民观审试行条例草案"目前仍在"立法院"审议。在此之前，一位台湾学者曾向"立法院"在野党的一位资深"立法委员"建议修订，让人民参加审判、让人民参加重大案件起诉与否的决定。出乎他的意料，那位"立法委员"马上明确表示这是不可能的事、是不可行的事！后来一位老法官解开了谜底，原来"立法委员"非常反感民众参与审判，因为这样他们就没有机会"关说"② 了！③ 巧的是，时任"立法院长"正是因"关说风暴"险些下台的王金平先生。

---

① 何赖杰：《从德国参审制谈司法院人民观审制》，（台湾）《台大法学论丛》2012年第41卷特刊，第1198页。

② 所谓"关说"，指代人陈说或从中给人说好话，引申为用言辞打通"关节"、"搞定"某种"关系"。《史记》中已有"公卿皆因关说"的说法。根据中国社会科学院台湾问题专家王建民研究员的理解，台湾的"立法委员""立法院长"的权力非常大，干预司法案件的审理是非常普遍的现象。台湾在处理关说案件时，受到证据掌握程度和政治因素的影响，总是"雷声大、雨点小"，很多关说案最后不了了之。参见凤凰网：《专家：王金平长期暗助民进党　可能被开除党籍》，http://news.ifeng.com/exclusive/scholar/detail_2013_09/09/29451426_0.shtml，2015年12月10日访问。

③ 黄越宏：《法官当然应当我来当》，选自吴景钦：《法官应当我来当——各国人民参与审判制度》，（台湾）法治时报社2012年，出版序。

从"马王政争"看台湾地区选举诉讼

——王金平党籍案评析

张自合*

2013 年 9 月台湾"马王政争"爆发,时任"立法院长"王金平被控"关说司法",遭国民党考纪会做出撤销党籍的处分。王金平对党纪处分不服,更为了保住"立法院长"职务,向台北地方法院提起确认党籍存在诉讼(简称王金平党籍案、本案),一、二审法院均判王胜诉。在时任国民党主席马英九决策之下,国民党为避免政党考纪制度崩溃,向"最高法院"提出第三审上诉,以求在第三审统一有关党员除名的法律见解。时势比人强。2014 年年底,国民党"九合一"地方选举遭遇惨败,"马王不和"被视为败选原因之一。马英九黯然请辞国民党主席一职之后,高喊"家和万事兴"的朱立伦高票当选党主席。就任党主席之即,朱立伦就宣布,不再承接党籍案诉讼。最终在 2015 年 4 月 23 日,台"最高法院"认定由于国民党迟迟未补呈律师委任书,经通知后仍未在期限内补正,上诉不合法,"最高法院"裁定驳回原本由前党主席马英九所提起的上诉,国民党败诉。至此王金平党籍案终于走完全部司法程序,落下帷幕。不过,台"最高法院"关于国民党败诉的判决,系因程序性的理由而做出,并不涉及案件的实体争议。本案中法院的见解是否适当,在理论上仍有可以探讨的空间。本案及其衍生争议对于台湾地区政党法的立法进程及至政党政治的走向,将起到重要的推动作用。本文以此案为例分析司法介入政党内部纷争的界限。

---

* 作者系法学博士,两岸关系和平发展协同创新中心成员,海峡两岸关系法学研究会秘书处副研究员。

一、台湾地区政党内部纷争解决机制

(一) 台湾地区政党内部纷争解决机制

政党是以推荐候选人参加公职人员选举为目的的政治性团体,政党的成立目的在于以全体党员的共同民主政治理念,协助形成人民政治意志,促进人民政治参与。

台湾地区将政党纳入法律规范是在开放党禁之后,1989 年的"动员戡乱时期人民团体法",首次将政治团体纳入人民团体的范围,1991 年 8 月 1 日的"宪法增修条文",首次将"政党"的概念"入宪",并将政党作为其不分区"立委"制度的基础。1992 年 7 月 27 日修正公布的台湾地区"人民团体法"第 46 - 1 条第一次规定政党除依规定应备案之外,还可依规定到法院办理法人登记,以取得社团法人的资格。有学者认为,根据台湾地区"人民团体法"的规定,政党的法人登记及其他事项,除该规则另有规定外,系"准用"而非"适用""民法"关于公益社团的规定,其设立系根据台湾地区"人民团体法"而非台湾地区"民法",可知政党法人虽然在性质上接近"民法"上的公益性社团法人,但本质上仍非"民法"上的公益性社团法人,更非一般"民法"上的社团法人,而系"政治性社团"。[①] 也有学者认为,政党在"宪法"上具有特殊的地位,甚至是"宪法机关"。[②] 根据台湾地区"人民团体法"的规定,设立政党,及随后党员的加入等行为,系设立人或党员为达成一定目的而为平等的意思表示一致,其法律性质属共同行为,因此党员加入政党的行为,系基于法律规定而形成的私法上共同行为,因党员身份而产生的法律关系,属私法领域。

台湾地区政党政治发展较多地借鉴了德国的经验。关于政党的法律地位,在德国主要有"社会团体说""国家机关说"与"国家与社会媒介说"三种观点,其中,国家与社会媒介说为占据主流的观点。[③] 德国基本法第 21

---

① 参见蔡志方:《错误的判决与错误的诉讼?》,http://www.lawbank.com.tw/treatise/dt_article.aspx? AID = D000023472,2015 年 12 月 20 日访问;蔡志方:《从台湾政党之法律地位,论处理党籍之正当法律程序——兼评台湾台北地方法院 2013 年度诉字第 3782 号民事判决》,http://www.npf.org.tw/post/2/13474,2015 年 12 月 20 日访问。

② 参见法治斌、董保城:《宪法新论》,台北:元照出版公司 2012 年版,第 34—35 页。

③ 崔英楠:《德国的政党法治化给我们的启示》,《法学》2005 年第 7 期,第 27 页。

条及其政党法第 1 条的规定，即采取了"国家与社会中介说"的理论。① 德国联邦宪法法院对于政党地位的判决认为，政党并不属于国家机关，而是自由组成并植根于社会的政治性团体，并以此为基础参与国民政治意志的形成而介入国家组织的范畴。② 政党的社会中介定位影响到司法救济的途径。涉及政党与党员之间的争议，其纷争性质属于私法事件，应循普通法院救济途径，依照民事诉讼程序进行。其实体法受德国政党法、民法和社团法规范，其中，政党法为社团的特别法，若政党法无特别规定则适用德国民法第 21 条至第 79 条关于社团的规定。

德国政党法规定政党仲裁法庭为解决政党内部纷争的政党内部机构，并有优先受理权。政党法第 14 条第 1 项规定："为解决政党或地区党部与个别党员的纷争和有关章程的解释与适用，应至少于政党中央以及最高位阶的地区党部设立仲裁法庭。"政党仲裁程序是与民商事仲裁不同的一种独立仲裁制度，其目的是维护政党内部的自主性，稳定政党内部秩序且保障少数党员权利。政党仲裁并非斤斤计较大是大非，而是旨在化解歧见、意见协商，发挥政党整合的功能。③ 关于政党仲裁的程序，德国政党法第 14 条第 4 项仅规定："该仲裁法庭事务应颁布仲裁法庭规则，以保障当事人的听审权、公正审判权以及可对有偏颇可能的仲裁员的回避申请权。"仲裁的具体规则属政党自治范围，由政党在该第 4 项规定的原则下自行规定。

参考德国的规定，台湾地区"政党法草案"第 17 条也规定了政党仲裁法庭机制。虽然"草案"尚未通过，但台湾地区各主要政党内部均设有纷争解决机关，来执掌党纪处分及初选、提名纷争的解决，国民党设置了地方及"中央""考核纪律委员会"和"廉能委员会"，各级党部的"考核纪律委员会"，"委员"人选由上一级党部遴派，"中央考核纪律委员会"的成员是由党的秘书长选任资深党员并呈报党主席核定后组成。民进党设置了地方和"中央""评议委员会"，以及"初选民调仲裁委员会"和"一般仲裁委

---

① 德国基本法第21条规定：（1）政党参与人民政见的形成；政党成立自由，内部制度应符合民主原则；政党必须公开说明其经费与财产的来源及适用方式。（2）政党依其目的及其党员行为，如侵犯自由、民主的基本秩序，或威胁到德意志联邦共和国的存在的，即属违宪。至于是否违宪，由联邦宪法法院裁决。（3）关于联邦政党的详细规定，由联邦法律规定。

② 参见黄仁俊：《德国政党内部民主制度与司法审查界限之研究》，台湾大学"国家发展研究所"2011 年硕士论文，第 84 页。

③ 陈新民：《政党内部民主制度》，载陈新民著《法治国家公法学的理论与实践》，台北 2010 年自版，第 245 页。

员会",其"中央评委员会委员"由党员代表大会通出,"一般仲裁委员会"的成员由"中央执行委员会"提名经党员代表大会通过来选任。两党的相关机构虽未用仲裁法庭的名称,但职能大体相近。

(二) 党纪处分及其程序

党纪处分是政党党章规定的机构对党员的违纪行为做出的惩处决定。根据国民党的党章和党规,撤销党籍处分由所属党部审议,层报"中央考核纪律委员会"议决后执行。对于影响重大的案件,上级党部可主动进行审议处理。在内容方面,党纪处分主要针对违纪和违法犯罪行为而做出,根据情节轻重有申诫、停止党职、停止党权、撤销党籍、开除党籍等处分类型。[①] 被处分人如对撤销党籍决定不服时,可向"廉能委员会"提出申诉,申诉应于处分决定书送达或公告后 20 日内提出。党纪处分除经有关机关依规撤销或宣布无效外,不得否认其效力。已成立的党纪处分在未撤销或宣告无效前,对党和党员均有拘束力,并衍生出将此处分付诸实现的"执行力"。[②] 国民党考纪会在做出撤销王金平党籍处分之时,处分即已成立并可执行,党纪处分经公告后,王金平可向"廉能委员会"申诉。国民党将丧失党籍证书送达"中选会",即为执行该党纪处分。

德国政党法将党纪处分区分为一般性的党纪处分和开除党籍处分,前者由地方党部职掌,后者由仲裁法庭职掌。德国政党法第 10 条第 4 项规定:"党员仅在故意违背党章以及重大违背党纲及党章,严重危害该政党的情况下,可开除党籍。"对开除党籍予以严格规范的目的是通过正当法律程序防止其成为排除异己的工具。台湾地区对于社团除名也有特殊程序。台"人民团体法"第 14 条规定:"人民团体会员(会员代表)有违反法令、章程或不遵守会员(会员代表)大会决议而致危害团体情节重大者,得经会员(会员代表)大会决议予以除名。"同时,台"人民团体法"第 27 条规定,会员的除名应有出席人数 2/3 以上同意。

---

① 《中国国民党党章》第 35 条规定:党员有下列行为者,为违反党之纪律,应受党之惩处:一、违反本党主义、党章、政策纲领或决议。二、损害党之声誉。三、在党内组织小组织致破坏党之团结。四、恶意攻讦本党致损害党之利益。五、加入其他政党。六、泄漏党的重大机密。七、未经本党"中央常务委员会"同意,擅自接受非本党籍执政者延揽为政务官。
② 此处"执行力"系广义,指依强制执行以外的方法,有实现合于处分所命状态的效力。与有公权力保障的执行名义的狭义执行力,有所区别。

（三）王金平撤销党籍处分的效果分析

在台湾不分区"立委"制度下，国民党做出开除党籍或撤销党籍的党纪处分有特殊意义。台"公职人员选举罢免法"第 75 条规定，区域"立委"可由原选举区选举人投票罢免，但不分区"立委"因其特殊的产生机制，不适用该罢免规定，从而出现制度疏漏。自 2007 年年底第七届"立委"选举开始，台湾地区改采"单一选区两票制"，不分区"立委"由获得 5% 以上政党选举票的政党依得票比例选出。不分区"立委"系以政党名单投票选举，选民系投票选择政党。不分区"立委"的职务本质与区域"立委"不同，不分区"立委"系受政党的付托，应贯彻政党的理念，以实现该政党对人民的承诺。① 对此，"公职人员选举罢免法"第 73 条第 2 项有明确规定：不分区"立委"，在就职后丧失其所属政党党籍者，自丧失党籍之日起，丧失其资格，由"中央选举委员会"函请"立法院"予以注销。② 在本案中双方攻防关键就在"党籍身份"的有无上，有党籍身份王金平才会拥有"立委"职务，进而保有"立法院长"职位。反过来讲，区域"立委"因罢免而失去"立委"职务，不分区"立委"因失党籍而丧失"立委"资格，撤销党籍或开除党籍的党纪处分是为实现罢免不分区"立委"这一目的的唯一工具。③ 由于不分区"立委"制度的特殊性，使得政党做出的撤销党籍党纪处分具有双重属性。表面上是党籍资格的纪律处分，实质是对党籍不分区"立委"的罢免；表面上是政党成员民事法律关系的终止，实质又不属于民事关系的范畴。在这个意义上，国民党对王金平的撤销党籍处分并非单纯的台湾地区"人民团体法"的"除名"可以比拟。也正因如此，有学者提出了"终极目的理论"，认为解读政党解除党员党籍的行为属性与衍生的争议性质，必须根据该政党采取的方法或手段背后的最终目的，而非表面上的方法或手段。④ 本案中，一、二审法院均认定"撤销党籍处分

① 参见国民党就一审假处分裁定的抗告状。
② 该条规定系根据台湾地区"司法院大法官释字第 331 号"的意旨而修正。
③ "中国国民党党员参加'不分区及侨居境外国民立法委员'选举提名办法"第 11 条仅规定，"不分区立委"在当选或就职后，如有触犯规定的情况下，应即辞职，或由"中央委员会"注销其党籍，并报请"中央选举委员会"依规定递补。
④ 蔡志方：《从台湾政党之法律地位，论处理党籍之正当法律程序——兼评台湾台北地方法院 2013 年度诉字第 3782 号民事判决》，http：//www. npf. org. tw/post/2/13474，2015 年 12 月 20 日访问。

属人民团体法所指'会员除名'、民法所指'开除社员'之处分"。从工具性来看判决认定确实无误，但从目的性来看，这一认定稍嫌不足。

二、政党党纪处分与司法审查的限度

（一）政党党纪处分的民事司法管辖

有权利就有救济。对于政党纷争的司法救济，应针对不同的类型，均衡地谋求对于相冲突的诉讼权与政党自由间的保障。基于政党自由的保障，法院不应介入政党政治性事项的判断，并应当尊重政党内部的自律性决定或自律性纷争解决。若政党具有相应的固有规则，只要该规则合理，均应加以尊重。基于诉讼权的保障，政党纷争若关系人民的基本人权，不应否定司法上的救济。而对于政党内部党派政治主张的纷争，纵然法院审判的范围限于程序性事项，亦必须考虑纷争的原因以及是否有助于纷争解决等问题。日本的实务上多数裁判例对于作为团体成员的被处分人争执该处分的效力而提起民事诉讼的处分抗争型事件，首先须判断是否属于法律上之争讼，这种判断对于政党内部所为自律性决定与自律的解决纷争机制，应予尊重。[①] 就涉及政党核心事项，例如政党推荐候选人参加公职人员选举，系属政治活动，并非行使私法上权利，故政党党内推荐候选人初选的纠纷，不得作为民事审判的对象。罢免党职，也应属于政党核心事项，即使由民事法院依民事程序处理，也有其特殊性。在德国法上，政党被定位为民法第 21 条非营利社团法人，而政党法并没有排除法院的管辖权，法院显然有介入政党社团法人内部事务的权限。但政党法已明定党内仲裁程序先行，以保障政党自治免受干预，政党内部纷争事件经政党内部仲裁，方可诉请普通法院进行救济。如前所述，台湾地区因党员身份而产生的与政党之间的法律关系，属私法领域，职司民事审判的普通法院当然有审判权限。根据台湾地区"公职人员选举罢免法"第 128 条的规定，罢免诉讼程序，准用"民事诉讼法"的规定。对于不分区"立委"，虽可由政党通过党纪处分罢免，但也应赋予受处分人救济权，这种救济，同样也应由民事法院适用民事诉讼程序处理。

---

① 刘玉中：《民事审判权之界限——以宗教纷争之解决为中心》，（台湾）《中原财经法学》2008 年第 21 期，第 164 页以下。

（二）党纪处分司法审查的对象

台湾地区司法实务上认为，"人民团体法"中对于政党党员受不当惩戒处分时的救济途径未设明文，应可类推适用"民法"第56条关于社团总会决议瑕疵如何救济的规定予以救济。① 根据"民法"第56条的规定，王金平主张党员资格仍然存在，其请求权基础有两种选择：

一种是以国民党撤销党籍的处分程序违反章程或法律而提出撤销处分的请求。这一请求以"民法"第56条第1项为请求权基础，该项规定："总会之召集程序或决议方法，违反法令或章程时，社员得于决议后三个月内请求法院撤销其决议。但出席社员，对召集程序或决议方法，未当场表示异议者，不在此限。"召集程序或决议方法违法的总会决议，并非无效行为而为可撤销行为，但若社员出席了总会并对召集程序或决议方法未当场表示异议，自无许其再行讼争之理。2013年9月11日，王金平出席了国民党考纪会，递交一份声明，并向考纪委员说明状况。② 在声明中，并未见王金平对考纪会的召集程序和决议方法提出异议。

另一种是以国民党撤销党籍处分的内容违反章程或法律而提出无效的请求。这一请求以"民法"第56条第2项为请求权基础，"民法"第56条第2项规定："总会决议之内容违反法令或章程者，无效。"所谓"总会决议之内容违反法令或章程"，系指其决议的实质内容违反法令或章程，所谓法令系以强行规定为限。③ 立法理由指出其立法目的是防止不法之徒假借社团名义，作成违法决议，危害公共利益。显然，判断决议是否无效，应以公共利益为主要考量标准。

台"民事诉讼法"第247条第1项的立法理由明确指出："原告的权利，已为被告所侵害，则只能提起给付之诉，不能提起确认之诉。"④ 本案与许舒博案有所不同。在许案中，撤销党籍处分尚未执行，尚未向"中选会"送交"丧失党籍证明书"，因此许舒博提起确认党籍存在之诉，尚可接

---

① 台北地方法院2010年度诉字第4227号民事判决意旨参照。

② 《王金平赴考纪会递交声明：我没有功劳也有苦劳》，中国新闻网2013年09月11日。

③ 参见台湾台北地方法院2005年度诉字第1035号民事判决、台湾台北地方法院2006年度诉更一字第13号民事判决。

④ 本项为1930年《民事诉讼法》之第238条、1935年《民事诉讼法》之247条，其立法理由参见许世宦主编：《新学林分科六法：民事诉讼法》，台北：新学林出版有限公司2011年版，A—346页。

受。本案中"中选会"的行政处分已经依法做出并函送"立法院",在"中选会"的行政处分未撤销之前,能否提起确认之诉即有争议。对此,国民党方面主张,撤销党籍处分已经执行完毕,原告的权利已经被"损害","中选会"也已做出相应的行政处分,所产生的效果是一种公法上的效果。在这种情况下,王金平仍提起确认党籍存在之诉,是有争议的。

(三) 党纪处分司法审查的程度

政党党纪处分在多大程度上受司法审查,涉及民事审判权的内在界限,在理论和实务上有重大争议。在德国法上,由于政党法第 14 条第 4 项已对仲裁程序规则做出要求,法院的审查权应仅限在听审权、公正审判权和回避申请权的射程范围内。从德国最高法院的实务见解来看,原则上也持有限审查的立场,对案件仅做形式上的审查,而对实体内容的判定仅限于无争议的事实。法院的功能并非积极介入政党内部事务来判断党内实体正义,其作用乃是秉持着他律的精神来监督政党内部自律,以保证政党仲裁法庭的程序正义。① 在日本法上,学者指出,不论政党自治能力如何,法院应当高度尊重政党的自律权,但如果是有关政党干部和选任及除名处分效力的严重争议,那么通过诉讼来解决纠纷则显得极为必要,在这种情况下,司法权一方面应当尊重团体就选任及除名处分做出的自律性决定,但在另一方面,法院也可以针对选任及除名程序的适法性展开审查,以此来判断这些选任及除名程序的效力。② 根据日本的判例来看,政党对党员的处分侵犯作为一般公民的权利和利益,法院就可以审查处分是否妥当。但即使是在此种情况下,除非特殊的情况,应按照该政党的自律性规定的规范,如没有此种规范就根据情理,审查其处分是否应遵守的正当的程序做出的决定,其审理也只限于上述范围。

台湾地区实务上认为,由于政党运作享有一定范围的自治权限,除有重大事项处分,如开除党籍、停止党权等变更党员身份的情形,可由普通法院审查外,其他属于政党内部自治事项则应给予保障,不得审究。在 2003 年的一个案例中,台北地方法院认为,发生开除党籍的党员身份变更事项的处

---

① 参见黄仁俊:《德国政党内部民主制度与司法审查界限之研究》,台湾大学"国家发展研究所"2011 年硕士论文,第 105—106 页。

② [日] 新堂幸司:《新民事诉讼法》,林剑锋译,北京:法律出版社 2008 年版,第 184 页。

分时，政党最高权力机构或政党基于自治权限所设置的评议或裁决机构所做的决议，可类推适用"民法"第56条提起撤销决议或确认决议无效之诉，由普通法院做形式审查（有无依照党章、有无遵守程序等）。[1] 按照这一思路，对于政党党纪处分的实质内容，即党纪处分的裁量是否适当，应不在法院审查之列。不过，由于"民法"第56条"违反法令或者章程"的内涵本身具有不确定性，法院仍可保有一定的裁量空间，有的法官借此更进一步扩充审判权介入政党自治的程度。一些抽象的理念，例如比例原则、平等原则，可能会被法官运用到对党纪处分的审查中去，从而在一定程度上对党纪处分进行实质审查。在2011年的许舒博案件中，台北地方法院判决认为，国民党过去从未以党员遭起诉或被判有罪定谳前，就以党员行为致党声誉受损为由，处以撤销党籍的严厉处分，对许舒博的处分违反平等原则，也有因人设事之嫌，因此判许舒博的党籍仍存在。[2] 这一裁判理由实际是用平等原则、比例原则对党纪处分的适当性进行了审查。

从本案王金平起诉时的主张来看，显然是循许舒博案的模式，力求法院对党纪处分进行较高密度的审查，以违反平等原则、比例原则为由宣告党纪处分无效。不过一、二审法院均认为，王金平的行为是否符合国民党党章所定的惩戒事由，属于政党自治的范畴，法院不得轻率否定政党内部的自治作为；法院只能审查社团的章程规定事项与法律规定是否有违背，国民党作成党纪处分的程序是否合法；政党内部制裁权的正当行使，法院不宜做高密度的审查，或直接认定该案件不符前例、违反诚信原则、不符比例原则、制裁权滥用等为由，轻率地宣示或暗示其法律效果。[3] 两级地院的判决，均明确法院对党纪处分仅限于形式审查，对于同类案件的审理具有重要的参考价值。

（四）党纪处分的效力判断与民主原则

根据《德国基本法》第21条第1款规定，政党内部组织必须符合民主原则。依政党内部民主理念，政党的决议应符合民主决策的程序。若政党的决议违反民主原则，例如政党决议并非建立在党员大会、党代表大会或者

---

[1] 参见台北地方法院2002年度诉字第3145号民事判决。
[2] 参见台北地方法院2010年度诉字第4227号民事判决。
[3] 台北地方法院2013年度诉字第3782号民事判决。

"政党委员会"以直接民主或间接民主的基础而是依政党干部片面决定而成的，或政党有召开党员大会或党代表大会等会议，却以拍手方式来决议，依照德国民法第 134 条，系违反基本法有关政党民主原则的强行规定而无效。① 德国政党法第 10 条第 5 项对开除党籍的程序做出了明确的规定："开除党籍的决定应依据政党仲裁规则由政党仲裁法庭做出。应保障上诉至更高审级的政党仲裁法庭的权利。"仲裁法庭的仲裁员的选任方式，政党法并未规定，应由政党章程自行规定，可由党员大会或党员代表大会选任，但依政党法第 14 条第 2 项有关"其成员乃独立，不受指示"的汇款单旨，不得由党内"行政委员会"决议选任。②

　　台湾地区政党内部民主的"宪法"依据可以从"中华民国宪法"第 1 条的民主理念得到阐释，而"人民团体法"第 49 条"政治团体应依据民主原则组织与运作"的规定，则是政党内部民主原则的明文规范。中国国民党党章第 1 条即规定："中国国民党为民主的、公义的、创新的全民政党。"台湾立法机构中各个版本的"政党法草案"也均将民主作为政党运作的基本原则加以明定。政党章程的制定与党内作成的决议其法律性质均为"民法"上的法律行为，若政党章程与党内决议违反"人民团体法"第 49 条"政治团体应依据民主原则组织与运作"的规定，则属于"民法"第 71 条规定的无效行为。③

　　法院判决王金平胜诉的主要原因是国民党的处分程序不符合台湾地区"人民团体法"的强制规定。台北地院判决认为，国民党党章规定的撤销党籍和开除党籍两种党纪处分，均是使党籍丧失，等同于"人民团体法"所规定的"会员除名"，而"会员除名"应当是专属于社员大会或社员代表大会的权限。"考纪会"作为国民党职掌党员惩戒的组织，其成员是由党的秘书长选任资深党员并呈报党主席核定后组成，并不具有党员代表的资格，也不如会员代表大会、"中央委员会"、"中央常务委员会"、"中央评议委员会"等均由党员大会以间接民意的方式选出，因此，"考纪会"的组成不具民意基础，违反民主原则。国民党党章将实质具有除名效果的撤销党籍事项

---

① 参见黄仁俊：《德国政党内部民主制度与司法审查界限之研究》，台湾大学"国家发展研究所"2011 年硕士论文，第 88 页。
② 参见黄仁俊：《德国政党内部民主制度与司法审查界限之研究》，台湾大学"国家发展研究所"2011 年硕士论文，第 94 页。
③ 参见法治斌、董保城：《宪法新论》，台北：元照出版公司 2012 年版，第 37 页。

授权予"考纪会"决议并执行，并无足以相提并论的监督或追认、复议等机制，使考纪会与会员大会的意志决定及执行效果相同，违反了"人民团体法"所规定的民主原则，因此中央考纪会撤销王金平党籍的处分应属无效。如前所述，参照德国政党仲裁法庭的规则，与民进党的"一般仲裁委员会"的组成相比，国民党考纪会的组成确实与民主原则有所不符。国民党也有作为复议机构的"廉能委员会"，其"委员"系由党主席提名交由"中央常务委员会议"通过后聘任，具备间接民意基础，但王金平并未通过党内申诉途径寻求救济。

三、政党的内部纷争与假处分的适用

司法介入王金平党籍案之初的问题在于是否应当准予定暂时状态假处分，而这个问题的回答不应局限于党纪处分本身，而应着眼于党纪处分的工具性与目的性来分析。

定暂时状态假处分是台湾地区"民事诉讼法"规定的一种行为保全程序，类似于大陆方面2012年修正《中华人民共和国民事诉讼法》时所确立的行为保全。它是为防止发生重大损害或避免急迫的危险或有其他类似情形，而在有必要时，法院依当事人的申请，在判决确定前，就争执的法律关系，所为维持或实现该法律关系的暂时性处分。① 定暂时状态假处分往往系预先实现本案请求的内容，对当事人的权益影响甚大，为能正确判断有无处分的必要，法院在裁定前，应让双方当事人有陈述意见的机会。法律对于定暂时状态假处分的适用加以严格限定。台湾地区高等法院曾认为，继续行使党员权利、阻止党纪处分执行的申请事项，在性质上并不适合作为假处分的标的。②

在2010年的许舒博案中，中国国民党尚未检附其党籍丧失证明书向"中央选举委员会"备案。身为"不分区立法委员"的许舒博被处分撤销党籍之后，提出了党内申诉，依当时的《中国国民党党员违反党纪处分规程》第31条后半段的但书部分"如涉及党职或公职之递补问题，应俟申诉期满时或申诉案处理确定后再决定递补与否"的规定，在申诉期间，国民党并

---

① 吕太郎：《民事诉讼之基本理论》（二），台北：元照出版公司2009年版，第295页。
② 参见台湾高等法院1996年抗字第61号裁定。

不能将丧失党籍证明书送交"中选会"。在此期间，许舒博以党纪处分决议违反章程等相关规定为由，向法院提出确认其国民党党籍存在之诉，并同时提出假处分申请。其理由是：倘若国民党检附其党籍丧失证明书向"中央选举委员会"备案，将使其丧失继续担任不分区"立委"资格，其对此有重大法律上利益，纵然日后其获胜诉判决，亦无法回复原状，故有声请定暂时状态的必要，且国民党于立法机构的席次因此并不受影响。2010年10月6日，台北地方法院做出禁止国民党于双方本诉判决确定前检附许舒博党籍丧失证明书向"中选会"备案的假处分裁定。2010年10月13日，国民党中常会修正《中国国民党党员违反党纪处分规程》第31条，删掉了条文的后半段但书部分，仅保留"各种处分，经被处分人或原检举人提出申诉，在未经上级党部变更前仍依照本章相关规定执行之"的规定，此即所谓"许舒博条款"。① 此次修正，将党纪处分的申诉与执行区分开来，意即党内申诉不影响国民党依考纪会决议执行党职公职人员递补作业。这或许是王金平不循许舒博之路先行党内申诉，而直接起诉并提出假处分申请的原因之一。但是，在各方面条件均已变化的王金平党籍案中，法院应否循例准予假处分，存有争议。

实务上一般认为，准予定暂时状态假处分的裁定需要符合三个要件：

一是当事人之间必须有争执的法律关系存在。本案当事人所争执的是党籍是否存在，攸关王金平是否可以以国民党党员资格享有权利并承担义务，属定暂时状态处分所欲保障的私权领域。

二是必须可能产生重大损害或急迫危险。定暂时状态假处分的裁定，应限于就争执的法律关系，为防止发生重大损害或避免急迫危险或有其他相类的情形而有必要时，才可做出。② 损害是否重大，并非单就申请人方面衡量，应就相对人因假处分所受的损害或不利益，与申请人受侵害所蒙受的不利益两者相比较，后者远较前者的损害不利益为大的情形，即属有显著的损害。所谓急迫的危险，系指权利有即将受损害的可能性，非采取暂时措施，

① 此案中，中国国民党对一审法院准予定暂时状态假处分裁定提出抗告，被台湾高等法院驳回，但中国国民党并没有再向"最高法院"抗告，似错失了"最高法院"有关于"不分区立委"的撤销党籍处分是否可为定暂时状态假处分的问题表态的机会。后来台北地方法院一审判决确认原告之中国国民党党籍存在之后，中国国民党也未再提起上诉。

② 参见"最高法院1931年抗字第366号判例与1933年抗字第1099号判例"，德日学者理论与判例见解，大体如此。

难以避免。本案中假处分裁定认为的现实危险是："若王未保有党籍，则于'立法院'依法注销申请人名籍并'中选会'办理后续递补作业后，申请人即有发生无法执行且回复其立法委员职务"这一重大且无法弥补的急迫危险。① 法庭还承袭了许舒博案中的观点，认为准予假处分可使国民党方面的"立法院"总席次不受影响，似以此说明国民党方面不受损害。法院做出保留王金平党籍的假处分，显然更注重王金平的个人利益，而非国民党的政党利益以及"宪政秩序"的公共利益。国民党方面提出，若准许假处分，则无法维护党纪并有害党誉，但法庭认为这种损害的性质极为抽象，国民党方面并没有提出证据释明，而且这种党誉损害并非急迫性损害。

　　问题是，本案中的损害实际上是过去时而非将来时。撤销党籍的党纪处分仅使王金平丧失"立委"资格，"立委"资格的注销是由"立法院"完成的。在此之前的许舒博案中，台"立法院"曾有复函指出："不分区立法委员"经所属政党撤销其党籍，"俟中央选举委员会函请本院，始予以注销其立法委员资格。自注销之日起，即不得行使立法委员相关职务上之行为。"因此，自撤销党籍处分生效之时起，"不分区立委"的资格即丧失，而从"中选会"发函"立法院"，并且"立法院"完成注销作业，方不再具有"立委"的职务。王金平案一审法院假处分裁定指出，"立法院"依法注销申请人名籍并"中选会"办理后续递补作业后，申请人即有发生无法执行且回复其"立法委员"职务此一重大且无法弥补之急迫危险。② 这一观点表明，撤销党籍所衍生的效果，直到"立法院"做出注销处分时，方达到不可挽回的境地。不过，法院这样处理似有"偷换概念"之嫌，因为"立法院"注销涉及的是"立委"职务问题，而本案所争执的是党籍争议，而党籍在党纪处分做出并向"中选会"递交党籍丧失证明书后，即已经丧失，是否还能回复？一审法院假处分裁定的逻辑意味着递交党籍丧失证明书和"中选会"相应的行政行为，无任何法律意义可言。这一推理显有可议之处，事实上"纵容"了"立法院"的不作为，也使得"立法院"在制度上完全可以不顾不分区"立委"是否有党籍，是否有"立委"资格。本案假处分裁定的实质是暂时停止"中选会"行政处分的执行力。由此，关于王金平还有没有党籍，虽然在政治层面，各方似乎都在模糊处理，党代会照

---

① 台北地方法院 2013 年度第 413 号、414 号民事裁定。
② 台北地方法院 2013 年度第 413 号、414 号民事裁定。

常参加无误。但在法律上确实会有一个疑问,正如国民党方面所质疑:"若日后王金平本案诉讼败诉确定,……此种无立委资格之人所主持之院会,所通过之法案、决议是否仍有效力?"① 因此,国民党方面将丧失党籍证明书提交"中选会",即意味着党纪处分已经执行,只是迫于"立法院"不作为的政治现实(国民党方面曾考虑提出针对"立法院"的行政不作为之诉,似迫于政治现实而未提出),撤销不分区"立委"的党籍公职目的无法实现,但并不能说党纪处分没有执行。王金平党籍丧失的时间点为 9 月 11 日,一审法院假处分裁定也明示王金平已经丧失党籍。即便王金平提起司法救济,在法院判决确定之前,王金平党籍丧失即为法律事实。

三是具有假处分的必要性。必要性是所有假处分案件争议的关键所在。审酌有无急迫性及必要性,应依利益衡量原则,并依本案诉讼解决该争执法律关系的可能性确定。② 在必要性审查方面,实务上通常也将"本案胜诉可能性"作为假处分的要件加以审查。③ 若申请人并无较高的胜诉可能性,且债务人的损害又较大,则不宜为定暂时状态假处分,否则,即不符合比例原则下所要求的最小侵害原则。④ 假处分裁定所称法院"并不审理两造间本案诉讼有无理由的实体认定",似乎并未考虑本案诉讼的胜诉可能性,或者在有意回避困难。

在考虑利益衡量因素时,应注意到党纪处分作为撤销"不分区立委"资格的工具和手段的特殊性。根据"公职人员选举罢免法"第 128 条的规定,罢免诉讼程序,准用"民事诉讼法"的规定。因为罢免诉讼本质上是公法事件,具有很强的公益性,关于舍弃、认诺、诉讼上自认或不争执事实效力的规定,不在准用之列。假处分是否准用于罢免诉讼,法未明定,但"公职人员选举罢免法"第 91 条规定,罢免案通过者,被署名人应自公告之日起,解除职务;第 124 条第 3 项规定,罢免案之通过经判决无效者,被罢免人之职务应予恢复。由此,"民事诉讼法"规定的定暂时状态假处分不

① 参见中国国民党就一审假处分裁定的抗告状。
② 台湾"最高法院 96 台抗字第 475 号裁定"意旨参照。
③ 例如台湾高等法院 2011 年度抗更(一)字第 46 号民事裁定。在该裁定中,法院认为:"至于损害是否重大、危险是否急迫之保全必要性,属概括不确定之法律概念,有赖利益衡量原则予以判定,应由法院视个案情节,衡量债权人将来本案诉讼之胜诉可能性、债权人因该定暂时状态处分所获得之利益或防免之损害是否逾债务人所受之不利益或损害,对其他利害关系人之利益暨社会公共利益之影响,资以综合判定有无定暂时状态之必要,始不失该条揭示保全必要性之真谛。"
④ 沈冠伶:《民事程序法之新变革》,台北新学林出版公司 2009 年版,第 74 页。

应准用于罢免诉讼，被罢免人在提起罢免诉讼时，申请定暂时状态假处分不应获得准许。类比于区域"立委"的罢免程序不适用定暂时状态假处分，作为不分区"立委"的罢免程序的撤销党籍处分，在其救济程序中，也不应有定暂时状态假处分的适用空间。否则，由于民事诉讼程序漫长复杂，即便将来本案诉讼"立委"败诉，也已成功利用程序拖过了其"任职期间"，"不分区立委"的罢免制度将形同具文。

四、王金平党籍案的法律和政治影响

一件已完成党内撤销党籍处分以及行政程序的党纪处分案，法院欲加推翻必须有坚强的法理依据才能服人，否则司法权也将穷于应付今后政治争端，权力之大更是无远弗届。① 国民党考纪会做成决议之前，王金平有出席考纪会表示意见，并未对决议程序提出异议，且王金平得知被撤销党籍处分后，也放弃向"考纪会"申诉的机会，因此其起诉事实上并非依"民法"第 56 条第 1 项主张撤销党纪处分，而是以内容违规为由诉求党纪处分无效。法院以程序违规为由判决党纪处分无效，似与"民法"第 56 条第 1 项但书规定不符。但是，判决似乎又不认为法院对党纪处分内容适当与否有审查权限。由此，一、二审判决的理由未能让国民党方面接受，正如有评论所指"判得轻巧却重量不足"。② 若国民党诉争到底，在法律适用上或许有其道理，但在政治大环境下恐会收获国民党内部撕裂甚至分裂的短期冲击，这或许是国民党对待第三审上诉，让党籍案无果而终的原因之一。而国民党在诉讼中的被动局面，皆因诉讼之初的暂时状态假处分裁定而造成，假处分裁定似乎较多考虑了王金平的利益而无视政党利益和"不分区立委"制度的特殊性。党纪处分是对"不分区立委"的适任性进行评判的唯一方法，本案进一步暴露出"不分区立委"制度的漏洞。本来通过许舒博一案，国民党堵住了党纪处分执行力的漏洞，却不想被假处分制度再一次冲垮。假处分裁定使得马英九"快刀斩乱麻"地拉下王金平成为不可能，反而将争议拖入了法律纷争的泥沼，第二个任期刚一开始，便陷入"跛脚"。对于这样一个局面，本案的判决终究是一个"定纷不止争的判决"，是王金平的人情击败

① "敢问立法与司法是否平之如水?"，台湾《新生报》2013 年 11 月 8 日社论。
② 《王案判得轻巧，却显重量不足》，（台湾）《联合报》2014 年 3 月 20 日社论。

了马英九的法治,① 台湾的立法机构负责人与在野党立法机构党鞭携手关说,却受到具有党派偏见的法官与囿于党派之争的在野党的携手包庇,实在是台湾之耻。② 司法判决无法分出政治是非。"九月政争"延宕了两岸服贸协议的审议,催化了蓝营内部"挺马派"与"挺王派"势力的"隐性分裂",对"九合一选举"乃至2016"大选"均产生了直接的影响,是国民党一败再败的重要原因之一。

王金平党籍案已经尘埃落定,但案件的争议议题对于"政党法草案"的完善无疑具有积极意义。经过多年的争执,台湾的"政党法"仍未完成立法程序。民进党认为,现行"人民团体法"将政党定位为一般人民团体,实行消极、低度规范,已无法满足当前社会期待及政党政治发展的需要。如今,民进党获得"立法院"的多数席位,以推动所谓"国会改革"为口号,将"政党法"及相关的不当党产处理条例列为优先法案处理。只是,"政党法草案"中对于纪律处分的程序规则和政党仲裁法庭的规定并不细致,似乎难以避免将来类似案件的再一次发生。

---

① 宋鲁郑:《台湾除了民主,还有什么》,http://www.guancha.cn/SongLuZheng/2014_11_21_301196.shtml,2015年12月20日访问。
② 包淳亮:《年底选举国民党可以打败自己》,http://www.zaobao.com/forum/views/opinion/story20141113-411463,2015年12月20日访问。

《关于认可和执行台湾地区法院民事判决的规定》的理解与适用

郃中林* 李赛敏**

最高人民法院《关于认可和执行台湾地区法院民事判决的规定》（法释［2015］13 号，以下简称本解释）于 2015 年 6 月 30 日发布，同年 7 月 1 日起施行。为正确理解和准确适用这一司法解释，现对有关问题说明如下。

一、关于制定背景

两岸民事裁判的相互认可和执行，对于保障两岸民众权益和增进两岸互信合作意义重大。1998 年以来，就认可和执行台湾地区民事裁判问题，最高人民法院先后发布了《关于人民法院认可台湾地区有关法院民事判决的规定》（法释［1998］11 号，以下简称 1998 年《规定》）、《关于当事人持台湾地区有关法院民事调解书或者有关机构出具或确认的调解协议书向人民法院申请认可人民法院应否受理的批复》（法释［1999］10 号）、《关于当事人持台湾地区有关法院支付命令向人民法院申请认可人民法院应否受理的批复》（法释［2001］13 号）和《关于人民法院认可台湾地区有关法院民事判决的补充规定》（法释［2009］4 号，以下简称《补充规定》）四个司法解释。上述司法解释较为全面、系统地规定了台湾地区有关法院民事判决及仲裁裁决在大陆的认可和执行问题，有效减轻了两岸当事人诉累，也为两岸经贸发展和人员往来提供了法律制度保障。

---

* 郃中林系最高人民法院国际合作局局长。
** 李赛敏系最高人民法院民四庭法官。

近年来，随着两岸关系的和平发展和大陆有关民事诉讼法律制度的持续完善，前述四个司法解释在对于可申请认可和执行的台湾裁判范围、申请认可与执行案件管辖联结点、与修订后的《中华人民共和国民事诉讼法》衔接等方面，已不能充分满足两岸交流交往和审判实践的需要。为全面总结有关涉台裁判认可的审判经验，更好地解决审判实践中遇到的有关法律适用问题，使有关司法解释更加系统化、清晰化，最高人民法院决定在整合并修订前述四个司法解释的基础上，针对台湾地区法院判决与仲裁裁决在申请认可与执行条件等方面的差异，分别制定新的司法解释，即本解释和最高人民法院《关于认可和执行台湾地区仲裁裁决的规定》（以下简称《认可台湾仲裁裁决规定》）。

二、关于认可范围

关于可向人民法院申请认可与执行的台湾地区民事判决的范围，是本司法解释所做重要修改之一。与原有规定相比，在关于可申请认可与执行的台湾地区判决的范围方面，本解释第 2 条主要做了三处调整。

（一）适度拓宽了可向人民法院申请认可与执行的台湾地区法院民事判决的范围，将台湾地区法院在刑事附带民事诉讼中做出的民事损害赔偿裁判包括和解笔录，以及由台湾地区乡镇市调解委员会等出具并经台湾地区法院核定的与台湾地区生效民事判决具有同等效力的调解文书，一并纳入可申请认可与执行的范围。这样就将在台湾地区具有民事裁判性质和效力的几乎所有法律文书均纳入了认可和执行的范围。

在不同法域间裁判认可与执行中，判决指法院就诉讼各方权利义务或他们所提出的诉讼请求做出的最后决定，也称法律决定。由于各国各地区法律制度不同，在司法实践中，判决往往以不同的名目出现，只要其本质上是具有审判权的司法机关通过特定民事诉讼程序，赋予当事人诉讼权利和实体权利的裁决，都是判决，其称谓无关紧要。[①] 换言之，在两岸民商事裁判的认可与执行实践中，最关键也最为核心的问题是裁判本身的效力。在过去几年的人民法院司法实践中，已经出现当事人申请认可台湾地区法院所做出的刑

---

① 钱锋：《外国法院民商事判决承认与执行研究》，北京：中国民主法制出版社 2008 年版，第 5 页。

事附带民事和解笔录和由台湾地区乡镇市调解委员会出具并经台湾地区法院核定的调解书的案件，且根据台湾地区有关规定，这些文书均与台湾地区民事确定判决有同一之效力。此外，除乡镇市调解委员会出具的调解文书外，台湾地区至少还有四类调解文书经台湾地区有关法院核定后也与民事确定判决有同一之效力。这四类调解文书是：（1）依据台湾地区"著作权法"第82条规定，由著作权审议及调解委员会就著作权中介团体与利用人间，对使用著作标的报酬争议或著作权、制版权争议之调解；（2）依据台湾地区"证券投资人及期货交易人保护法"第22条规定，由证券投资人及期货交易人保护机构（为财团法人组织）所设之调处委员会，就证券投资人或期货交易人与发行人、证券商、交易所、柜台买卖中心、结算机构或其他关系人间，因有价证券之募集、发行、买卖或期货交易及其他相关事宜所生民事争议进行之调处；（3）依据台湾地区"公害纠纷处理法"第14条第1款规定，由"直辖市"、县（市）设置之"公害纠纷调处委员会"所进行之公害纠纷调处；（4）依据台湾地区"消费者保护法"及"消费争议调解办法"，由"直辖市"或县（市）"消费争议调解委员会"就消费争议事件做出的调解。为避免将来出现当事人持这类调解文书向人民法院申请认可和执行而人民法院无受理依据的情况，本解释第2条第3款中加了"等"字，以使该款在一定程度上具有兜底条款的性质。

在具体适用本解释第2条第3款时应注意两点：第一，鉴于本款所列调解文书均非台湾地区法院所做出，依台湾地区有关规定，只有在经台湾地区法院核定后方具有与台湾地区生效民事判决同一之效力，故在审查过程中必须审核此类调解文书是否已经台湾地区法院核定（实践中，此类调解文书最后一栏标注有"上调解书业经本院依法审核，准予核定"字样，其后为"某某年度核字第某某号"及核定法官签字或盖章，并加盖法院印章）。第二，为稳妥起见，如出现当事人申请认可台湾地区乡镇市调解委员会以外其他调解组织出具的调解文书之情形，受案人民法院应及时逐级层报最高人民法院台湾司法事务办公室掌握情况，以便及时对各地人民法院做出审判指导。

（二）对台湾地区部分法律文书的称谓做出文字修改，将"调解书"改为"调解笔录、和解笔录"，将"支付令"改为"支付命令"。根据台湾地区民事诉讼相关规定和台湾地区法院的司法实践，与《中华人民共和国民事诉讼法》中"调解书"相对应的概念为"和解笔录""调解笔录"，且和解笔录、调解笔录均与生效判决具有相同的效力；与大陆"支付令"对应的概念在台湾称为"支付命令"。根据台湾地区有关民事诉讼的规定，台湾有诉讼上和解和诉前调解程序两种制度。诉讼上和解是指，法院在诉讼中随时可以试行让当事人和解，试行和解成立者作成和解笔录，和解笔录与确定判决有同一效力。诉前调解程序包括强制调解（即具有特定情形的案件于起诉前应经法院调解）和任意调解（即不具有特定情形的案件也可在起诉前申请法院调解）两种，一般在法官主持下进行，调解经当事人合意成立，调解成立者作成调解程序笔录，与诉讼上和解有同一效力。

（三）将对台湾地区仲裁的认可与执行排除于本规定适用范围之外。就具体审查条件而言，仲裁裁决与法院判决在申请认可与执行方面存在一定差异，部分审查条件甚至可能相互冲突。在认可与执行程序中，对仲裁裁决简单套用对法院判决的审查条件显有不妥。因此，本解释将台湾地区仲裁排除在适用范围之外，本解释施行以后，有关台湾地区仲裁裁决的认可与执行，应当适用《关于认可台湾仲裁裁决的规定》。

三、关于案件管辖

"原告就被告"是民事诉讼法确定地域管辖的一项基本原则，但1998年《规定》第3条却规定此类案件由申请人住所地、经常居住地或者被执行财产所在地中级人民法院受理。之所以做此规定，很大程度上是因为在当时的时代背景下，此类案件的申请人一般为大陆居民、被申请人一般为台湾地区居民。

随着两岸经贸关系日益密切、人员往来日益频繁，台湾地区居民申请人民法院认可与执行台湾地区法院民事判决的案件近年来也频频出现，但这些案件却因为1998年《规定》对管辖连结点的限定性规定而难以为人民法院所受理。为更好地保护两岸当事人合法权益，参照最高人民法院《关于内地与香港特别行政区法院相互认可和执行当事人协议管辖的民商事案件判决的安排》（以下简称《涉港判决安排》）第4条和《关于内地与澳门特别行政区相互认可和执行民商事判决的安排》（以下简称《涉澳判决安排》）第4条，本解释第4条第1款扩大了此类案件的管辖连结点，明确被申请人住所地、经常居住地中级人民法院也可受理此类案件。同时，该款还明确有关专门人民法院也可以管辖此类案件，主要是指有关海事法院、知识产权法院等专门人民法院。

四、关于受理条件

与 2015 年 5 月 1 日起实行的立案登记制改革的精神一致，本解释第 6 条和第 7 条对此类案件中申请人应提交的申请材料与人民法院的受理条件等方面做了相应调整，简化了申请人应提交的申请材料，放宽了此类案件的受理条件，以更方便当事人行使诉权。具体体现为：（1）与《最高人民法院关于适用〈中华人民共和国民事诉讼法〉的解释》（以下简称《民事诉讼法解释》）第 525 条、第 526 条之精神保持一致，第 6 条明确在人民法院法官的见证下签署或者经中国大陆公证机关公证证明是在中国大陆签署的授权委托书，可免于办理相关的公证、认证或者其他证明手续。（2）不再在立案阶段强制要求申请人提交有关证明文件以证明台湾地区法律文书的真实性及已经生效，适当减轻申请人的立案负担。同时，通过第 9 条第 2 款之规定，指引申请人可以申请人民法院或者人民法院在必要时依职权通过两岸司法互助途径查明相关法律文书的真实性、是否生效及当事人是否得到合法传唤，进一步体现了人民法院司法为民、便民之精神。（3）明确台湾地区法律文书是否违反一个中国原则并非立案审查条件，而作为认可审查条件。1998 年《规定》第 4 条规定，申请人提出申请时应当提交不违反一个中国原则的台湾地区民事判决。实践中，是否违反一个中国原则的审查判断较为敏感而复杂，在立案阶段仅通过形式审查往往难以做出准确判断，需要在全面审查文书内容表述的基础上综合做出判断。故，本解释将此改为在第 15 条第 2 款有关不予认可的情形中加以规定。

还需说明的是，尽管本解释第 7 条第 2 款第（1）项规定此类案件的申请书应当记明申请人和被申请人性别、年龄、职业、身份证件号码、住址和通讯方式等身份信息，但此为倡导性规范而非强制性要求，如申请人提供的信息不全，也不应影响人民法院受理案件。

五、关于程序权利保障

为更好地保障当事人的程序性权利，本解释对原有司法解释做了两个方面的重要修改。

（一）明确此类案件中应列明被申请人，并明确规定应向被申请人送达相关司法文书。1998 年《规定》未出现"被申请人"这一用语（但使用被告或当事人的概念），最高人民法院《关于认真贯彻执行〈关于人民法院认可台湾地区有关法院民事判决的规定〉的通知》及其所附文书样式中亦未列明被申请人的地位。对于此类案件是否应列明被申请人，实践中各地人民法院甚至同一法院不同合议庭都存在不同认识。此类案件与被申请人利益密切相关，如不通知其参加到此类案件的审查程序中来，则其根本无提出异议的机会，显然不利于保护其合法权益，也不符合所谓正当程序要求，况且《涉港判决安排》与《涉澳判决安排》均使用了"被申请人"这一用语。此外，2015 年《民事诉讼法解释》第 548 条第 2 款关于外国法院判决及仲裁裁决的承认与执行程序之规定中也明确规定"人民法院应当将申请书送达被申请人。被申请人可以陈述意见"。因此，本解释也使用了"被申请人"一词，并在第 8 条规定决定立案应通知被申请人，同时将申请书送达被申请人；在第 21 条规定案件法律文书应当依法送达案件当事人，这当然也包括被申请人。

（二）增加程序救济途径，明确当事人对人民法院做出的裁定不服的，可以上诉或申请复议。首先，1998 年《规定》第 6 条对于不符合受理条件的，仅规定要通知申请人；依据 2012 年修订后的民事诉讼法有关案件受理规定的精神，本解释第 8 条明确规定，对于不予受理要以裁定形式做出，并且申请人对裁定不服的可以提起上诉。其次，关于人民法院经审查后就是否认可台湾地区民事判决做出的裁定的效力，原有的四个司法解释及《中华人民共和国民事诉讼法》中虽无明确规定，但司法实践中并无太大争议，2015 年《民事诉讼法解释》第 548 条第 3 款对此也予以确认，明确此类裁定一经送达即发生法律效力。鉴于《涉港判决安排》第 12 条与《涉澳判决安排》第 12 条第 2 款均规定，当事人对于此类裁定可以向上一级人民法院申请复议，为彰显对台湾同胞的同等保护，本解释第 18 条第 2 款也做出了基本相同的规定，并进一步明确申请复议期限为自裁定送达之日起 10 日内。

六、关于平行诉讼

两岸平行诉讼是两岸司法管辖积极冲突的必然结果。由于两岸并无协调管辖积极冲突的协议或规则，实践中两岸法院也通常不因对方法院可以管辖该案件而拒绝受理，两岸平行诉讼或者重复诉讼在所难免。然而，如一方当事人向人民法院起诉，而另一方当事人申请人民法院认可台湾地区法院就同一争议做出的判决时，人民法院必须确定一个处理规则。

依1998年《规定》第12条和第16条之规定，当两岸出现平行诉讼时，只要台湾地区法院先行做出判决并且当事人向人民法院申请认可该判决，人民法院就必须中止审理，转而审查认可台湾地区判决的申请，这实际上意味着人民法院通过在一定程度上主动放弃管辖来解决因管辖积极冲突而产生的两岸平行诉讼问题，优先考虑对方判决做出日期，明显有过度扩张台湾地区民事判决效力之嫌。相比较而言，《涉港判决安排》与《涉澳判决安排》均无类似规定；法院处理国际平行诉讼时也不采取这种做法；台湾地区对大陆民事判决也未采取这种做法。

综合考虑两岸相互认可与执行民事判决现状，参考内地与港澳以及国际上处理平行诉讼的一般做法，本解释在两岸平行诉讼处理规则方面做了适度调整。根据本解释第11条，只要人民法院已经受理认可申请，就不再受理就同一争议提起的诉讼；反之亦然。即不论是当事人起诉或申请认可，人民法院只进行其在先启动的程序，这样更便于人民法院的操作和当事人的运用。

七、关于审查结果

人民法院依据何种标准来审查决定是否对台湾地区民事判决予以认可，与此类案件中当事人的利益休戚相关，也是本解释需要重点解决的问题。本解释在第15条、第16条对此做出了具体规定。与原规定相比，主要做了以下五方面的调整：

（一）区分裁定不予认可与裁定驳回申请，审查结果设置更为科学。对于相关台湾地区民事判决是否予以裁定认可，是人民法院进行审查后的处理结果，人民法院做出的此种裁定具有终局性，一经送达即生效。1998年《规定》第9条第（1）项将"申请认可的民事判决的效力未确定的"作为裁定不予认可的情形之一，这意味着即便日后该判决生效，当事人亦无法再次向人民法院申请认可，只能在大陆另行起诉，这显然不利于保护当事人合法权益。因此，本解释将其作为裁定驳回申请的情形，在第16条第1款中单独加以规定，同时在本条第2款明确在此情形下，待条件成就后申请人可再次申请认可。

（二）尊重当事人意思自治，被告作为申请人时不再审查台湾地区法院审判程序的正当性。为保护被告的正当程序权利，避免被告受其在被不当剥夺了应诉答辩之权利的情形下做出的裁判的羁束，1998年《规定》第9条第（2）项规定，对于在被告缺席又未经合法传唤或者在被告无诉讼行为能力又未得到适当代理的情况下做出的台湾地区民事判决，人民法院应裁定不予认可。然而，实践中，向人民法院申请认可的台湾地区民事判决中，有相当一部分是在被告缺席的情况下做出的，而此类案件中又很少有被告能提供台湾地区法院通知其参加诉讼的相关材料以证明自己受到合法传唤，故被告是否经合法传唤成为人民法院审查此类案件的难点。鉴于对台湾地区法院民事判决的认可与执行本质上仍属于区际私法协助范畴，根据民事诉讼中的处分原则，在被告作为申请人向人民法院申请认可台湾地区法院有关判决的情形下，已无必要再审查其是否得到合法传唤或适当代理，故本解释第15条第1款第（1）项做上述调整，将1998年《规定》第9条第（2）项中的"被告"修改为"被申请人"。

（三）调整1998年《规定》第9条第（4）项，在"仲裁协议"前加"有效"二字做限定，同时增加"且无放弃仲裁管辖情形"这一条件，使因存在仲裁管辖而不予认可的情形更加周延。当事人之间存在仲裁协议并且该仲裁协议合法有效是排斥法院管辖权的前提条件，如仅存在仲裁协议但该协议未生效或者无效，自然不能排斥法院管辖权。此外，即便存在有效仲裁协议，但当事人放弃仲裁管辖的，法院也可行使管辖权（根据台湾地区"仲裁法"第4条第（1）项，如当事人之间存在有效仲裁协议，一方向法院起诉而另一方应诉答辩的，台湾地区法院仍可行使管辖权）。因此，本解释第15条第1款第（3）项将因存在仲裁管辖而裁定不予认可的情形限定为"案件双方当事人订有有效仲裁协议，且无放弃仲裁管辖情形的"。

（四）将1998年《规定》第9条第（5）项分拆为本解释第15条第1款第（4）、（5）、（6）三项，并在具体表述上做文字调整，使其更为明确。

第一，本解释第15条第1款第（4）项"案件系人民法院已做出判决或者中国大陆的仲裁庭已做出仲裁裁决的"表述源于1998年《规定》第9条第（5）项前半句"案件系人民法院已做出判决"，与原有规定相比增加了"中国大陆的仲裁庭已做出仲裁裁决的"这一情形。之所以做此修改，是因为如大陆有关仲裁机构就同一争议做出仲裁裁决，人民法院亦不应裁定认可台湾地区法院就同一争议做出的民事判决，而原有司法解释的规定未能涵盖这一情形。需要特别说明的是，本解释此处使用了"仲裁庭"而非"仲裁机构"的概念，主要是为将来《中华人民共和国仲裁法》认可临时仲裁庭做出的裁决预留空间。

第二，本解释第 15 条第 1 款第（5）项"香港特别行政区、澳门特别行政区或者外国的法院已就同一争议做出判决且已为人民法院所认可或者承认"的表述源于 1998 年《规定》第 9 条第（5）项中"外国、境外地区法院做出判决……已为人民法院所承认"的。与原有规定相比有两处变化：一是明确"外国、境外地区法院"为港澳特区及外国法院，并无实质性修改；二是限定该判决为"就同一争议做出"的。

第三，本解释第 15 条第 1 款第（6）项"台湾地区、香港特别行政区、澳门特别行政区或者外国的仲裁庭已就同一争议做出仲裁裁决且已为人民法院所认可或者承认"的表述源于 1998 年《规定》第 9 条第（5）项中"境外仲裁机构做出仲裁裁决已为人民法院所承认的"。与原有规定相比有两处变化：一是明确"境外"仲裁机构为台湾、香港、澳门及外国的仲裁庭，并无实质性修改；二是基于如上相同之考虑，将原解释中的"仲裁机构"改为"仲裁庭"。

（五）将 1998 年《规定》第 9 条第（6）项所规定的公共秩序保留原则调整为本解释第 15 条第 2 款，同时明确了在判断有关台湾地区法院民事判决是否违反一个中国等国家法律的基本原则或者损害社会公共利益时，应采用"结果说"，即只有在认可该判决的客观结果将导致危及国家法律基本原则或社会公共利益时方可适用。认可台湾地区法院民事判决是否"违反一个中国等国家法律的基本原则或者损害社会公共利益"，属于人民法院应当依职权查明的事项，故本解释将其单列为一款，以强调人民法院的依职权审查义务。

八、关于申请期限

对于此类案件的申请认可与执行期限，本解释根据 2012 年修订后的《中华人民共和国民事诉讼法》及其司法解释做了较大修改。

（一）直接援引《中华人民共和国民事诉讼法》关于执行期间的规定来确定申请认可和执行台湾地区民事判决的期间。1998 年《规定》第 17 条规定："申请认可台湾地区有关法院民事判决的，应当在该判决发生效力后一年内提出"；2009 年《补充规定》第 9 条第 1 款又将申请认可的期间改为二年，并于该条第 2 款规定该期间可以顺延。原有司法解释中一年或二年的期间规定均源于当时的《中华人民共和国民事诉讼法》对于执行期间的规定，① 然而，这一期间规定又不同于《中华人民共和国民事诉讼法》对于执行期间的规定——执行期间是可以中止、中断的可变期间，而原司法解释中申请认可与执行的期间为不变期间。将申请认可与执行台湾地区民事判决的期间规定为不变期间显然有所不妥，不利于保护当事人的合法权益。鉴于 2015 年《民事诉讼法解释》第 547 条第 1 款规定申请承认和执行外国法院判决或外国仲裁裁决均适用民事诉讼法第二百三十九条关于执行期间的规定，本解释第 20 条第 1 款也与之保持一致。

（二）明确申请认可台湾地区法院有关身份关系的判决不受前述期间限制。对于有关身份关系的判决，仅需人民法院的确认而不需要执行，因而无必要规定申请认可和执行的期间。最高人民法院《关于外国法院的离婚判决未经我人民法院确认，当事人能否向我婚姻登记机关登记结婚的复函》曾明确规定"申请承认外国法院离婚判决，没有时间限制"。目前已经出现申请人在台湾地区法院民事判决生效二年后向人民法院申请认可台湾地区法院有关婚姻、监护关系判决的案件，实践中一般也不以超过申请期间为由不予受理或认可，故本解释第 20 条第 1 款增加但书对此予以明确规定。

（三）进一步明确申请人仅申请认可而未同时申请执行时申请执行的期间计算。鉴于经人民法院裁定认可是申请执行台湾地区有关法院民事判决的前提条件，参照《民事诉讼法解释》第 547 条第 2 款，本解释第 20 条第 2 款规定，如申请人分别申请认可和执行，申请执行的期间从人民法院对认可申请做出的裁定生效之日起重新计算。换句话说，对于申请人同时申请认可和执行的，等于申请人从一开始就已提出申请执行，不存在申请执行期间的重新计算问题，应当依据本解释第 3 条的规定，在做出认可裁定后直接移交人民法院执行机构执行；而对于申请人仅申请认可而未同时申请执行的，其申请执行的期间计算并不能从申请认可时开始计算，而应自人民法院对认可申请做出的裁定生效之日起重新计算，这也符合一般案件先行裁判再行申请执行的基本逻辑与运行规律。

---

① 张进先：《最高人民法院〈关于人民法院认可台湾地区有关法院民事判决的补充规定〉的理解与适用》，《人民司法》2009 年第 13 期。

九、关于其他问题

本解释对于审判组织、保全措施、撤回申请的处理、审查期限、台湾民事判决被裁定认可后的效力等问题，基本保留了原有司法解释的规定，并根据最新法律和司法解释的相关规定做了一定的完善和调整。此外，在以下几个具体问题上做出了进一步的明确规定：

（一）进一步明确裁定认可是申请执行的前提条件。本解释第 3 条明确规定："申请人同时提出认可和执行台湾地区法院民事判决申请的，人民法院先按照认可程序进行审查，裁定认可后，由人民法院执行机构执行。申请人直接申请执行的，人民法院应当告知其一并提交认可申请；坚持不申请认可的，裁定驳回其申请。"这与《民事诉讼法解释》第 546 条的规定精神是一致的，但相对更加清楚。

（二）审查期限的计算更为科学合理。本解释第 14 条第 2 款规定："通过海峡两岸司法互助途径送达文书和调查取证的期间，不计入审查期限。"这既符合案件审查时间的客观需要，也鼓励当事人和人民法院尽可能利用两岸司法互助途径，以确保程序的正当性和结果的公正性。

（三）明确申请认可和执行台湾地区法院民事判决案件收费问题。1998年 6 月 17 日《最高人民法院关于认真贯彻执行〈关于人民法院认可台湾地区有关法院民事判决的规定〉的通知》第 5 条规定此类案件不收取案件受理费，但之后的《诉讼费用交纳办法》又规定了此类案件的收费标准，实践中各地法院做法不一。本解释第 22 条对此加以统一和明确，即应当参照《诉讼费用交纳办法》的规定，交纳相关费用。

（四）关于新旧司法解释的衔接。本解释第 23 条规定本解释自 2015 年7 月 1 日起施行，原有四个相关司法解释同时废止。这意味着，自 2015 年 7月 1 日起，新受理的和已经受理尚未审结的申请认可执行台湾地区法院民事判决案件，均应当适用本解释。

《关于认可和执行台湾地区仲裁裁决的规定》的理解与适用

郃中林[*]　陈宏宇[**]

最高人民法院《关于认可和执行台湾地区仲裁裁决的规定》（法释〔2015〕14号，以下简称本解释）于2015年6月30日发布，同年7月1日起施行。为正确理解和准确适用这一司法解释，现对有关问题说明如下。

一、关于制定背景

大陆和台湾地区仲裁裁决的相互认可和执行，对保障双方民众权益、推动两岸经贸往来，意义重大。就认可和执行台湾地区仲裁裁决问题，最高人民法院并未单独发布过专门司法解释予以规范，仅在1998年发布的《关于人民法院认可台湾地区有关法院民事判决的规定》（法释〔1998〕11号，以下简称1998年《规定》）第19条规定："申请认可台湾地区有关法院民事裁定和台湾地区仲裁机构裁决的，适用本规定。"根据该条规定，人民法院在司法实践中已办理若干起认可和执行台湾地区仲裁裁决的案件。但是，对仲裁裁决直接套用对法院判决认可和执行的规则，明显忽略了仲裁裁决与法院判决在认可和执行方面的差异，特别是审查条件上的差异（其中有些审查条件甚至相冲突）。近年来，法学理论和司法实务界均呼吁，对台湾地区仲裁裁决的认可和执行，不宜再简单套用1998年《规定》，而应单独制定司法解释。在司法实践中，内地与港澳之间对法院判决和仲裁裁决的认可

---

　　* 郃中林系最高人民法院国际合作局局长。
　　** 陈宏宇系最高人民法院审判员。

和执行也是分别签署安排的。鉴此，最高人民法院决定，对台湾地区仲裁裁决的认可和执行问题，单独制定本解释。

二、本解释概况

本解释共 22 条，其中，有关申请主体、申请认可和执行的处理顺序、案件管辖、审判组织、委托代理、受理条件、保全措施、撤回申请、驳回申请、裁定效力、申请期间、送达、诉讼费用、解释生效等内容，多源于 1998 年《规定》和最高人民法院《关于人民法院认可台湾地区有关法院民事判决的补充规定》（法释［2009］4 号），并与同步发布的《关于认可和执行台湾地区法院民事判决的规定》（法释［2015］13 号，以下简称《认可台湾民事判决规定》）基本保持一致。有关适用范围、不予认可的理由、审查期限及不予认可报审程序、司法对仲裁的支持和监督、撤销仲裁裁决的影响等仲裁裁决的认可和执行中所特有的内容，本解释参照内地与港澳特区相互认可和执行仲裁裁决的两个安排，并适度参考《承认及执行外国仲裁裁决公约》（1958 年《纽约公约》）的规定，同时结合本解释只适用于台湾地区仲裁裁决认可和执行的情况，做出富有特色的针对性规定。本文重点就本解释中有关仲裁裁决认可和执行所特有的相关问题予以说明，有关申请主体等条款的理解问题，可参考《〈关于认可和执行台湾地区法院民事判决的规定〉的理解与适用》一文。

三、关于适用范围

本解释第 2 条规定："本规定所称台湾地区仲裁裁决是指，有关常设仲裁机构及临时仲裁庭在台湾地区按照台湾地区仲裁规定就有关民商事争议做出的仲裁裁决，包括仲裁判断、仲裁和解和仲裁调解。"该条款明确了可予认可和执行的台湾地区仲裁裁决的认定标准及其外延，较之于 1998 年《规定》进一步扩大了认可和执行的范围。就台湾地区仲裁裁决的认定，要注意以下几点：

（一）关于台湾地区仲裁裁决的认定标准。台湾地区"仲裁法"第 47 条规定，在台湾境外做出的裁决以及在台湾依据外国法律作成的裁决系外国仲裁裁决。根据该条之"立法理由"，该条所称之外国法律，包含外国仲裁法规、外国仲裁机构仲裁规则及国际组织仲裁规则。按照台湾地区"仲裁法"被认定为外国仲裁裁决的，自不宜列入本解释的适用范围。鉴此，本条明确了认定台湾地区仲裁裁决的两个必备因素：一是仲裁地因素，即在台湾地区做出；二是仲裁程序规则适用因素，即适用台湾地区仲裁规定，该仲裁规定既包括台湾地区"仲裁法"，亦包括台湾地区的相关仲裁规则。

（二）关于台湾地区仲裁裁决的外延。按照台湾地区"仲裁法"，仲裁庭就仲裁事项可做出仲裁判断、仲裁和解和仲裁调解，其并无大陆"仲裁裁决"之概念。基于表述方便和易于为大陆人士理解的考虑，本解释采用"台湾地区仲裁裁决"之概念，明确其包括仲裁判断、仲裁和解和仲裁调解三种形式，并将三者均纳入本解释适用范围。

第一，关于仲裁判断。仲裁判断即为仲裁庭做出的判断，等同于《中华人民共和国仲裁法》中仲裁裁决的概念。台湾地区"仲裁法"第37条规定："仲裁人之判断，于当事人间，与法院之确定判决，有同一效力。"将台湾地区的仲裁判断列入本解释的适用范围，自无争议。

第二，关于仲裁和解。台湾地区"仲裁法"第44条规定了仲裁和解，即"仲裁事件，于仲裁判断前，得为和解"；"和解成立者，由仲裁人作成和解书。前项和解，与仲裁判断有同一效力。"该仲裁和解类似于《中华人民共和国仲裁法》第51条所规定的由仲裁庭做出的调解（该调解与仲裁裁决具有同等法律效力）。二者的共性在于，在当事人订有仲裁协议的前提下，达成与仲裁判断或仲裁裁决具有同等法律效力的和解书或调解书。故，台湾地区的仲裁和解可纳入本解释的适用范围。

第三，关于仲裁调解。台湾地区"仲裁法"第45条规定了仲裁调解，即"未依本法订立仲裁协议者，仲裁机构得依当事人之声请，经他方同意后，由双方选定仲裁人进行调解。调解成立者，由仲裁人作成调解书"；"前项调解成立者，其调解与仲裁和解有同一效力。"按照台湾地区"仲裁法"第45条、第44条和第37条，可推导出所谓的仲裁调解与法院之确定判决有同一效力。故，台湾地区的仲裁调解亦可纳入本解释的适用范围。

本解释起草过程中曾有意见提出，虽然《中华人民共和国仲裁法》中没有与台湾地区"仲裁法"第45条的仲裁调解书相对应的概念，但是最高人民法院《关于建立健全诉讼与非诉讼相衔接的矛盾纠纷解决机制的若干意见》（法发〔2009〕45号）第9条规定："没有仲裁协议的当事人申请仲裁委员会对民事纠纷进行调解的，由该仲裁委员会专门设立的调解组织按照公平中立的调解规则进行调解后达成的有民事权利义务内容的调解协议，经双方当事人签字或者盖章后，具有民事合同性质。"台湾地区"仲裁法"第45条规定的仲裁调解与上述意见第9条规定的调解协议较为类似，二者共性在于，当事人未达成仲裁协议的前提下，仲裁庭（或其下设的调解机构）促成调解，达成协议。根据该上述意见第9条的规定，调解协议并不具有强制执行力。在大陆尚未赋予与台湾地区的仲裁调解具有类似地位的调解协议以强制执行力的情况下，暂不宜将台湾地区的仲裁调解纳入本解释的适用范围。

上述观点虽有一定道理，但基于以下两点考虑，最终将台湾地区仲裁调解纳入本解释适用范围。一是大陆司法实践中亦有通过司法确认赋予上述意见第9条中调解协议以强制执行力的做法，在一定意义上该司法确认与本解释规定的认可审查具有相同的功能。二是在台湾地区"仲裁法"实际赋予仲裁调解与法院之确定判决有同一效力的情况下，将台湾地区仲裁调解纳入本解释的适用范围，作为人民法院可以认可和执行的对象，有利于减少两岸当事人的诉累，保障当事人的合法权益。

（三）所谓台湾地区仲裁裁决既包括机构仲裁裁决，也包括临时仲裁裁决。1998年《规定》第19条将可向人民法院申请认可和执行的仲裁裁决限定为"台湾地区仲裁机构裁决"，从而排除了临时仲裁裁决的适用。目前，《中华人民共和国仲裁法》虽未规定临时仲裁问题，但是根据《承认及执行外国仲裁裁决公约》、《最高人民法院关于适用〈中华人民共和国民事诉讼法〉的解释》第545条以及内地与港澳特区两个认可和执行仲裁裁决安排的规定，当事人可就境外的临时仲裁裁决在我国（内地）申请认可和执行。台湾地区允许临时仲裁，因此同样会产生当事人就台湾地区临时仲裁裁决在大陆申请认可和执行的问题。本解释对此没有延续1998年《规定》的限制，而是采用我国（内地）对外国（港澳）临时仲裁裁决的一贯做法，明确将台湾地区临时仲裁裁决纳入本解释的适用范围。

（四）所谓台湾地区仲裁裁决仅限于就有关民商事争议做出的仲裁裁决，不包括有关解决行政争议的仲裁裁决。台湾地区"仲裁法"第1条第2款规定，可仲裁的争议以"依法得和解者为限"。就该条款，有台湾学者认为："不仅民事争议，若行政上给付的争议可能和解的，亦可以仲裁方式解决。"这一点与《中华人民共和国仲裁法》第三条有关依法应当由行政机关处理的行政争议不能仲裁的规定明显不同。根据《海峡两岸共同打击犯罪及司法互助协议》第10条"相互认可及执行民事确定裁判与仲裁裁决（仲裁判断）"的约定，本解释仅适用于民商事仲裁裁决，而不适用于有关涉及行政争议的仲裁裁决。对于台湾地区就行政争议做出的仲裁裁决的认可和执行问题，需要在两岸有明确协议或共识基础上，大陆有关方面另行以适当方式加以规范。

四、关于司法对仲裁的支持

《中华人民共和国仲裁法》第五条规定："当事人达成仲裁协议，一方向人民法院起诉的，人民法院不予受理，但仲裁协议无效的除外。"该条规定表明了人民法院对当事人意思自治的尊重和对仲裁的支持，体现了在当事人之间存在有效仲裁协议的前提下，仲裁优先于诉讼的精神。本解释第11条第1款规定："人民法院受理认可台湾地区仲裁裁决的申请后，当事人就同一争议起诉的，不予受理。"第2款规定："当事人未申请认可，而是就同一争议向人民法院起诉的，亦不予受理，但仲裁协议无效的除外。"该两款规定均体现了《中华人民共和国仲裁法》第五条的精神，即在当事人之间存在有效仲裁协议的情况下，无论当事人是否向人民法院提出认可台湾地区仲裁裁决的申请，其就同一争议向人民法院起诉的，人民法院均不予受理。就该两款条文的理解，需注意以下几点：

（一）关于本条第1款规定的人民法院受理认可申请后当事人在大陆重新起诉的问题。《认可台湾民事判决规定》11条第1款亦有类似规定，即"人民法院受理认可台湾地区法院民事判决的申请后，当事人就同一争议起诉的，不予受理。"二者虽然表述类似，处理结果相同，但法理依据相异。前者更多体现了仲裁优先的精神，即有效仲裁协议排斥法院管辖；后者在本质上体现了一事不再理的原则。

（二）关于本条第2款规定的当事人在大陆未申请认可而选择向人民法院起诉的问题。《认可台湾民事判决规定》第12条亦有类似规定，即"案件虽经台湾地区有关法院判决，但当事人未申请认可，而是就同一争议向人民法院起诉的，应予受理。"二者处理结果完全相反。前者依然体现了仲裁优先的精神；后者则体现了对当事人诉讼权利的尊重。

（三）本条两款的处理结果均为人民法院不予受理，但不同在于第2款有"仲裁协议无效"的除外条款。就本条第1款规定的情形，人民法院认定仲裁协议无效的，结合本解释第 14 条和第 18 条，当事人可以就同一争议向人民法院起诉。

（四）本条第 2 款和第 14 条第 1 款第（1）项均涉及仲裁协议无效的问题，后者明确了准据法的适用，前者对此未予规定。判断仲裁协议的效力应适用相应的准据法，而准据法的认定则应遵守相同的法律适用规则。故，本条第 2 款有关认定仲裁协议无效的准据法，应当参照适用第 14 条第 1 款第（1）项的规定，即优先适用当事人约定的准据法，在当事人没有约定时适用台湾地区的仲裁规定。

五、关于司法对仲裁的监督

司法对仲裁的监督主要体现在本解释第 14 条不予认可和第 15 条驳回申请的相关规定，核心是第 14 条。仲裁裁决与法院判决在认可和执行问题上最主要的区别在于审查条件——不予认可理由上的差异。除了正当程序（即被申请人在此前的仲裁或诉讼程序中得到合法通知或传唤）及公共秩序条款可以作为其二者审查的共同条件外，其他审查事项均需根据各自的性质而设定，并不能相互简单替代，其中有些审查事项甚至相冲突。仲裁庭的组成或者仲裁程序的合法性、争议事项的可仲裁性等是仲裁裁决审查所独有的事项；而申请认可和执行地法院的专属管辖则为法院判决审查所特有。对仲裁裁决审查中要求当事人之间订有有效的仲裁协议，而有效的仲裁协议恰恰是对判决不予认可的重要理由。鉴此，本解释第 14 条没有再简单沿用 1998 年《规定》中有关不予认可台湾地区法院民事判决的理由，而是参考内地与港澳两个认可和执行仲裁裁决安排及《承认及执行外国仲裁裁决公约》的有关内容，规定了不予认可台湾地区仲裁裁决的具体理由。该条规定的理由与上述安排和公约的内容除个别表述外，基本保持了一致。就该条文，要注意以下几点：

（一）部分表述的调整。本解释系最高人民法院单方发布的司法解释，而非海峡两岸签署的裁判认可司法协助协议，仅适用于台湾地区仲裁裁决在大陆的认可和执行问题，故本解释并未延续内地与港澳两个认可和执行仲裁裁决安排及《承认及执行外国仲裁裁决公约》中有关依据仲裁地法律确定仲裁协议效力及仲裁庭的组成或者仲裁程序合法性等表述，而是在第 14 条第 1 款第（1）、（4）、（5）项中直接表述为依据"台湾地区仲裁规定"认定或"经台湾地区法院撤销或者驳回执行申请"。表述虽然有一定差异，但体现的法理并无二致。

（二）具体审查事项。第 14 条第 1 款所列的五种情形，基本上属于程序性问题，第（1）项是仲裁协议无效；第（2）项是限制或者剥夺了当事人重大程序性权利；第（3）项是仲裁裁决超范围；第（4）项是仲裁庭组成或者仲裁程序不合法；第（5）项是仲裁裁决未生效或者被撤销、驳回执行申请。由此可见，人民法院对于台湾地区仲裁裁决中的事实认定和法律适用问题是不予审查的，其对仲裁裁决的审查只是程序性审查。该审查类似于人民法院对大陆仲裁机构做出的涉外仲裁裁决的审查，不同于人民法院对大陆仲裁机构做出的非涉外仲裁裁决所进行的实质性审查。

第 14 条第 2 款主要规定了公共秩序保留条款。在适用该款规定时应采用"结果说"，即只有认可台湾地区仲裁裁决的结果违反国家法律的基本原则或损害社会公共利益时才不予认可，而不得简单根据仲裁裁决的内容即做出不予认可的裁定。海峡两岸在社会、经济制度等方面均存在较大差异，规定公共秩序条款固然可以起到"安全阀"的功能，但是认可和执行台湾地区仲裁裁决毕竟属于一国之内的区际司法协助，人民法院在司法实践中应当采取十分慎重的态度，严格限制公共秩序条款的适用。该款中所称"依据国家法律，该争议事项不能以仲裁解决的"，即争议事项不具有可仲裁性，其中就包括对依法应当由行政机关处理的行政争议所做的仲裁裁决，目前不能依据本解释予以认可执行，未来不排除可以通过其他方式予以认可和执行。

（三）审查的启动方式。第 14 条第 1 款所列五种情形，人民法院不主动审查，只有被申请人提出申请后人民法院方予以审查；同时也只有被申请人能够举证证明有关情形存在，人民法院方可裁定不予认可。就第 14 条第 2 款所列情形，人民法院应当依职权主动审查。

（四）仲裁调解审查的特殊规定。本解释第 2 条明确其适用范围涵盖台湾地区的仲裁调解，而按照台湾地区"仲裁法"，仲裁调解适用于"未依本法订立仲裁协议者"，故当事人申请认可台湾地区仲裁调解书时，其并无仲裁协议。鉴此，第 11 条第 1 款第（1）项规定了申请认可台湾地区仲裁调解时的除外条款，即不得以无仲裁协议为由裁定不予认可。同理，本解释第 7 条有关申请时应当提交材料的规定，亦应做相同的解释，即申请认可台湾地区仲裁调解书的，不应要求提交仲裁协议。

司法对仲裁的监督还体现在第 15 条有关驳回申请的规定。就当事人的认可申请，本解释与《认可台湾民事判决规定》第 16 条基本一致，区分了裁定不予认可与裁定驳回申请两种否定性的处理结果。第 15 条规定的裁定驳回申请，仅适用于不能确认台湾地区仲裁裁决真实性的情形。

六、关于审查期限及不予认可的报审程序

本解释第 13 条明确了对台湾地区仲裁裁决的审查期限及拟不予认可时的报审程序。此前，最高人民法院于 1998 年发布的《关于承认和执行外国仲裁裁决收费及审查期限问题的规定》（法释〔1998〕28 号）第 4 条规定了人民法院办理申请承认和执行外国仲裁裁决案件的 2 个月审查期限及不予承认时的报审程序，该程序表明了人民法院审慎对待境外仲裁裁决的态度，实质上体现了人民法院支持仲裁的立场，在实践中也取得了较好的法律效果和社会效果。台湾地区仲裁并非外国仲裁，但就审查期限及不予认可时的报审问题，则完全可参照适用上述有关外国仲裁裁决的规定。鉴此，本解释就审查期限及不予认可报审问题采用了前述法释〔1998〕28 号司法解释的意见。

七、关于在台撤销仲裁裁决程序对人民法院认可和执行程序的影响

台湾地区仲裁裁决进入人民法院的认可审查和执行程序后，如果当事人（通常是被申请人）又向台湾地区法院提出撤销仲裁裁决之诉的，撤销之诉的审理结果将直接影响该仲裁裁决的法律效力，进而对人民法院的认可和执行程序产生影响。根据台湾地区"仲裁法"，起诉撤销仲裁裁决的，"法院得依当事人之声请，定相当并确实之担保，裁定停止执行"，即该仲裁裁决在台湾被起诉撤销期间，亦可停止执行。鉴此，在仲裁裁决被当事人在台湾法院提起撤销之诉的情况下，在申请认可和执行地（大陆）自不宜赋予该仲裁裁决比仲裁地（台湾地区）更高的效力。本解释第 17 条第 1 款就此规定："一方当事人向人民法院申请认可或者执行台湾地区仲裁裁决，另一方当事人向台湾地区法院起诉撤销该仲裁裁决，被申请人申请中止认可或者执行并且提供充分担保的，人民法院应当中止认可或者执行程序。"同时，该

条第2款要求被申请人应当向人民法院提供台湾地区法院已经受理撤销仲裁裁决案件的法律文书。第3款则区分在台撤销之诉的审理结果，分别规定了人民法院在认可或者执行程序中的相应处理方式。就该条文，需注意以下几点：

（一）本条与本解释第14条第1款第（5）项的关系。根据第14条第1款第（5）项，仲裁裁决业经台湾地区法院撤销的，人民法院裁定不予认可。本条第1款适用于在台湾地区启动撤销仲裁裁决之诉但尚未做出判决的情形；而第14条第1款第（5）项仅适用于被申请人提供证据证明台湾地区法院已经做出了撤销仲裁裁决的判决或者驳回执行申请的情形。

（二）区分台湾法院撤销之诉的判决情况及该申请案件在人民法院所处的阶段，做出不同的处理。人民法院中止认可或者执行程序后，如果台湾地区法院驳回撤销仲裁裁决请求，无论该申请案件处于认可阶段还是执行阶段，人民法院均应当恢复相应的程序；如果台湾地区法院撤销该仲裁裁决，该申请案件尚处于认可审查阶段的，人民法院应当裁定不予认可，该申请案件已经处于执行阶段的，人民法院应当裁定终结执行。

（三）台湾地区法院的撤销之诉判决是否需要人民法院认可。司法实践中，多数意见认为，台湾地区仲裁裁决在大陆法院认可和执行程序中，不宜再要求当事人就台湾地区法院的撤销之诉判决向人民法院提出认可申请。本解释第14条第1款第（5）项规定的不予认可的理由，即"（仲裁）裁决……业经台湾地区法院撤销……的"，也并未要求台湾法院的撤销判决需经人民法院认可。主要是考虑：其一，这样规定与《承认及执行外国仲裁裁决公约》第5条第1款（戊）项的内容一致，符合国际司法协助的惯例，并且一国范围内的区际司法协助自不宜规定较之于国际司法协助更为繁琐的程序。其二，在认可和执行仲裁裁决程序中，人民法院的审查对象是仲裁裁决，台湾法院撤销仲裁裁决的判决只是审查中认定仲裁裁决效力的证据而已，只要能确认其真实性即可，无需对其效力再做深度审查。这样理解既有利于减少当事人的诉累，也可有效地提高司法效率。

八、关于裁定不予认可后的纠纷解决途径

人民法院做出不予认可裁定后申请人再次提出申请的，人民法院不予受理，但当事人若就同一争议向人民法院起诉，法院可否受理不无疑问。该问

题的关键在于，人民法院做出不予认可的裁定后，当事人之间原有的仲裁协议是否还继续具有约束双方通过仲裁解决争议的效力。与人民法院对境外仲裁裁决做出的不予认可裁定相类似的是，人民法院对大陆仲裁裁决做出的撤销或者不予执行裁定。对于后者，《中华人民共和国仲裁法》第9条第2款规定："裁决被人民法院依法裁定撤销或者不予执行的，当事人就该纠纷可以根据双方重新达成的仲裁协议申请仲裁，也可以向人民法院起诉。"由此可知，仲裁裁决被人民法院裁定撤销或者不予执行的，原有仲裁协议已经不具有约束当事人进行仲裁的效力，当事人可以直接就该争议向法院诉讼，希望仲裁的还需重新达成仲裁协议。据此，上述问题可转化为，人民法院对境外仲裁裁决做出不予承认或者不予认可裁定与人民法院对大陆仲裁裁决做出撤销或者不予执行裁定，是否具有相同的法律后果。本解释起草过程中有意见认为，其二者法律后果不同，前者仍涉及依据相关准据法对仲裁协议有效性的认定问题，若协议有效人民法院不得受理，若协议无效人民法院可予受理。我们认为，人民法院裁定不予承认或者不予认可境外仲裁裁决的理由和人民法院撤销或者不予执行大陆涉外仲裁裁决的理由大致相同，均为程序性事由，其法律后果均为对仲裁裁决效力的否定性评价，在此情形下没有必要对仲裁协议的效力再加以区别。最终，本解释第18条明确规定，人民法院裁定不予认可的，"当事人可以根据双方重新达成的仲裁协议申请仲裁，也可以就同一争议向人民法院起诉"。

大陆仲裁裁决在台湾地区的既判力

——评台湾地区"最高法院 2015 年度
台上字第 33 号判决"

罗发兴[*]

一、问题的提出

在国际私法和区际私法实践中，罕见对承认（或认可）后的域外仲裁裁决否定其既判力的做法。[①] 然而我国台湾地区"最高法院"2015 年做出的"台上字第 33 号民事判决"，却否定经台湾地区法院认可后的大陆仲裁裁决之既判力。[②] 这是继台湾地区"最高法院"做出的"2007 年度台上字第 2531 号判决"否定裁定认可后的大陆民事判决之既判力后，[③] 再次出现的对大陆法律文书效力质疑的判决。

---

[*] 作者系法学博士，北京大成（厦门）律师事务所律师。本文原发表于《河南财经政法大学学报》2015 年第 5 期，经作者和编辑部授权转载于本书。

① "承认"一般用于国际私法不同国家之间判决或仲裁裁决，"认可"一般用于区际私法中同一国家内不同地区判决或仲裁裁决。

② 仲裁裁决在台湾地区被称为仲裁判断，以下行文原则上称仲裁裁决，但在引用相关法律文本和文书时，原则上按其原表述。另台湾地区对法律条文的表述顺序为条、项、款，与大陆表述顺序条、款、项不同，为便于读者阅读，本文原则上按大陆的表述顺序。此外，本文涉及的法律加引号的均指台湾地区法律。

③ 除了该判决外，台湾地区"最高法院"还有两个"判决"持同样观点，即"2008 年度台上字第 2258 号判决""2008 年度台上字第 2376 号判决"。其中，"2008 年度台上字第 2376 号判决"系"2007 年度台上字第 2531 号判决"发回台湾地区高等法院重审后对重审判决再次上诉至台湾地区"最高法院"后做出的判决，该案的详细情况可以参见陈延忠：《大陆法院民商事裁判在台湾地区的认可及执行——台湾地区"最高法院 2008 年台上字第 2376 号"案述评》，齐树洁主编：《东南司法评论》（2010 年卷），厦门：厦门大学出版社 2010 年版，第 401—415 页。

台湾地区"最高法院 2015 年度台上字第 33 号民事判决"是对一起执行大陆仲裁裁决过程提起的债务人异议之诉所做出的判决。在台湾地区，强制执行过程中债务人可提起债务人异议之诉，台湾地区"强制执行法"第 14 条第 1 款和第 2 款针对执行名义是否有既判力分别规定了债务人异议之诉的不同事由：若执行名义有既判力，则债务人异议之诉的事由只能是发生在执行名义成立之后的事由（第 1 款）；若执行名义无既判力，则债务人异议之诉的事由可以是执行名义成立前的事由（第 2 款）。亦即，如果认为认可后的大陆仲裁裁决只有执行力而没有既判力，在债务人异议之诉中，债务人可以仲裁裁决成立前的事由重新提出争执，审理债务人异议之诉的法院也可做出与仲裁裁决不同的判决。

台湾地区"最高法院 2015 年度台上字第 33 号判决"起源于广东深鼎律师事务所与添进裕机械股份有限公司因律师费支付而产生的纠纷。2007年，中国国际经济贸易仲裁委员会对该纠纷裁决：添进裕机械股份有限公司应向广东深鼎律师事务所支付人民币 704215.10 元。2009 年，桃园地方法院根据广东深鼎律师事务所的申请，裁定准予认可上述仲裁裁决。① 之后，广东深鼎律师事务所向桃园地方法院申请强制执行，在执行过程，添进裕机械股份有限公司依台湾地区"强制执行法"第 14 条第 2 款提起债务人异议之诉，请求确认系争仲裁判断所载原告与被告间人民币 704215.10 元之债权债务关系不存在；系争强制执行事件之强制执行程序应予撤销；系争裁定不得为强制执行。该债务人异议之诉历经桃园地方法院、台湾地区高等法院以及台湾地区"最高法院"三审审理，在一、二审中，桃园地方法院和台湾地区高等法院均认为经台湾地区法院裁定认可的大陆仲裁裁决与台湾地区确定判决有同一效力（即具有既判力）。②

但三审中，台湾地区"最高法院"却与一、二审法院持完全相反的观点，认为经台湾地区法院裁定认可的大陆仲裁裁决无既判力。其理由为："台湾地区与大陆地区人民关系条例"（以下简称"两岸人民关系条例"）

---

① 参见桃园地方法院 2008 年度仲认字第 1 号民事裁定。
② 参见桃园地方法院 2011 年度诉字第 1468 号民事判决、台湾地区高等法院 2012 年度上字第 1408 号民事判决。

第 74 条对于在大陆地区作成之民事仲裁判断,① 未如其后制定公布之"香港澳门关系条例"第 42 条明定:民事仲裁判断之效力、声请法院承认及停止执行,准用"商务仲裁条例"第 30 条至第 34 条之规定。② 而仅简略为第 74 条规定,其认可并适用当时较为简易之非讼程序。对照"两岸人民关系条例"第 74 条和"香港澳门关系条例"第 42 条规定的差异,及后条例系为排除前条例于港澳地区适用而特为立法,可见系立法者有意为不同之规范,即基于两岸之特殊关系,为解决实际问题,对于在大陆地区作成之民事确定裁判、民事仲裁判断,特以非讼程序为认可裁定,并仅就以给付内容者,明定其有执行力,而未赋予实质确定力。立法者既系基于两岸地区民事诉讼制度及仲裁体制差异,为维护台湾地区法律制度,并兼顾当事人权益而为上开规定,自不容再援引"民事诉讼法""仲裁法"关于域外民事确定裁判、域外仲裁判断效力之相关规定及法理,认在大陆地区作成之民事确定裁判及仲裁判断,经台湾地区法院裁定认可者,即发生既判力。台湾地区"最高法院"从而于 2015 年 1 月 8 日做出"台上字第 33 号判决":原判决废弃,发回台湾高等法院。③

台湾地区"最高法院"的这一判决将会对涉台纠纷当事人选择大陆仲裁解决纠纷产生重大影响。该判决是否与仲裁裁决认可的原理相违背,其表面判决理由是否站得住脚,判决背后的真实理由或原因是什么,以及大陆如何应对等一系列问题均值得研究。

二、关于仲裁裁决认可后之效力范围的基本理论

(一) 基本理论学说

对承认 (或认可) 后的域外民事裁判或仲裁裁决具有何种效力的问题,国际私法或区际私法理论上有两种基本学说。第一种学说为"同等效力

---

① "两岸人民关系条例"第 74 条规定:"在大陆地区做成之民事裁判或民事仲裁判断,不违反台湾地区公共秩序或善良风俗者,得申请法院裁定认可。前项经法院裁定认可之判决或判断,以给付为内容者得为执行名义。前二项规定,以在台湾地区作成之民事确定裁判、民事仲裁判断,得申请大陆地区法院裁定认可或为执行名义者,始适用之。"

② 台湾地区"商务仲裁条例"后来改为"仲裁法",原"商务仲裁条例"第 30 条至第 34 条为现行"仲裁法"第 47 条至第 51 条。

③ 参见台湾地区"最高法院 2015 年度台上字第 33 号民事判决"。

说"，认为经认可的域外裁判效力与认可地的裁判具有同等效力。第二种学说为"延伸效力说"（或"效力扩张说"），认为经认可的域外裁判具有与其在做出地同样的效力，即对认可的域外裁判的效力应当延伸至其做出地来判断。① 当域外裁判效力与认可地裁判效力存在部分交叉部分不同时或者存在包含关系时，还有两种不单纯以认可地裁判效力或做出地裁判效力为依据的学说：一种是"最大效力说"，即主张认可后的域外裁判既具有域外裁判效力，又具有认可地裁判效力；另一种是"最小效力说"，即主张认可后的域外裁判效力仅限于做出地和认可地均具有的那部分效力。②

　　英国法院在该问题上既有持"最大效力说"和"同等效力说"，也有持"延伸效力说"和"最小效力说"。在 *Carl Zeiss Stiftung v Rayner & Keeler Ltd*③ 一案中对涉及来自大陆法系的德国判决之承认后的效力范围问题，英国上议院认为外国判决在英国程序中可以与英国判决一样产生争点排除效力，该观点符合"最大效力说"或"同等效力说"。但该案中有两名法官认为该案中的德国判决在英国程序中并不能产生争点排除效力，因为德国法不存在与争点排除效力相似的规定。④ 此后的 *Helmville Ltd v Astilleros Espanoles SA（The Jocelyne）*⑤ 和 *Yukos Capital Sarl v OJSC Rosneft Oil Co*⑥ 两个案件英国法院与上述两名法官持同样意见。但因这两个案件所涉及的比利时和荷兰的判决均承认争点排除效力，因此英国法院认为这两个外国判决具有争点排除效力。这两个案件的做法符合"同等效力说"和"最小效力说"。除普通法外，在国内成文法规方面，英国《1933 年外国裁判（互惠执行）法》（Foreign Judgments（Reciprocal Enforcement）Act 1933）第 8（1）条规定了在根据该法已经登记或者可以登记（且登记没有被撤销）的外国判决在英国的任何法院同一诉因的程序中，都应被认为在该当事人之间是终局的。英

---

① A. Layton and H. Mercer, *European Civil Practice*, London：Sweet & Maxwell, 2004, paras 24. 009 – 24. 010. 转引自 Sirko Harder, The effects of recognized foreign judgments in civil and commercial matters, 62 *I. C. L. Q.* 442, 443 (2013).

② Sirko Harder, The effects of recognized foreign judgments in civil and commercial matters, 62 *I. C. L. Q.* 442, 443. (2013)

③ [1967] 1 AC 853.

④ 另有三名法官也认为该案不适用争点排除效力，但他们是在肯定德国判决在英国程序可能具有争点排除效力的前提下，以前后两个程序中当事人不是同一为由拒绝适用争点排除效力。

⑤ [1984] 2 Lloyd's Rep 569 (QB).

⑥ [2011] EWHC 1461 (Comm), [2012] 1 All ER (Comm) 479.

国上议院将其解释为给予判决与普通法同样的效力。①

在德国，通说采用效力扩张说（即延伸效力说）。② 德国之所以不采用同等效力说，是因为按照同等效力说，在外国进行诉讼的当事人在某国的判决拿到另一个国家要按照另一个国家法律决定该判决的效力，会对诉讼当事人产生不可预见的风险。③ 在德国还有一种折中的学说即重叠考虑说或利益衡量说，主张考虑个案程序上正义的观点，以弹性角度兼顾个案当事人程序上与实体上利益。④

在美国，对外国民事裁判承认后其所具有的既判力范围，是依据外国判决做出地法律，还是依据美国法界定尚未有统一意见。司法实践中更多判决认为应以美国法来判断外国判决的效力范围。⑤ 主张适用美国法的理由主要有：首先，适用美国争点排除规则更简单，对当事人来说免去通过昂贵专家证人证明外国法的成本；其次，美国在争点排除规则上的范围比其它国家更广，适用美国法可以促进既判力理论所蕴含合理因素的实现（如提高诉讼效率和保障判决终局性）；第三，适用美国争点排除规则，可保护那些在其他国家卷入诉讼并成功抗辩的美国公民的利益。⑥

由于仲裁裁决的既判力范围各国或地区也可能存在不同的规定，特别是在英美法系国家对仲裁裁决也承认类似判决的争点排除效力（issue estoppel），⑦ 而大陆法系却通常将仲裁裁决效力范围限于裁决主文。在不同国家

---

①　*Black – Clawson International Ltd v Papierwerke Waldhof – Aschaffenburg AG*［1975］AC 591（HL）.

②　沈冠伶教授在台湾地区"民事诉讼法"研究会第113次研讨中的发言，参见王钦彦等：《中国大陆人民法院民事判决效力之承认与宪法之诉讼权保障》，载《民事诉讼法之研讨》（十九），台北：元照出版公司2013年版，第42页。

③　沈冠伶教授在台湾地区"民事诉讼法"研究会第113次研讨中的发言，参见王钦彦等：《中国大陆人民法院民事判决效力之承认与宪法之诉讼权保障》，载《民事诉讼法之研讨》（十九），台北：元照出版公司2013年版，第42页。

④　沈冠伶教授在台湾地区"民事诉讼法"研究会第113次研讨中的发言，参见王钦彦等：《中国大陆人民法院民事判决效力之承认与宪法之诉讼权保障》，载《民事诉讼法之研讨》（十九），台北：元照出版公司2013年版，第42页。

⑤　例如 *Alfadda v. Fenn*，966 F. Supp. 1317（S. D. N. Y. 1997），*Hurst v. Socialist People's Libyan Arab Jamahiriya*，474 F. Supp. 2d 19，32 – 33（D. D. C. 2007）.

⑥　Peter P. Tomczak，Global Litigator：Potential Collateral Estoppel Effect of Foreign Judgments，*Litigation Journal*，Vol. 38（2001 fall，http：//apps. americanbar. org/litigation/litigationnews/trial _ skills/070612 – tips – foreign – judgments. html，2015 年 11 月 31 日访问。

⑦　Fidelitas Shipping Co Ltd v V/O Exportchleb［1965］1 Lloyd's Rep 13（CA）. Richard Shell，Res judicata and collateral estoppel：effects of commercial arbitration，35 *UCLA Law Rev* 623（1988）.

或地区仲裁裁决效力可能存在差异的情况下，对外国仲裁裁决承认中也存在采用何种学说的问题。瑞士最高法院在一起案件中认为，瑞士法院受外国仲裁裁决既判力的约束，但前提是该外国仲裁裁决必须符合《联合国外国仲裁裁决承认与执行国际公约》（以下简称《纽约公约》）承认条件。当瑞士程序法与外国仲裁做出地程序法对既判力效力的范围不同时，瑞士最高法院认为，外国仲裁裁决既判力范围仅限于瑞士程序法和仲裁地程序法均认可的效力。① 可见，瑞士最高法院采用的是"最小效力说"。与瑞士最高法院不同的是，韩国最高法院采用的是"同等效力说"。在一起因公司重整而涉及对外国仲裁裁决债权的确认诉讼中，韩国最高法院撤销了釜山高等法院的判决，认为来自《纽约公约》缔约国的外国仲裁与韩国法院的确定判决具有同样的既判力，除非该仲裁裁决具有《纽约公约》第5条规定的拒绝承认和执行的情形。因而韩国最高法院认为釜山高等法院对该外国仲裁裁决进行实体审查的做法是错误的。②

关于经认可后的大陆仲裁裁决是否有既判力的问题，台湾地区法律尚无明文规定采取上述何种理论学说。台湾地区有学者在讨论经认可后的大陆民事判决是否有既判力时，以大陆民事判决没有既判力为由，认为经台湾地区法院认可后的大陆民事判决不具有既判力，而仅有执行力。③ 可见，台湾地区学者持的是延伸效力说或最小效力说。对于经台湾地区法院认可后的大陆仲裁裁决是否有既判力以及既判力的范围，必须比较两岸仲裁裁决的既判力和范围。

（二） 两岸仲裁裁决的既判力

既判力最早是针对判决而言，但随着法律的发展，仲裁裁决具有既判力也已经被多数国家的立法或实践所接受。如果仲裁庭已经就案件做出了

---

① Nathalie Voser & Dorothee Schramm & Schellenberg Wittmer, Swiss Supreme Court clarifies requirements for foreign arbitral award to have res judicata effect in Switzerland, http：//arbitration. practical-law. com/4 - 505 - 4298？ email = 1247460493658&source = updat，2015 年 11 月 31 日访问。

② Korean Supreme Court Dec. No. 2006Da20290, 28 May 2009. 转引自 Benjamin Hughes, The recognition and enforcement of foreign arbitral awards in Korea, *DONG - A Journal of IBT LAW*, Vol. 1：2, p. 107. （2010）.

③ 许士宦教授在台湾地区"民事诉讼法"研究会第 113 次研讨中的发言，参见王钦彦等：《中国大陆人民法院民事判决效力之承认与宪法之诉讼权保障》，载《民事诉讼法之研讨》（十九），台北：元照出版公司 2013 年版，第 47 页。

终局裁决，在大多数国家，只要仲裁裁决未被撤销，它就被赋予既判力的效力。① 肯定仲裁裁决既判力之历史至少可追溯到 1783 年。② 尽管在普通法系国家中，均未以成文法（statue）形式确定仲裁裁决的既判力，③ 但在普通法系国家（包括英国、印度、澳大利亚和新西兰）通常认为既判力原则不仅适用于法院判决，而且适用于仲裁裁决。④ 美国法学会编纂的《判决重述（二）》第 84（1）条明确了有效和终局的仲裁裁决与法院做出的判决，在既判力（广义上的既判力）规则下具有同等效力，包括相同的例外和条件。在大陆法系国家的成文法中，仲裁裁决的既判力得到了普遍认可。例如，德国《民事诉讼法》第 1055 条规定："仲裁裁决在当事人间具有与法院的确定判决同样的效力。"法国新《民事诉讼法》在第三编仲裁裁决第 1476 条中规定："仲裁裁决一经做出，即对其裁决的争议具有已决事由之既判力。"同时，法国新《民事诉讼法》第 1500 条规定第 1476 条适用于在外国做出的仲裁裁决和国际仲裁裁决。此外，荷兰、比利时、瑞士、意大利、西班牙等大陆法系国家在法律中均规定了仲裁裁决的既判力。⑤ 在国际商事仲裁层面，《国际商事仲裁示范法》第 35 条第 1 款和《纽约公约》第 3 条也肯定仲裁裁决具有拘束力。

从我国《中华人民共和国仲裁法》第 9 条规定来看，大陆在仲裁裁决既判力问题上与多数国家和地区持同样观点，即仲裁裁决做出后即对当事人产生实质确定力，除非仲裁裁决被撤销或裁定不予执行，当事人不得就同一纠纷再申请仲裁或向法院起诉。台湾地区"仲裁法"第 37 条第 1 款的规定："仲裁人之判断，于当事人间，与法院之确定判决，有同一效力。"可见，两岸均肯定仲裁裁决具有既判力。

综上可见，由于两岸均肯定仲裁裁决具有既判力，无论台湾地区采用上述的延伸效力说或最小效力说或者其它学说，对于认可后的大陆仲裁裁决均

---

① 高薇：《论诉讼与仲裁关系中的既判力问题》，《法学家》2010 年第 6 期。

② *Doe d Davy v Haddon*（1783）3 Doug KB 310.

③ Peter Schlosser, Arbitral Tribunals or State Couts: Who Must Deger to Whom? 15 *A. S. A. Special Series* 21（2001）.

④ International Law Association（ILA），Interim Report: Res Judicata and Arbitration（2004），at10 - 12，http：//www. ila - hq. org，2015 年 11 月 31 日访问

⑤ 《荷兰民事程序法典》第 1059（1）条、《比利时司法法典》第 1703 条、《瑞士国际私法法》第 190 条、《瑞士民事程序法典》第 824（6）条、《意大利民事程序法典》第 829（8）条、《西班牙仲裁法》第 43 条。International Law Association（ILA），Interim Report: Res Judicata And Arbitration（2004），at 16 - 17，http：//www. ila - hq. org.

应承认其效力。

三、否定认可后大陆仲裁裁决既判力的理由及其批判

（一）表面理由之驳斥——与对外国仲裁认可后效力之比较

从台湾地区"最高法院"的上述判决理由来看，其论证逻辑包括以下两方面：其一，"两岸人民关系条例"第74条未如同"香港澳门关系条例"第42条就准用"商务仲裁条例"（"仲裁法"）做出明文规定，因此，不能准用"仲裁法"的相关规定和法理而认为认可后的大陆仲裁裁决具有既判力。其二，认可大陆仲裁裁决的程序采较为简易的非讼程序，并且"两岸人民关系条例"第74条仅就以给付内容者，明定其有执行力，而未赋予实质确定力，因此，不能认为认可后的大陆仲裁裁决具有既判力。

首先，关于"两岸人民关系条例"第74条的理解，可与台湾地区"仲裁法"第47条承认域外仲裁裁决的规定对比分析。在关于承认的表述上，台湾地区"仲裁法"第47条表述为"域外仲裁判断，经声请法院裁定承认后，得为执行名义"，该表述与"两岸人民关系条例"第74条对大陆仲裁裁决的认可之相关表述（"前项经法院裁定认可之裁判或判断，以给付为内容者，得为执行名义"）并无二致，且二者均采用"裁定认可制"。亦即，对于域外仲裁裁决的承认，台湾地区"仲裁法"同样只明确执行力，而未明确经承认的域外仲裁裁决具有与确定判决有同一之效力；而且，承认域外仲裁裁决采用的也是裁定认可（承认）制，而非像承认域外民事判决采用自动承认制。[1] 如果按照前述台湾地区"最高法院"的逻辑，那么经承认后的域外仲裁裁决也不具有既判力。但事实上，台湾地区法院判决和"司法院解释"均认为经裁定承认的域外仲裁裁决具有既判力。[2] 因此，台湾地区"最高法院"以"两岸人民关系条例"第74条仅规定执行力未明定既判力为由，否定大陆仲裁裁决认可后具有既判力的逻辑难以自圆其说。

其次，"两岸人民关系条例"第74条关于大陆仲裁裁决的认可未明文

---

[1] 台湾地区对域外民事判决采自动承认制可参见台湾地区"民事诉讼法"第402条。

[2] 参见台北地方法院2007年度诉字第1302号民事判决（台湾高等法院2007年度上易字第836号民事判决），台北地方法院2007年度声字第4216号民事裁定，士林地方法院2013年度声字第45号民事裁定，台北地方法院2007年度重诉字第1571号民事裁定，台湾地区"司法院84秘台厅民三字第20231号见解"。

规定准用"仲裁法"相关规定,是否如台湾地区"最高法院"所认为的会导致认可后的大陆仲裁裁决不具有既判力?事实上,尽管在文本上"两岸关系条例"第74条未明文规定准用"仲裁法"相关规定,但在台湾地区司法实务往往将"仲裁法"第49条和第50条(关于域外仲裁裁决不予认可的事由)的规定,解释为认可大陆仲裁裁决中公共秩序和善良风俗的审查内容。例如,台北地方法院在一民事裁定书中写道:"仲裁法"有关承认域外仲裁判断之审查事由规定,或系基于公益理由,或系为保护本地区人民,应可解释为"两岸人民关系条例"第74条规定之"台湾地区公共秩序及善良风俗",于认可大陆仲裁判断时予以类推适用。① 此外,台湾地区许多认可大陆仲裁裁决案件中,法院尽管未直接表明可以适用或类推适用台湾地区"仲裁法"第49条、第50条的规定,但其在裁定书中存在间接适用或者比较隐晦地适用台湾地区"仲裁法"中关于域外仲裁裁决规定的情形。例如,台中地方法2003年度仲声字第1号民事裁定和桃园地方法院2004年度仲认字第1号民事裁定所提及的"仲裁程序合法",实为"仲裁法"第50条第5项规定之审查。② 桃园地方法院2008年度仲认字第1号民事裁定提及"系争代理合同所生争议,复无不能以仲裁方式解决情形",实为"仲裁法"第49条第1款第2项规定的仲裁事项可仲裁性的审查。③ 此外,板桥地方法院2002年度仲声字第1号民事裁定在理由部分未引用台湾地区"仲裁法",但在裁决法律依据上引用了台湾地区"仲裁法"第49条。④

再次,需要注意的是,"两岸人民关系条例"第74条除要求符合互惠原则外,对认可条件简化为"不违背台湾地区公共秩序或善良风俗",并非立法者的失误,而系立法者的有意省略,目的在于授权审判者依个案之具体情况公平裁决,较诸认可域外民事裁判和域外民事仲裁的规定更富有弹性,更能因应两岸人民各种不同之情况,而彰显其规范之功能,发挥政策形成机能。⑤ 因此,从这个意义上来说,认可大陆仲裁裁决审查的范围有时甚至会

---

① 参见台北地方法2006年度抗字第71民事裁定。
② 参见台中地方法院2003年度仲声字第1号民事裁定、桃园地方法院2004年度仲认字第1号民事裁定。
③ 参见桃园地方法院2008年度仲认字第1号民事裁定。
④ 参见板桥地方法院2002年度仲声字第1号民事裁定。
⑤ 参见台北地方法院2010年度抗字第125号民事裁定;另参见邱联恭教授在"民事诉讼法"研究基金会第113次研讨会中的发言和书面意见,《民事诉讼法之研讨》(十七),台北:元照出版公司2013年版,第62—69页。

比认可域外仲裁裁决审查的范围更广。例如，在威信（中国）有限公司（WESCO CHINA LIMITED）与灯通盛工业股份有限公司仲裁判断声请裁定认可一案中，彰化地方法院将台湾地区"民事诉讼法"第402条第1款第2项但书规定中关于认可域外民事判决的条件，类推适用于认可大陆仲裁裁决案件中。这一认可条件显然是台湾地区法院认可域外仲裁裁决中所没有的，超出了"仲裁法"第49条和第50条的审查范围。

此外，从适用的程序来看，台湾地区法院认可大陆仲裁裁决和承认域外仲裁裁决采用的均为非讼程序。台湾地区司法实践表明，申请台湾地区法院认可大陆仲裁裁决案件属非讼事件，因此，相关程序遵循"非讼事件法"的规定。① 而对承认域外仲裁裁决的案件，台湾地区法院同样遵循非讼程序，适用"非讼事件法"的有关规定。②

综上可见，尽管"两岸人民关系条例"第74条未明文规定认可大陆仲裁裁决案件准用台湾地区"仲裁法"有关规定，但事实上，台湾地区法院认可大陆仲裁裁决的条件与认可域外仲裁裁决的条件在实质上是相同或者接近，甚至审查的内容更多，而且认可的程序均采用非讼程序，因此，对于二者认可后的效力也应当相同或接近。在台湾地区对认可后的域外仲裁裁决已经肯定其既判力，那么对大陆仲裁裁决认可后的效力同样应当肯定既判力，而不能如台湾地区"最高法院"在本文讨论案例中以"两岸人民关系条例"未明文规定准用"仲裁法"为由否定大陆仲裁裁决认可后具有既判力，否则将有悖于平等对待之理。

（二）背后理由之驳斥——大陆仲裁裁决的程序保障与认可机制的作用

台湾地区"强制执行法"对无既判力的执行名义所提起的债务人异议之诉，之所以允许提出执行名义成立前的事由，是因为"无实体上确定力之执行名义，未经实体上存否之审查，债务人亦无抗辩机会，故此项执行名义成立前，所存实体上权利义务存否之争执，宜许债务人起异议之诉，以谋

---

① 参见板桥地方法院2002年度仲声字第1号民事裁定，台中地方法院2003年度仲声字第1号民事裁定，桃园地方法院2004年度仲声字第1号民事裁定，士林地方法院2013年度仲认字第1号民事裁定，新竹地方法院102年度陆仲许字第1号民事裁定等。

② 参见台湾地区"最高法院2002年度台抗字第186号民事裁定、2000年度台抗字第496号民事裁定、2001年度台声字第511号民事裁定"。

求救济"。① 债务人异议之诉的条文实际上蕴含着程序保障机能理论，既判力根据论之一的程序保障论认为，既判力的正当化根据在于对当事人给予充分的机会，使其能就诉讼标的展开充足的举证、质证和辩论。反过来说，即是否赋予某项裁判实质确立力，取决于该裁判的形成过程是否已就特定事项赋予实质的程序保障。据此，对于经裁定认可的大陆仲裁裁决是否赋予既判力，取决于当事人就裁判事项是否进行充分攻击防御。

台湾地区有学者以担心大陆法院司法品质为由认为对经台湾地区法院裁定认可的大陆民事裁判不应具有既判力。② 对大陆地区仲裁机构，也有台湾学者持类似担忧，认为大陆仲裁机构不具有独立性，③ 进而担心对仲裁当事人的程序保障存在问题。这种担心可能是上述台湾地区"最高法院"判决的背后理由，其产生与对认可大陆仲裁裁决的机制理解不足有关。

在仲裁理论和实践上，通常认为承认域外仲裁裁决本身是一种防御程序，经过该防御程序而承认或认可的域外仲裁裁决应具有既判力。如英国学者艾伦·雷德芬等人所言，《纽约公约》中的"承认"本身是一个防御程序。如果法院被请求给予救济，而有关争议是先前进行的仲裁程序的标的，就会发生承认问题。如果在新的法院程序中所提出的所有问题已经全部被处理，因既判力之故，新的程序即可终止。④ 美国学者 Sabrina M. Sudor 也持类似观点。⑤ 美国联邦法院判例对经承认程序承认的域外仲裁裁决也是明确肯定其具有既判力。⑥《瑞典仲裁法》第 59 条规定，外国仲裁裁决在获得瑞典法院准予执行的，仲裁裁决应作为瑞典法院的终局和有约束力的判决得到执行，除非最高法院在上诉法院判决被提起上诉后另行决定。⑦ 我国学者宋

____

① 台湾地区"强制执行法"第 14 条第 2 款立法理由，参见许士宦主编：《强制执行法·债务清理法》，台北：新学林出版股份有限公司 2013 年版，第 A31 页。
② 参见黄国昌：《一个美丽的错误：裁定许可之中国大陆判决有无既判力？——评"最高法院 2007 年度台上字第 2531 号判决"》，（台湾）《月旦法学杂志》2009 年第 167 期；另参见王钦彦：《中国大陆人民法院判决效力之承认与宪法之诉讼权保障》，《成大法学》2012 年第 23 期。
③ 王钦彦：《台湾只有机构仲裁而无个案（ad hoc）仲裁？——"最高法院 2010 年度台抗字第 358 号裁定"背后之重大问题》，（台湾）《台湾法学杂志》2011 年第 171 期。
④ ［英］艾伦·雷德芬、马丁·亨特等：《国际商事仲裁法律与实践》（第四版），林一飞、宋连斌译，北京：北京大学出版社 2005 年版，第 466 页。
⑤ Sabrina M. Sudor, The U. N. Convention on the Recognition and Enforcement of Foreign Arbitral Awards and Issue Preclusion: A Traditional Collateral Estoppel Determination, 65 *U. Pitt. L. Rev.* 940 (2003 – 2004).
⑥ *Gulf Petro Trading Co. , Inc. v. Nigerian Nat. Petroleum Corp.* 288 F. Supp. 2d 783 (N. D. Tex. 2003).
⑦ ［瑞典］拉斯·休曼：《瑞典仲裁法：实践和程序》，顾华宁译，北京：法律出版社 2012 年版，第 582 页。

航也指出，承认仲裁裁决的目的是为了防止对方翻供，以免另一方当事人欲就裁决已决定了的争议重新提起诉讼。[1]

与上述仲裁承认机制相同的是，台湾地区对大陆仲裁裁决的程序保障问题已通过参照台湾地区"仲裁法"第49条和第50条的规定纳入认可程序中的"公共秩序或善良风俗"审查。换句话说，如果大陆仲裁裁决的品质或程序保障方面存在问题，将会被认可程序淘汰而不予认可；而已经被认可的大陆仲裁裁决说明其品质或程序保障方面不存在问题，不能再以此为由否定其既判力。

四、否定认可后大陆仲裁裁决既判力的危害及其应对

（一）否定认可后大陆仲裁裁决既判力的危害

从仲裁目标来看，实现仲裁目标的最好方法是确保仲裁裁决的终局性，因为它与仲裁当事人之间的仲裁协议相契合。[2] 当事人签订仲裁协议、诉诸仲裁，就是要通过仲裁裁决终局性地解决纠纷。[3] 以本文讨论的纠纷当事人所选择的中国国际经济贸易仲裁委员会的仲裁规则来看，仲裁规则中明确了："裁决是终局的，对双方当事人均有约束力。任何一方当事人均不得向法院起诉，也不得向其它任何机构提出变更仲裁裁决的请求。"[4] 因此，在当事人间已产生合理终局预期时，否定经裁定认可的大陆仲裁裁决之既判力，将损害当事人原有的终局预期和以仲裁解决纠纷之真意，同时也违背仲裁的效率原则。[5]

此外，倘若认为认可后的大陆仲裁裁决没有既判力，赋予债务人就仲裁

---

① 宋航著：《国际商事仲裁裁决的承认与执行》，北京：法律出版社2000年版，第27页。

② Katherine A. Helm：The Expanding Scope of Judicial Review of Arbitration Awards：Where Does the Buck Stop?, 61 *Disp. Resol. J.* 16, 25 (2007).

③ Stavros Brekoulakis：The Effect of an Arbtitral Award and Third Parties in International Arbitrational Arbitration：Res Judicata Revisited, 16 *Am. Rev. Int'l Arb.* 177, 179 (2005).

④ 参见《中国国际经济贸易仲裁委员会仲裁规则（2012版)》第47条、《中国国际经济贸易仲裁委员会仲裁规则（2005版)》第43条。

⑤ 李念祖、陈纬人：《承认外国仲裁判断系赋予形式执行力或实质既判力？——从仲裁法第47条第2项谈"最高法院"关于"两岸人民关系条例"第74条第2项之解释》，（台湾）《法令月刊》2009年第11期。Stavros Brekoulakis：The Effect of an Arbtitral Award and Third Parties in International Arbitrational Arbitration：Res Judicata Revisited, 16 *Am. Rev. Int'l Arb.* 177, 180 (2005).

裁决成立前的事由提起债务人异议之诉的权利，可能会导致败诉方（债务人）滥用程序。台湾地区"最高法院"似乎意识到这个问题，其判决中写道："至于当事人如已于认可程序争执该确定民事裁判或仲裁判断之内容或其程序违背台湾地区公共秩序或善良风俗，为认可裁定之法院亦已行较周密之非讼程序而为判断，嗣债务人复以同一争执提起债务人异议之诉时，于具体个案是否违背程序上之诚信原则，则属别一问题。"① 但以程序上诚信原则取代对认可后大陆仲裁裁决承认具有既判力的做法仍值得商榷，因其此处所称的程序上诚信原则从判决表述来看，特指在认可程序中已争执的内容在债务人异议之诉中不能再行争执。这种解释并不妥当，因其对两种形式的程序滥用行为并不禁止：一是不禁止债务人在认可程序中先提出一项争执，于债务人异议之诉中再提出另一项争执；二是不禁止债务人在债务人异议之诉中提出"违背公共秩序或善良风俗"以外的、于仲裁成立前出现的任何事由。事实上，只要一方当事人在之前程序中本可以提出的诉求或抗辩，在后一程序中才提出的都属于违反程序诚信原则而构成程序滥用。② 因此，该判决仍存在鼓励上述两种形式的程序滥用行为的可能。

更为重要的是，台湾地区"最高法院"的这一判决更存在给予不诚信的仲裁败诉方有机可乘。大陆仲裁案件的败诉方可能将财产从大陆转移至台湾地区，仲裁胜诉方只能在台湾地区申请认可大陆仲裁裁决并在台湾地区执行，而在执行过程，败诉方就可依台湾地区"强制执行法"第 14 条第 2 款的规定以仲裁裁决成立前的事由提起债务人异议之诉，重新对仲裁裁决的实体内容争执，以达到拖延执行和推翻仲裁裁决的不当目的。

从纠纷解决导向来看，倘若依台湾地区"最高法院"所持的否定经裁定认可的大陆仲裁和大陆判决具有既判力的观点，加之台湾地区法院认为临时仲裁（专案仲裁）既没有执行力也没有既判力，③ 这些观点同时存在，将会影响涉两岸民商事纠纷解决渠道的选择，"逼使往后类似事件之当事人，必须在可能为非主要证据所在地，或属于不便利法庭之台湾法院起诉或提付

---

① 参见台湾地区"最高法院 2015 年度台上字第 33 号民事判决"。

② Renato Nazzini, Remedies at the Seat and Enforcement of International Arbitral Awards: Res Judicata, Issue Estoppel and Abuse of Process in English Law, 7 *Contemp. Asia Arb. J.* 153 (2014).

③ 参见台北地方法院 2009 年度审仲执字第 6 号民事裁定、2010 年度抗字第 63 号民事裁定。

仲裁，而不利于发现真实与民事仲裁判断之作成"。①

（二）大陆的应对之策

在应对措施上，首先，大陆有关主管部门应通过与台湾地区相关司法部门沟通和交流，积极表明大陆的态度和理由，消除台湾地区的相关误解，促进将来台湾地区明确肯定认可后的大陆仲裁裁决之既判力。同时，针对台湾地区认为大陆仲裁机构、司法机构不独立的问题，除继续深化司法体制改革外，大陆仲裁机构可继续聘请台湾地区仲裁员担任大陆仲裁员，② 使涉台纠纷中台商有机会选择来自台湾地区的仲裁员，也通过台湾地区仲裁员参与大陆仲裁向台湾地区传递大陆仲裁制度不断规范和不断发展的信息，增进台湾地区对大陆仲裁机构和仲裁机制的信任。

其次，通过适当方式表明大陆仲裁裁决在大陆地区具有既判力。尽管实践中，大陆地区极个别案件法院对仲裁裁决已经裁决的事项重新做出判断，③ 但这些个别案件违背了台湾地区"仲裁法"第 9 条的规定，并不能据此否定大陆仲裁裁决具有既判力。为使大陆仲裁裁决的既判力更加明确，在"仲裁法"第 9 条的基础上，大陆可考虑通过法律或者司法解释以更加明确的用语表明仲裁裁决具有既判力，同时最高法院可通过发布指导案例表明大陆仲裁裁决具有既判力。

最后，在坚持礼让原则的基础上推动两岸签订相关司法文件。诚如大陆学者所建议的，两岸之间应坚持司法上的礼让原则。④ 大陆法院在认可台湾地区仲裁裁决案件中，对审查后裁定认可的台湾地区仲裁裁决，在裁定主文中可直接写明认可该仲裁裁决的既判力，从而以此期盼对岸采互惠原则对认

① 伍伟华：《经台湾法院裁定认可确定之大陆仲裁判断是否有既判力？——"最高法院 2008 年度台上字第 2258 号判决"等见解之分析》，（台湾）《仲裁季刊》2009 年第 2 期。
② 中国国际经济贸易仲裁委员会、中国海事仲裁委员会和北京、上海、重庆、广州、厦门、深圳、青岛、大连、武汉、长沙、西安、成都、苏州、宁波、惠州、福州、汕头、盐城等仲裁委员会均聘有台籍仲裁员。
③ 《香港金时企业有限公司与湛江市海湾房地产开发有限公司股东资格确认纠纷申请案》（最高人民法院（2011）民提字第 303 号民事判决），http：//www.court.gov.cn/zgcpwsw/zgrmfy/ms/201312/t20131215_180963.htm，2015 年 12 月 15 日访问。
④ 刘仁山：《我国大陆与台湾地区民商事判决相互承认与执行之现状、问题及思考》，《武汉大学学报》2009 年第 6 期。

可后的大陆仲裁裁决肯定既判力之效力。① 若大陆试图以互惠原则为由否定认可后的台湾地区仲裁裁决之既判力，从博弈论之角度，台湾地区可能会改变否定认可后大陆仲裁裁决既判力的做法，但也可能亦以此为由引用互惠原则否定认可后的大陆仲裁裁决之既判力，如此一来，将可能导致两岸仲裁裁决认可陷入死循环，不仅浪费两岸的仲裁和司法资源，而且损害的将是两岸经贸交往的纠纷解决保障机制。从长远角度来看，应积极推动两岸签订类似于《内地与香港关于内地与香港特别行政区相互执行仲裁裁决的安排》《内地与澳门关于内地与澳门特别行政区相互执行仲裁裁决的安排》的相关司法文件，或者在现行《海峡两岸共同打击犯罪及司法互助协议》基础上增订条文，明确经认可的对岸仲裁裁决具有既判力。

---

① 需要注意的是，《最高人民法院关于认可和执行台湾地区法院民事判决的规定》第 17 条规定了经人民法院裁定认可的台湾地区法院民事判决，与人民法院做出的生效判决具有同等效力。而在《最高人民法院关于认可和执行台湾地区仲裁裁决的规定》中却未有类似的规定。但在解释上，应当认为经人民法院裁定认可的台湾地区仲裁裁决具有既判力。

两岸仲裁裁决认可与执行的制度完善

张淑钿[*]

仲裁因具有尊重当事人意愿、程序效率、终局性、秘密性和易于执行等特点成为当事人解决跨境民商事纠纷的首选机制。然而，当我们把眼光放到两岸民商事纠纷解决这一特殊背景下时，却发现仲裁并非两岸经贸纠纷当事人所倚重的纠纷解决机制。相反，行政救济与法院诉讼才是两岸当事人解决纠纷时的首要选择。2010年台湾地区的一项调查显示："当台商面对经贸纠纷问题所采取的解决途径，按其采用方式累计多寡的比例依序为：（1）当地政府；（2）司法途径；（3）台商协会；（4）仲裁；（5）私人管道。其中台商遇到经贸纠纷时，循仲裁途径解决者仅占13.33%。"[①] 那么，是什么因素影响或者制约两岸当事人对仲裁的选择呢？2015年，《最高人民法院关于认可和执行台湾地区仲裁裁决的决定》（以下简称2015年《决定》）正式实施，取代了原1998年1月15日《最高人民法院关于人民法院认可台湾地区有关法院民事判决的规定》（以下简称1998年《规定》）和2009年5月25日《最高人民法院关于人民法院认可台湾地区有关法院民事判决的补充规定》（以下简称2009年《补充规定》）。那么，又是什么原因导致需要出台一项新的司法解释呢？我们知道，"仲裁有效与否取决于仲裁结果的可执行程度"。[②] 因此，本文将从两岸仲裁裁决认可和执行立法与司法角度，探讨其对当事人选择仲裁机制的影响，以探索促进"仲裁成为解决区际经贸纠

---

　*　作者系法学博士，深圳大学法学院副教授。

　①　参见李念祖：《在第十一届海峡两岸经贸仲裁研讨会——重庆专场上的致词》，http：//cn. cietac. org/hezuo/11 _ 07. shtml，2015年11月1日访问。

　②　［美］理查德·波斯纳：《法官如何思考》，苏力译，北京：北京大学出版社2009年版，第4页。

纷的首选方式"的途径。①

<h2 style="text-align:center">一、合并立法与比照适用</h2>

迄今为止，两岸尚未就仲裁裁决的认可与执行达成双方协议。在最高人民法院 2015 年《规定》出台之前，两岸也未在各自法域内制定专项性的立法或司法解释。彼时两岸的做法是将仲裁裁决认可与执行和民事判决认可与执行制度合并立法，仲裁裁决参照民事判决予以认可与执行。最高人民法院 1998 年《规定》和 2009 年《补充规定》虽然都是针对对台湾地区法院民事判决的认可与执行，但是根据 1998 年《规定》第 19 条"申请认可台湾地区有关法院民事裁定和台湾地区仲裁机构裁决的，适用本规定"和 2009 年《补充规定》第 2 条第 2 款"申请认可台湾地区仲裁机构裁决的，适用 1998 年《规定》和本补充规定"，因此也适用于对台湾地区仲裁裁决的认可与执行。

台湾地区 2003 年 10 月 29 日经修正后的"台湾地区与大陆地区人民关系条例"（以下简称"两岸人民关系条例"）第 74 条规定，"在大陆地区作成之民事确定裁判、民事仲裁判断，不违背台湾地区公共秩序或善良风俗者，得申请法院裁定认可。前项经法院裁定认可之裁判或判断，以给付为内容者，得为执行名义。前二项规定，以在台湾地区作成之民事确定裁判、民事仲裁判断，得声请大陆地区法院裁定认可或为执行名义者，始适用之"，也是将仲裁裁决认可执行与民事判决认可执行合并立法。可见，将仲裁裁决认可与执行和民事判决认可与执行合并立法，且仲裁裁决比照民事判决认可与执行是过往两岸共同的立法特点。

上述立法模式在 2009 年 4 月 27 日海峡两岸关系协会（简称"海协会"）和台湾海峡交流基金会（简称"海基会"）签订的《海峡两岸共同打击犯罪及司法互助协议》中也得到继续沿用。其第 1 条"双方同意在民事、刑事领域相互提供以下协助：（四）认可及执行民事裁判与仲裁裁决（仲裁

---

① 两岸学界和官方均对仲裁作为解决纠纷方式予以重点推介。2012 年 8 月 9 日《海峡两岸投资保护和促进协议》第 13 条明确将"提交两岸投资争端解决机构通过调解方式解决"作为解决两岸投资争端的机制之一；2013 年 10 月 15 日最高人民法院副院长奚晓明在第五届大中华仲裁论坛研讨会上表示，海峡两岸暨香港、澳门应当充分发挥仲裁制度的优势，使仲裁成为解决区际经贸纠纷的首选方式。http://finance.chinanews.com/cj/2013/10-15/5383618.shtml，2015 年 12 月 1 日访问。

判断）"，也是将仲裁裁决认可执行与民事判决认可执行予以合并立法。

在 2015 年《规定》出台之前，大陆 1998 年《规定》与台湾地区"两岸人民关系条例"均采用将仲裁裁决认可与执行和民事判决认可与执行制度一并规定，且仲裁裁决参照民事判决予以认可和执行的合并立法和比照适用模式。虽然在制定之初有助于促进仲裁裁决的流通，但是这种否定了仲裁裁决认可与执行制度独立性的立法模式，显然没有充分地考虑到仲裁裁决认可执行与民事判决认可执行之间的巨大差异，只能是一种立法的权宜之计。但因其存在，却造成了两岸之间存在仲裁裁决认可与执行制度的表象，使得两岸之间真正的、独立的、专项性的仲裁裁决认可执行制度一直未能得以制定。在个案的审查中，合并立法和比照适用模式呈现出种种的不适，又使得司法机构对仲裁裁决的认可和执行困难重重，从而形成对仲裁裁决流通的制度障碍。基于仲裁裁决认可和执行与民事判决认可和执行制度的差异，仲裁裁决比照民事判决的条件和程序进行认可和执行不利于仲裁裁决的流通。一份不能得到有效认可和执行的仲裁裁决意味着当事人的合法权益无法得到保障和实现；相应的，一项对当事人的合法权益不能提供有效保护的纠纷解决机制，也不可能成为当事人解决纠纷的首选机制。因此，即使是两岸已经通过各自单边立法在一定形式和程度上实现了对对方仲裁裁决认可与执行的制度化，也仍然有必要反思先前两岸仲裁裁决认可与执行制度的合理性。

二、仲裁裁决认可与执行的独立性

同样是纠纷解决方式，仲裁与诉讼有着不同的特点。相应地，仲裁裁决的认可与执行也不完全相同于民事判决的认可与执行，仲裁裁决认可与执行制度具有自身的独立性。

（一）可予认可与执行的裁决的界定标准

一般而言，民事判决都是原审法院在法院所在地依法院地法做出的，因此，对可予以认可和执行的域外判决的界定，无论是采用法院地标准还是裁决地标准都不会产生疑义。比如，1998 年《规定》第 2 条采用法院地标准，将可予以认可和执行的台湾地区判决规定为"台湾地区有关法院的民事判决"，与台湾地区"两岸人民关系条例"采用裁决地标准，将可予以认可和执行的内地判决界定为"在大陆地区做出之民事确定裁判",尽管两者表述和标准不同,但都是指对方法域法院在对方法域内做出的民事判决。仲裁却有所不同。仲裁裁决可以在仲裁机构所在地做出,也可以在仲裁机构之外的另一个法域做出;仲裁庭可以适用仲裁地的仲裁法,也可以适用当事人意思自治选择的仲裁规则。因此采用不同的界定标准,对可予认可与执行的仲裁裁决的范围有不同的影响。

但是,合并立法和比照适用模式显然忽视了仲裁的这一特点。1998 年《规定》第 19 条指"台湾地区仲裁机构裁决",采用机构标准,没有规定仲裁地和仲裁法;台湾地区"两岸人民关系条例"第 74 条指"在大陆做成的民事仲裁判断",采用仲裁地标准,没有规定仲裁机构和仲裁法。上述界定标准的适用引发以下争议:非大陆仲裁机构在大陆做出的仲裁裁决是否可以在台湾地区认可与执行?台湾地区仲裁机构在台湾以外的其他地区做出的裁决又是否可以在内地认可与执行呢?另台湾地区"两岸人民关系条例"虽涵盖了在大陆做出的临时仲裁裁决,但由于 1998 年《规定》的机构标准排除了台湾地区的临时仲裁裁决,[①] 因此具体到实践层面,又是否可以违反互惠条件为由排除对在大陆做出的临时仲裁裁决的认可与执行呢?

(二)认可与执行的程序

1. 应提交的文件是否包括仲裁协议副本。仲裁庭管辖权源于当事人授权,而法院管辖权属于法定管辖权,因此对当事人申请认可和执行裁决时需提交的文件要求不同。除了裁决书外,仲裁裁决的认可与执行还特别要求当事人提交仲裁协议的副本,以证明仲裁庭具有合格的管辖权,但民事判决的认可与执行对此无强制要求。在合并立法和比照适用的模式下,仲裁的这一特点也同样被忽视了。原 1998 年《规定》仅要求当事人"提交申请书,并须附有不违反一个中国原则的台湾地区有关法院民事判决的证明文件";台湾地区"两岸人民关系条例施行细则"要求申请认可的民事仲裁判断"须经行政院设立或指定之机构或委托之民间团体验证",两岸均没有对申请人

---

① 学界对此问题有争议。有学者认为 1998 年《规定》的界定是清楚的,不涵盖临时仲裁,如宋锡祥:《海峡两岸相互认可和执行仲裁裁决若干问题探讨》,《政治与法律》2008 年第 12 期;但有学者认为 1998 年《规定》没有对台湾地区的仲裁裁决所包括的裁决范围做出明确界定,从而导致司法实践中对临时仲裁裁决能否认可和执行存有争议,如郑清贤:《海峡两岸相互认可与执行民事仲裁存在的问题及对策建议》,《海峡法学》2010 年第 1 期。

提交仲裁协议副本的明确要求，显然是程序规定上的瑕疵。

2. 申请认可的效力。根据 1998 年《规定》，法院受理认可申请后，对当事人就同一案件事实起诉的，不予受理（第 12 条）；当事人未申请认可的，可就同一事实向法院起诉（第 13 条）；对不予认可的，申请人可就同一事实向法院起诉（第 15 条）；先就同一事实起诉于法院后提出申请认可的，法院应中止诉讼，就申请进行审查，视审查结果决定终结，还是恢复诉讼（第 16 条），目的是贯彻一事不再理原则及维护既判力优先原则，以解决诉讼管辖权的冲突。但是，由于仲裁管辖权优先于诉讼管辖权，因此，无论当事人是否已经向法院申请认可仲裁裁决，也无论法院是否裁定不予认可该仲裁裁决，当事人均不得违反仲裁协议的规定另行向法院就仲裁事项提起诉讼，法院也无权受理当事人就仲裁事项提起的诉讼，这是对仲裁管辖优先性的维护。① 因此，除了第 12 条可以适用于仲裁程序外，第 13 条、第 15 条和第 16 条均无法适用于仲裁裁决认可和执行程序。但 1998 年《规定》的这 3 条并没有对仲裁裁决有针对性规定，若依此确定申请认可的仲裁裁决的效力，将引发法律适用上的混乱。

相反，对仲裁裁决认可和执行的效力，更应该关注的是仲裁的撤销程序与执行程序之间的冲突。比如一方当事人向大陆法院申请认可台湾地区仲裁裁决，另一方当事人向大陆法院申请撤销仲裁裁决的，此时应如何处理？但1998 年《规定》对此却只字未提，付之阙如。

（三）认可和执行裁决的审查条件

"一国（法域）法院认可与执行外国（法域）法院判决与仲裁裁决存在本质上的不同，其中最主要的区别在于审查条件的差异。"② 但是，在合并立法和比照适用的模式下，两岸立法对审查事项的规定主要立足于对民事判决的认可，当延伸适用到仲裁裁决的认可时，必定产生制度适用的水土不服。由于台湾地区立法比较简单，仅规定公共秩序事项，因此，这一问题更集中出现在原 1998 年《规定》第 9 条 6 项审查事项的司法应用中。

---

① 参见《中华人民共和国民事诉讼法》第 124 条第（二）项规定："依照法律规定，双方当事人对合同纠纷自愿达成书面仲裁协议向仲裁机构申请仲裁，不得向人民法院起诉的，告知原告向仲裁机构申请仲裁。"

② 陈力：《海峡两岸商事仲裁裁决的相互认可与执行——现状与前瞻》，（台湾）《台北大学法学论丛》2012 年第 4 期，第 333 页。

1. 部分审查事项相同，但审查重点不同。原1998年《规定》第9条第1项确定性判决、第2项正当程序和第6项公共秩序的审查事项均可适用于认可仲裁裁决或民事判决，但是除了公共秩序外，两者对确定性判决和正当程序的审查重点应是不同的。比如确定性判决，在认可民事判决时，对确定性判决的审查主要侧重于民事判决是否是终局判决或者终审判决。但是在认可仲裁裁决时，基于仲裁一裁终局且受法院司法审查的制约，对确定性裁决的审查还包括对仲裁裁决是否被法院撤销或者停止执行的审查。又如正当程序要求，认可民事判决所考虑的正当程序通常关注的是被告或者败诉方诉讼权利的保障，侧重于适当送达和适当代理的情况。但是在认可仲裁裁决时，正当程序的要求还包括考量当事人是否接到指派仲裁员或仲裁程序之适当通知。这些差异在原1998年《规定》中却未有涉及。

2. 部分事项不能适用于对仲裁裁决的认可。第一，原判法院是否具有合格管辖权。认可民事判决要求原审法院对案件具有合格管辖权，审查合格管辖权的方法之一是不违反被请求地法院的专属管辖权。但是，被请求地法院是否具有专属管辖权却不应是一项可以影响仲裁裁决认可的理由，因为有效的仲裁协议可以排除法院的管辖权包括专属管辖权。原1998年《规定》第3项"案件系法院专属管辖"的审查事项显然不能适用于仲裁裁决的认可。第二，案件双方当事人是否订有仲裁协议。基于仲裁优先于诉讼的原则，当案件双方当事人约定选择仲裁时，法院不能受理当事人之间的纠纷，否则法院判决将因管辖权的瑕疵而无法得到认可和执行。原1998年《规定》将当事人订有仲裁协议作为拒绝认可台湾地区法院判决的理由，显然是对仲裁优先性的维护。但是，将这一事项运用到仲裁裁决的认可时，其所起的作用恰好相反。仲裁协议是仲裁庭管辖权的根据，是仲裁裁决获得法院支持的必备要件，但却不是法院拒绝认可仲裁裁决的理由。因此法院若基于比照适用的要求，以原1998年《规定》第4项"当事人订有仲裁协议"为由拒绝认可台湾地区的仲裁裁决，将是非常荒谬的。第三，是否存在一事两诉。一事不得两诉是法院认可外国判决时普遍审查的事项，体现在原1998年《规定》第5项"案件系人民法院已经做出判决的，或者外国、境外地区法院做出判决或者境外仲裁机构做出仲裁裁决的案件"。但是，这一事项却不是法院在认可仲裁裁决时通常要考量的因素，因为当事人约定仲裁的案件，法院不得受理，如果法院予以受理的，则不能获得认可和执行的是法院判决，而不是仲裁裁决。因此，将第5项适用到仲裁裁决的认可显然不够周全。

3. 部分必须审查事项的立法欠缺。当前，原 1998 年《规定》对部分认可仲裁裁决时必须审查事项欠缺明确规定。具体包括：第一，欠缺对仲裁协议有效性的审查。仲裁协议无效，仲裁庭就没有合法管辖权，做出的裁决自然不能得到认可与执行。当事人订有有效的仲裁协议是裁决获得认可的条件，具体考量因素包括订立仲裁协议的双方当事人是否有民事行为能力，或者仲裁协议根据协议准据法或者仲裁地法院是否合法有效等。第二，欠缺对仲裁庭是否越权的审查。仲裁庭的权限源于当事人的授权，仲裁庭只能对仲裁协议规定的争议且只能在当事人提交的争议范围内做出仲裁裁决，如果仲裁庭越权裁决，裁决将不能得到认可和执行。第三，欠缺对仲裁庭的组成或仲裁程序是否瑕疵的审查。如果仲裁庭的组成或仲裁程序与当事人的协议不符，或者在当事人没有约定时，不符合仲裁地的法律，则仲裁裁决也不能得到认可与执行。第四，欠缺对可仲裁事项的审查。如果争议事项不能通过仲裁解决，则仲裁庭不能受理当事人的仲裁申请，否则裁决将被拒绝认可。上述事项属于认可仲裁裁决时要审查的独特事项，原 1998 年《规定》欠缺对这些事项的审查规定，将使得仲裁裁决的认可遇到技术上困难。

三、悖谬下的司法困境

原最高人民法院 1998 年《规定》与台湾地区 "两岸人民关系条例" 采用合并立法模式，忽视了仲裁裁决认可与执行制度的特殊性与独立性；比照适用的要求给法院审查申请认可仲裁裁决带来许多困难。如何应对，两岸法院做法迥异，但都在一定程度上修正或者扩大了对对方仲裁裁决的审查事项，实质上也增加了仲裁裁决流通的障碍。

（一）大陆法院：严格按照原 1998 年《规定》审查的困难

大陆法院适用原 1998 年《规定》的问题在于，一方面，原 1998 年《规定》部分审查事项无法适用于仲裁裁决的认可，但若当事人依此提出异议时，法院是否可以根据仲裁裁决认可的独特性对审查事项进行筛选呢？这涉及对原 1998 年《规定》的限制性适用。另一方面，如果当事人提出异议的依据是原 1998 年《规定》没有涉及但又属于仲裁裁决认可中的普遍审查事项时，法院又是否可以针对仲裁裁决认可的特殊性而扩大审查范围呢？这又涉及对原 1998 年《规定》的扩大性适用。

2004 年，大陆首个认可与执行台湾地区仲裁裁决的案件："和华（海外）置业有限公司申请认可台湾地区中华仲裁协会仲裁裁决效力案"就提出了这一问题。本案申请人和华（海外）置地公司与被申请人凯歌（厦门）公司因投资高尔夫俱乐部发生债权债务纠纷，台湾地区"中华仲裁协会"裁定凯歌公司败诉。申请人向被申请人财产所在地的厦门中院提出认可与执行台湾仲裁裁决的申请，被申请人以本案属于大陆法院不动产专属管辖案件和本案仲裁裁决已经被撤销为由，请求法院拒绝认可。对此，厦门中院裁决认为，案件争议属于金钱借贷纠纷，不涉及不动产，因此双方当事人可选择台湾仲裁机构裁决的方式解决争议；[①] 仲裁裁决撤销属于确定性判决的审查范围，"审查仲裁裁决的效力是否确定，应包括对仲裁裁决的真实性和有效性进行审查……仲裁裁决有效性的审查，一是审查仲裁裁决书是否送达当事人、是否送仲裁地之地方法院备案。二是审查相对人有无提起撤销仲裁判断之诉"。[②] 由于相对人没有提交证据证明存在"撤销仲裁判断之诉"，则认定仲裁裁决书已生效。因此裁定予以认可。

作为首例认可和执行台湾地区仲裁裁决的案件，被申请人的两项请求直击 1998 年《规定》审查事项对仲裁裁决认可的不适性。一方面，根据我国法律，法院是否享有专属管辖权不影响当事人选择仲裁，因此法院享有专属管辖权不应作为拒绝认可仲裁裁决的理由，但 1998 年《规定》却做出相反规定；另一方面，根据我国法律，被撤销的仲裁裁决没有法律效力，当然不能认可和执行，但原 1998 年《规定》却没有规定需对此进行审查。虽然在和华案中，厦门中院通过灵活解释 1998 年《规定》的相关条件，回避了可能出现的审查事项上的"尴尬"问题，但这一做法是否具有普适性，实际上是取决于案件本身的特殊性。可以设想，如果本案不是债权纠纷，而是一起涉及不动产物权的专属管辖案件，那么厦门中院又应该如何处理呢？严格按照 1998 年《规定》审查，以专属管辖为由拒绝认可仲裁裁决，这显然不符合仲裁裁决认可和执行的法理，将为人诟病；但若基于仲裁裁决认可的特殊性而回避该项审查，其法律依据又应该如何说明，又是否会引发错案追究

---

① 参见厦门市中级人民法院（2004）厦民字第 20 号民事裁定书，2004 年 6 月 13 日。

② 周红岩：《和华（海外）置地有限公司申请认可台湾中华仲裁协会仲裁裁决效力案》，http：//www.xmac.org.cn/sub_researchd.asp？id＝1056，2015 年 12 月 20 日访问。

责任问题呢？这些都是摆在法院面前迫切需要解决的问题。①

（二）台湾地区：审查事项与程序开展的法律适用困难

与大陆不同，台湾地区法院面临的问题是，"两岸人民关系条例"对认可和执行仲裁裁决与民事判决的审查事项和程序开展缺乏详细规范，②引发台湾地区法院在认可和执行内地仲裁裁决上的诸多问题与争议。

1. 程序开展的法律适用

除了"两岸人民关系条例施行细则"第68条验证程序的规定外，"两岸人民关系条例"对认可与执行大陆仲裁裁决没有其他程序规范，引发了对台湾地区法院认可和执行大陆仲裁裁决程序依据的争议。在坤福公司申请再审系列案中，③坤福公司因与国腾（江苏）公司工程合约一案，经中国国际经济贸易仲裁委员会2003年1月20日裁决，坤福公司败诉。国腾公司遂向台湾台中地方法院申请认可，台中地方法院依据"非讼事件法"第8条第2项，台湾地区"民事诉讼法"第78条裁定应予准许。④坤福公司不服，认为台湾地区法院裁定认可在大陆地区做出的民事仲裁判决，在性质上属于台湾地区"仲裁法"第52条规定的"法院关于仲裁事件的程序"，根据该条规定，"法院关于仲裁事件之程序，除本法另有规定外，适用'非讼事件法'，'非讼事件法'未规定者，准用'民事诉讼法'"，因此根据台湾地区"民事诉讼法"提请再审。台湾地区"最高法院"认为："依'两岸人民关系条例'第74条第1项规定，声请法院裁定认可在大陆地区作成之民事仲裁判断，系非讼事件。……但查'两岸人民关系条例'并无声请法院认可

---

① 本案主审法官事后接受采访时提到"人民法院受理申请后，审查的切入点应围绕裁决是否具有《规定》中的六种不予认可的情形"。可见，大陆法院倾向于严格按照1998年《规定》的要求予以审查。参见周红岩：《和华（海外）置地有限公司申请认可台湾中华仲裁协会仲裁裁决效力案》，http：//www. xmac. org. cn/sub _ researchd. asp？id = 1056，2015年12月20日访问。

② "两岸人民关系条例"第74条仅规定台湾地区认可与执行大陆仲裁裁决的审查事项是公共秩序事由；"两岸人民关系条例施行细则"第68条规定了仲裁裁决须经验证的程序。

③ 坤福案中，大陆仲裁裁决经台中地方法院裁定认可后（台中地方法院2003年仲声字第1号裁定），坤福公司相继提起抗告（台湾高等法院台中分院2003年抗字第1209号裁定），再抗告（台湾"最高法院2004年台抗字214号裁定"），对再抗告案向台湾"最高法院"提起再审（台湾"最高法院2004年台声字第537号裁定"），对台湾高等法院台中分院已确定抗告案件提请再审（台湾高等法院台中分院2004年再抗字5号裁定），对台湾高等法院台中分院再审驳回裁定向"最高法院"提请抗告（"最高法院2004年台抗字第633号裁定"），被驳回后，坤福公司又提起债务人异议之诉。

④ 台湾台中地方法院2003年仲声字第1号裁定。

在大陆地区作成之民事仲裁判断准用'仲裁法'规定之明文……故不能适用'仲裁法'第 52 条准用'民事诉讼法'之规定……基于'非讼事件法'没有再审的规定，驳回申请人的再审申请"。①

台湾地区"最高法院"的裁定至少包含三方面内容：一是界定认可和执行大陆仲裁裁决程序的性质为非讼事件；② 二是界定认可和执行大陆仲裁裁决应适用的程序规则为"非讼事件法"，申请人、管辖法院、应提出之文书、裁判费等程序性事项应参酌"非讼事件法"之规定，③ 而不能适用"仲裁法"以及推定适用"民事诉讼法"；三是界定对认可和执行大陆仲裁裁决的审查内容应依"非讼事件法"，法院不应审查仲裁的实质内容。台湾"最高法院"的这一裁定解决了认可大陆仲裁裁决的程序问题，得到台湾学界的认可和台湾其他法院的跟随。2010 年深圳市月朗科技有限公司与伊士成纤维科技有限公司仲裁声请案中，申请人向台北地方法院申请认可广州仲裁委（2009）穗仲案字第 92 号裁决书，台北地方法院"依'非讼事件法'第 21 条第 2 项、第 24 条第 1 项，'民事诉讼法'第 78 条"裁定准予认可。④

2. 审查事项的法律适用

除了公共秩序事项外，台湾地区"两岸人民关系条例"对其他审查事项未具一词。如果严格按照"两岸人民关系条例"的规定，仅需审查大陆地区仲裁判断是否违反公序良俗，若不违反，则认可后可以执行。对此，台湾台北地方法院持不同看法，认为这一做法"反较岛内做出仲裁判断审查为宽松，当非立法本意"。⑤ 如何解决这一问题，台湾地区法院有着不同的做法。

第一种做法是将大陆仲裁裁决定性为"'外国'仲裁裁决"，类推适用台湾"仲裁法"予以审查。在上海铁道公司仲裁裁决认可案中，上海铁道公司向台北地方法院申请认可贸仲上海分会裁决。台北地方法院将大陆仲裁裁决定性为"'外国'仲裁裁决"，"按在台湾领域外作成之仲裁判断或在台湾领域内一'外国'法律作成之仲裁判断，为'外国'仲裁判决。'外国'

---

① 参见台湾"最高法院 2004 年台抗字第 633 号裁定"。

② 范晓玲：《中国大陆仲裁裁决在台之认可与执行》，（台湾）《万国法律》2012 年第 4 期，第 64 页。

③ 邱锦添：《两岸法院对民事裁判、仲裁判断之认可与执行》，（台湾）《法令月刊》2005 年第 11 期，第 72 页。

④ 参见台湾台北地方法院 2010 年审声字第 2 号裁定。

⑤ 参见台湾台北地方法院 2006 年抗字第 71 号裁定。

仲裁判决，经声请法院裁定承认后，得为执行名义，'仲裁法'第47条第1项及第2项分别定有明文"。① 然后，台北地方法院依据"仲裁法"第52条、"非讼事件法"第8条第2项和"民事诉讼法"第78条审查了公共秩序、争议的可仲裁性、仲裁裁决形式合法性、仲裁程序正当性，最终以仲裁程序瑕疵为由拒绝认可该仲裁裁决。②

第二种做法是对"两岸人民关系条例"中的公共秩序做扩大性解释，将台湾"仲裁法"规定的审查事项全部纳入公共秩序范畴。在另一起申请认可大陆仲裁裁决案件中，台湾台北法院认为："'仲裁法'有关承认'外国'仲裁判断之审查事由规定，或系基于公益理由，或系为保护人民，应可解释为'两岸人民关系条例'第74条规定之台湾地区公共秩序及善良风俗，于认可大陆地区仲裁判断时予以类推适用"，③ 并根据"仲裁法"第50条第3款之规定，以大陆仲裁裁决"有仲裁人之选定或仲裁程序应通知之事项未受适当通知，或者其他情事足认仲裁欠缺正当程序"而不予认可。台北法院的这一做法，也得到台湾高等法院台中分院和台湾"最高法院"的支持，认为："'仲裁法'有关承认外国仲裁判断之审查事由规定，或系基于公益理由，或系为保护台湾人民以及程序正当，应可解释为'两岸人民关系条例'第74条规定之'台湾地区公共秩序及善良风俗'，于认可大陆地区仲裁判断时予以类推适用"。④

上述两种做法虽然解决了台湾地区法院实际面临的对大陆仲裁裁决的审查事项问题，但也存在争议。第一种做法将大陆仲裁裁决定性为"外国仲裁裁决"，混淆了台湾"两岸人民关系条例"和"仲裁法"对此两类裁决的区别；同时，类推适用"仲裁法"的规定对大陆仲裁裁决予以审查，也违背了坤福案中台湾"最高法院"做出的不能类推适用"仲裁法"的判决，

① 参见台湾台北地方法院2004年仲声字第15号裁定。

② "本件相对人是否确实与申请人签订系争合同，以及相对人是否受合法通知，所谓董某某是否成为相对人同意选择之仲裁人，以及孙某某是否确实受相对人委托出庭，均有争议。申请人陈称相对人也已受合法通知云云，现有疑问……是本件申请人所声称承认之系争仲裁判断既无法证明相对人受合法通知，也无法证明相对人有充分机会参与仲裁程序，参酌上开规定，申请人申请认可系争仲裁判断，即无理由，应予驳回确定"。参见林俊益编著：《大陆与香港仲裁判断在台湾之认可裁判辑》，台湾"中华仲裁协会"2008年，第28—52页，转引自陈力：《海峡两岸商事仲裁裁决的相互认可与执行——现状与前瞻》，《台北大学法学论丛》2011年第4期，第330—331页。

③ 参见台湾台北地方法院2006年抗字第71号裁定。

④ 参见台湾台北地方法院2004年仲声字第15号民事裁定、台湾高等法院台中分院2003年抗字第1209号民事裁定、台湾"最高法院2004年台抗字第214号民事裁定"。

造成在认可大陆仲裁裁决的程序问题上不适用"仲裁法"，但在审查条件上适用"仲裁法"的矛盾局面。第二种做法扩大公共秩序的内容，不但与国际社会严格限制公共秩序保留制度的适用有所相悖，而且造成了法律概念的歧义，使得"仲裁法"与"两岸人民关系条例"中所指的公共秩序内容不相一致；进一步，导致了法律适用上的随意性，"如果过分重视公共秩序，会使两岸相互认可、执行仲裁裁决个案色彩、政策性色彩过于浓重，随意性很大，制度性、稳定性不足"。① 可见，上述两种做法均不是理想的解决仲裁裁决流通的方法。

3. 经认可的仲裁裁决的效力

台湾地区"两岸人民关系条例"第74条第2项仅规定经法院裁定认可的仲裁裁决，"以给付为内容者，得以执行名义"，但对经认可的仲裁裁决的效力没有明确。因此，对获得认可的大陆仲裁裁决是否具有既判力也引发争议。

这一质疑最早是针对大陆判决效力提出的。在长荣公司诉浙江省纺织品公司案中，② 浙江省纺织品公司向台湾桃园地方法院申请执行上海高院的判决，桃园法院裁定予以执行。但长荣公司认为根据台湾地区"两岸人民关系条例"第74条规定，系争裁定仅系台湾地区"强制执行法"第4条第1项第6款所定之执行名义，并无确定判决同一之效力，因此向台湾地区"最高法院"提起异议之诉，请求撤销执行程序。台湾"最高法院"裁决认为："经法院裁定认可之大陆地区民事确定裁判，应只具有执行力而无与我方法院确定判决同一效力之既判力。"③ 这一判决意味着在大陆败诉的当事人可以在台湾地区翻案，④ 即：（1）败诉当事人可于被声请强制执行时，依"强制执行法"第14条第2项提起债务人异议之诉；⑤（2）败诉当事人可重提同一之诉，或提与大陆判决内容抵触之确认之诉；（3）与大陆法院审理

① 郑清贤：《海峡两岸相互认可与执行民事仲裁存在的问题及对策建议》，《海峡法学》2010年第1期，第87页。
② 台湾"最高法院2007年台上字第2531号判决"。
③ 台湾"最高法院"这一观点在随后的浙江省纺织品公司诉长荣公司案中被重申。参见台湾"最高法院2008年台上字2376号判决"。
④ 王钦彦等：《中国大陆人民法院民事判决效力之成人与宪法之诉讼权保障——民事诉讼法研究会第一百一十三次研讨记录》，（台湾）《法学论丛》2012年7月，第155页。
⑤ 如台湾"最高法院2007年台上字第2531号判决"、台湾高等法院2009年重上字第720号判决。

系属中，当事人就同一事件于台湾法院起诉时，台湾法院不能依"民事诉讼法"第 182 条之二停止诉讼程序。①

此案虽是针对对大陆法院判决的认可，但由于合并立法，"两岸人民关系条例"第 74 条也同时适用于大陆仲裁裁决的认可和执行，根据比照适用的要求，实际上，大陆仲裁裁决也将面临同样的问题。"认可大陆地区民事确定裁判及民事仲裁判断之裁定应不具法律上之既判力，当事人在其所声请认可之大陆地区之民事确定判决，在裁定前，就该法律关系，另行提起民事诉讼者，其所为认可之声请，应无一事不再理之适用"。② 正如台湾学者所担忧的："'两岸人民关系条例'第 74 条第 2 项也仅规定经台湾法院裁定认可确定之大陆民事仲裁判断得为执行名义，均未规定与台湾法院之确定判决具同一效力，倘依系争二则判决'法律未明文规定具既判力，即属不具既判力'之推论，则经台湾法院裁定确认之大陆与外国之仲裁判断，均无既判力，从而遭系争二则判决之见解所波及者，非但包括大陆之仲裁判断，更及于外国仲裁判断，其影响既深且广，具有全面颠覆性。"③ 2012 年台湾高等法院在一起债务人异议之诉案件中，做出了"对于大陆地区之仲裁判断经台湾法院认为不违反台湾地区之公共秩序或善良风俗而为裁定认可后，也应承认兼具既判力及执行力"。④ 该判决显然有助于维护大陆仲裁裁决经台湾法院认可后的既判力，但该判决是否最终为台湾地区"最高法院"所支持，仍然需要后续观察。因此，经认可的大陆仲裁裁决是否具有既判力仍然是一个未予明确的问题。

四、结论

无论是大陆还是台湾地区，将仲裁裁决认可与执行和民事判决认可与执行合并立法，并且仲裁裁决比照民事判决予以认可和执行，都是不利于两岸仲裁裁决的流通的。考究国际社会的立法，单独就仲裁裁决认可和执行制定

---

① 台湾高等法院 2008 年重上字第 267 号判决。

② 邱锦添：《两岸法院对民事裁判、仲裁判断之认可与执行》，（台湾）《法令月刊》2005 年第 11 期，第 80 页。

③ 伍伟华：《经台湾法院裁定认可确定之大陆民事确定裁判及仲裁判决是否有既判力——"最高法院 2007 年度台上字第 2531 号判决、2008 年度台上字第 2376 号判决"之分析》，（台湾）《台大法学论丛》2008 年第 4 期，第 395—396 页。

④ 台湾高等法院 2012 年台上字第 1408 号民事判决。

独立于民事判决认可与执行的专门性制度是普遍经验。即使是在当前尚未有全球性的民事判决认可与执行公约的情况下，早在1958年，国际社会就已经制定了认可与执行仲裁裁决的全球性公约《纽约公约》，也制定了区域性的仲裁裁决认可和执行制度，如1964年《欧洲国际商事仲裁公约》和1975年《美洲国际商事仲裁公约》。在我国，除了大陆与台湾地区之外，内地与香港、内地与澳门、香港与澳门也都分别制定了独立于民事判决认可与执行之外的仲裁裁决认可和执行的双方安排。显然，过往两岸仲裁裁决认可和执行采用的合并立法和比照适用模式与上述通行做法相背而驰。其引发的问题是，这一模式忽视了仲裁认可与执行制度的独立性，给仲裁裁决的实际认可与执行带来技术性困难和问题，造成了司法适用的困境。即使两岸法院可以通过能动司法回避或解决相关问题，但也难免在大陆造成了认可条件的"货不对板"，在台湾地区造成认可条件和程序事项适用法律"捉襟见肘之窘迫"。① 在两岸政治分歧一时难以完全消除的情况下，相较于体现国家主权的法院判决，民间性的仲裁裁决应当享受更为宽松的认可和执行条件，才有助于吸引当事人选择仲裁机制解决纠纷。相反，罔顾仲裁认可执行制度与民事判决认可执行制度的区别，对仲裁裁决的认可和执行简单比照民事判决认可与执行规定，将引发两岸仲裁裁决认可和执行司法实践的无所适从，导致仲裁裁决认可与执行的难度与障碍的增加，最终将影响当事人对仲裁的选择和信心。

最高院于2015年正式实施的2015年《规定》，就是一项对台湾地区仲裁裁决认可和执行的专项立法。据此，建立了大陆法院认可和执行台湾地区法院民事判决，以及认可和执行台湾地区仲裁裁决的相互独立法律制度，明确了仲裁裁决认可和执行制度的独立性。根据2015年《规定》，对出现以下情形之一的台湾地区仲裁裁决，人民法院裁定不予认可：无仲裁协议或者协议无效；程序不公；争议不具有可仲裁性或者超裁；仲裁庭组成或仲裁程序违反约定；仲裁裁决无效或被撤销或驳回；公共秩序保留。2015年《规定》为认可和执行台湾地区仲裁裁决提供了清晰科学的法律依据，解决了台湾仲裁裁决在大陆地区认可和执行上的司法实践困难，对有效发挥仲裁在解决两岸民商事纠纷中的应有作用迈出重要一步。台湾地区也应修改"两

① 邱锦添、陈新华：《两岸法院对仲裁判断之认可与执行》，（台湾）《军法专刊》2012年第58卷第6期，第50页。

岸人民关系条例"，制定台湾地区认可和执行大陆仲裁裁决的专项规范，以促进两岸仲裁裁决的进一步流通。未来，两岸应促进相互认可和执行仲裁裁决的双方协议的缔结，协调两岸在相互认可和执行仲裁裁决上存在的分歧和差异，以有助于更好使仲裁成为两岸经贸纠纷最优且选择最多的争议解决方式。

大陆法官员额制改革的"台湾经验"

薛永慧[*]

  法官员额制是大陆新一轮司法改革的核心内容之一，改革的目的是按司法规律合理配置司法人力资源，实现法官正规化和专业化，且以法官员额制为基础建立司法责任制。2013 年 11 月十八届三中全会通过的《中共中央关于全面深化改革若干重大问题的决定》，对深化司法体制改革做了全面部署，自此，新一轮司法体制改革大幕正式拉开。2014 年 6 月中央全面深化改革领导小组第三次会议通过的《关于司法体制改革试点若干问题的框架意见》，提出四项具体司改措施，即完善司法人员分类管理、完善司法责任制、健全司法人员职业保障、推动省以下地方法院检察院人财物统一管理。随后，上海、广东、吉林、湖北、海南、贵州、青海 7 个省市启动首批试点，为全面推进司法体制改革积累经验。2015 年 4 月，上海公布入额法官、检察官薪酬调整水平，暂时按高于普通公务员 43% 的比例安排；青海省则计划将法官、检察官的平均工资提高 50%；在深圳，每名法官工资约增长了 1500 元左右；吉林、湖北等试点地区也将法官、检察官待遇问题提上日程。在第一批试点的基础上，2015 年 5 月，山东、江苏、浙江、福建、重庆、内蒙古、宁夏等第二批 11 个省份也全面启动改革试点。2015 年 7 月 23 日至 24 日，司法体制改革试点工作推进会在上海召开。中共中央政治局委员、中央政法委书记孟建柱在会上强调，要进一步坚定信心和决心，总结借鉴上海等地司法体制改革试点工作经验，深入推进改革试点，完善具有中国特色、符合司法规律的司法体制，不断提高司法公信力，努力让人民群众在每一个司法案件中感受到公平正义。2015 年 12 月 9 日，中央批准在全国普遍开展司法体制改革试点。

---

  * 作者系法学博士，两岸关系和平发展协同创新中心、厦门大学台湾研究院法律研究所助理教授。

大陆法官员额制改革面临方方面面的问题和任务，其中最关键的问题之一，是要合理界定法官与司法辅助人员尤其是法官助理的关系。从大陆法官员额制改革试点情况看，有关法官与法官助理关系的基本设计是：首先，改革后法官的基本工作机制是法官加助理模式，给法官配助理，法官专司裁判之职，法官助理协助法官进行审判工作而不具有审判权。其次，除从社会公开选任及中级以上法院法官逐级遴选外，今后基层法院法官从法官助理中择优选任。① 这一改革思路至少面临如下疑问：（1）一个法官配多少助理才算合理？（2）改革后的"法官—法官助理"模式与原有的"庭长—审判员"模式有何实质差别，有什么机制可避免法官让助理办案，如何保障审判的亲历性？（3）从法官助理中择优选任法官是否有利于审判人才的养成与选拔，年轻法律人才的成长之路会否通畅？②

台湾地区法院法官有严格的员额编制且有法官助理的职位设置，有关法官与司法辅助人员关系的诸多问题，包括法官与司法辅助人员的员额配比、法官与司法辅助人员的分工与协作机制、法官养成与司法辅助人员的选任、晋升机制等，台湾地区均有相关的制度规定和实务运作经验。鉴于两岸的社会同质性、法律同源性、发展阶段的相继性和面临问题的相似性，台湾的相关制度设计以及实施中的成败得失，更有可能为大陆提供启示和借鉴。本文将通过对台湾法官与司法辅助人员关系的详细考察，为大陆法官员额制改革提供一种反思视角。

一、法官员额及其与司法辅助人员的配比

在台湾地区，包括"司法院"在内的各类"中央机关"及所属各级机关都实行员额制。依台湾地区"中央机关总员额法"，"司法院"及所属机关职员（含法警）、聘雇人员、驻卫警察及工友（含技工、驾驶）最高员额

---

① 参见《人民法院第四个五年改革纲要（2014—2018）》、《上海市高级人民法院司法体制改革试点工作实施方案》和《上海任命首批司法改革后法官助理检察官助理》，http://news.jcrb.com/jxsw/201409/t20140905_1429743.html，2016年9月5日。如无特别说明，本文所有网页资料的最后浏览日期均为2015年9月5日）另，各司法体制改革试点省市中，目前只有上海高院对外公开了试点工作实施方案，媒体中大量可见的也多是有关上海改革试点的报道，故本文对大陆员额制改革试点的具体分析，主要以上海法院为例。

② 刘俊峰：《"择优选任"何时休？——读〈上海任命首批司法改革后法官助理、检察官助理〉的几许思考》，http://www.law-lib.com/lw/lw_view.asp?no=25967，2015年12月20日访问。

为 13900 人。除总员额的限定外,"司法院"及所属各机关内部各种职位也都有明确的员额编制。台湾地区法院共有包括法官、法官助理、书记官等在内的职位 30 余种,"法院组织法""行政法院组织法""智慧财产法院组织法"和"少年及家事法院组织法"均以附表形式对各级、各类法院职位及员额配置做了明确规定。①

(一) 台湾法官法定员额及与司法辅助人员的法定配比

依规定,以每年受理案件数为依据,台湾地方法院或其分院被分为六类,高等法院或其分院被分为五类,依此配置各类人员,案件多员额配置高、案件少员额配置低。"最高法院"置"院长"1 人,"庭长"20～40人,"法官"80～160 人。"最高行政法院"置"院长"1 人,"庭长"8～14 人,"法官"32～56 人。高等行政法院置院长 1 人,庭长 4～30 人,法官8～60 人。智慧财产法院或其分院、少年及家事法院也依受理案件数的多寡被分为三类,依此配置各类人员。"司法院"置"大法官"15 人。"公务员惩戒委员会"置"委员"9～15 人。

在台湾,按规定,如将庭长计入办案法官而将"院长"排除,② 地方法院或其分院大致是按 800 件/年的标准配备一个法官;高等法院或其分院、智慧财产法院或其分院大致是按 167 件/年的标准配置一个法官;少年及家事法院是按 833 件/年的标准配置一个法官。但这并非绝对,台湾法官配置呈动态调整形态。这一编制员额动态调整的机制,能较客观地反映审判工作任务变化对人力资源的需求状态,有利于科学、合理地配置司法人力资源。台湾"最高法院"、地方法院或其分院、少年及家事法院法官与书记员、法官助理的法定配比大致为 1∶1.5∶1;③ 高等法院或其分院、"最高行政法

---

① 台湾最早对法院员额配置予以明确规定的,当属"法院组织法"。1989 年 12 月 22 日修正公布的"法院组织法"增设第 11、33、49 条,分别以附表形式对地方法院或其分院、高等法院或其分院的类别、职位及员额和"最高法院"的职位及员额予以明定。除后来增设的法官助理、司法事务官等职位未在员额附表中体现外,1989 年"法院组织法"对地方法院和高等法院的分类、确定的各级法院的院长、庭长、法官以及书记官的员额配置,至今均无变化。继"法院组织法"之后,"行政法院组织法"(1999 年)、"智慧财产法院组织法"(2007 年)和"少年及家事法院组织法"(2010 年)分别对各特定法院员额予以明定。

② 在台湾,庭长由法官兼任且庭长员额独立于法官总员额之外,对此"行政法院组织法"有明确规定。考虑到多数法院院长仅受理少量甚至不受理案件业务,故在获取法官配置标准时未将院长计算在内。

③ 含庭长不含"院长",下同。

院"、高等行政法院和智慧财产法院法官与书记员、法官助理的法定配比约为1∶1∶1。

（二）法官实有员额及与司法辅助人员的实际配比

截至2014年年底，台湾共有法官2116人。[①] "司法院"及所属各机关员工总额、"院长"、庭长、法官、书记官、法官助理、司法事务官的数额、法官占总员工数的比例、司法辅助人员（书记官、法官助理和司法事务官）占总员工数的比例，以及法官、书记官与法官助理的配比，如表1所示。

表1　2014年台湾法院员工统计表

	员工总额/名	"院长"/名	法官兼庭长/名	法官/名	书记官长及书记官/名	法官助理/名	司法事务官/名	法官占总员工比例/%	司法辅助人员占总员工比例%	法官、书记官、法官助理的配比
"司法院"	394	2	—	13	28	15	—	3.8	10.9	1∶2.2∶1
"公务员惩戒委员会"	56	1	—	10	18	—	—	19.6	32.1	—
"最高法院"	305	1	14	64	79	63	—	26	46.6	1∶1∶0.8
"最高行政法院"	107	1	4	18	31	23	—	21.5	50.5	1∶1.4∶1
高等法院或其分院	2061	6	80	340	457	282	—	20.7	36	1∶1∶0.7
高等行政法院	380	3	10	45	89	38	4	15.3	34.5	1∶1.6∶0.7
智慧财产法院	112	1	2	14	18	10	2	15	26.8	1∶1∶0.6
地方法院或其分院	9227	22	166	1299	2232	1064	397	16	40	1∶1.5∶0.7
合计	12642	37	276	1803	2952	1495	403	—	—	—

注：（1）法官人数里包含优遇法官，但没包含5位优遇"大法官"；（2）法官、书记官和法官助理的配比中没有计算"院长"人数。

资料来源：作者根据台湾2014年司法统计年报相关数据制作。

————————

① "台湾2014年司法统计年报"之"司法院大法官及所属各机关法官人数——按年别分"，http：//www.judicial.gov.tw/juds/index1.htm，2015年12月20日访问。

由此可见，台湾法院人员配置有如下特点：

第一，确保法官员额少而精的同时，配有大量辅助人员，凸显法官主体地位。一方面，法官占法院员工总额的比例并不高，最高的是"最高法院"，为26%；高等行政法院、智慧财产法院、地方法院或其分院法官仅占法院员工总额的15%强。而书记官、法官助理和司法事务官占法院总员额的比例，最高的达50.5%。台湾法官占法院员工总额比例较低的原因在于：（1）台湾法院尤其是地方法院担负着一些大陆法院没有的功能，如公证、提存、登记、公设辩护、观护等，从而有相应的人员配置。（2）台湾司法辅助人员的类型更丰富，配置更充分。以台湾地方法院为例，除法官、书记官、法官助理和司法事务官之外，还有通译、技士、执达员、录事、庭务员、法警、资讯人员、测辅人员和技术审查官等，这些人员均在一定程度上对司法权的运行发挥着辅助功能。另一方面，台湾法院法官的实有员额，普遍低于法定员额的最高限，相当一部分低于法定员额的中间值，"最高法院""最高行政法院"庭长和法官的配置均低于法定员额的最低限。

第二，总体来看，除"司法院"外，台湾法院法官、书记员与法官助理的实际配比大致是1:1:0.7（"最高法院"、高等法院或其分院、智慧财产法院）或1:1.5:(0.7-1)（"最高行政法院"、高等行政法院、地方法院或其分院）。据笔者的调研，台湾各级各类法院通常都是一股配一个书记官，但法官助理的配置不尽相同。台湾各地方法院大多是两股配一个助理或一个庭配两个助理，也有一股配一个助理的。智财法院、行政法院、高等法院和"最高法院"基本是一股配一个助理。庭长通常不配助理，但可调用本庭的法官助理。但也有例外，如台中地方法院相当一部分法官助理是配置在执行庭，台北地方法院的审查庭一股配两个助理。"司法院"每个"大法官"配一个助理，但并非统一招聘，而是由"大法官"自己选定，与"大法官"同进退。也即，相对于地方法院，"最高法院"、高等法院、行政法院和智财法院法官助理的配置更充分。书记官按法官配置，法官助理虽原则上按庭配置，但庭长一般也会将法官助理配置给具体法官。

第三，早年台湾"法院组织法"主要依据法院受案量及法官法定工作日内可处理的案件数确定法官员额，但随着法院受案量的逐年递增，在增加法官实有员额的同时，台湾通过增设法官助理及司法事务官等人员，解决法院案多人少及法官负担过重的问题。也即，在确定法官法定员额时，立法者并没有太多考虑法官与司法辅助人员的配比。但随着时代的发展，司法辅助人员对法官工作量的分担逐步成为影响法官员额配置的重要因素。

第四，台湾地区"中央机关总员额法"将"司法院"及所属机关人员最高员额限定为 13900 人，而"司法院"及所属各机关现在的人员总数已接近上限，无法大幅增员，所以如果多设法官助理和司法事务官，就意味着法官等人员要减少，在这种情况下，台湾已经冻结了司法事务官的人数，不再招考，出缺不补，司法事务官的人数已从最高时的 435 人降为 2014 年的 403 人。法官助理也是相同情况，原则上不再增加，出缺才能增补，或者名额会在法院之间进行调剂，但总人数现在基本控制在 1500 人左右。

二、法官与司法辅助人员分工与协作机制

台湾法院内，直接协助法官开展诉讼或非讼业务的人员有书记官和法官助理。法官、书记官和法官助理员额配比的确定，是建立在各类人员角色定位与职能分工的基础上的。法官的职责是行使审判权依法独立审判案件。法官助理和书记官的主要职责在于承法官之命，协助法官办理诉讼业务。法官助理的工作侧重于与实体审理与裁判密切相关的程序和法律问题，而书记官的工作侧重于纯粹的程序性事务。另外，台湾法院设有司法事务官，专责办理非讼和执行业务，使法官得以集中心力处理审判核心事项。

（一）书记官

书记官执行的职务虽有司法性，但其本质上仍属于行政性质的公务员。除须服从长官命令外，书记官在开庭审判执行职务时应服从审判长的命令，在跟随法官执行职务时应服从法官的命令。书记官职务依其所执掌的事项而有繁简之别，且不限于法庭内的审判事务。各级法院书记官掌理的事务包括记录、执行、文书、研究考核、总务、资料及诉讼辅导等，其中与法官审判事务密切相关从而对法官审判事务起到直接襄助功能的，是记录业务。所谓记录，是指各级法院民事庭、刑事庭、民事执行处、专业法庭、简易庭、普通庭及各级行政法院记录科执掌的，关于民事诉讼、刑事诉讼、行政诉讼等案件的记录事务，例如有关诉讼案件登记、笔录、期日及传唤通知与拘押票

制作、案件文稿撰拟、案卷及文件点收登记和人犯登记事项等。①

（二）法官助理

台湾于 1999 年修订"法院组织法"时引进法官助理制度。依"法院组织法"，地方法院、高等法院和"最高法院"在必要时，可依聘用人员聘用条例聘用各种专业人员充任法官助理，承法官之命，办理诉讼案件程序审查、法律问题分析、数据搜集等事务。此外，依"行政法院组织法""智慧财产法院组织法"和"少年及家事法院组织法"，高等行政法院和"最高行政法院"、智慧财产法院、少年及家事法院在必要时也可置法官助理。

除行政法院、智财法院可调派各级法院或行政法院其他司法人员或借调其他机关适当人员充任法官助理外，法官助理主要依聘用人员聘用条例聘用，而不同于其他如书记官、司法事务官等类由考试进用而有公务员身份保障的人。也因此，法官助理的任用，其困难主要在于难以获得适才又愿久任其职的人。② 相对而言，法官助理的流动性较高，通过司法官考试、积累了一定的法官助理经验后欲从事律师业务、可以应聘到自己更心仪的法院以及其襄助的法官认为其不能胜任工作等因素，均可导致法官助理离职。

在业务范围内，法官助理由各庭长（审判长）或法官管理，行政事项由书记官长或民、刑事科科长管理。据笔者的调研，法官使用法官助理的方式虽不尽相同，但台湾各级法院法官助理承担的工作较为统一，大致包括：（1）帮助法官整理卷宗并制作卷证索引，以方便法官阅卷和查找；（2）收集法官做出裁判所需参考的法律意见或其他相关裁判意见；（3）帮助法官草拟例稿式裁判文书（例如对于申请假释是否准许的文书），或帮助法官整理撰写判决时所需要的一些在之前的诉讼文书中已存在的诉辩意见等。另外，现在台湾法院正在开展数字法庭建设，法庭审理中需要的多媒体设备和程序操作，一般也会交由法官助理负责。虽不排除个别法官会将判决书撰写交给法官助理，或者甚至有法官让法官助理承担一些与审判无关的业务，但这应属个案而非普遍，其原因主要有：其一，法官助理难以胜任法官工作。以判决书撰写为例，由于台湾法官经历了漫长而严格的养成训练，法官尤其

① 参见史庆璞著：《法院组织法》，台北：五南图书出版股份有限公司 2012 年版，第139—142 页。
② 姜世明著：《法院组织法》，台北：新学林出版股份有限公司 2014 年版，第382 页。

是高等以上法院法官的素养都相当深厚，而法官助理一般是法律系毕业的本科生，没有经过严格的训练和养成，很难胜任替法官撰写判决书的工作。其二，鉴于台湾法官的严格他律和高度自律、自尊和自荣，法官一般不会做违规或出格的事情。其三，法官助理的职位相对独立且没有升迁的诉求，所以不会因有求于法官而受制于法官，若法官将分外之事强加从而使法官助理不堪重负，极有可能引起法官助理的反弹。

根据笔者的调研，台湾法官普遍认为法官助理能对法官起到相当的协助作用，如果要做量化，法官助理大概能替法官分担 1/3 到 1/2 的工作。就法官助理的作用，笔者调研时一位台湾"最高法院"法官的表述具有代表性："虽然在法官助理制度设立之初，大概有一半以上的法官都不想要助理，认为不会有帮助，但现在若要取消法官助理，恐怕大多数法官都不会同意。"

（三）司法事务官

台湾法院还置有司法事务官，以分担或协助法官的工作。由于法院办理的事务日趋庞杂，案件不断增长，法官人力更显短绌。法院虽设有法官助理襄助法官，但法官助理要在法官指挥下才能处理部分事务，欠缺职务上独立性。法官除致力于审判工作外，还须担负许多较不具讼争性的事务性工作，致使法官负担过重。[①] 为有效运用司法资源，兼顾"宪法"对人民诉讼权益的保障，"司法院"仿效德国、奥地利的法务官制度，在 2007、2008 年修正"法院组织法"时增订司法事务官条文，在地方法院或其分院置司法事务官，由其专责办理非审判核心事务或不涉及身份、实体权利义务关系重大变动的事件，使法官能集中心力处理审判核心事项，提升司法质量。[②]

司法事务官具体办理下列事务：（1）返还担保金事件、调解程序事件、督促程序事件、保全程序事件、公示催告程序裁定事件、确定诉讼费用额事件。（2）拘提、管收以外的强制执行事件。（3）"非讼事件法"及其他法律所定的非讼事件，包括拍卖、票据、提存、公证、失踪人财产管理、收养、继承、亲属会议、意思表示的公示送达、证书保存和海事等事件。（4）其他法律所定的事务，包括消费者债务清理条例的更生程序、清算程序事件

---

① 参见姜世明著：《法院组织法》，台北：新学林出版股份有限公司 2014 年版，第 356 页。

② 参见"法院组织法"增订立法理由。

和协商成立的认可事件、儿童及少年保护、安置事件、大陆地区人民表示继承事件、停止紧急安置或强制住院事件等。

可见，司法事务官是一类独立自主的法院人员，其主要工作是独立而非受法官命令分担法官部分非审判核心事务或不涉及身份、实体权利重大变动的工作。关于司法事务官的性质，在台湾向来有属公务员或属法官的争论。不论其定性如何争论不定，确定的事实是，司法事务官不具有法官身份保障，其考试训练程序、职务监督、考绩评比和俸给退养等也与法官有别。

台湾法院也曾一度面临案多人少和法官负荷过重问题，在2007年左右尤为严峻。但之后随着法院总受案量的下降（从2007年的3708225件下降为2014年的3256743①）、法官人数的增加（从2007年的1676人增加为2014年的2116人②）、法官助理尤其是司法事务官的配置以及程序的优化（如案件流程管理的开展、上诉须附具具体理由措施的实施、"最高法院"案件发回率的降低等），现在虽然法官负荷仍普遍较重（表现之一是法官普遍都会加班）且劳逸不均，但法官普遍表示，现在的案件负荷量属于可承受的范围。这可以理解为，现在台湾法院人员配置处于较合理状态，不存在大幅增减人员的可能。

三、法官与司法辅助人员选任、晋升机制

在台湾，法官与法官助理、书记官、司法事务官的养成路径与晋升通道完全不同。台湾法官的选任包括考训和遴选两种模式。法官经考训合格或经遴选并训练后便被委任为候补或试署法官，都享有一定的审判权，可参与或独任办理一定案件。候补或试署期满合格的，实授为实任法官，行使完整审判权。书记官、司法事务官主要通过公务人员特种考试司法人员考试选任，属公务员。而法官助理则是聘任。法官无需充任书记官、法官助理或司法事务官，书记官、法官助理或司法事务官也无法晋升为法官。

---

① 台湾2014年司法统计年报之"司法院及所属各机关各项案件收结概况——按年别分"，http：//www.judicial.gov.tw/juds/index1.htm，2015年12月20日访问。
② 台湾2014年司法统计年报之"司法院大法官及所属各机关法官人数——按年别分"，http：//www.judicial.gov.tw/juds/index1.htm，2015年12月20日访问。

（一）法官养成

1. 考训

目前为止，台湾法官进用仍以考训为主。台湾居民年满18岁以上，55岁以下，符合"公务人员特种考试司法官考试规则"第3条规定情形之一，且无"公务人员考试法"第12条第1项所规定各款情事的，得应考司法官特考。司法官考试录取人员，应接受司法官学习、训练，以完成其考试资格。司法官训练期间为一年六个月至二年，分三个阶段实施：第一阶段：学员先行在司法官学院（原司法官训练所）接受基础讲习课程与各类课程的讲授、研习、拟判及演习。第二阶段：学员分配至法院、检察署等机关学习审判、检察等业务，其后赴行政机关及相关机构学习行政业务等事项。第三阶段：学员回本学院接受拟判测验、实务综合研讨及分科教育等。

司法官训练合格后，任命为候补法官，候补期间5年，候补期满审查及格者，予以试署，试署期间1年，期满后由地方法院或其分院查缺派用。对于候补、试署法官，应考核其服务成绩，考核项目包括学识能力、敬业精神、裁判质量、品德操守及身心健康情形。候补、试署期满时，应陈报"司法院"送请"司法院"人事审议委员会审查。审查及格者，予以试署、实授；不及格者，应在两年内再予考核，报请审查，仍不及格者，停止其候补、试署并予以解职。

候补法官在候补期间轮办下列事务，但"司法院"得视实际情形酌予调整：（1）调至上级审法院，承法官之命，办理诉讼案件程序审查与进行、法律问题分析、数据搜集分析等事务，期间为1年。（2）充任地方法院合议案件的陪席法官及受命法官，期间为2年。（3）独任办理地方法院少年案件以外的民刑事有关裁定案件、民刑事简易程序案件、民事小额诉讼程序事件或刑事简式审判程序案件，期间为2年。候补法官于候补第3年起，除得独任办理前项第3款事务外，并得独任办理最重本刑为3年以下有期徒刑、拘役或专科罚金的犯罪和窃盗罪案件。

2. 遴选

为实现法官来源多元化，台湾于1982年发布了"法官检察官互调办法"，于1998年发布了"遴选律师、教授、副教授、助理教授转任法院法官审查办法"，2011年7月6日颁布的"法官法"正式建立了多元化的法官选任机制，规定符合一定资格的检察官、律师、学者、公设辩护人、简任公务人员等均可以参加法官遴选，扩大了法官多元任用渠道。

多年来，台湾法官多元进用除检察官转任法官渠道大致畅通外，律师和学者转任法官的渠道均欠畅通。律师转任管道不畅的原因主要有：法官业务繁重；对法官职务无兴趣；法官待遇与工作负荷不成正比，且社会各界对法官道德标准要求甚高。① 学者中尚乏人转任法官的主要原因在于，符合转任条件的学者不大可能被高级别的法院接受，但又无法胜任地方法院繁重的审理工作。"法官法"实施后，通过公开甄试选拔律师转任法官的工作有所起色，报名参加甄试以及审查通过的人数较往年有明显增加，但在自行申请和主动推荐方面，未见明显变化，学者乏人转任法官的局面也无改观。② 应当说，法官进用多元化在台湾已有相当成效，但要实现"法官法"通过时"立法院"附带决议设定的"自法官法施行届满10年起，依考试进用法官占当年度需用法官总人数之比例应降至20%以下"的目标，难度很大。在可预见的将来，台湾法官的进用大抵会维持现状：以考训进用为主，以遴选进用为辅。

（二）司法辅助人员选任与晋升

1. 书记官的选任与晋升

书记官因官等及职称不同，而分为一等、二等和三等书记官。书记官又有委任书记官、荐任书记官与简任书记官的区别，依其官等差别，其任用资格亦有异。目前，委任书记官多系经由公务人员特种考试司法人员考试四等考试及格后进用。书记官的晋级及年功加俸，适用"公务人员任用法""俸给法"及"考纪法"等相关规定办理。至于书记官的退休、抚恤及其他关于人事及待遇的保障，适用"公务人员退休法""公务人员抚恤法"及其他公务人员相关规定办理，与一般公务人员并无不同。③

书记官的职业前景有两种：其一，参加律师、司法官考试。以4等书记官考试为例，书记官考试及格满3年者，就可取得报考司法官的资格；而担任书记官4年后则可以取得报考律师的资格。对于有志于成为律师、司法官却并非相关科系毕业者，可先考书记官，再考律师、司法官。其二，晋升为

① 台湾"司法院"人事处：《法官多元进用制度说明》，www.judicial.gov.tw/revolution，2015年12月20日访问。
② 薛永慧：《台湾地区司法社会化改革研究》，《台湾研究》2015年第3期，第85—94页。
③ 史庆璞著：《法院组织法》，台北：五南图书出版股份有限公司2012年版，第149页。

高级公务员。书记官若想留任，则可晋升为高级公务员。考取四等书记官即取得委任 3 职等的公务员资格，若想要在书记官职务上求发展，只要参加委任晋升荐任官考试并经训练合格后，就能担任荐任第七职等职务，可升至科长或书记官长。又或者可以直接参加 3 等书记官考试，取得较高职等。

2. 法官助理的选任与考核

在台湾，法官助理从法律或与业务相关系所毕业者中招考或遴选。招考兼采笔试及口试，经笔试录取人员始得参加口试。法官助理的聘用采历年制，聘期 1 年，工作绩效优良者得予续聘。继续聘用每任满 4 年，其续聘应确实检测法官助理专业能力，重新遴选聘用。法官助理应实施职前训练与在职训练。法官助理多为法律系本科毕业生，但近年来也多有研究所毕业生或通过律师资格的人担任法官助理，原因在于近年来台湾律师资格考试通过率较高，律师要找到合适的实习律所不易，且实习律师的待遇不如法官助理，故有些通过律师资格考试的人也愿意担任法官助理以积累职业经验。

法官助理在所属法院年度内服务满 1 年或于每年 1 月底前到职者，于聘用年度终了前，由用人法院参酌庭长（审判长）、当年度协助的法官及书记官长综合书稿、工作绩效、工作态度、操行及差勤状况所做的初评，予以考核。年终考核时应同时检讨所属法官助理的业务状况及其适任性，并视其情形，改派协助其他法官、解聘或届期不予续聘。法官助理依下列考核结果调整报酬：甲等：晋一阶；乙等：不晋阶；丙等：不予续聘。

3. 司法事务官的选任与晋升

台湾第一届司法事务官由法院其他人员转任，之后主要是从公务人员特种考试司法人员考试相当等级之司法事务官考试及格者中任用。司法事务官的俸给，适用"公务人员俸给法"的规定，并给与专业加给。其他有关事项，则与书记官的规定相同。司法事务官也与公务人员相同，有委任、荐任与简任的升等。

四、对大陆法官员额制改革的反思

大陆法官员额制改革的重要目标是"让法官更像法官"（包括让法官从事该从事的工作，让法官受到应有的保障，让法官承担该承担的责任），其隐含的前提是当下"法官不像法官",其中原因之一是相当一部分法官并不直接从事裁判工作:一方面是很多法官从事司法行政工作,法官职业身份与其从事的工作并无联系;另一方面是一线办案的法官除裁判案件外,还要承担大量与司法裁判无关的辅助事务。① 这就有必要从两个层面着手解决问题:其一,对司法人员实行分类管理,区分法官、司法辅助人员和司法行政人员,建立不同类别人员的选任、保障、评价与奖惩机制,突出法官主体地位,并对法官从事司法行政工作进行规范和限制,确保法官以审判为主业。其二,让法官专心于裁判工作。这又有两个努力方向:(1)给法官配助理和书记员,使其从与裁判有关的事务性工作中解放出来,专心案件裁判工作。(2)将法院从事案件处理工作的人员进行分类,如分为处理非讼事务的人员、专责调解的人员、处理简易案件的人员和处理普通案件的人员等,进一步厘定真正从事裁判工作的法官。总体而言,大陆的法官员额制改革基本是从这些方面着手解决问题的,但依据台湾经验,尚须对大陆法官员额制改革从以下方面进行审视与反思:

(一)法官与司法辅助人员的分工与协作

原则上,法院年受理案件量除以每个法官法定工作日可处理的案件数量,就是法院需要的法官数额。但每个法官每年可处理的案件数量,又会因法院审级、功能的不同,案件繁简程度、专业化程度的不同等,而有所区别。更为重要的是,法官年办理案件量的确定要以科学、合理地设定法官与司法辅助人员的角色定位、职责分工和协作关系为前提。法官是审判权的行使主体,其职责是对案件进行审理和裁判。法官助理和书记员的主要职责在于承法官之命,协助法官办理诉讼业务。法官助理的工作侧重于与实体审理与裁判密切相关的程序和法律问题,包括审查与整理诉讼材料、准备裁判所需的参考资料和法律意见、草拟法律文书等;而书记员的工作应是纯事务性工作,如诉讼案件登记、笔录、期日及传唤通知与拘押票制作、案卷及文件

---

① 此外,在大陆法院,因为改革进行法官分流,部分不符合现代法官要求的非专业出身的老法官退出办案一线,从事辅助性工作,但仍然占据法官名额。有的法官还被抽调到上级法院锻炼,或被政府抽到相关部门协助专项工作,如移民、拆迁、普法等。这些都会导致"法官不像法官"和实际从事裁判工作的法官数额少于实际拥有法官资格的人数的现象。但老法官退出办案一线的问题会随着时间的推移自动解决,法官被政府抽调的问题并非法官员额制改革意欲解决也非员额制改革能够解决,故本文不做探讨。

点收登记、案件信息录入等。

任何一种改革都必须使司法更贴近而非更远离司法规律。法官行使审判权、审理者裁判、裁判者负责是一般的司法规律。尤其是，若要落实法官责任制，就必须突出每个行使审判权的法官的独立性，保证让审理者裁判，由裁判者负责。司法独立必然是单个法官能独立办案，司法责任必然是每个法官对自己主办的案件负责。法官助理承担的应该是非审判核心事务而非审判事务。一般情况下，尤其是对地方和基层法院而言，一个案件中法官助理可分担的协助工作，不应该比法官承担的审理和判决工作更重，或者说应由法官实质参与的工作，如案情的了解与把握、证据的审核与认定、庭审的实质推进、裁判的做出以及裁判书的制作等，应该由法官完成，而不能交付法官助理。

按照《上海市高级人民法院司法体制改革试点工作实施方案》（以下简称《上海试点实施方案》）的设计，法官助理的职责中，核心的日常工作应为审查诉讼材料、组织证据交换、接待诉讼参与人，准备与案件审理有关的参考资料以及草拟法律文书等。这些与台湾法官助理的职责相差不大，按照台湾经验，是法官助理应当也能够承担的。其中值得探讨的，是《上海试点实施方案》规定法官助理的职责中包括"进行调解"。法官助理的调解应属于法院调解而非法院外调解，由法官助理主持法院调解存在缺乏权源的问题。故笔者认为，不应将调解职责赋予法官助理。

（二）法官与司法辅助人员的员额配比

鉴于上述法官与司法辅助人员的职责分工，又考虑到如果多个法官配一个助理，法官在给助理分配任务时又必须兼顾其他法官可能分配给助理的任务，从而受到掣肘。故一个法官配一个助理较为合理。另外，法官助理虽可分担法官工作却不能分担书记员工作，所以原则上一个法官也应配一个书记员。即，法官与法官助理、书记员的配比1∶1∶1较为合理。当然，法官与法官助理的配比还要考虑法院的审级与功能，在资源有限的情况下，应保证审判任务较重的法院的法官助理的配备。考虑到现在法院信息化程度提升，法院尤其是基层法院面临大量的数据录入等工作，可考虑适当增加基层法院书记员的配置。

因此，大陆有些试点法院曾试行的一个法官配多名助理的做法，并不妥当。一名法官配多名助理且在"案多人少"的现实情况下大幅度限缩法官人数，势必出现案件审理工作实质上由法官助理承担，但最终裁决由法官把关以及判决书由法官署名的情况，从而加剧"审者不判、判者不审"问题。《上海试点实施方案》设定，基层法院独任法官与法官助理、书记员配比不低于1:1:1（过渡期内独任法官与书记员或法官助理的比例不低于1:1），中级人民法院合议庭中法官与法官助理、书记员配比不低于3:2:1或3:1:2（过渡期不低于3:1:1）。这种区分基层和中级人民法院进行不同人员配置的做法值得肯定，但中级人民法院法官助理和书记员员额配置低于法官的做法值得探讨。虽中级法院均会组成合议庭，但每个法官都有自己承办和主审的案件，且现在大陆法院合议庭的审判长并不会普遍少分案件，所以如果条件允许，合议庭每个法官配一个助理应更合理。不论能否给一个法官配一个助理，但给一个法官配一个书记员应是常规做法。尤其是考虑到现在法院推进的信息化建设和大量的数据录入工作，更要充分配置书记员。

　　另一个值得注意的问题是，从目前公开的信息看，大陆试点法院多是先确定法官、司法辅助人员和司法行政人员分别占编制总数的比例，然后以此为基础确定应入额的法官人数及其他岗位人员数，但看不出是以何具体标准及测算方式确定这一比例。[①] 根据台湾经验，单纯确定法官应占编制总数的比例没有太大意义，因为不同的法院，法官占员工总数的比例不同，其原因在于不同级别、不同种类法院的功能、职位设置及人员配置都不尽相同。先确定法官应占员工总额的比例然后据此确定法官员额，有本末倒置之嫌。应按所需人员计算比例，而不是按比例计算所需人员。正确的做法应该是：在明确法官与司法辅助人员的分工与协作机制的基础上，确定一个科学的测算各级、各类法院所需法官数额的模式，据此确定法院所需法官数额并依此配置司法辅助人员。至于法院所需的司法行政人员，也应根据法院行政部门设置及承担的工作量来实际确定，而不是确定一个总体占比后按比例定人。

（三）法院事务分流与人员分类

　　除了配法官助理和书记员，将法官从非审判核心事务中解放出来的另一

---

　　① 最先出台的《上海试点实施方案》确定法官、司法辅助人员、司法行政人员分别占编制总数的33%、52%、15%，"以确保85%的司法人力资源直接投入办案工作"。"85%"这一比例也成为其他各试点省份参考的依据。湖北、广东、贵州、青海的方案均将法官、司法辅助人员、司法行政人员三者员额控制目标设置为39%、46%、15%。海南则提出确保85%的司法人力资源在一线办案。参见彭波：《上海等7试点省市司法体制改革方案均已开始实施》，http://news.xinhuanet.com/legal/2015-01/21/c_127404696.htm，2015年12月20日访问。

个路径，是对法院案件和从事案件处理工作的人员进行更细化的分类，并将非审判核心事务或者不涉及身份、实体权利义务关系重大变动的事项，尽量交由法官以外的人承担。可以借鉴台湾做法，在基层法院设置司法事务官，由其处理非讼和执行事务。当然，关于司法事务官的设置，在台湾也存有争论，反对者认为司法事务官的设置存在如下问题：（1）由司法事务官分担法官部分事务，有与法官保留原则冲突的嫌疑。（2）处理执行事务经验和法理均需具备，刚刚设置司法事务官时招录的年轻司法事务官既无经验，法理也不扎实，往往执行不力。（3）由司法事务官而非法官负责执行事务，会导致法官缺少强制执行的历练，在裁判时无法兼顾裁判执行问题，从而影响裁判的可执行性。① 对此，可通过坚持审判核心领域保留原则，从而将司法事务官的工作尽量限定在非实质行使审判权的范围内，进而缓和司法事务官与法官保留原则的冲突。随着司法事务官处理执行事务时间和经验的增加，第二个问题也会得到缓解。

另外，也可考虑参照台湾经验，在基层法院设立审查庭或简易庭，集中处理简单案件，对案件进行繁简分流，由不同的人员办理繁简不同的案件，实现法院分工的精细化，提升司法效率。又或者可以像有学者建议的那样，设置诸如治安法官、家事法官、小额诉讼法官等，由他们处理一些比较简单的轻罪案件、家事案件和小额民事案件，并可适当降低他们的入职标准，这样既能解决中西部地区的"法官荒"问题，也有利于合理配置珍贵的法官资源。②

（四）法官、法官助理的养成机制与晋升通道

关于法官选任来源，究竟是采取现在试点法院设计的"法官从法官助理中择优选任"的方式，还是参照台湾将法官与法官助理的选任和升迁完全区隔开来的方式，颇值探讨。二者背后隐含的是法官的养成路径：通过司法（官）统一考试后，是像台湾那样经历"职业培训—候补（试署）法官—实授法官"的路径，还是像大陆这样经历"法官助理—法官"的路径更有利于法官养成？台湾模式的优点是对法官的训练内容丰富且更贴近法官

---

① 参见姜世明：《法院组织法》，台北：新学林出版股份有限公司2014年版，第356页；吴光陆：《司法事务官办理事务之我见》，（台湾）《"全国"律师》2010年14卷第4期，第102—107页。
② 何帆：《多少法官才够用?》，《人民法院报》2013年6月7日第5版。

的素养需求，更有利于职业法官的养成；缺点是缺乏对法官助理的激励。大陆模式的优点是有对法官助理的激励；缺点是对法官的训练内容相对单一，也无法保证所有通过司法考试并经历了法官助理职位历练从而具备法官资格的人走上审判岗位。在无完备的法官助理业绩评价体系的情况下，大陆模式也面临能否真正从法官助理中择优选任法官的疑问。

大陆若要改用台湾考训模式选任法官，则会涉及更大的改革举动，一时间恐难推行。故在现况下，在能保障法官和法官助理分工明确、各司其职的前提下，通过"法官助理—法官"的路径选任法官，优于原来的"书记员—法官"路径，因为这样至少可以让通过司法考试的人员在一开始就接受司法裁判训练，赋予其法官思维和视角，而不是像以前那样在书记员岗位从事与裁判训练无关的纯事务性工作，达不到培训法官的目的。考虑到台湾司法官在考训合格成为候补法官后，其前期从事的工作与大陆法官助理较为接近，所以我们可将法官助理工作视为对法官的培训程序。只是，相对于台湾多样化、分阶段的法官培训内容，大陆此种法官助理培训模式内容稍显单一，没有台湾从不能参与案件审理到能合议参与再到可以独任审理简单案件的完整的训练过程。但如果将法官助理的训练设计成这种分阶段、多内容的培训过程，又会违背审判权由法官行使的原理。对此，可考虑在缩短法官助理服务年限的前提下，在法官助理和法官之间设置原来既有的助理审判员职位，赋予其参与合议庭审理或独任审理简单案件的权力，实现从法官助理到法官的平稳过度。另外，还要建立法官助理业绩评价体系和公平、科学的选拔机制，使得"从法官助理择优选任法官"能够公平、高效运行。

（五）法官与法官助理的权责界限

由于大陆法官员额制改革的思路是从法官助理中择优选任法官，上述在台湾存在的防止法官将分内之事交由法官助理完成的因素之一（法官助理难以胜任法官工作）和之三（法官助理会反抗法官的行为）在大陆将很难成立。能倚重的因素将主要是对法官的监督、问责以及法官的高度自尊、自荣和自律，而这些至少在目前看来还尚未完全建构起来。而且按照大陆法官员额制改革的思路，法官助理本身就被设计成一个法官的养成岗位，所以法官助理实质参与案件处理似乎也无可厚非。在当前的改革思路下，似乎没有可能避免法官让助理实质参与案件的处理。唯一可寄望的只能是在法官问责机制建构起来之后，让问责机制迫使法官对案件的处理结果认真审核与把关。

台湾地区家事审判体制改革实践述评

齐树洁[*]

为将有限的司法资源公平分配于各种民事事件，借以合理减轻法官的工作负担，并避免权利人因程序制度的使用致蒙受难以与其所追求的实体利益相均衡之程序上不利益，应当针对事件类型的特性、需求，分别妥为建构、选用各该类型事件所适合的程序制度、程序法理。[①] 家事事件是一种特殊类型的民事案件。为解决家事司法实践中的问题，回应社会发展的需求，我国台湾地区启动了长达十余年的家事事件程序改革。台湾地区"家事事件法"（以下简称"家事法"）于 2000 年开始起草，2012 年 1 月 11 日颁布并自2012 年 6 月 1 日起施行。"家事法"统合家事事件程序于同一法典，旨在妥适、迅速地处理家事纷争及其他相关家事事件，以促进程序经济、平衡保护关系人之实体与程序利益。该法分为 6 编，共 200 条，包括总则、调解程序、家事诉讼程序、家事非讼程序、履行确保及执行、附则，并创设了社工陪同、程序监理人、家事调查官、合并审理、暂时处分、履行确保等新制度。其中，家事非讼事件程序的若干规定，例如非讼程序之和解、关系人之程序参与及听审请求权保障，促进了"非讼事件法"的修正，使之成为非讼程序之一般规定。[②] "家事事件法"乃一部整合性法律，涉及"实体法"与"程序法"之间的嵌合问题、非讼与诉讼法理交错适用问题，还涉及社会福利、儿童和未成年人之照顾及利益维护，家庭学、婚姻学、儿童心理学

　＊ 作者系法学博士，两岸关系和平发展协同创新中心教授，厦门大学法学院司法改革研究中心主任。

　① 参见许士宦著：《新民事诉讼法》，北京：北京大学出版社 2013 年版，第 16 页。

　② 台湾地区"非讼事件法"2013 年 4 月 16 日经"立法院"三读通过。参见沈冠伶：《2012年民事程序法发展回顾：家事事件法施行后之实务裁判回顾与展望》，《台大法律论丛》2013 年总第 42 期，第 1002 页。

及专业人员之协力问题，与一般财产权纠纷有更高的人性考量。① 有学者认为，"家事法"乃台湾地区近三十余年来民事程序法学之重大发展，可谓台湾地区民事程序法制的里程碑。② 亦有学者称其为法制史上的里程碑，就"程序法"目的、机能、主体、客体、过程等相关法理，可谓开创程序法制史之先河。③ 本文重点考察"家事法"的法理与内容，并探讨台湾地区家事程序改革实践及其对大陆地区相关法律改革的启示。

一、台湾地区家事程序改革的背景

（一）家事案件的不断增多

台湾地区"家事法"的施行因应了社会发展的新形势，即家事案件的剧增与司法资源有限性的矛盾以及温情司法的需求。

基于经济的发展、社会的变迁，台湾地区渐从"熟人社会"转向"生人社会"，引发了愈来愈多的家事纷争。台湾各地法院 2003 年至 2012 年受理的家事案件数量增长了 64%。2003 年为 92197 件，2004 年开始逐年持续上升，2011 年后上升迅猛，2012 年为 151409 件。总体增长趋势呈现一条向上延伸的斜线，且斜线的斜率较大。④ 台湾地区法官通过勤勉工作将家事案件的审结率维持在 90% 上下。审结率先缓慢上升并伴随着波浪起伏，2008 年之后则呈缓慢下降之势。（见图 1）

在台湾地区，法官审理单个家事案件一般耗时 4 月之久。以 2008 年为基点，先前平均耗时 130～135 天左右，其后诉讼效率略有提高（见图 2）。但从 2011 年开始，由于家事案件受案量激增，法官处理家事案件的平均耗时随之增多。台湾地区"司法院"的统计数据显示，台北、士林、新北、桃园、新竹、苗栗、台中、南投、彰化、云林、嘉义、台南、高雄地方、高雄少年、屏东、台东、花莲、宜兰、基隆、澎湖、金门、连江法院 2012 年

---

① 参见姜世明：《民事诉讼法基础论》，台北：元照出版公司 2015 年版，第 443 页。
② 参见邱联恭：《家事事件法之解释、适用应依循之基本方针与审理原则》，《月旦法学杂志》2012 年第 10 期，第 224 页。
③ 参见魏大喨：《家事事件之合并分离——程序裁量与统合处理》，《台湾法学杂志》，2012 年第 6 期，第 103 页。
④ 参见蒋月、冯源：《台湾家事审判制度的改革及其启示——以"家事事件法"为中心》，《厦门大学学报》2014 年第 5 期，第 88 页。

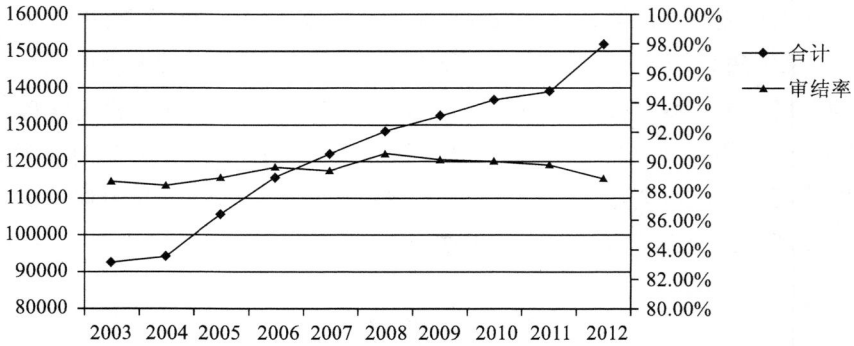

图1　台湾地区法院家事案件受理量与审结率①

资料来源：作者自行整理

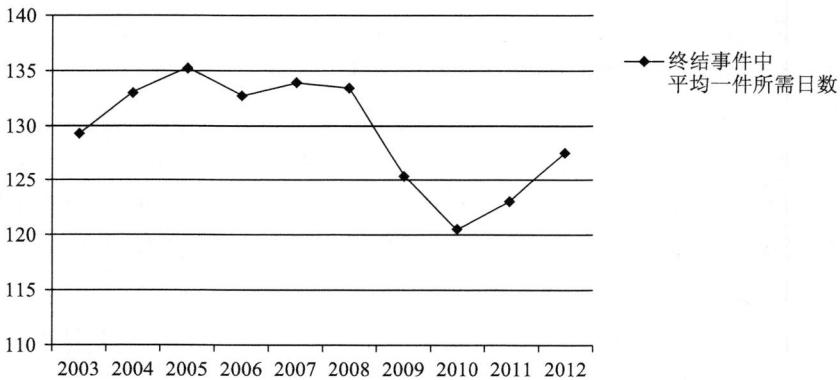

图2　台湾地区法院审结家事事件平均耗时（日）②

资料来源：作者自行整理

办理家事案件平均每件所需天数分别为182.25、158.36、124.32、135.85、173.63、150.17、106.19、142.94、114.48、86.39、86.54、89.48、108.26、137.97、124.99、110.08、140.46、140.93、133.75、86.65、123.06、171.40，平均耗时为127.48天。③ 由于家事案件耗时较长，导致占用司法资源过多。

———————————

　①　数据来源："2012年台湾地区司法院统计年报"，http://www.judicial.gov.tw/juds/，2015年12月20日访问。

　②　数据来源："2012年台湾地区司法院统计年报"，http://www.judicial.gov.tw/juds/，2015年12月20日访问。

　③　数据来源："2012年台湾地区司法院统计年报"，http://www.judicial.gov.tw/juds/，2015年12月20日访问。

囿于家事案件的特殊性与司法资源的有限性，台湾地区家事程序的"麦当劳化"渐趋严重：① 法官在审理家事案件中的单一化和机械化，让身处其中的民众感到一种例行公事的刻板和生硬，而丧失了家事纠纷解决所应具备的温情和精致。台湾民众对法院审理家事案件的周期长、效率低、温情少的司法现况深表不满。为此，改革家事程序，提高审判效率，增加司法温情势在必行。

（二）家事程序的立法紊乱

台湾地区原有的家事纠纷处理程序散见于"民事诉讼法"的人事诉讼程序及调解程序、"非讼事件法"的家事非讼程序、"地方法院办理家事调解事件实施要点"以及"家事事件处理办法"等法规。由于缺乏统一适用的法典，造成诉讼体系的紊乱和程序之间的冲突，部分程序制度窒碍难行。家事立法的紊乱，审理家事案件的程序多元、分割，导致裁判不一与调解虚置，以致不能温情、高效地解决家事纷争。在实务中经常遇到涉及同一家庭的数项家事事件需委任不同法官施行不同程序，这种多元程序并行的制度设计往往导致同一相关家事事件处理解决所需劳力、时间及费用的倍增，亦动辄造成前后裁判的分歧或抵触，以致同一事件的当事人难以获得明确一致的依循，不符合程序利益保护的原则，亦无法达致法的安定性等要求。②

（三）家事改革的域外影响

以历史的长焦镜头观察，当今两大法系尽管其法律传统迥异，但在家事纠纷解决的领域却表现出了惊人的一致，即都大致经历了或正在经历一个不断扩充、修正乃至将所有家庭纠纷都纳入统一的司法程序及司法机构处理的过程。③ 源于对家事程序的特殊功能和意义的理性认识，英国、日本、澳大利亚、德国等诸多国家（地区）均构建了完备的家事程序。纵观域外家事司法实践，在主要工业化国家和地区，家事程序已相当成熟，全面系统地处

---

① "麦当劳化"是指快餐餐厅的准则正逐渐主宰着美国社会及世界其他更多领域的过程，表现为四大特征，即追求效率、可计算性（可量化）、可预测性以及可控制性。参见［美］乔治·瑞泽尔：《后现代社会理论》，谢立忠等译，北京：华夏出版社2004年版，第22页。
② 许士宦：《2011年民事程序法发展回顾：民事程序法之新进展》，《台大法学论丛》2012年第41期，第1503页。
③ 齐树洁、邹郁卓：《我国家事诉讼特别程序的构建》，《厦门大学学报》2014年第2期，第73页。

理家事案件，取得了较理想的社会法律效果。这些国家（地区）通过家事程序强化家事案件当事人自决权利及子女的独立地位，以实现实质正义、实现效益及效率与保护子女最佳利益。英国于 2011 年 4 月施行《2010 年家事诉讼规则》。该规则是英国首次为家事程序制定了一套统一的诉讼程序规则，以取代所有现行的零散规则，并据此创设一套全面而普及的、可供所有人适用的司法资源。德国于 2003 年启动了《家事诉讼程序法》的修订工作，2005 年形成立法草案，并于 2009 年正式施行《家事事件与非讼事件程序法》，将过去分散的《非讼事件程序法》《民事诉讼法》第六编"家事事件程序"及《家庭财产规则》中的各种诉讼程序进行统合性立法，并扩张了原有的家事法院的职权。① 日本正视原有《家事审判法》的简陋弊端，汲取数十年的实践经验，于 2011 年 5 月颁布了《家事事件程序法》。该法是日本推进家事程序现代化的重要举措，促进了家事审判和家事调解的发展。英国、德国、日本关于家事程序的立法技术与司法实践，对台湾地区家事程序改革产生了很大的影响。

二、台湾地区家事程序的理论架构

（一）家事事件的统合处理

台湾地区过去所采用的多元程序并行的家事解纷模式，既危害了法的安定性及预测的可能性，亦不符合程序利益保护原则，且难以贯彻公益维护层面上程序经济之要求。② 就家事纷争处理而言，由于家事事件多具有牵连性，其中法律关系又具有个别性之特征，同一家庭常同时涉有多项身份上或财产权利关系之争执，而有通盘统合处理之必要，不宜采取割裂处理的方式。③ 同时家事事件的特性又决定了家事纷争的处理，一方面需仰赖法律专家，为实体法上构成要件该当性做出判断，如对"家事法"第 3 条中的甲、乙、丙类事件，法官需对讼争事项进行法律判断；另一方面为公益性、妥当

---

① 邹郁卓：《我国家事纠纷解决机制研究——以闽赣两地基层法院为样本》，厦门大学 2014 年博士学位论文，第 216 页。

② 参见邱联恭：《民事普通法院与家事法院之审判权划分、牵连及冲突——阐释其相关规定之法理依据及适用方针》，（台湾）《月旦法学杂志》2013 年第 1 期，第 203 页。

③ 参见沈冠伶：《家事事件之类型及统合处理（一）》，（台湾）《月旦法学教室》2012 年第 8 期，第 56 页。

性等目的，"家事法"第3条中的丁、戊类事件又强调纠纷的简易和迅速处理。此外，一些家事事件还亟待社会上、心理上或感情上为弹性处理等需求。为此，"家事法"第41条第1项规定："数家事诉讼事件，或家事诉讼事件及家事非讼事件请求之基础事实相牵连者，得向其中一家事诉讼事件有管辖权之少年及家事法院合并请求，不受"民事诉讼法"第53条及248条规定之限制。"通过委由同一家事法官行使审判权限，运作同一家事程序以统合处理家事事件及相关民事事件，其设计目的在于维持家庭平和安宁，避免当事人因家事纷争迭次参讼，免生裁判抵触。

（二）程序法理的交错适用

传统民事程序法可分为诉讼事件及非讼事件，诉讼事件采诉讼法理，非讼事件则采非讼法理，这便是程序的二元论。诉讼法理多指适用处分权主义、辩论主义、言词主义、直接审理主义、公开主义、职权进行主义、严格证明、自由心证等法理或原则；非讼法理乃指适用职权探知主义、不以公开审理为原则、不以直接审理主义为原则、不以言词审理主义为原则，对于职权程序事件不采处分权主义、声请事件则采部分处分权主义法理，对于自由证明之容许度较高，适时提出主义之适用性亦被限缩。[①] "家事法"除认同事件类型审理之必要，并就纯家事诉讼事件及家事非讼事件分编设程序规定外，同时还在前者中纳入本质上家事非讼事件，而于后者中又纳入真正家事讼争事件，使特定本质上家事诉讼事件亦受非讼化审理，而可交错适用部分之诉讼法理及非讼法理。[②] "家事法"第41条第6项规定，法院得就合并请求、变更、追加或反请求之数宗事件合并审理时，原则上适用合并审理前各事件应适用法律之规定。具体可分为数项家事事件合并进行单一程序以及单一事件之程序法理交错适用。其中前者可再细分为两类：（1）于家事诉讼程序中合并审理家事非讼事件而交错适用非讼法理；（2）于家事非讼程序中合并审理家事诉讼事件而交错适用诉讼法理。[③] 此项举措大幅修正了过去诉讼程序与非讼程序二元分离适用论，具有跨时代的意义。

---

① 参见姜世明：《家事事件法理适用论》，（台湾）《月旦法学杂志》2012年第7期，第152页。
② 参见许士宦：《家事非讼之程序保障（摘要）》，（台湾）《月旦法学杂志》2012年第11期，第136页。
③ 参见沈冠伶：《家事事件之类型及统合处理》（二），（台湾）《月旦法学教室》2012年第9期，第72页。

```
┌──────────┐   ┌─────────────────────────┐   ┌──────────┐
│ 真正诉    │   │   交错适用诉讼/非讼法理   │   │ 真正非    │
│ 讼事件    ├───┤                         ├───┤ 讼事件    │
│ 诉讼      │   └─────────────────────────┘   │ 非讼      │
│ 法理      │                                 │ 法理      │
└──────────┘                                 └──────────┘

        ┌──────┐                   ┌──────┐
        │ 部    │                   │ 部    │
        │ 分    │                   │ 分    │
        │ 诉    │                   │ 非    │
        │ 讼    │                   │ 讼    │
        │ 性    │                   │ 性    │
        └──────┘                   └──────┘

  ┌──────────────────────────────────────────┐
  │         中间性质事件：                      │
  │   诉讼事件之非讼化或非讼事件诉讼化           │
  └──────────────────────────────────────────┘
```

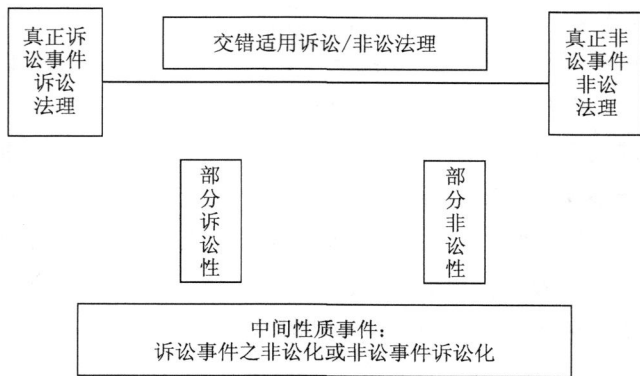

图 3　程序法理之交错适用①

资料来源：作者自行整理

（三）国家亲权的必要介入

国家亲权理论是家事程序的理论基石，为公权力介入家庭自治提供了正当性基础。其主要表现为两方面：其一，国家在自然亲权缺位时顶替其角色；其二，国家亲权干预或阻却自然亲权的滥用，以维护社会公益。监护未成年子女与老人在长期以来被视为家庭自治的事项，但二者的脆弱性决定了他们的权利可能得不到充分尊重。随着福利国家观念的诞生与发展，保护弱者权益在一定意义上已经衍生为公权力提供给弱者的福利，或者对公权力而言可称其为公益。② 因此，在英美法系国家，国家亲权开始在法律领域内广泛实践；但在包括我国在内的大陆法系国家，有广泛的国家亲权实践却无相应的理论甚至术语。③ 台湾地区"家事法"继受了英美法系国家亲权之法理，在坚持家庭自治的同时，在家事程序设计中充分植入"国家亲权"，适当干预涉及人身等公益性的诉讼程序，以有效保护弱者利益不受侵犯。司法社工化正是"家事法"因应"国家亲权"理论而适度介入家庭并向弱者群体供给福利之法理在诉讼程序中的集中体现，例如程序监理人、家事调查官、社工陪同等制度。

---

① 参见沈冠伶：《家事事件之类型及统合处理（摘要）》，（台湾）《月旦法学杂志》2012 年第 11 期，第 146 页。

② 参见宋汉林：《台湾程序监理人制度述评及其启示——以未成年人利益最大化为中心》，《中国青年研究》2014 年第 5 期，第 102 页。

③ 参见徐国栋：《普通法中的国家亲权制度及其罗马法根源》，《甘肃社会科学》2011 年第 1 期，第 189 页。

三、台湾地区家事程序的制度设计

（一）家事事件的分类

　　"家事法"的"立法理由书"强调，对家事事件的分类主要是"依各该事件类型之讼争性强弱程度、当事人或利害关系人对程序标的所享有之处分权限范围及需求法院职权裁量以迅速裁判程度之不同，将性质相近之事件类型分别归类"。据此，"家事法"第 3 条将家事事件分为甲、乙、丙类之家事诉讼事件以及丁、戊类家事非讼事件，并分别规定在该规则的第三编和第四编中。"家事法"扩大了家事事件的适用范围，不仅包含以身份关系为程序标的的事件，还包含与身份关系有牵连性的财产关系争议，并扩大了家事非讼事件范围，将有迅速处理需求的讼争事件予以非讼化。①

表 1　家事事件之分类②

	甲类	乙类	丙类	丁类	戊类
讼争性强弱程度	有讼争性	有讼争性	有讼争性	较无讼争性	某程度讼争性
关系人对程序标的之处分权限	无	某程度	有（向来以一般财产事件处理）	无	某程度（向来以非讼或诉讼事件处理）
法院需依职权裁量以迅速裁判			否		是

资料来源：作者自行整理

　　该规定公布后，学理和实务界对家事事件分类的争论从未停止过。争议焦点集中在以下几点：（1）甲、乙、丙三类同为家事诉讼程序，有无分类必要；（2）五大类中细项归类是否不当；（3）某些归类为家事诉讼的事件，却适用家事非讼程序，是否矛盾；（4）五大类中若干规范不够明确；（5）依契约请求或过去费用之请求，应归属何类事件。③

（二）家事诉讼程序与家事非讼程序

　　家事诉讼程序主要规定在"家事法"第三编中，从内容上看，可分为

---

　　①　参见沈冠伶：《2012 年民事程序法发展回顾：家事事件法施行后之实务裁判回顾与展望》，（台湾）《台大法律论丛》2013 年第 42 期，第 1008 页。

　　②　参见许政贤：《人事诉讼的典范转换？——以家事事件合并审理制度为例》，（台湾）《月旦法学杂志》2012 年第 10 期，第 53 页。

　　③　参见李太正：《家事事件法之理论与实务》，台北：元照出版公司 2015 年版，第 85 页。

婚姻关系诉讼、亲子关系诉讼、继承诉讼事件。从诉的性质上看，"家事法"第3条中甲、乙类事件为身份关系事件，丙类为身份财产关系事件，其中甲类事件为确认之诉，乙类事件为形成之诉。①

家事非讼程序主要规定在"家事法"第四编中。由于家事非讼事件具有形成处分性、迅速解决性、依情事为适宜变更必要性、欠缺一对一利害关系对立性、当事人隐私尊重性等特点，其中裁量性与欠缺对立性为非讼程序最为重要的特征。② 纵观"家事法"中的非讼程序原则，多集中在赋予法官广泛裁量权，以求争议简易、迅速之解决，并期待法院为权益性、创设性和展望性处理。③ "家事法"将家事非讼事件分为婚姻非讼事件、亲子非讼事件、收养事件、未成年人监护事件、亲属间扶养事件、继承事件、失踪人财产管理事件、宣告死亡事件、监护宣告事件、辅助宣告事件、亲属会议事件以及保护安置事件，共12类。当事人对丁类事件、戊类事件的一审裁定不服，可由少年及家事法院以合议方式裁定；对前项合议裁定不服，只能以其适用法律有误为由，径向"最高法院"提起抗告；对于家事非讼事件之暂时处分裁定不服的，除法律另有规定外，仅对准许本案请求之裁定有抗告权之人得为抗告，且抗告中不停止执行。但法院认为有必要时，可裁定其提供担保或免供担保后停止执行。④

（三）家事调解程序

鉴于以往台湾地区的调解制度不足以有效解决家事纷争，"司法院"于2005年启动家事事件调解的试点运动，积极推动加强法院调解，2009年4月"立法院"确立"离婚调解"制度，改变了过去台湾地区只有"协议离婚"与"裁判离婚"两种类型的离婚方式。⑤ 此次"家事法"特设家事调

---

① 参见郭振恭：《评析家事事件法甲类及乙类家事诉讼事件》，（台湾）《月旦法学杂志》2012年第9期，第151页。

② 参见魏大喨：《家事诉讼与非讼之集中交错——以对审权与裁量权为中心》，（台湾）《月旦法学杂志》2003年第3期，第84页。

③ 参见蔡孟珊：《家事审判之研究——以日本家事裁判制度为借鉴》，台湾大学法律学研究所1997年硕士学位论文，第230页。

④ 参见姜世明：《家事事件之救济审级建构》，（台湾）《军法专刊》2015年第6期，第33—35页。

⑤ 参见"离婚调解制度"体现在台湾地区"民法"第1052条之一："离婚经法院调解成立者，婚姻关系消灭。"参见刘宏恩：《台湾离婚调解制度的演变——兼论家事事件法关于调解程序的若干疑问》，（台湾）《台湾法学杂志》2012年第6期，第36页。

解程序专编，旨在为当事人提供独立思考的机会，敦促当事人客观冷静地就离婚及子女安排等事宜做出理性决定并协助关系的修复和重建，以下就家事调解程序几项颇具代表性的制度做简要评析。

1. 调解主体

家事调解程序的调解主体，无论是强制调解事件，还是移付调解事件，均由法官担任，调解可由法官选任符合"家事调解委员会"资格者一至三人先行为之。为扩大调解机制，法官于必要时，并得商请具有调解服务的非营利民间机构或团体志愿提供专业协助，以促进资源整合，减省法院及当事人之劳费，并提高调解成效。同时，为了解当事人或关系人的家庭及相关环境，必要时法院可命家事调查官联系社会福利机构，提出调解必要事项之报告。法院可根据家事调查官之报告，命当事人或关系人分别或共同参与法院所指定之专业人士或机构、团体所进行的免费咨询、辅导、治疗或其他相关之协助项目。

（1）家事调解委员

为因应家事事件之特殊性与复杂性，构建裁判方式所不能达到的替代性纷争功能，司法积极寻求与其他专业持续性的跨界合作模式，故特设家事调解委员。根据"法院设置家事调解委员会办法"第 4 条的规定，家事法庭所聘任的"调解委员"应具备法律、教育、社工、医疗及心理咨询、辅导等专业知识或技能。"家事调解委员"除应具备基本沟通、调解技巧外，还需具有"性别平权意识，尊重多元文化"意识。① "家事调解委员"还需在受聘前，接受"司法院"举办的多元核心领域专业训练课程，并于受聘期间接受每年定期举办的专业训练课程，使自身专业能力得以与时俱进，或至少维持与受聘时相当的程度。

（2）家事调查官

为妥适查明、处理真正之实质争点，"家事法"第 18 条和"少年家事法院组织法"第 27 条设立了家事调查官一职。审判长或法官得依声请或依职权命家事调查官就特定事项调查事实。家事调查官属于公务人员，其专业并非单纯法律，而是兼涉心理、社会、教育等专业领域，以补充家事审判官在该领域的不足，协调辅助其工作。设立家事调查官的主要目的在于降低冲

---

① 参见黄清欣等：《家事专家调解委员评选之研究》，（台湾）《台北市立教育大学学报》2009 年第 40 期，第 88 页。

突等级、协助法官与未成年子女的沟通，促成两造理性思考并做出正确判断，从而接受调解，走过诉讼煎熬。根据"审理细则"第33条的规定，家事调查官承审判长或法官之命，就家事事件之特定事项为调查、收集资料、履行劝告，并提出调查报告、出庭陈述意见，协调联系社会主管机关、社会福利机关或其他必要的协调措施。

2. 强制调解即调解前置原则

"家事法"第23条第1、2项规定："家事事件，除第3条所定丁类事件外，于请求法院判决前，应经法院调解。前项事件，当事人径向法院请求裁判者，视为调解之声请。但当事人应为公示送达或于外国为送达者，不在此限。"上述所称家事事件，应包括家事诉讼事件和家事非讼事件，除丁类事件外，均纳入裁判前的强制调解。对强制调解事件，当事人未经调解程序，径向法院请求裁判者，视为调解之申请，即拟制请求法院裁判为声请调解，法院即应依调解程序进行。但此事件对于当事人应为公示送达或与域外为送达者，调解显无成立之望，故不生成拟制声请调解之效果。①

3. 移付调解

为维护家庭成员间平和安宁，避免家事纷争迭次参讼并扩大调解的适用范围，增加当事人程序选择的机会，"家事法"规定了移付调解制度。在裁判程序开始后，对当事人间有可能自主解决纷争，或解决事件的意思已甚接近时，法院可斟酌具体情形，依职权定6个月以下的期间停止诉讼程序，或为其他必要的处分。② 在裁判程序开始后，法院认为有必要时，可依职权将该事件移付调解。但由于移付调解是在裁判程序开始后进行的，为了避免过度耗费司法资源，法律规定移付调解原则上仅以一次为限,③ 以免因移付情形泛滥而延滞程序的进行。

4. 筛案与分案制度

各法院在实行家事专业调解前设有筛案与分案制度，即在调解筛检审阅后认定暴力严重者，先不转由"家事调解委员会"处理，经法院初步开庭认定适宜而移付调解部分，再依案件性质，分案给有相关专业训练或从业经验之"调解委员会"调解。调解中若相对人有继续威胁被害人人身安全之

---

① 参见吴明轩：《试论家事事件法之得失（上）：逐条评释》，（台湾）《月旦法学杂志》2012年第6期，第124页。

② 参见林洲富：《民事诉讼法理论与案例》，台北：元照出版公司2015年版，第374页。

③ 参见黄丹翔：《台湾地区家事调解制度的新发展》，《人民法院报》2014年1月10日第8版。

危险性，案件则转介家暴驻点服务处，并报告法官或交由司法事务官转介促请主管机关为被害人另为保护令声请，或进行相关资源之联结（如经济辅助资源联结或进行紧急庇护之评估）。①

5. 以子女利益为调解核心

所谓子女利益应包含基本利益、发展利益、自己决定利益，其中自己决定利益系指子女自己决定权与意见表明权即表意权，故需赋予子女对与自己有关事项，依其年龄、成熟度而自由表达自己意思或为决定的权利。在家事事件审判实务上，多数人鼓励子女出席以便父母得以及时倾听并了解子女真正需求。在实践中，子女的愿望通常不那么肯定，尤其是 16 岁以下的子女，在父母离婚危机中对长远的未来，如与谁同住、会面交往等问题，都较难有十分肯定或明确的意见表达，② 故在对子女意愿进行调查或探寻时有时须依赖心理专家或其他专业人士的协助。"家事法"第 108 条除规定了子女在程序中的表意权，即应依照子女之年龄及识别能力等身心状况，于法庭内外以适当方式晓谕裁判结果之影响，使其有表达意愿或陈述意见之机会。还规定于必要时，法院还可邀请儿童及少年心理或其他专业人士协助。

（四）家事执行程序

鉴于家事纠纷的特殊性，关于交付子女或与子女会面交往等裁判均不宜以传统强制执行方式为之，故设有履行劝告、交付子女与会面交往等颇具特色的强制执行规定。

1. 履行劝告

因当事人间血缘亲情关系及抚养未成年子女的共同责任，若当事人于裁判确定后，能自动自发履行义务，可避免彼此对立、痛苦或愤怒，有助于维护未成年子女最佳利益。为促进债务人自动自发履行，"家事法"创设履行劝告制度，即通过法院的协助与柔性劝导，使债务人理解自动履行的益处和对未成年子女的正面影响，进而心甘情愿地依执行名义履行债务。如若执行标的为金钱或其他代替物之给付时，债务人可斟酌自身状况，就全部或已届期的给付自行提出履行之方式，经由法院转告债权人表示是否接受，债权人

---

① 参见杨炽光：《台湾家事调解之实质发展与展望》（2013 年台湾地区"民事诉讼法"——两岸家事事件过程之理论与实务学术研讨会论文），台北，2013 年 11 月。

② 参见杨炽光：《家事调解与家事纷争解决机制（一）——"从家事事件法"展望家事调解》，（台湾）《台湾法学杂志》2013 年第 4 期，第 74 页。

表示接受时，债务人即可依其自己提出之方式履行；但该方式仅就如何依执行名义给付提出债务人自认可行的方法，并非变更原执行标的之内容。在法院认有必要时，可实行各项劝告方法，包括评估债务人自动履行之可能、促成会谈、进行亲职教育或亲子关系辅导、促请其他亲友协助债务人履行、拟定安全执行计划或短期试行方案、劝告债务人提出履行之方式或其他适当之措施。[①]

2. 交付子女与会面交往之执行

有关交付子女与会面交往的执行事件多涉及亲情、情感、子女、人格尊严等因素，故而在执行时应考虑未成年子女最佳利益的执行方式并综合审酌各种因素，实行适当执行方法。"家事法"第 194 条、第 195 条分别规定了各类执行方法，以期能在此类执行事件中，借由社工、咨询、辅导或其他亲朋好友的劝告协助，尽力维持家庭成员关系，维系未成年子女之最佳利益。

（五）家事程序的组织载体——少年及家事法院

促进家庭福祉与保障儿童最佳利益亟须一个更有能力的司法机构。少年及家事法院是指专门审理家事事件和少年事件的综合性审判机构，具有受案限定、管辖专属、国家亲权、多元协作的法律特性。少年及家事法院是实现"家事法"捍卫家庭、呵护儿童、保护妇女等理念的重要载体。因此，"少年及家事法院组织法"拟全岛设立少年及家事法院。这一全新的审判组构集司法专业化与社会化于一体，有利于增强司法专业效能、妥适处理家事纷争。"司法院"积极整合资源，视地理环境及案件多寡，创设少年及家事法院。

（六）家事程序的其他规定

1. 程序监理人

"家事法"为保护关系人之实体与程序利益，参酌德国《家事事件及非讼事件程序法》中程序监理人及美国马里兰州家事法之子女代表人等制度，增设选任程序监理人制度，希望能使孩子回到"被照顾者"角色，通过转达孩子的情绪与愿望，让当事人认真聆听孩子需求并了解孩子担心和压力，

---

① 参见赖淳良：《家事司法制度革新之回顾与展望》，（台湾）《法扶会讯》2012 年第 37 期。

并重新找回孩子对自己的定位。① 根据"家事法"第 16 条第 1 项的规定，法院得就社会福利主管机关、社会福利机构所属人员或律师公会、社会工作师公会或其他类似公会推荐的具有性别平权意识、尊重多元文化并有处理家事事件相关知识之适当人员，选任为程序监理人，同时法院可依利害关系人声请或依职权选任。程序监理人与台湾地区"民事诉讼法"第 51 条所规定的特别代理人地位相当，就受选任之家事事件，代应受监护宣告或未成年人为程序上临时法定代理人，具有"程序法"上之独立地位及功能。就某种意义而言，程序监理人实为受监理人与法院沟通之桥梁，以协助法院圆融处理家事事件。②

根据"家事法"第 16 条和"家事事件审理细则"第 24 条至第 28 条的相关规定，程序监理人的职能包括以下几个方面：接受法院指派的任务（初始任务、附加任务）、声请阅览卷宗（访视报告、限阅材料等）；拟定相关工作计划（建立工作记录、拟定访视计划）；联系两造当事人（确认主要照顾者、受监理人现住所）；安排接触访视（提供程序监理人说明书、进行家访校访等）；建立与培养伙伴关系（合作伙伴的关系、非专业关系）；协助理解相关程序（选择适当场所、出庭陈述意见）；协助真意之表达；适时提出报告；受通知参与程序（参与调解、言词辩论并陈述意见）；陪同出庭陈述意见；协助做好分离准备（工作结束前之告知说明）；转达裁判意旨（对判决或裁定的内容予以说明）；依法提出司法救济（提出上诉、抗告）。除法律另有规定，受监理人依法不得为之程序行为，程序监理人不得为之。③

此外，程序监理人还可适用在监护人与被监护人利益相佐时之情境（如监护人与被监护人的离婚诉讼），在被监护人无程序能力而与其监护人有利益冲突之虞，或监护人不能够行使代理权，或行使代理权有困难时，法院可依利害关系人申请或依职权为其选任程序监理人。④

---

① 参见赖月蜜：《程序监理人——儿童司法保护的天使与尖兵》，（台湾）《"全国"律师》2013 年第 5 期，第 18 页。

② 参见邓学仁：《从德日法制论"我国"家事事件法之程序监理人》，（台湾）《法学丛刊》2012 年第 57 期，第 73 页。

③ 参见李太正：《"家事事件法"之理论与实务》，台北：元照出版公司 2015 年版，第 94 页。

④ 参见邓学仁：《监护人与受监护人之离婚诉讼》，（台湾）《月旦法学教室》2015 年第 5 期，第 73 页。

2. 暂时处分

为因应案件裁定确定前之紧急状态，避免出现请求不能或延滞实现所带来的危害，同时平衡兼顾关系人在诉讼中的利益，法律特别规定了暂时处分制度。例如，对涉及未成年子女照护义务归属的事件，法院得依声请先行核发命父亲先行给付扶养费、医疗费或学费之暂时处分。暂时处分的相关内容主要规定在"家事法"第85条至91条。此外，"司法院"2012年5月制定的"家事非讼事件暂时处分类型及方法办法"对暂时处分的类型和办法做了更为细致的规定。

3. 社工陪同

"家事法"旨在为家事纷争提供一个司法与网络专业资源的整合模式，汇集不同专业人士协助当事人解决问题，通过各方专业资源，提供适当福利服务，其中与社工人员互动合作亦是跨专业领域下整合家事解纷中浓墨重彩的一笔。社工参加法院的工作包括：家暴禁止令声请及监督会面交往；收出养访视；保护安置、收容业务；陪同侦讯；家事调解等。"家事法"基于网络整合的目的，对社工部分除了保留传统的保护安置职能外，还进一步深化了"社工陪同"等制度。"家事法"第11条规定，"未成年人、受监护或辅助宣告之人表达意愿或陈述意见时，必要时法院应通知'直辖市'、县（市）主管机关指派社会工作人员或其他适当人员陪同在场，并陈述意见"。值得一提的是，"家事法"中的"社工陪同制度"并非简单"陪伴"而已，而是要求尽力保护弱势子女在法庭的权益。但对于如何定义"必要时"、何种情势下需要陪同、陪同社工的人力及专业训练、陪同功能及社工陪同在法院的角色定位等，则尚待积累实务经验，逐步形成相关规则。

4. 设立家事事件服务中心

"司法院"参考各县（市）在法院推动家庭暴力事件驻点服务处的成功模式，促请一审法院积极与地方及相关机关合作，设置家事法院服务中心（家事资源整合联结服务处所），[①] 旨在通过家事事件服务中心垂直整合司法社工服务，借由两种专业落实全面性、服务性司法。家事服务中心是当事人求助的第一个机构，通过司法专业社工和咨询人员等构建家事服务窗口的第

---

① 台湾地区"少年及家事法院组织法"第19条第1款规定：少年及家事法院应提供场所，必要之软硬件设备及其他相助协助，供"直辖市"、县（市）主管机关自行或委托民间团体设置资源整合联结服务处所。

表 2 "家事法"的特色规定一览表

	项目	"家事法"	特色规定
家事事件处理之新程序、家事纷争解决一次性与统合	统合纷争一元化处理	第26、41、42、79、101、103、105、110条	以原因事实为合并审理的范围、诉讼资料及证据间具有关联,可达到迅速解决家事纷争的目的,避免当事人间迭次参讼,符合程序经济原则。
	新分类	第3条	依诉讼性强弱、标的处分权、法院裁量分等5大类事件。
	远距询问审理	第12条	在监在押当事人以视讯审理、调解,兼顾诉讼经济、迅捷。
	不公开审理	第9条	保护子女利益、当事人隐私及名誉,以不公开审理为原则。
替代性纷争解决	调解前置	第23条	除丁类事件外,均属强制调解,以自主、替代性解决家事纷争。
加强专业处理、专业网络整合、家事事件处理福利化	社工陪同	第11条	结合儿童及少年心理或其他专业人士协助、社工陪同未成年出庭,为程序能力不足之人选任程序监护人,保障子女和弱势群体权益。选任兼具社工、辅导、教育、心理等背景专业的人员,协助法院进行访视调查,分析个案所需之各项社会资源,进而提出建议。借助家事调查官调查事实,法院了解家事纷争症结,以便妥适解决纷争。法官于必要时,并得商请具有调解服务之非营利民间机构或团体志愿提供专业之协助,以促进资源整合,并提高调解成效。
	家事调查官	第18条	
	专业处理、协助调查、访视调查	第17、106、108条	
保护弱势子女利益	程序监理人	第15-16条	保障子女、程序能力不足、弱势群体的诉讼权益,选任具备专业能力之程序监护人。
	暂时处分	第85条	因应裁定确定前之紧急状况,避免本案请求不能或延滞所生之危害。
	未成年子女表意权	第108条	社工陪同出庭,选任程序监护人,保障其听审请求权外,于裁定前更应依子女年龄及识别能力等不同状况,亲自听取其意见,或借由其他适当方式,晓谕裁判结果对与子女可能发生之影响,借以充分保障其意愿表达及意见陈述权。
履行确保	家事强制执行	第186-195条	履行劝告,抚养费、家庭生活费、赡养费之预备查封及强制金,与子女的会面交往等法官在执行阶段提供柔性措施,以供双方再为商议,通过执行阶段之促谈,了解彼此困难及子女生活变动之需求,并引导双方的自动履行和关系修复。

资料来源:作者自行整理

一线，及时评估案件性质并决定是否转介家暴驻点服务处以及简单说明家事调解程序和诉讼流程。家事事件服务中心由法院提供场所并辅之必要的软硬件设备，主管机构可以自行或委托民间团体提供社政、警政保护、法律扶助、就业、医疗及其他社会资源转介等相关服务。2012年，高雄少年及家事法院，南投、花莲、云林、彰化、基隆、宜兰、台南地方法院已陆续设立8所家事服务中心。家事服务中心是当事人求助的第一个机构，通过"司法专业社工"和"咨询人员"等构建家事服务窗口的第一线，及时评估案件性质并决定是否转介"家暴驻点服务处"以及简单说明家事调解程序和诉讼流程，使得当事人得到简便、快速解决问题之选择、增加家事事件处理的圆融度。家事事件服务中心由法院提供场所并辅之必要的软硬件设备，主管机构可以自行或委托民间团体提供社政、警政保护、法律扶助、就业、医疗及其他社会资源转介等相关服务。[1]

台湾地区"少年及家事法院组织法"第19条之一明确规定各地方法院需提供"直辖市"、县（市）主管机关自行或委托民间团体设资源整合联结服务机构。2014年初，台湾地区法院家事服务中心均已挂牌运作，在进入顺利营运后，家事服务中心将整合各种关于家事事件相关资源服务，包含婚姻法律的咨询，未成年子女陪同出庭、社会福利咨询、律师扶助。[2]

四、台湾地区家事程序的局限检讨

台湾地区"家事法"施行至今已3年有余。由于新旧规则更迭所牵涉因素过于繁杂，社会各界业为此展开了多次对该规则实施状况的评估与检讨。有学者指出该规则制定过于仓促，相关配套不周全，且可能对民事诉讼的配套修正部分予以草率删减，增加了适用上的困难。[3] 还有学者认为因新规则修订后并未同时将"民事诉讼法"第一编至第八编与新规则有关部分配合修正，因而发生前后抵触、重复、竞合、遗漏和不相容的情况。[4]

---

① 参见李太正：《家事事件法之理论与实务》，台北：元照出版公司2015年版，第30—33页。
② 参见蒋丽萍：《台湾专辑》，《人民法院报》2014年2月14日第8版。
③ 参见姜世明：《程序监理人》，（台湾）《月旦法学杂志》2012年第5期，第146页。
④ 参见吴明轩：《家事诉讼程序值得检讨之事项》，（台湾）《月旦法学杂志》2013年第8期，第17页。

亦有学者认为新规则运用过多的学术名词，极易造成解读上的不一致。① 此外，新规则与司法实践的磨合过程中的不妥与虚置也成为遭遇诟病之主要方面，具体表现如下：

（一）结案时间延长及诉讼成本虚增

"家事法"的理想状态是将一个家庭的所有纷争一次性共同解决，故而其中弹性地开放许多案件合并的类型，使得同一个家庭中因为婚姻、未成年子女监护、家庭生活费用、扶养费给付等争议均可一次解决。然而，争议的一次性解决却面临着结案时间延长和诉讼成本虚增的双重考验。一方面，相关数据显示，法院每年新收家事事件数量呈攀升态势，2011 年地方法院新收的家事案件共计125117 件，2012 年增长至137166 件。然而，结案所耗费时间却愈拉愈长，2011 年家事事件的终结天数平均为 122.97日，2012 年为 127.48 日，截至 2013 年 4 月结案耗时已被拖宕至 142.56日。另一方面，单纯因"家事法"计算案件个数的方法变动而导致案件费用虚增。以实务中最常出现的请求离婚合并确认子女监护的案件为例，由于案件分别设立不同案号，再交由同一名法官合并审理，裁判费用却从原本的 3000 元，涨成 4000 元，皆因新规则施行后，当事人因子女监护事件需另计收费 1000 元。②

（二）家事调查官、程序监理人和社工分工不明

对于法官审理家事事件，"家事法"旨在"建立一个团队，协助法官作成较符合社会期待的判决"，因此除书记官及司法事务官外，协助法官最重要的"幕僚"为家事调查官、程序监理人及制作访视报告的社工，但三者的分工并不明晰。在实务上，与未成年相关事件中，目前社工访视仍为法院最常使用的方式，程序监理人则大多为补充社工访视报告之不足，而家事调查官仍尚未招考。程序监理人已沦为补充性质，一方面由于法院适用社工访视报告作为有关未成年人权益之判决已行之有年，且当事人无需支付任何费用（当事人需支付程序监理人报酬）；另一方面主要原因在于社工访视从程

---

① 参见许政贤：《人事诉讼的典范转换？——以家事事件合并审理制度为例》，（台湾）《月旦法学杂志》2012 年第 10 期，第 39 页。
② 参见妇女新知基金会：《"司法院"玩假的·"家事事件法"施行周年体检》，http：//www.awakening.org.tw，2016 年 1 月 12 日访问。

序启动到报告制作，所需时间较短且流程固定，而程序监理人因无标准作业流程，各程序监理人工作风格及方法迥异，所需时间较难掌控。在实践中，由于上述人员职权交叉，当事人易遭重复询问和疲劳轰炸，导致程序更为冗长。

此外，在实务操作中，受质疑的方面还涉及家事调查官短缺；社工陪同职能定位不明；不公开审理是否会带来监督不能；是否应建立专门家事执行处，以落实未成年子女交付或会面交往等事宜，进而保障子女利益等内容。①

五、启示与借鉴

横亘 10 年的家事司法制度之改革，随着"家事法""少年及家事法院组织法"的施行、少年及家事法院（庭）的成立等，相关法制硬件层面已大致齐备。尽管现行"家事法"仍有未足之处，但新规的上路也需相当时间磨合，回顾近 10 年台湾地区家事程序改革的跌宕历史，其改革历程有着自身鲜明的特点，有诸多可供我们借鉴之处。

（一）跨专业合作模式

1. 立法过程的跨专业合作

以创新多元主体协同起草法案的模式为突破点，不断完善法律法规起草机制，将有利于平衡各方利益，最大限度地合理界定公民、法人和其他组织的权利与义务，科学规定公权力机关的权力与责任，防止部门利益和地方保护主义法律化，从而有助于地方立法质量的不断提高。② "家事法"通过"司法与法制委员会"举办"公听会"并由民间团体、多位不同立场的民事诉讼法专家学者共同协商完成立法工作，是以多人智慧在总结台湾过去多年来各地法院根据"家事事件处理办法"执行的家事审判经验，诉讼法专家、学者及民间妇女团体、少年保护团体等建议并参考台湾家事审判的实际困境

---

① 参见陈玫仪：《我们需要什么样的家事法?》，（台湾）《法扶会讯》2012 年第 37 期。

② 参见杨建广：《多元主体协同起草法案的立法模式——广东省未成年人全程参与利益相关立法研究》，载谢进杰主编：《中山大学法律评论》（第 12 卷第 4 辑），桂林：广西师范大学出版社 2014 年版，第 79 页。

及外国立法例提出解决台湾家事困境的法案。① 在十余年的修订历程中，台湾各界对家事调解、家事合并审理等制度从初步设计到具体构建再到实际运行状况等开展了全方位、立体多元的调研及评估报告，为"家事法"的推进奠定了扎实基础。②

2. 家事事件处理过程的跨专业合作

在家事纠纷处理过程中搭建跨专业合作平台，引入程序监理人、陪同社工、家事调查官、专业调解员等人员，进而实现跨专业领域之整合，使得程序得以顺利转介，纷争得以圆融解决。各行业人员在协助当事人完成司法程序的同时结合自身资源，提供家庭暴力防治的宣传资讯、福利咨询、陪同出庭、法律咨询、转介服务、福利资源资讯等"全面性服务"，以减少被害人求助的障碍，稳定被害人及其家庭生活，让整个家庭更有能力从创伤中恢复并重新出发。通过跨专业合作消解纠纷，培育民众一种新型家事解纷理念——即较少地关注从前任配偶处获得优势和利益，而更多关注对未来生活做出明智安排。③ 这也意味着当事人与民间团体之间的横向合作已经被成功整合进由司法支配的机制之中，不同层次的合作相互衔接并达成一种动态的均衡。

（二）先实验后规制路径

以家事调解为例，2005 年 3 月"司法院"制定及公布"地方法院实施家事事件调解试行要点"（以下简称"试行要点"）为台湾地区家事纠纷之处理模式开创一个新的纪元：从过去主要由典型法学教育出身的法官所处理之家事事件调解程序，改由法院选聘心理师、社会工作师、医师、律师、具有心理咨询或心理咨商学经历或家事事件调解专业经验者。在试行的第一年，"司法院"依"试行要点"择定台北、板桥等 6 所地方法院为试行法院，遴选具有心理、社会工作等经历的专业人员担任调解委员，随后每年评估成效、反思问题并逐步增加试点法院，后于 2008 年 3 月由"司法院"公

---

① 参见陈惠馨：《"家事事件法"的立法与内容——一个比较法观点》，（台湾）《月旦法学杂志》2012 年第 11 期，第 5 页。

② 例如，由台湾地区"行政院国家科学委员会"主持的多项专题研究报告。参见邓学仁：《家事调解制度现状检讨与改进方案实证评估》（2002 年 10 月）；黄良志：《争议处理调解员之职能研究》（2012 年 11 月）；许士宦：《家事事件之合并》（2003 年 10 月）等。

③ 参见［英］凯特·斯丹德利：《家庭法》，屈广清译，北京：中国政法大学出版社 2004 年版，第 12 页。

布"地方法院办理家事调解事件实施要点"，取代原"试行要点"并将调解方案推向全台湾地区。

家事调解制度虽已在其他国家和地区推行，但对台湾地区而言，尚属于一项较新的家庭服务。有关部门在全面推广家事调解试验计划之前，先在小部分法院推广试行，由各地法院担负起制定标准及培训工作，加上民间及学术界不断地举办培训课程和研讨会议，才得以在几年后，将家事调解全面推向台湾地区。从这个角度观察，这种从试行到实行再到稳健立法的历程相对温和，即先推出转型成本较低的试验模式，认真研究正反两方面的经验，从成本效益出发并不断予以修正和评估，而后通过社会文化的积淀和专业人才的培养，完善家事调解的规范化发展并逐步形成严密的调解网络。这种在"破与立"之间选择渐进式的改革路径，能够适当兼容本土秩序和纠纷解决的新理念，以获得业界和民众更大程度的认同和共鸣。

（三）兼收并蓄的法律移植模式

台湾地区的法律体系一直处于"外来法"与"固有法"的继受与融合之中。

"民事诉讼法"的数次修正多以德国立法为参照，广泛借鉴德国、日本和英美法系各国的法治改革和成熟经验，同时秉承中华法系的精神，并对其进行现代化改造。"家事法"中程序监理人、家事调查官参考了德国和日本的经验；治疗式的家事调解模式借鉴了美国的经验。近年来，台湾在家事纠纷制度的构建中十分重视制度移植，且这种移植并不拘泥于一种形式，而是紧跟家事纠纷发展的现实需要，不断调整家庭和纠纷的序位，选择最优方案。尽管目前台湾地区对家事纠纷解决路径设计上多依赖域外经验，但总是能够妥当地处理殊异法律文化和本土制度背景的对接，实现了非正式规则和正式法律制度的有效整合，降低了制度移植过程中的摩擦成本。正如有学者指出："台湾地区的修法正逐渐摆脱20世纪前叶所采抄袭性继受模式，而改向于更加本地化，以因应社会独特之时代需求。"① 司法制度的形成与发展是一个充满未知与变数的人为选择，台湾地区家事诉讼制度在变迁的过程中，充分结合本地区情况和民族特点，不断发展，逐步完善，凸显了一种兼收并蓄的特点。这不仅是简单的规则上的变化，更是一种法律和社会文化的演进。

---

① 许士宦：《程序保障与阐明义务》，台北：新学林出版股份有限公司2003年版，第3页。

（四）　慎微静心的民事诉讼法学家群体

民事诉讼法学对法律改革的引导力建基于民事诉讼知识生产的高质量。民事诉讼法学家既要耐心地在小格格里精耕细作，又要适时地跳出小格格，进入大社会；既表达专家的声音，又作为社会的眼睛，目光要流转于专业领域与广阔社会之间。① 因此，"家事法"的理论架构与制度设计不是个人孤立灵感创造，甚至不是天才努力的结果，而是台湾地区民事诉讼法学家群体学术研究的结晶。事实上，台湾地区家事程序改革的推动力量多是以民事诉讼法学家为代表的理论界力量。

法典背后有强大的思想运动。② 在台湾地区，制定"家事法"、改革家事程序一直存在不同观点之间争论激烈。早在 2000 年，邱联恭教授、王甲乙教授等受命领衔论证"家事法"。在制定"家事法"前后，学界在立法价值、规范理念、制度设计等问题进行充分、激烈的争论，学者们纷纷著书立说。肯定者认为，该"法"之制定，"一方面是为回应家事事件之特性，解决向来诉讼事件与非讼事件二元处理所致生之问题，以统合处理作为立法旨趣"；另一方面，亦延续 21 世纪初台湾"全面修订民事诉讼法的立法意旨，以尊重程序主体、平衡实体利益及维护程序利益，防止突袭式裁判等作为前导法理"。③ 质疑和批评者则称之属于立法倒退，认为"新法规定之内容，缺失甚多，较之旧法，良窳立判。贸然施行，可能破坏建立已久之人伦秩序其不良后果，将无法弥补"。④ 围绕"家事法"10 年之久的学术争鸣凝聚了共识，为引入家事法制革新创造了条件。学界与实务界渐渐接受交错运用诉讼、非讼法理统合处理家事纠纷的观点，累积了社会共识、培育了民众的承受心理。

六、结语

反观我国大陆家事诉讼程序，相关制度设计和程序运行尚存在诸多有待

---

① 参见齐树洁、熊云辉：《中国民事诉讼法学成长的启示——以知识社会学为视角的分析》，《现代法学》2012 年第 2 期，第 171 页。

② 参见［美］弗里德曼：《法律制度》，林欣、李琼英译，北京：中国政法大学出版社 1994 年版，第 241 页。

③ 参见沈冠伶：《家事事件之类型及统合处理》，（台湾）《月旦法学杂志》2012 年第 11 期，第 149 页。

④ 参见吴明轩：《试论家事事件法之得失（下）》，（台湾）《月旦法学杂志》2012 年第 7 期，第 200 页。

改进之处。首先，国家立法层面。相关法律规定多散见于《婚姻法》《继承法》等实体法及有关司法解释之中，尚未形成专门的家事程序法典抑或在民事诉讼法典中做出专章、特别规定。需要注意的是，我国法律抑或司法解释的起草、颁行大多由国家立法机关、最高人民法院等官方机构主导，民间力量参与不足，特别是跨专业立法资源较少。令人更为忧虑的是，我国"1991 年民事诉讼法典对家事诉讼只字未提，2007 年、2012 年民诉法两个修正案也未有涉及"。① 其次，司法实践层面。实践中，虽然多数法官可以较为清晰地认识到家事纠纷解决的特殊性，但是大陆多数法院并没有设立专门的家事法庭，仅有个别地区的个别法院试点考察，现阶段难以有针对性地化解家事纷争，致使多数地方法院难以为家事纷争解决提供充足的专业化配套服务资源。此外，家事法庭试点改革依然面临诸多难题。根据厦门市海沧区人民法院课题组的调研报告，家事法庭试点改革所面临的难题主要包括：（1）家事案件的内涵和外延缺乏科学合理界定；（2）法院依职权调查取证的力度尚难以准确把握；（3）家事案件的"执行难"影响裁判权威，引发缠讼缠访；（4）家庭矛盾预防机制的缺失导致家事纠纷化解难度大；（5）家事审判的长效协作机制尚不畅通，导致法院工作举步维艰；（6）家事法官综合素质与家事纠纷解决的目标要求尚有差距；（7）普通的业绩考核标准体系不适用于家事法官。② 最后，理论研究层面。从实体和程序的角度来讲，2009—2013 年，15 种 CLSCI 法学核心期刊上发表的"家事法"论文"重实体、轻程序"特征较为明显，学界同仁将主要的研究热情和笔墨投入到了"婚姻法""继承法"实体问题的研究，对"家事程序法"方面的研究投入不足。其中，民诉法学科所发"家事法"论文仅为 4 篇，与民法、民诉法相辅相成的实践需要严重不符。③ 在未来的修法过程中，中国民事诉讼法学研究会应发挥更加重要的作用，扭转民事诉讼法学对立法和司法改革

---

① 参见陈爱武：《家事诉讼程序：徘徊在制度理性与实践理性之间》，《江海学刊》2014 年第 2 期，第 140 页。

② 参见厦门市海沧区人民法院课题组：《关于创新家事审判工作的调研报告——以海沧法院为样本》，载齐树洁主编：《东南司法评论》（2015 年卷），厦门：厦门大学出版社 2015 年版，第 279—280 页。

③ 参见赵景顺：《我国"家事法"研究的回顾与展望——基于对 2009—2013 年 15 种 CLSCI 法学核心期刊的统计分析》，载陈小君主编：《私法研究》（第 17 卷），北京：法律出版社 2015 年版，第 156 页。

的引导乏力的窘境。而这又建基于民事诉讼知识生产的高质量。① 因此，大陆学界对家事法的理论研究有待进一步加强。

台湾地区与中国大陆血脉相承，同根同源，两岸均从清末开始继受西方法律理念，可谓流淌着同样的罗马法与德国法的基因，故而存在内生机理上的共通。② 可以想见，如何使家事纠纷得以通权达变、圆融解决已经成为两岸相关家事制度的共通课题。在更宽泛的意义上，我们应从更开阔的视角，遵循法律的演进传统，以台湾地区"家事法"为基本观察或诠释结构，对台湾地区司法制度进行整体性、基础性的研究，以期为我国家事司法改革提供参考和借鉴。

---

① 参见齐树洁、方俊：《依法治国与民事诉讼制度的完善——中国民事诉讼法学研究会 2014 年年会综述》，《河南财经政法大学学报》2015 年第 3 期，第 185 页。

② 参见赵毅：《台湾地区"民法"错误论评析及其借鉴——一个基于法律史和学术史的考察》，《台湾研究集刊》2013 年第 4 期，第 34 页。

台湾地区"海商法"修订
进展及其前瞻

何丽新[*]

台湾地区"海商法"是指形式意义上以"海商法"命名的法律表现形式。台湾"海商法"在 1929 年海商法的基础上，历经 1958 年、1962 年、1985 年、1999 年、2000 年、2009 年的修订。1999 年修订时将 1962 年"海商法"的第 3 章"船长"和第 4 章"海员"合并，另外制定了"船员法"。现行"海商法"于 2009 年 11 月 23 日公布实施，全文分为 8 章，共 153 条，就船舶、运送契约、船舶碰撞、海难救助、共同海损及海上保险等内容做出规定。台湾地区"海商法"仿自日本商法"海商法"篇，吸收英美国家相关规定，兼顾国际公约立法精神，而有关船舶所有人责任限制[①]及共同海损的规定，则仿自法国。[②] 台湾地区采用民商合一，"海商法"是"民法"的"特别法"，第 5 条规定："海商事件，依本法规定；本法无规定者，适用其它法律之规定。"这里的"其它法律"指"民法""保险法"等法律。台湾的海事法律由"商港法""船舶法""船舶登记法""航运法""船员法""海商法"等组成。

台湾地区"海商法"曾于 1999 年重大修正，该修订受到《中华人民共和国海商法》的影响，参考最新的国际公约及域外立法例，采用国际货币

* 作者系法学博士，两岸关系和平发展协同创新中心、厦门大学法学院教授。

① 台湾地区"海商法"术语与大陆的相关术语表述略有不同，如"船舶所有人责任限制"在《中华人民共和国海商法》中表述为"海事赔偿责任限制"、"运送契约"则为"运输合同"、"载货证券"则为"提单"、"运送人"则为"承运人"、"海员"则为"船员"、"受货人"则为"收货人"等等。基于习惯性的考虑，本文仍以《中华人民共和国海商法》的用语为主。但对于国际公约的表述，则采用台湾的翻译文本。

② 邱锦添著：《海商法新论》，台北：元照出版有限公司 2008 年版，第 16 页。

基金特别提款权，将喜马拉雅条款成文化，在海难救助中体现海洋环境的保护等，但有台湾学者评价此次修订谬误百出，为少见之立法灾难。[1] 2000年、2009年两次修订，仅做个别条款的修正，这些修订都没有涉及承运人的责任机制。随着最新的国际海上货物运输公约即《鹿特丹规则》的通过，有关承运人的法定义务及责任发生重大变革。2012年7月台湾交通主管部门有感于《鹿特丹规则》内容涉及规范国际贸易和海上商业行为，对未来海商贸易将产生重大影响，台湾交通主管部门商请"中华航运学会""中华海运研究协会"、沛华沛荣教育基金会、台湾海洋大学海运暨管理学院就台湾"海商法"最新修订进行研究，台湾"海商法"最新修订提到议事日程。[2]

一、台湾地区"海商法"的修订必要

修法是指法的修正，是立法的一种形式，是由于情势的变化等原因，立法机关对于生效的法律予以部分的变更，包括删除原有内容和补充新的内容。[3] 台湾以贸易活动为中心，台湾95%以上的贸易经由海上货物运输完成，因此，台湾十分重视"海商法"的修正。

（一）国际公约最新立法的驱动

台湾地区"海商法"制定及修正过程中，大量参照国际公约及域外立法例，遂使其规定具有高度国际化之特色。[4] 台湾地区"海商法"有关承运人责任机制基本上继受《海牙—威士比规则》的规定；有关船舶所有人责任限制制度则参考1957年《海船所有人责任限制公约》和1976年《海事求偿责任限制公约》的规定；有关海事优先权则参考1926年、1967年《海事优先权及抵押权统一规定国际公约》；在海上旅客运送方面，主要参考了《1961年布鲁塞尔旅客运送统一规定国际公约》《1967年布鲁塞尔旅客、行李运送统一规定国际公约》；在船舶碰撞方面，主要参考了《1910年船舶碰

---

① 参见黄裕凯：《海商法修正建议》，台北航贸文化事业有限公司2014版，第3页（刘宗荣教授序）。

② 自2012年11月至2014年3月，在台湾辅仁大学、世新大学、台湾大学等地举行九场台湾"海商法"修正研讨会，完成总计14章458条的"海商法修正建议"，详见黄裕凯：《海商法修正建议》，台北航贸文化事业有限公司2014年版。

③ 参见沈宗灵主编：《法理学》，北京：北京大学出版社2001年版，第249页。

④ 参见张新平著：《海商法》，台北：五南图书出版股份有限公司2010年版，第4页。

撞统一规定国际公约》；在海难救助方面，主要参考了《1910 年海上救助及捞救统一规定公约》《1989 年海难救助国际公约》等。① 台湾地区"海商法"以继受国际公约为主轴，且注意与内部法律体系的协调一致性。台湾"海商法"的修订亦反映国际公约（或国际惯例）的动态。1999 年的修订，主要是基于 1968 年《海牙—威士比规则》1979 年议定书，共同海损理算规则《约克·安特卫普规则》的 1990 年、1994 年两次修正。因此，国际海事立法对台湾"海商法"产生重大影响。进入 20 世纪 90 年代，国际海事立法开始活跃，一些新的国际公约相继出现，如 1992 年《国际油污损害民事责任公约》、1993 年《海事优先权及抵押权统一规定国际公约》、2001 年《燃油污染损害民事责任公约》、2002 年修订的《1974 年旅客及其行李运输的雅典公约》等，这些国际公约的创新制度和内容尚未在台湾"海商法"体现。特别是联合国国际贸易法委员会 2008 年通过的《鹿特丹规则》，将承运人的期间扩大为海运加其他模式，提高承运人责任限制，取消航海过失免责条款，赋予批量合同当事人较大的合同自由，明确规定托运人的义务，增加货物控制权及权利转让。这些国际海事公约的最新发展，使得台湾地区"海商法"所参照的国际公约相关规定失去先进性，为免与国际脱轨，台湾考虑将国际海事公约有关制度或规范置入"海商法"的修订中。② 台湾学者因此提出，台湾海商法制应与国际立法间维持一定程度的普遍化、合理化、完整化、同步化，并予以重新建构而为完备规范，将是台湾崇尚海洋、追求国际航运枢纽地位的发展而在 21 世纪不可忽略的重要法制建设工程。③ 由于台湾不能直接签署加入国际公约，因此，台湾地区"海商法"唯一能与国际公约接轨的做法，且也是最经济的做法，就是能配合当前国际规范，即时且周延地进行法律修正，将相关国际公约如实纳入台湾地区"海商法"条款中。

（二）完善海事法律体系的需要

台湾现行"海商法"仅有 153 条款，在司法实践的法律适用中捉襟见

① 参见刘宗荣著：《新海商法——海商法的理论与实务》，台北：三民书局股份有限公司 2007 年版，第 13—19 页。

② 台北市两岸商务法学会发行的《两岸商法评论》2012 年第 1 期发表台湾学者的多篇文章，均呼吁应对《鹿特丹规则》而修正台湾"海商法"相关条文，如尹章华：《论鹿特丹规则之托运货物所有权与控制权——兼拟两岸海商法建议修正条文》，王垥岑：《从鹿特丹规则中运送人责任规范给台湾"海商法"修改几点建议》，钟政棋：《海运货损举证责任分配及其于鹿特丹规则之分析》等等。

③ 参见黄裕凯：《海商法修正建议》，台北航贸文化事业有限公司 2014 版，第 15 页。

肘。同时,"海商法"体例架构过于陈旧,将船舶所有人责任限制、海事优先权放在第 2 章"船舶"第 1 节"船舶所有权"之下,将"船舶拖带"作为第 3 节放在第 3 章"运送"章。这样的体例将海事赔偿责任限制的权利主体局限在船舶所有人,且忽视海事赔偿责任限制制度是基于海上风险而为保障和促进海上运输及与之相关的事业、实施公平原则的需要、缓解海上保险业的压力而建立的独具特色的海商法律制度。① 海事优先权具有事故发生后的债权保全性质,台湾"海商法"所借鉴的《1967 年海事优先权和抵押权国际公约》就海事优先权的行使对象不限于事故船舶本身,而扩及"姐妹船",因此,在体系上将"海事优先权"放在"船舶所有权"章节下显然是不合理的。船舶拖带是一项新兴的海上作业,是一船利用自己的动力将另一船或其他被拖物经海路从一地拖至另一地,而由被拖方承担拖航费的合同,与运输合同存在本质区别,主要以承揽关系、雇佣关系及无因管理来处理船舶拖带问题,将"船舶拖带"置于"运送"章,一方面将"船舶拖带"的被拖物局限于货物运送性质的拖带,另一方面,忽视船舶拖带的特殊性,不利于海上拖航行业的发展。现今各国海商法将"海上拖航合同"单列一章,以突出海上拖航合同是一种海上服务性质的独立合同。同时,随着生态危机的日益迫切及自然资源过度开发的严重恶化,海洋产业发展的环境负面效应显著,各国海商法基于海洋环境的保护,专章设置海洋污染损害赔偿制度,建立海洋生态损害赔偿制度。台湾四面绕海,海洋环境保护问题应纳入"海商法"范畴予以规制。

(三) 陈旧海商法律制度的更新

台湾因没有参与国际公约,无法全面移植国际公约的精神,因而在"海商法"中产生诸多错误和缺漏。如"船舶所有人责任限制"与 1976《海事求偿责任限制公约》相比,在权利主体、限制性债权、限制条件等方面均表现出该制度的陈旧和落后。随着海运业的发展,海事赔偿责任限制权利主体不局限于船舶所有人,救助人、保险人等相关主体有权援引责任限制,船舶所有人责任限制发展到海事赔偿责任限制。同时,台湾"海商法"的责任限制方式仍采用金额制和船价制,不利于维护受害人利益,而目前相关的国际公约和各国海商法均是采用金额主义。台湾"海商法"借鉴

---

① 参见傅廷中著:《海商法》,北京:法律出版社 2007 年版,第 398—399 页。

《1957 年海船所有人责任限制公约》的规定，对责任限额的规定侧重保护船东利益。但随着社会经济的发展和通货膨胀的影响，此责任限额对债权人的清偿形同虚设，使得该制度本身受到挑战。因此，随着国际贸易和国际航运的迅速发展，海商法的发展进入最新阶段，海商法内涵增广，保护性立法增强，建立以"海洋"为中心大海商法的新趋势，由"货物"为中心走向以"船舶"为中心的立法，承运人责任加重，海商法趋向公平合理，运送手段与责任日趋复杂多样化，海事法律冲突减少，海商法日愈国际趋同化。① 这些发展变化，促进台湾"海商法"启动最新修订进程。

（四）增强海商专业术语的明确性

台湾"海商法"某些专业用语出现混用，如第 22 条第 1 项第 1 款"本人之故意或过失"、第 69 条第 1 项第 17 款"本人之故意或过失"和第 70 条第 4 项"本人之故意或过失"，文字表述一样，但实质内涵不一，导致司法实务适用法律的困难性和不确定性。台湾"海商法"第 22 条所表述的阻却责任限制的"故意"是借鉴 1976 年《海事求偿责任限制公约》第 4 条"具有使之发生损害之意图"（with intent to cause such loss），而该条款"明知其有发生损害之可能而轻率的行为"（recklessly and with knowledge that such loss would probably result）在台湾"海商法"第 22 条体现为"过失"，该"过失"是重大过失还是轻过失，是有意识的过失还是无意识的过失，是具体轻过失还是抽象轻过失，均不明确。台湾学者认为，1976 年《海事求偿责任限制公约》中"轻率"（recklessly）应表述"有意识的重大过失"才为明确。② 因此，为提升"海商法"司法裁判品质，应加强海商专业术语的明确性，对台湾"海商法"有关专业术语予以明确界定和准确表述。

二、台湾地区"海商法"的修订原则

（一）坚持"海商法"是"民法""特别法"

台湾采民商合一，台湾"海商法"各章节规定的各种权利义务关系，均属"民法"所调整的平等主体之间的财产关系和人身关系，与"民法"

---

① 参见赖来焜著：《最新海商法论》，台北：元照出版公司 2008 年版，第 26—28 页。
② 参见杨仁寿著：《海商法修正评释》，台北 1997 年自版，第 68 页。

存在血脉相通的内在联系，因此，在台湾没有"商法"法典下，台湾"海商法"与"公司法""票据法""保险法"虽独立制定完整的单行法规，但都是"民法"的"特别法"。台湾"海商法"没有提供统一规则来调整船舶物权、海上合同和海上侵权，都是"民法"的物权制度、合同制度和侵权制度在海运领域的体现。台湾"海商法"无法脱离"民商法"而自存，要使用"民法"的基本概念，如物权、债权、合同、侵权等；要借助"民法"的基本制度，如合同订立的要约承诺制度、违约赔偿的计算方法等；要遵守"民法"的基本原则，如公平、等价有偿、诚实信用等，从法律概念、法律制度、法律原则、调整范围分析，海商法律制度定位在"民商法"体系范畴。台湾"民法"债编第16节"运送"规范物品和旅客运送，第17节"承揽运送"规范物品的承揽运送，这些规定都对"海商法"的海上运送具有约束力。虽然台湾"海商法"的概念和制度与"民法"的概念和制度无法一一对号，但在台湾"海商法"的发展和修正中，体现出与"民法"的相关理论、原则、制度相融合的趋势。即使是"海商法"独具特色的法律制度如共同海损等，亦不与"民法"理论和原则相悖，仍需要借助"民法"原理加以解释，如共同海损，就存在合同说、不当得利说、无因管理说、代理说等。"海商法"的特殊法律制度是"民法"原理在海上环境的特殊运用，"海商法"不能脱离"民法"体系而成为法律制度的异类，否则"海商法"将失去深厚的基础。当然，作为"特别法"的"海商法"在保持与"民法"体系的统一性和相关性的前提下，应尊重"海商法"的特殊性，在法律适用上遵循"特别法"优先原则。

（二）注重继受国际海事立法最新成果

台湾"海商法"在制定及历次修正过程中，大量参照国际公约及域外立法例。在海上货物运输方面，主要参考了《海牙规则》《威士比规则》和《汉堡规则》；台湾无权批准缔结国际公约，因此在应对国际立法趋势时，没有对国际公约的保留条款，反而更加自由适用，不存在批准后必须全盘适用的问题。因此，台湾"海商法"各章的条文，表面上是继受德国、日本的海商法，但追本溯源，则多数来自国际公约或国际惯例。台湾"海商法"

修订进程中，亦十分重视"前瞻性、国际统一性和现代化"。① 但台湾现行"海商法"在旅客运输部分，仍沿袭 1962 年"海商法"的版本即主要继受 1974 年《雅典公约》的规定，而该公约经过 1976 年、1990 年、2002 年的修改，在承运人责任限额和保障受害旅客损失方面已进行较大的更新，台湾"海商法"陈旧的海上旅客运输有必要予以吸纳最新公约之精神；在海上货物运输方面，《鹿特丹规则》对未来海商贸易将产生重大影响，扩大适用对象至承运人、履约方、托运人、单证托运人、单证持有人、收货人、控制方等，其中约有 2/3 的条文为台湾"海商法"所没有，台湾"交通部"于 2010 年 5 月专题召开"鹿特丹规则与海商法修订研讨会"，研究台湾应对《鹿特丹规则》而提出"海商法"的修订方向与建议。因此，台湾"海商法"在修订时应重视国际立法趋势和贸易相对方的做法和选择，充分考虑吸收《鹿特丹规则》的创新制度，将各国际公约所表征的整体架构及规范比较完整地纳入台湾"海商法"中，使得台湾"海商法"成为一部现代化的且与国际立法接轨的"海商法"。②

（三）追求船货利益的重新衡平

海商法所追求的价值理念是实质公平，海商法不仅关注船货双方实体上的权利义务的公平，而且还关注双方背后风险承担的多寡，从而在船货双方合理地分配经营中面对的海上风险。《海牙规则》《威士比规则》更多地体现保护船方利益，责任基础和举证责任对货方明显不利。20 世纪中、后期开始，国际航运市场逐步向货方市场转变，通过了以保护货主利益为特征的《汉堡规则》，责任基础和举证责任转向对承运人明确不利。台湾多被认为是代表船东利益的地区，台湾地区"海商法"主要以《海牙规则》的承运人不完全过失责任制为基础，存在"不可归责于运送人或其履行辅助人之免责事由"。但最新的国际海上货物运输公约《鹿特丹规则》更加兼顾船货各方的利益，取消航海过失免责，采纳《汉堡规则》的承运人责任基础即完全过失责任制，兼采用《海牙规则》的举证责任，由承运人负责举证，证明自己没有管货过失，若其不能举证，将承担赔偿责任。关于承运人免责

---

① 台湾地区"中华托运人协会"顾问王肖卿教授在 2013 年 11 月 15 日台湾"海商法"修正研讨会上提出台湾"海商法"修正原则是安定性、确定性、洞察性、前瞻性、"国际统一化"和现代化。

② 参见黄裕凯：《海商法修正建议》，台湾航贸文化事业有限公司 2014 年版，第 7 页（林光教授序）。

事由,则由索赔方负责举证,证明承运人有过失,若其举证不能,便推定承运人无过失,可以援引免责条款。《鹿特丹规则》同时分别提高承运人和托运人的义务和责任,将打破现行台湾"海商法"上船货双方的权利义务关系的平衡。《鹿特丹规则》中承运人责任机制对台湾各相关当事方将产生冲击和影响,虽然台湾主管当局对《鹿特丹规则》仍持观望态度,但大陆、美国、日本等贸易伙伴若签署或加入,必然使台湾为应对《鹿特丹规则》而修订"海商法"。同时,船货利益新的平衡机制尚未建立,将使船货和保险人等利害关系人处于不能明确预估风险的困扰。因此,台湾"海商法"在修正时,确有必要考虑船货利益之平衡。各国海商法在承运人责任立法模式,受国际公约立法趋势所影响,对承运人的绝对责任逐步缓和,均要求在托运人与承运人之间变动,一方面加重承运人的责任和义务,另一方面也要求托运人提供义务。[①] 船货利益的较量关键在于充分考虑台湾利益,台湾"海商法"修订时应关注船货利益的平衡,重视贸易相对国的做法和选择,大陆目前是台湾的最大贸易对象,因此,大陆应对《鹿特丹规则》的态度一定程度上影响台湾"海商法"修订的走向。

三、台湾地区"海商法"的修订重点

(一) 理顺"海商法"的章节架构

台湾"海商法"的"运送"章将海上运送契约分为三类:货物运送、旅客运送和船舶拖带,其中"货物运送"就租船契约与一般运送不分。租船契约可分为航次租船、定期租船和光船租赁三种,航次租船契约是海上货物运送契约的一种,但光船租赁契约和定期租船契约被认为不是完全意义上的海上货物运送契约性质,兼顾财产租赁契约的特性。《中华人民共和国海商法》将船舶租用合同另设章节进行规定,仅在租船合同没有约定或者没有不同约定时才适用。同时,旅客运送不同货物运送,台湾"海商法"第79条("旅客运送"第1条)规定"旅客之运送除本节规定外,准用本章第一节之规定",混淆了旅客运送与货物运送。台湾"海商法"对"行李"也缺乏定义,因此适用"民法"时导致"行李"与货物不分。台湾"海商

---

① 参见方凯弘、刘祖彰、钟政棋:《海上货物运送人责任国际公约立法模式之分析》,(台湾)《台湾航运季刊》2011 年第 2 期。

法"还将"船舶拖带"置于"运送"章，被认为是基于双务、有偿、诺成等契约共性而成为海上运送契约的一种，[1] 完全忽视了船舶拖带的承揽、雇佣等特殊法律性质。因此，台湾"海商法"在修订时应理顺其章节架构，将"船舶拖带"单列一章，将货物运送与旅客运送分章规定，且区分租船契约与一般运送的关系。另，船舶所有人责任限制已发展成海事赔偿责任限制，成为"海商法"独具特色的一项法律制度，也应从台湾"海商法"的"船舶所有权"章节下分离，以突显海事赔偿的特殊性。"海事优先权"是因船舶的运作所生的特定债权就海上财产进行优先受偿的权利，不同于船舶留置权，与船舶所有权意义更截然不同，非台湾"海商法"中的"船舶所有权"章节所能涵盖，也应分离成独立的章节。总之，随着海商法研究的深入，台湾"海商法"在修订进程中应跟进最新研究成果，既彰显"海商法"的特色，又保障海商法律体系内部的协调统一。

（二）规范海商法律用语的内涵

台湾"海商法"部分国际公约、国际惯例、国际标准合同格式的英文翻译语言。由于英文与中文之间的语言差异、英美法系国家与中国之间的法律文化的偏差，加之台湾没有参与国际公约，对相关的国际公约、国际惯例或国际标准合同格式条款含义的理解上的问题，使得台湾"海商法"在移植国际公约时所使用的个别文字表述不准确，甚至存在错误，在实施中亦产生歧义或出现解释不一的问题，不能很好地满足立法语言技术的要求。[2] 如台湾"海商法"第21条第1项第3款"沉船或落海之打捞移除所生之债务"，此处的"落海"应明确是"落海物"之意。因此，台湾"海商法"在修订中应进一步明确海商法律用语，对"本人之故意或过失""迟延交付""船舶拖带""海事优先权""单位责任限制"等专业术语界定其内涵，以加强法律适用的准确性，同时在用语遣词上尽量避免直接翻译，避免法律条目的过度膨胀，修正现行规则的用语错误。

（三）突出海上货物运输之重点

海上货物运输是台湾"海商法"的重心，以海上货物运输为中心，延

---

① 参见梁宇贤著：《海商法精义》，台北：瑞兴图书股份有限公司2007年版，第215页。
② 参见王埔岑：《从〈鹿特丹规则〉之新立法评析台湾"海商法"未来"修法"之方向——以承运人责任制度研究为中心》，大连海事大学国际法专业2011年博士论文，第4页。

伸出"海商法"的相关的辅助制度,包括承运人责任限制、海事优先权、船舶拖带、船舶碰撞、海难救助、共同海损、海上保险等,所有相关辅助性的规定,直接、间接都是为了促进海上运输的健全辅助而制定的。台湾各级法院就海上货物运输的裁决占海商案件的83%。① 既然海上货物运输是"海商法"的重心,"海商法"的修正也应该以海上货物运输为重点。② 《海牙—威士比规则》是台湾"海商法"海上货物运输的最重要法源,《汉堡规则》和《多式联运公约》具有重要指标意义。面对《鹿特丹规则》,台湾学者认为,台湾虽无权签署,但因国际上对该公约的认同度较高,从事国际贸易者无法置身事外,台湾"海商法"货物运送部分的因应修改是必然需要的。③ 因此,台湾"海商法"修订中,就海上货物运输问题应解决:载货证券背面条款的认定效力问题、货物毁损减失及迟到的损害赔偿问题、适航性的认定标准及举证问题、请求权竞合问题、载货证券缴回依目的港法律之准据规则适用问题、小提单的法律性质问题、电报放货与海上货运单的性质及效力问题、运送责任单一说与分割说问题、货损一年时效的性质及适用范围问题、海运承运人的法律地位问题等等。④

　　社会的需要,满足海上企业及其辅助产业的需求是台湾"海商法"修订的动力,海上货物运输作为修订的重点,应充分考虑海运竞争、国际接轨以及国际贸易的需要,正视《鹿特丹规则》对台湾航运业的影响,兼顾台湾航运与贸易的协调发展,考虑船货利益之平衡,考虑《鹿特丹规则》的创新制度,应对国际海上运输就承运人立法之趋势,修订海上货物运输相关制度,使台湾"海商法"内容具有合理性、明确性和先进性。

---

① 参见黄裕凯:《"最高法院"海商法案例整编暨评析》,台北:瑞明彩色印刷有限公司2009年版,附录一。

② 参见刘宗荣:《海上运送人责任的修正政策与立法模式——以台湾地区"海商法"的规定为中心》,傅崐成、何丽新主编:《两岸海商法现状与修订论文集》,厦门:厦门大学出版社2014年版,第1页。

③ 参见王肖卿著:《鹿特丹规则的影响——运输单证与运送责任》,台湾财团法人保险事业发展中心2012年版,第3页。

④ 台湾学者辅仁大学黄裕凯教授在2012年11月辅仁大学法律学院召开的台湾"海商法"修正研讨会上的发言。

资料

海峡两岸避免双重课税及
加强税务合作协议

为促进海峡两岸经济合作，海峡两岸关系协会与财团法人海峡交流基金会就避免双重课税及加强税务合作事宜，经平等协商，达成协议如下：

一、适用范围

双方同意本协议适用于海峡两岸一方或双方居民（居住者）及对其所得征收的所有税收。

二、税款征收

双方同意对一方居民（居住者）来源于另一方的所得按下列规定课税。

（一）营业利润

一方居民（居住者）企业在另一方营业取得的利润，在未构成常设机构的情况下，另一方予以免税或不予课税。一方如对关联企业间交易进行转让定价（移转订价）调整，另一方应作合理对应调整。

（二）海运及空运收入

一方海、空运输企业在另一方经营取得的收入及利润，另一方予以免税或不予课税（包括营业税、增值税或类似税收）。

（三）投资所得及财产收益

一方居民（居住者）从另一方取得的股息（股利）、利息及特许权使用费（权利金），另一方可以课税，但可相互给予优惠税率。

一方居民（居住者）从另一方取得的财产转让收益及不动产使用收益，另一方可以课税。

（四）个人劳务所得

一方居民（居住者）以独立身份或以受雇形式在另一方从事个人劳务活动取得的所得，另一方可以课税。

（五）其他所得

本协议上述未列举的其他所得按各自规定办理。

三、消除双重课税方法

双方同意当一方居民（居住者）在另一方取得所得并依本协议规定在另一方缴税时，该一方应依有关规定消除双重课税。

四、非歧视待遇

双方同意一方居民（居住者）在相同情况下，在另一方负担的税收或有关条件，应与另一方居民（居住者）可能负担的税收或有关条件一致。

五、相互协商

双方同意建立两岸税务联系机制，由双方税务主管部门协商解决因解释或实施本协议时所发生的困难或疑义，以及消除双重课税等事宜。

六、资讯交换

双方同意相互交换为实施本协议或为课征本协议所含税种（税目）相关且必要的资讯，并负保密义务。所交换的资讯不可用于任何其他用途。

七、协助征税

双方同意在各自有关规定均可以进行协助征税时，双方税务主管部门将进一步协商确定具体协助征收方式。

八、文书格式

基于本协议所进行的业务联系，应使用双方商定的文书格式。

九、业务交流

双方同意通过人员互访、培训或工作会议等形式，加强两岸税务方面的交流与合作。

十、联系主体

（一）本协议议定事项，由双方税务主管部门指定的联络人相互联系实施。

（二）本协议其他相关事宜，由海峡两岸关系协会与财团法人海峡交流基金会联系。

十一、协议履行与变更

（一）双方应遵守协议。协议附件与本协议具有同等效力。

（二）协议变更，应经双方协商同意，并以书面形式确认。

十二、未尽事宜

本协议如有未尽事宜，双方得以适当方式另行商定。

十三、生效

本协议签署后，双方应各自完成相关程序并以书面通知另一方。本协议自双方均收到对方通知后次日起生效。

本协议之规定适用于：

（一）源泉（就源）扣缴税款：本协议生效之次年一月一日（含当日）以后实际给付金额。

（二）其他税款：本协议生效之次年一月一日（含当日）以后开始之课税年度之所得。

（三）资讯交换：本协议生效之次年一月一日（含当日）以后开始之课税年度之资讯。

本协议于八月二十五日签署，一式四份，双方各执两份。本协议的附件构成本协议的一部分。四份文本中对应表述的不同用语所含意义相同，四份文本具有同等效力。

附件：海峡两岸避免双重课税及加强税务合作具体安排

海峡两岸关系协会　　财团法人海峡交流基金会

会长　陈德铭　　　　董事长　林中森

附件

海峡两岸避免双重课税及加强税务合作具体安排

为实施本协议，双方议定具体安排如下：

一、适用范围

（一）适用对象

1. 本协议所称居民（居住者），按各自税务规定对居民（居住者）的定义处理。但不包括仅就该一方所得而负有该一方纳税义务的人。

2. 虽有前述规定，依第三方法律设立的任何实体，其实际管理机构（处所）在协议一方者，视为该一方的居民（居住者）。

3. 前述实际管理机构（处所），指企业实际做出其整体营业所必须的重大管理及经营决策的机构（处所）。所称实际管理机构（处所）在协议一方，指企业同时符合下列规定者：

（1）做出重大经营管理、财务管理及人事管理决策的人为该一方居住的个人或总机构在该一方的企业，或做出该等决策的机构（处所）在该一方。

（2）财务报表、会计账簿记录、董事会议记录（董事会议事录）或股东会议记录（股东会议事录）的制作或储存机构（处所）在该一方。

（3）实际执行主要经营活动的机构（处所）在该一方。

4. 个人同为双方居民（居住者）时，其身份按永久住所、主要利益中心所在地、经常居所依序决定。对居民（居住者）个人身份的决定如有疑义，或个人以外的人同为双方居民（居住者）时，由双方税务主管部门商定。

（二）适用现行税种（税目）

大陆方面为个人所得税及企业所得税。

台湾方面为营利事业所得税、综合所得税及所得基本税额。

二、常设机构及营业利润

（一）常设机构

1. 本协议所称常设机构，指企业从事全部或部分营业的固定营业场所。包括：管理处、分支机构、办事处、工厂、工作场所、矿场、油井或气井、采石场或任何其他天然资源开采场所。

2. 建筑工地、建筑（营建）或安装工程或与其有关的监督管理活动，以存续期间超过十二个月者，构成常设机构。

3. 一方企业直接或通过雇员或雇用的其他人员，在另一方为同一个项目（计划案）或相关联的项目（计划案）提供的劳务（服务），包括咨询劳务（服务），仅以在有关纳税年度开始或结束的任何十二个月连续或累计超过一百八十三天者，构成常设机构。

4. 常设机构不包括下列情形：

（1）专为储存、展示或交付（运送）属于该企业的货物或商品的目的而使用的设施。

（2）专为储存、展示或交付（运送）的目的，或专为供其他企业加工的目的，而储备属于该企业的货物或商品。

（3）专为该企业采购货物或商品或搜集资讯的目的，或专为该企业从事广告、资讯提供、科学研究或具有准备或辅助性质的类似活动，所设置的固定营业场所。

（4）专为从事以上活动的结合所设置的固定营业场所。但以该结合的固定营业场所整体活动具有准备或辅助性质者为限。

5. 代表一方企业的人（具有独立身份的代理人除外），有权以该企业的名义在另一方签订契约，并经常行使该权力，其为该企业所从事的任何活动，视为该企业在另一方有常设机构。但其经由固定营业场所仅从事前述常设机构不包括情形的活动，该固定营业场所不视为常设机构。

6. 一方企业仅通过经纪人、一般佣金代理人或其他具有独立身份的代理人，以常规的经营方式（以通常的营业方式），在另一方从事营业者，不得视为在另一方有常设机构。

7. 一方居民（居住者）公司，控制或受控于另一方居民（居住者）公司或在另一方从事营业的公司（不论其是否通过常设机构或其他方式），此项事实不使任何一方公司构成另一方公司的常设机构。

（二）营业利润

1. 一方居民（居住者）企业如经由其在另一方的常设机构从事营业，另一方可就该企业的利润课税，但以归属于该常设机构的利润为限。

2. 一方居民（居住者）企业通过其在另一方的常设机构从事营业，双方在归属该常设机构的利润时，应将该常设机构视为在相同或类似条件下从事相同或类似活动的独立企业，并以完全独立的方式与该常设机构所属的企业从事交易所应获得的利润相同。

3. 计算常设机构的利润时，应准予减除为该常设机构营业目的而发生的费用，包括行政及一般管理费用，不论该费用在何处发生。

4. 如果一方惯例依企业总利润按比例分配予所属各单位利润的方法，计算确定应归属于常设机构的利润，前述规定不得排除该一方的分配惯例。但采用该分配方法所得到的结果，应与前述规定的原则一致。

5. 常设机构仅为该企业采购货物或商品，不得对该常设机构归属利润。

6. 前述有关常设机构利润的归属，除有正当且充分的理由外，每年应采用相同方法确定。

7. 利润中如包括本协议营业利润以外的所得项目，各该所得项目的规定不受本规定影响。

三、关联企业

（一）本协议所称关联企业，指企业间有下列情况之一：

1. 一方企业直接或间接参与另一方企业的管理、控制或资本。

2. 同一人直接或间接参与一方企业及另一方企业的管理、控制或资本。

（二）关联企业间商业或财务关系方面所设定的条件不同于独立企业，以致本应归属而未归属于其中一企业的利润，可以计入该企业的利润，据以课税。

（三）一方已对前述本应归属而未归属于该企业的利润课税时，另一方如认为该项调整符合独立交易（常规交易）原则，应对该部分利润所课征的税额作适当调整。在确定此项调整时，应考虑（考虑）本协议其他相关规定，如有必要，双方税务主管部门应相互协商。

四、海运及空运收入

（一）本协议所称海运及空运收入，指以船舶或航空器经营海、空运输业务的收入及利润，并包括下列项目：

1. 以计时、计程或光船方式出租船舶或航空器。

2. 使用、维护或出租运送货物或商品的货柜（包括货柜运输的拖车及相关设备）。

前述使用、维护或出租应以船舶或航空器经营海、空运输业务的附带活动为限。

（二）参与联营或其他经营机构取得的收入及利润，属于本协议规定的海运及空运收入及利润范围，但以归属于参与上述经营的比例所取得的收入及利润为限。

五、投资所得

（一）股息（股利）

1. 股息（股利）受益所有人如为一方居民（居住者），在受益所有人为公司且直接持有给付股息（股利）的公司百分之二十五以上资本的情况下，另一方所课征税额不超过股息（股利）总额的百分之五；在其他情况下，所课征税额不超过股息（股利）总额的百分之十。本规定不影响对该公司用以发放股息（股利）的利润的课税。

2. 本协议所称股息（股利），指以股份或非债权关系参与利润分配的其他权利所取得的所得，以及按照分配利润的公司是其居民（居住者）一方的税务规定，视同股份所得同样课税的其他公司权利取得的所得。

3. 一方居民（居住者）公司从另一方取得利润或所得，其所给付的股息（股利）或其未分配利润（未分配盈余），即使全部或部分来自另一方的利润或所得，另一方不得对该给付的股息（股利）或未分配利润（未分配盈余）课税。但给付予另一方居民（居住者）的股息（股利），或据以给付股息（股利）的股份与另一方常设机构或固定处所有实际关联者除外。

（二）利息

1. 利息受益所有人如为一方居民（居住者），另一方所课征税额不超过利息总额的百分之七。

2. 下列范围的利息，利息来源地一方应予免税：

（1）给付予另一方的公共服务部门或另一方公共服务部门完全所有的金融机构的利息，或给付予该等部门或机构为促进出口（外销）所提供、担保（保证）或保险的贷款利息。

（2）经双方税务主管部门确认为促进出口（外销）目的的金融机构所提供、担保（保证）或保险的贷款利息。

3. 本协议所称利息，指从各种债权所取得（孳生）的所得，不论有无抵押担保及是否有权参与债务人利润的分配，尤指债券或信用债券的所得，包括附属于该等债券的溢价收入及奖金。但延迟给付的违约金，非本协议所称利息。

4. 利息给付人与受益所有人间，或上述二者与其他人间有特殊关系，所给付的利息数额，超过给付人与受益所有人在无特殊关系时所同意的数额，本协议有关利息的规定仅适用于后者的数额。在此情况下，对该超过给付数额的部分，应按各方规定课税，但应考虑（考虑）本协议其他相关规定。

（三）特许权使用费（权利金）

1. 特许权使用费（权利金）受益所有人如为一方居民（居住者），另一方所课征税额不超过特许权使用费（权利金）总额的百分之七。

2. 本协议所称特许权使用费（权利金），指使用或有权使用文学、艺术或科学作品（包括电影影片、供广播或电视使用的影片、磁带、录音带）的著作权、专利权、商标权，设计或模型、计划、秘密配方或制造程序，或有关工业、商业、科学经验的资讯，所给付的各种款项。其不包括因使用或有权使用任何工业、商业或科学设备所给付的款项。

3. 特许权使用费（权利金）给付人与受益所有人间，或上述二者与其他人间有特殊关系，所给付的特许权使用费（权利金）数额，超过给付人与受益所有人在无特殊关系时所同意的数额，本协议有关特许权使用费（权利金）的规定仅适用于后者的数额。在此情况下，对该超过给付数额的部分，应按各方规定课税，但应考虑（考虑）本协议其他相关规定。

（四）股息（股利）、利息、特许权使用费（权利金）的受益所有人如为一方居民（居住者），经由其所得来源的另一方的常设机构从事营业或固定处所从事独立个人劳务（执行业务），且与该所得给付有关的股份、债务、权利或财产与该常设机构或固定处所有实际关联时，应适用有关营业利润或独立个人劳务（执行业务）的规定。

（五）由一方居民（居住者）所给付的利息及特许权使用费（权利金），视为源自该一方。利息及特许权使用费（权利金）给付人如在一方有常设机构或固定处所，而与利息及特许权使用费（权利金）给付有关的债务及权利与该常设机构或固定处所有关联，且该利息及特许权使用费（权利金）由该常设机构或固定处所负担，不论该利息及特许权使用费（权利金）给付人是否为该一方居民（居住者），该利息及特许权使用费（权利金）视为源自该常设机构或固定处所所在的一方。

六、财产收益

（一）一方居民（居住者）使用或转让位于另一方的不动产所产生的所得（包括农业或林业所得），另一方可以课税。

（二）一方企业转让其在另一方常设机构营业资产中的动产而取得的收

益，或一方居民（居住者）转让其在另一方从事独立个人劳务（执行业务）的固定处所的动产而取得的收益，包括转让该常设机构（单独或连同整个企业）或固定处所而取得的收益，另一方可以课税。

（三）转让经营海、空运输业务的船舶或航空器，或附属于该等船舶或航空器营运的动产而取得的收益，仅由转让人为其居民（居住者）的一方课税。

（四）一方居民（居住者）转让股份，且该股份的百分之五十以上价值直接或间接来自另一方的不动产，其取得的收益，另一方可以课税。

（五）除前述转让股份规定外，一方居民（居住者）转让其在另一方居民（居住者）公司资本中的股份或其他权利取得的收益，仅由转让人为其居民（居住者）的一方课税。但是如果转让人为其居民（居住者）的一方对来自于另一方的该项收益免税，且该转让人在转让行为前的十二个月内，曾经直接或间接持有该另一方公司至少百分之二十五资本，另一方可以课税。

（六）转让上述财产以外的其他财产所取得的收益，仅由该转让人为其居民（居住者）的一方课税。

七、个人劳务所得

（一）独立个人劳务（执行业务）

1. 一方居民（居住者）在另一方因从事独立个人劳务（执行业务）或其他具有独立性质活动所取得的所得，有下列情况之一，另一方可以课税：

（1）该居民（居住者）为执行活动而在另一方有固定处所。但另一方仅就归属于该固定处所的所得课税。

（2）该居民（居住者）在有关纳税年度开始或结束的任何十二个月期间，在另一方连续或累计居留一百八十三天以上。但另一方仅就该居民（居住者）在另一方执行该等活动而取得的所得课税。

2. 本协议所称独立个人劳务（执行业务），指具有独立性质的科学、文学、艺术、教育或教学等活动，及医师、律师、工程师、建筑师、牙医师及会计师等独立性质的活动。

（二）受雇劳务

一方居民（居住者）因受雇而在另一方提供劳务所取得的报酬，同时符合下列三个条件时，仅由该一方课税：

1. 该居民（居住者）在有关纳税年度开始或结束的任何十二个月期间，在另一方连续或累计居留不超过一百八十三天。

2. 该项报酬非由为另一方居民（居住者）的雇主所给付或代表雇主给付。

3. 该项报酬非由该雇主在另一方的常设机构或固定处所负担。

（三）董事报酬

一方居民（居住者）因担任另一方居民（居住者）公司董事职务而取得报酬及其他类似给付，另一方可以课税。

（四）表演人及运动员

1. 一方居民（居住者）为表演人，如音乐家或戏剧、电影、广播、电视演艺人员，或为运动员，在另一方从事个人活动而取得的所得，另一方可以课税，不受有关独立个人劳务（执行业务）及受雇劳务规定的限制。

2. 表演人或运动员从事个人活动的所得，如不归属于该表演人或运动员本人而归属于其他人，活动举行地的一方可以课税，不受有关营业利润、独立个人劳务（执行业务）及受雇劳务规定的限制。

3. 表演人或运动员在一方从事活动所取得的所得，如该活动完全或主要由双方或任一方的公共服务部门所资助，或基于公益慈善目的所举办，该一方应予免税。

（五）养老金

因过去雇佣关系，源自一方而给付予另一方居民（居住者）的养老金或其他类似给付，及依一方社会保险制度规定给付予另一方居民（居住者）的养老金或其他给付，仅由该一方课税。

（六）公共服务

一方公共服务部门给付予其派驻另一方为该等部门提供劳务的一方人民的报酬，仅由派驻方课税。但为一方公共服务部门所经营的事业提供劳务而取得的薪津、工资或其他类似报酬及养老金，不适用本规定。

（七）学生

学生专为教育或训练目的而在一方停留，且在停留该一方时或之前为另一方的居民（居住者），其为生活、教育或训练目的而取得的所得，该一方应予免税。

八、其他所得

其他所得的所得人如为一方居民（居住者），经由其所得来源的另一方的常设机构从事营业或固定处所从事独立个人劳务（执行业务），且与该所得给付有关的权利或财产与该常设机构或固定处所有实际关联时，应适用有关营业利润或独立个人劳务（执行业务）的规定。

九、消除双重课税方法

（一）在大陆

1. 大陆居民（居住者）从台湾取得的所得，按照本协议规定在台湾缴纳的税额，允许在对该居民（居住者）征收的大陆税收中抵免。但抵免额不应超过对该项所得按照大陆税务规定计算的税额。

2. 从台湾取得的所得是台湾居民（居住者）公司给付予大陆居民（居住者）公司的股息（股利），而大陆居民（居住者）公司直接或间接持有给付股息（股利）的公司股份不少于百分之十的，该项抵免应考虑给付该股息（股利）公司就该项所得缴纳的台湾税收。

（二）在台湾

台湾居民（居住者）取得来自大陆的所得，依本协议规定在大陆就该所得缴纳的税额，应准予扣抵大陆对该居民（居住者）所课征的税额（如系股息（股利），不包括用以发放该股息（股利）的利润所缴纳的税额）。但扣抵数额不得超过台湾依其税务规定对该所得课征的税额。

十、非歧视待遇

（一）一方的居民（居住者）在另一方所负担的税收或相关要求，不应较另一方的居民（居住者）在相同情况下，负担不同或较重的任何税收或相关要求。

（二）一方企业在另一方设有常设机构，另一方对该常设机构不应课征较从事相同活动的另一方企业不利的税收。

（三）一方企业给付予另一方居民（居住者）的利息、特许权使用费（权利金）及其他款项，在计算该企业应课税利润时，应与在相同情况下给付该一方居民（居住者）同样准予扣除（减除）。

（四）一方企业的资本全部或部分由一个或一个以上的另一方居民（居住者）直接或间接持有或控制者，该企业不应较该一方其他类似企业负担不同或较重的任何税收或相关要求。

（五）非歧视待遇规定不应解释为一方给予其居民（居住者）的税收优

惠或抵免税规定，应同样给予另一方的居民（居住者）。

（六）前述规定仅适用于本协议适用的税种（税目）。

十一、相互协商

（一）任何人如认为一方或双方的行为，导致或将导致对其不符合本协议规定的课税时，可以不论各自救济规定，向其为居民（居住者）一方的税务主管部门提出申诉。此项申诉应于首次接获不符合本协议规定的课税通知起三年内提出。

（二）一方税务主管部门如认为该申诉合理，且其本身无法获致适当的解决，应致力与另一方税务主管部门相互协商解决，以避免发生不符合本协议规定的课税。达成的协商决定应予执行，不受各自规定的期间限制。

十二、资讯交换

（一）一方依本协议所取得的任何资讯，应比照该一方依有关规定取得的资讯作密件处理，且仅能提供给与本协议规定税种（税目）的核定、征收、执行、行政救济有关人员或部门。上述人员或部门应仅为前述税务目的而使用该资讯，包括不得将该资讯用于刑事案件。

（二）前述规定不得解释为一方有下列义务：

1. 执行与一方或另一方有关规定或行政惯例不一致的行政措施。

2. 提供依一方或另一方有关规定或正常行政程序无法获得的资讯。

3. 提供可能泄露任何贸易、营业、工业、商业、专业秘密或贸易过程的资讯，或有违公共政策的资讯。

4. 执行自动或自发性资讯交换。

十三、其他规定

（一）一方居民（居住者）或与该居民（居住者）有关的人，以取得本协议的利益为主要目的或主要目的之一者，该居民（居住者）不可以享受本协议规定的减税或免税。

（二）本协议不应被解释为排除一方执行其关于防止规避税负的规定及措施。如上述规定导致双重课税时，双方税务主管部门应相互协商，以避免双重课税。

海峡两岸民航飞行安全
与适航合作协议

为保障海峡两岸民用航空飞行安全与维护公众利益，促进民用航空发展，海峡两岸关系协会与财团法人海峡交流基金会就两岸民航飞行安全与适航合作事宜，经平等协商，达成协议如下：

一、合作原则与目标

双方同意本着保障飞行安全与平等互惠原则，在专业务实的基础上，加强飞行安全与适航业务交流与合作，共同推动建立两岸飞行安全与适航监管机制，增进两岸民用航空发展。

二、合作范围

双方同意开展海峡两岸民用航空飞行安全与适航领域的交流与合作，采取包括但不限于以下措施：

（一）规范领域

参照航空惯例加强合作，建立两岸飞行标准与适航业务交流合作平台，积极推动飞行标准与适航管理合作。

（二）监管机制

建立两岸飞行标准与适航监督管理合作机制，确保飞行标准与适航有效监管。

（三）证照管理

就两岸航空机构、航空产品及航空人员等证照管理有关事宜，做出具体安排。

（四）专业认可

就飞行标准与适航有关专业认可事项，做出具体安排。

（五）信息交换与通报

加强上述合作领域相关信息交换与通报。

（六）其它合作事项

三、合作形式

双方同意就前述交流与合作领域采取如下措施：

（一）成立专业工作小组，共同商定具体实施计划，并可根据需要形成相关领域的合作文件。

（二）以技术合作、专家会议、信息交流、人员互访及业务培训等方式，开展两岸飞行标准与适航的交流与合作。

（三）指定专业工作小组联络人负责相关领域业务的日常联络及工作方案的实施。

四、相互协助

双方同意对执行本协议的相关活动提供必要的协助和便利。

五、通报事项

双方同意建立联系与通报机制，及时通报意外事件信息，相互提供一切及时和必要的协助，共同保障航空运输及旅客人身财产安全。

六、紧急事件处理

双方同意建立意外突发事件协调处理机制，及时通报，快速核查，紧急磋商，并相互提供协助。

七、文书格式

双方同意信息交换、通报、查询及业务联系，使用商定的文书格式。

八、联系主体

（一）本协议议定事项，由双方业务主管部门指定的联络人相互联系实施。

（二）本协议其他相关事宜，由海峡两岸关系协会与财团法人海峡交流基金会联系。

九、协议履行及变更

双方应遵守协议。

协议变更，应经双方协商同意，并以书面方式确认。

十、争议解决

因适用本协议所生争议，双方应尽速协商解决。除另有约定外，协商应于请求提出后 30 个工作日内举行。

十一、未尽事宜

本协议如有未尽事宜，双方得以适当方式另行商定。

十二、签署生效

本协议签署后，双方应各自完成有关程序并以书面通知对方，本协议自双方均收到对方通知后次日起生效。

本协议于八月二十五日签署，一式四份，双方各执两份。四份文本中对应表述的不同用语所含意义相同，四份文本具有同等效力。

海峡两岸关系协会　　　财团法人海峡交流基金会

会长　陈德铭　　　　　董事长　林中森

关于认可和执行台湾地区法院民事判决的规定

(2015 年 6 月 2 日最高人民法院审判委员会第 1653 次会议通过)

为保障海峡两岸当事人的合法权益，更好地适应海峡两岸关系和平发展的新形势，根据民事诉讼法等有关法律，总结人民法院涉台审判工作经验，就认可和执行台湾地区法院民事判决，制定本规定。

第一条 台湾地区法院民事判决的当事人可以根据本规定，作为申请人向人民法院申请认可和执行台湾地区有关法院民事判决。

第二条 本规定所称台湾地区法院民事判决，包括台湾地区法院做出的生效民事判决、裁定、和解笔录、调解笔录、支付命令等。

申请认可台湾地区法院在刑事案件中做出的有关民事损害赔偿的生效判决、裁定、和解笔录的，适用本规定。

申请认可由台湾地区乡镇市调解委员会等出具并经台湾地区法院核定，与台湾地区法院生效民事判决具有同等效力的调解文书的，参照适用本规定。

第三条 申请人同时提出认可和执行台湾地区法院民事判决申请的，人民法院先按照认可程序进行审查，裁定认可后，由人民法院执行机构执行。

申请人直接申请执行的，人民法院应当告知其一并提交认可申请；坚持不申请认可的，裁定驳回其申请。

第四条 申请认可台湾地区法院民事判决的案件，由申请人住所地、经常居住地或者被申请人住所地、经常居住地、财产所在地中级人民法院或者专门人民法院受理。

申请人向两个以上有管辖权的人民法院申请认可的，由最先立案的人民法院管辖。

申请人向被申请人财产所在地人民法院申请认可的，应当提供财产存在的相关证据。

第五条 对申请认可台湾地区法院民事判决的案件，人民法院应当组成合议庭进行审查。

第六条 申请人委托他人代理申请认可台湾地区法院民事判决的，应当向人民法院提交由委托人签名或者盖章的授权委托书。

台湾地区、香港特别行政区、澳门特别行政区或者外国当事人签名或者盖章的授权委托书应当履行相关的公证、认证或者其他证明手续，但授权委托书在人民法院法官的见证下签署或者经中国大陆公证机关公证证明是在中国大陆签署的除外。

第七条 申请人申请认可台湾地区法院民事判决，应当提交申请书，并附有台湾地区有关法院民事判决文书和民事判决确定证明书的正本或者经证明无误的副本。台湾地区法院民事判决为缺席判决的，申请人应当同时提交台湾地区法院已经合法传唤当事人的证明文件，但判决已经对此予以明确说明的除外。

申请书应当记明以下事项：

（一）申请人和被申请人姓名、性别、年龄、职业、身份证件号码、住址（申请人或者被申请人为法人或者其他组织的，应当记明法人或者其他组织的名称、地址、法定代表人或者主要负责人姓名、职务）和通讯方式；

（二）请求和理由；

（三）申请认可的判决的执行情况；

（四）其他需要说明的情况。

第八条 对于符合本规定第四条和第七条规定条件的申请，人民法院应当在收到申请后七日内立案，并通知申请人和被申请人，同时将申请书送达被申请人；不符合本规定第四条和第七条规定条件的，应当在七日内裁定不予受理，同时说明不予受理的理由；申请人对裁定不服的，可以提起上诉。

第九条 申请人申请认可台湾地区法院民事判决，应当提供相关证明文件，以证明该判决真实并且已经生效。

申请人可以申请人民法院通过海峡两岸调查取证司法互助途径查明台湾地区法院民事判决的真实性和是否生效以及当事人得到合法传唤的证明文件；人民法院认为必要时，也可以就有关事项依职权通过海峡两岸司法互助途径向台湾地区请求调查取证。

第十条　人民法院受理认可台湾地区法院民事判决的申请之前或者之后，可以按照民事诉讼法及相关司法解释的规定，根据申请人的申请，裁定采取保全措施。

第十一条　人民法院受理认可台湾地区法院民事判决的申请后，当事人就同一争议起诉的，不予受理。

一方当事人向人民法院起诉后，另一方当事人向人民法院申请认可的，对于认可的申请不予受理。

第十二条　案件虽经台湾地区有关法院判决，但当事人未申请认可，而是就同一争议向人民法院起诉的，应予受理。

第十三条　人民法院受理认可台湾地区法院民事判决的申请后，做出裁定前，申请人请求撤回申请的，可以裁定准许。

第十四条　人民法院受理认可台湾地区法院民事判决的申请后，应当在立案之日起六个月内审结。有特殊情况需要延长的，报请上一级人民法院批准。

通过海峡两岸司法互助途径送达文书和调查取证的期间，不计入审查期限。

第十五条　台湾地区法院民事判决具有下列情形之一的，裁定不予认可：

（一）申请认可的民事判决，是在被申请人缺席又未经合法传唤或者在被申请人无诉讼行为能力又未得到适当代理的情况下做出的；

（二）案件系人民法院专属管辖的；

（三）案件双方当事人订有有效仲裁协议，且无放弃仲裁管辖情形的；

（四）案件系人民法院已做出判决或者中国大陆的仲裁庭已做出仲裁裁决的；

（五）香港特别行政区、澳门特别行政区或者外国的法院已就同一争议做出判决且已为人民法院所认可或者承认的；

（六）台湾地区、香港特别行政区、澳门特别行政区或者外国的仲裁庭已就同一争议做出仲裁裁决且已为人民法院所认可或者承认的。

认可该民事判决将违反一个中国原则等国家法律的基本原则或者损害社会公共利益的，人民法院应当裁定不予认可。

第十六条　人民法院经审查能够确认台湾地区法院民事判决真实并且已经生效，而且不具有本规定第十五条所列情形的，裁定认可其效力；不能确认该民事判决的真实性或者已经生效的，裁定驳回申请人的申请。

裁定驳回申请的案件，申请人再次申请并符合受理条件的，人民法院应予受理。

第十七条　经人民法院裁定认可的台湾地区法院民事判决，与人民法院做出的生效判决具有同等效力。

第十八条　人民法院依据本规定第十五条和第十六条做出的裁定，一经送达即发生法律效力。

当事人对上述裁定不服的，可以自裁定送达之日起十日内向上一级人民法院申请复议。

第十九条　对人民法院裁定不予认可的台湾地区法院民事判决，申请人再次提出申请的，人民法院不予受理，但申请人可以就同一争议向人民法院起诉。

第二十条　申请人申请认可和执行台湾地区法院民事判决的期间，适用民事诉讼法第二百三十九条的规定，但申请认可台湾地区法院有关身份关系的判决除外。

申请人仅申请认可而未同时申请执行的，申请执行的期间自人民法院对认可申请做出的裁定生效之日起重新计算。

第二十一条　人民法院在办理申请认可和执行台湾地区法院民事判决案件中做出的法律文书，应当依法送达案件当事人。

第二十二条　申请认可和执行台湾地区法院民事判决，应当参照《诉讼费用交纳办法》的规定，交纳相关费用。

第二十三条　本规定自 2015 年 7 月 1 日起施行。《最高人民法院关于人民法院认可台湾地区有关法院民事判决的规定》（法释〔1998〕11 号）、《最高人民法院关于当事人持台湾地区有关法院民事调解书或者有关机构出具或确认的调解协议书向人民法院申请认可人民法院应否受理的批复》（法释〔1999〕10 号）、《最高人民法院关于当事人持台湾地区有关法院支付命令向人民法院申请认可人民法院应否受理的批复》（法释〔2001〕13 号）和《最高人民法院关于人民法院认可台湾地区有关法院民事判决的补充规定》（法释〔2009〕4 号）同时废止。

关于认可和执行台湾地区
仲裁裁决的规定

（2015 年 6 月 2 日最高人民法院审判
委员会第 1653 次会议通过）

为保障海峡两岸当事人的合法权益，更好地适应海峡两岸关系和平发展的新形势，根据民事诉讼法、仲裁法等有关法律，总结人民法院涉台审判工作经验，就认可和执行台湾地区仲裁裁决，制定本规定。

第一条 台湾地区仲裁裁决的当事人可以根据本规定，作为申请人向人民法院申请认可和执行台湾地区仲裁裁决。

第二条 本规定所称台湾地区仲裁裁决是指，有关常设仲裁机构及临时仲裁庭在台湾地区按照台湾地区仲裁规定就有关民商事争议做出的仲裁裁决，包括仲裁判断、仲裁和解和仲裁调解。

第三条 申请人同时提出认可和执行台湾地区仲裁裁决申请的，人民法院先按照认可程序进行审查，裁定认可后，由人民法院执行机构执行。

申请人直接申请执行的，人民法院应当告知其一并提交认可申请；坚持不申请认可的，裁定驳回其申请。

第四条 申请认可台湾地区仲裁裁决的案件，由申请人住所地、经常居住地或者被申请人住所地、经常居住地、财产所在地中级人民法院或者专门人民法院受理。

申请人向两个以上有管辖权的人民法院申请认可的，由最先立案的人民法院管辖。

申请人向被申请人财产所在地人民法院申请认可的，应当提供财产存在的相关证据。

第五条 对申请认可台湾地区仲裁裁决的案件，人民法院应当组成合议庭进行审查。

第六条 申请人委托他人代理申请认可台湾地区仲裁裁决的，应当向人民法院提交由委托人签名或者盖章的授权委托书。

台湾地区、香港特别行政区、澳门特别行政区或者外国当事人签名或者盖章的授权委托书应当履行相关的公证、认证或者其他证明手续，但授权委托书在人民法院法官的见证下签署或者经中国大陆公证机关公证证明是在中国大陆签署的除外。

第七条 申请人申请认可台湾地区仲裁裁决，应当提交以下文件或者经证明无误的副本：

（一）申请书；

（二）仲裁协议；

（三）仲裁判断书、仲裁和解书或者仲裁调解书。

申请书应当记明以下事项：

（一）申请人和被申请人姓名、性别、年龄、职业、身份证件号码、住址（申请人或者被申请人为法人或者其他组织的，应当记明法人或者其他组织的名称、地址、法定代表人或者主要负责人姓名、职务）和通讯方式；

（二）申请认可的仲裁判断书、仲裁和解书或者仲裁调解书的案号或者识别资料和生效日期；

（三）请求和理由；

（四）被申请人财产所在地、财产状况及申请认可的仲裁裁决的执行情况；

（五）其他需要说明的情况。

第八条 对于符合本规定第四条和第七条规定条件的申请，人民法院应当在收到申请后七日内立案，并通知申请人和被申请人，同时将申请书送达被申请人；不符合本规定第四条和第七条规定条件的，应当在七日内裁定不予受理，同时说明不予受理的理由；申请人对裁定不服的，可以提起上诉。

第九条 申请人申请认可台湾地区仲裁裁决，应当提供相关证明文件，以证明该仲裁裁决的真实性。

申请人可以申请人民法院通过海峡两岸调查取证司法互助途径查明台湾地区仲裁裁决的真实性；人民法院认为必要时，也可以就有关事项依职权通过海峡两岸司法互助途径向台湾地区请求调查取证。

第十条 人民法院受理认可台湾地区仲裁裁决的申请之前或者之后，可以按照民事诉讼法及相关司法解释的规定，根据申请人的申请，裁定采取保全措施。

第十一条 人民法院受理认可台湾地区仲裁裁决的申请后，当事人就同一争议起诉的，不予受理。

当事人未申请认可，而是就同一争议向人民法院起诉的，亦不予受理，但仲裁协议无效的除外。

第十二条 人民法院受理认可台湾地区仲裁裁决的申请后，做出裁定前，申请人请求撤回申请的，可以裁定准许。

第十三条 人民法院应当尽快审查认可台湾地区仲裁裁决的申请，决定予以认可的，应当在立案之日起两个月内做出裁定；决定不予认可或者驳回申请的，应当在做出决定前按有关规定自立案之日起两个月内上报最高人民法院。

通过海峡两岸司法互助途径送达文书和调查取证的期间，不计入审查期限。

第十四条 对申请认可和执行的仲裁裁决，被申请人提出证据证明有下列情形之一的，经审查核实，人民法院裁定不予认可：

（一）仲裁协议一方当事人依对其适用的法律在订立仲裁协议时属于无行为能力的；或者依当事人约定的准据法，或当事人没有约定适用的准据法而依台湾地区仲裁规定，该仲裁协议无效的；或者当事人之间没有达成书面仲裁协议的，但申请认可台湾地区仲裁调解的除外；

（二）被申请人未接到选任仲裁员或进行仲裁程序的适当通知，或者由于其他不可归责于被申请人的原因而未能陈述意见的；

（三）裁决所处理的争议不是提交仲裁的争议，或者不在仲裁协议范围之内；或者裁决载有超出当事人提交仲裁范围的事项的决定，但裁决中超出提交仲裁范围的事项的决定与提交仲裁事项的决定可以分开的，裁决中关于提交仲裁事项的决定部分可以予以认可；

（四）仲裁庭的组成或者仲裁程序违反当事人的约定，或者在当事人没有约定时与台湾地区仲裁规定不符的；

（五）裁决对当事人尚无约束力，或者业经台湾地区法院撤销或者驳回执行申请的。

依据国家法律，该争议事项不能以仲裁解决的，或者认可该仲裁裁决将违反一个中国原则等国家法律的基本原则或损害社会公共利益的，人民法院应当裁定不予认可。

第十五条 人民法院经审查能够确认台湾地区仲裁裁决真实，而且不具有本规定第十四条所列情形的，裁定认可其效力；不能确认该仲裁裁决真实性的，裁定驳回申请。

裁定驳回申请的案件，申请人再次申请并符合受理条件的，人民法院应予受理。

第十六条 人民法院依据本规定第十四条和第十五条做出的裁定，一经送达即发生法律效力。

第十七条 一方当事人向人民法院申请认可或者执行台湾地区仲裁裁决，另一方当事人向台湾地区法院起诉撤销该仲裁裁决，被申请人申请中止认可或者执行并且提供充分担保的，人民法院应当中止认可或者执行程序。

申请中止认可或者执行的，应当向人民法院提供台湾地区法院已经受理撤销仲裁裁决案件的法律文书。

台湾地区法院撤销该仲裁裁决的，人民法院应当裁定不予认可或者裁定终结执行；台湾地区法院驳回撤销仲裁裁决请求的，人民法院应当恢复认可或者执行程序。

第十八条 对人民法院裁定不予认可的台湾地区仲裁裁决，申请人再次提出申请的，人民法院不予受理。但当事人可以根据双方重新达成的仲裁协议申请仲裁，也可以就同一争议向人民法院起诉。

第十九条 申请人申请认可和执行台湾地区仲裁裁决的期间，适用民事诉讼法第二百三十九条的规定。

申请人仅申请认可而未同时申请执行的，申请执行的期间自人民法院对认可申请做出的裁定生效之日起重新计算。

第二十条 人民法院在办理申请认可和执行台湾地区仲裁裁决案件中所做出的法律文书，应当依法送达案件当事人。

第二十一条 申请认可和执行台湾地区仲裁裁决，应当参照《诉讼费用交纳办法》的规定，交纳相关费用。

第二十二条 本规定自 2015 年 7 月 1 日起施行。

本规定施行前，根据《最高人民法院关于人民法院认可台湾地区有关法院民事判决的规定》（法释〔1998〕11 号），人民法院已经受理但尚未审结的申请认可和执行台湾地区仲裁裁决的案件，适用本规定。

上海市台湾同胞投资权益保护规定

（2015 年 9 月 24 日上海市第十四届人民代表
大会常务委员会第二十三次会议通过）

第一条 为了保护台湾同胞投资权益，鼓励台湾同胞在本市投资，促进本市与台湾地区经贸往来和经济融合发展，根据《中华人民共和国台湾同胞投资保护法》以及其他法律、行政法规，结合本市实际，制定本规定。

第二条 本规定所称的台湾同胞投资，是指台湾同胞在台湾地区或者大陆其他区域、其他国家或者地区投资设立的公司、企业或者其他经济组织，以及个人作为投资者，在本市投资设立公司、企业以及其他经济组织，或者按照国家有关规定在本市的公司、企业以及其他经济组织投资参股的行为。

第三条 在本市行政区域内台湾同胞的投资权益保护，以及其他相关权益保护，适用本规定。

第四条 本市对台湾同胞投资权益保护，遵循平等、公正、透明的原则。

第五条 市和区、县人民政府应当加强对台湾同胞投资权益保护工作的领导，建立和完善相应的工作机制，促进台湾同胞投资权益保护工作。

市和区、县人民政府台湾事务主管部门负责台湾同胞投资权益保护的组织、指导、管理、协调工作。

本市发展改革、经济信息化、商务、教育、科技、公安、民政、财政、人力资源社会保障、规划国土资源、卫生计生、税务、工商行政、知识产权、住房和城乡建设管理、金融服务、文广影视等有关部门按照各自职责，共同做好台湾同胞投资权益保护工作。

第六条 台湾同胞投资者的投资、投资收益和其他合法权益依法受到保护。台湾同胞投资设立或者投资参股的公司、企业以及其他经济组织（以下统称台湾同胞投资企业），依法享有经营管理的自主权。

任何机关或者单位不得对台湾同胞投资企业进行法律、法规、规章规定之外的检查，不得违反国家规定强制或者变相强制台湾同胞投资企业参加各类培训、评比、鉴定、考核活动，不得向其摊派或者另立收费项目、提高收费标准。

台湾同胞投资企业应当依法开展生产经营活动，建立健全管理制度，开展诚信经营，承担社会责任。

第七条　依法设立的市台湾同胞投资企业协会应当依照法律、法规和协会章程开展活动，加强会员与政府有关部门的联系，为会员提供政府产业政策辅导、咨询评估、教育培训、开拓市场等服务，维护会员的投资权益。

市人民政府台湾事务主管部门以及其他有关部门为市台湾同胞投资企业协会提供指导和服务。

第八条　市台胞服务中心通过法律咨询、政策咨询、投诉和纠纷协调处理等方式，为台湾同胞和台湾同胞投资企业提供公共事务服务。

第九条　本市建立统一的台湾同胞投资公共信息服务平台，建立信息数据共享机制。商务、工商行政、公安出入境等相关部门应当向台湾同胞投资公共信息服务平台提供与台湾同胞投资相关的信息数据资料。

台湾同胞投资公共信息服务平台应当为台湾同胞和台湾同胞投资企业提供各类信息和政策咨询服务。

第十条　本市依法登记设立的仲裁机构应当依据法律、法规和国际惯例，对台湾同胞投资者与其他主体的合同争议或者其他争议进行仲裁。鼓励本市仲裁机构设立涉台仲裁服务窗口，为台湾同胞投资者提供与仲裁相关的法律服务。

符合条件的台湾同胞可以受聘为本市仲裁机构仲裁员。

第十一条　支持台湾同胞投资设立金融机构、金融专业服务机构、融资性担保机构、小额贷款公司。对台湾同胞投资的金融机构分支机构改制成法人金融机构后注册或者迁入本市的，以及在本市新注册设立或者新迁入的金融机构总部，可以给予相关政策扶持。

第十二条　台湾同胞投资企业在本市设立地区总部的，按照有关规定，在资金管理、出入境管理、就业许可、人才引进等方面给予便利。

第十三条　支持台湾同胞投资企业参与本市科技创新中心建设。鼓励台湾同胞投资企业设立研发中心，参与研发公共服务平台建设，承接政府科研项目，与相关单位联合开展产业链核心技术攻关，并在科技成果转化、创新创业人才激励等方面给予相关政策扶持。

第十四条 在中国（上海）自由贸易试验区内鼓励台湾同胞投资金融服务、航运服务、商贸服务、专业服务、文化服务、社会服务以及先进制造业等领域。

第十五条 引导和鼓励台湾同胞投资企业按照国家和本市创新转型的战略要求，加快实施产业的转型升级，支持其中的传统制造业企业开展产业结构调整、节能减排技术改造和清洁生产。支持台湾同胞投资"专精特新"（专业化、精细化、特色化、新颖化）的中小企业，在能源供应等方面予以保障。

台湾同胞投资企业可以按照有关规定利用其存量房屋和土地，兴办信息服务业、研发设计、创意产业等现代服务行业。

第十六条 支持金融机构为本市台湾同胞投资企业提供专项授信。金融机构可以通过知识产权质押、股权质押、供应链融资、出口信用保险融资等服务，支持台湾同胞投资企业发展。

支持台湾同胞投资企业拓宽直接融资渠道。鼓励台湾同胞投资企业在证券市场上市或者再融资。鼓励台湾同胞投资企业发行企业债、公司债、可转换债券、中长期票据、短期融资券等筹措资金。鼓励台湾同胞投资企业通过本市股权托管交易机构进行融资。

支持台湾同胞投资的中小企业发行集合债券和集合票据。发行集合债券和集合票据所承担的评级、审计、担保和法律咨询等中介服务费用，可以向市中小企业工作主管部门申请资金支持。

第十七条 支持台湾同胞投资企业进行专利申请、商标注册和著作权登记。

台湾同胞投资企业进行专利申请，可以按照本市有关规定获得资助。台湾同胞投资企业可以通过本市知识产权援助中心获得一般咨询、维权咨询等援助服务，符合条件的可以申请专项援助。支持台湾同胞投资企业通过知识产权转让交易市场，进行知识产权评估、登记、交易转让等活动。

市和区、县人民政府有关部门应当加强对台湾同胞投资企业知识产权的保护力度，依法处理侵犯台湾同胞投资企业知识产权的行为。

第十八条 对台湾同胞投资者的投资不实行国有化和征收；在特殊情况下，根据社会公共利益的需要，对台湾同胞投资者的投资可以依照法律程序实行征收，并给予相应的补偿。补偿相当于该投资在征收决定前一刻的价值，包括从征收之日起至支付之日止按合理利率计算的利息，并可以依法兑换外汇，汇回台湾或者汇往境外。

市和区、县人民政府及其有关部门为应对突发事件依法征用台湾同胞投资者的动产或者不动产的，应当依法予以补偿。被征用的不动产或者动产使用后，应当返还被征用人。被征用的不动产或者动产损毁、灭失的，应当依法予以补偿。

第十九条 本市设立的青年创业类基金可以为台湾青年在本市创业提供咨询服务、项目评估和资金支持。

本市各类大学生实训基地可以为在本市高校就读的台湾大学生提供实习和训练机会。

在台湾高校、其他国家和地区高校就读或者毕业的台湾学生在本市企事业单位实习、就业的，人力资源社会保障、公安出入境等相关部门按照规定提供便利。

市台胞服务中心应当为有意愿在本市就业的台湾青年提供就业咨询和指导服务。

第二十条 台湾同胞投资者、在本市合法就业的台湾同胞，以及他们在本市共同居住的配偶、子女、父母，享有与本市常住人口同等的医疗卫生服务待遇，并按照本市有关规定，享受国家免疫规划项目的预防接种等基本公共卫生服务。医疗机构应当按照规定书写和保存医疗文书，并为就诊的台湾同胞申请台湾地区健保机构核退费用提供便利。

台湾同胞投资者在本市共同居住的子女、在本市合法就业的台湾同胞在本市共同居住的子女可以按照有关规定，进入本市幼儿园、中小学（含中等职业学校）就读，与本市学生享有同等待遇，并可以根据相关政策享受适当照顾。

在本市创业、合法就业的台湾同胞可以按照规定申请本市公共租赁住房。

第二十一条 台湾同胞投资者、在本市合法就业的台湾同胞根据相关规定参加社会保险。

台湾同胞投资者在本市共同居住的配偶、子女，在本市合法就业的台湾同胞在本市共同居住的配偶、子女，符合本市有关规定的可以参加本市城镇居民基本医疗保险。

第二十二条 拥有本市房屋所有权的台湾同胞依法享有业主的相关权益。

支持在本市居住的台湾同胞投资者和合法就业的台湾同胞参与社区公益活动，保障其依法享有社区公共事务的知情权、建议权和参与权。

第二十三条 台湾同胞投资者与其他主体发生投资权益争议，或者认为其合法权益受到侵害的，可以通过下列途径解决：

（一）协商和解或者调解解决；

（二）申请仲裁；

（三）向政府有关部门投诉；

（四）申请行政裁决、行政复议；

（五）向人民法院提起诉讼。

第二十四条 市和区、县人民政府台湾事务主管部门或者其他有关部门接到台湾同胞、台湾同胞投资企业的投诉后，除法律、法规另有规定外，应当在六十日内将处理情况回复投诉人。

对应当由政府其他有关部门处理的投诉事项，市和区、县人民政府台湾事务主管部门应当在十五日内转交其他有关部门处理。其他有关部门应当依照前款规定的时限处理投诉，并在回复投诉人的同时，将处理情况书面通报同级台湾事务主管部门。

第二十五条 市和区、县人民政府有关部门及其工作人员违反本规定，有下列行为之一的，由上级主管部门或者监察机关对直接负责的主管人员和其他责任人员，依法给予行政处分：

（一）未依法处理台湾同胞、台湾同胞投资企业投诉事项的；

（二）未按照本规定向台湾同胞投资信息公共服务平台提供信息数据的；

（三）违法对台湾同胞投资企业实施检查的；

（四）违法强制或者变相强制台湾同胞投资企业参加各类培训、评比、鉴定、考核活动的；

（五）违法向台湾同胞投资企业摊派或者另立收费项目、提高收费标准的；

（六）违法对台湾同胞投资者的投资或者动产、不动产实行征收、征用的。

第二十六条 本规定自 2015 年 11 月 1 日起施行。

安徽省保护和促进台湾同胞投资条例

（2015 年 11 月 19 日安徽省第十二届人民代表大会常务委员会第二十四次会议通过）

第一条 为了保护和促进台湾同胞在本省投资，根据《中华人民共和国台湾同胞投资保护法》及有关法律、行政法规，结合本省实际情况，制定本条例。

第二条 本条例适用于台湾同胞在本省的投资活动。

本条例所称台湾同胞投资是指台湾地区的企业、其他经济组织或者个人作为投资者（以下简称台湾同胞投资者）在本省的投资。

第三条 台湾同胞投资者的投资、投资收益和其他合法权益受法律保护，任何组织或者个人不得侵占和损害。

台湾同胞投资应当遵守法律、法规，不得损害国家利益和社会公共利益。

第四条 各级人民政府应当优化投资环境，鼓励台湾同胞投资，做好台湾同胞投资合法权益的保护工作。

县级以上人民政府台湾事务办事机构负责台湾同胞投资合法权益保护的组织、指导、管理、协调工作。

县级以上人民政府其他有关部门应当按照各自职责，做好台湾同胞投资的服务工作。

第五条 省、设区的市和台湾同胞投资集中的县（市、区）人民政府应当建立台湾同胞投资保护协调处理机制，负责组织、协调、督促有关部门处理台湾同胞投资合法权益保护的重大问题。

第六条 台湾同胞投资集中的设区的市、县（市、区）可以依法成立台湾同胞投资企业协会。

台湾同胞投资企业协会依照法律、法规和章程活动，其合法权益受法律保护。

第七条　在本省投资的台湾同胞与本省居民享有同等待遇，并享有国家和本省规定的其他优惠待遇。

第八条　台湾同胞投资者投资设立企业或者申请登记为个体工商户的，应当按照国家规定办理。

有关审批、登记机关应当将审批、登记设立的台湾同胞投资企业或者个体工商户的有关信息及时告知同级人民政府台湾事务办事机构。

第九条　实际出资人与登记出资人不一致，作为实际出资人的台湾同胞投资者请求确认其为出资人身份的，可以依照有关规定，向工商、司法等有关国家机关提出申请，有关国家机关应当依法处理。

第十条　台湾同胞投资者可以依法开办合资经营企业、合作经营企业、全部资本由其投资的企业，也可以采用法律、行政法规允许的其他投资形式。

第十一条　省人民政府设立台湾产业园区发展资金，用于鼓励、支持和引导台湾工业园、台湾农民创业园和台湾青年创业园等园区的发展。

省人民政府应当统筹制定台湾工业园、台湾农民创业园和台湾青年创业园在土地使用、基础设施等方面的支持政策。

第十二条　台湾同胞投资者投资应当符合国家和本省的产业政策和投资导向，投资下列行业的，依照国家和省有关规定享受优惠：

（一）电子信息、节能环保、新能源汽车和新能源产业；

（二）生物、新材料、高端装备制造产业；

（三）现代服务业；

（四）文化产业；

（五）现代农业；

（六）养老服务等社会事业；

（七）本省鼓励的其他行业。

第十三条　支持台湾同胞投资者在本省设立企业总部、研发机构和技术转移平台，入驻创新综合试验区、集中示范园区和各类开发园区等。

第十四条　鼓励台湾地区的银行、证券、期货、保险等金融机构依法在本省投资，设立金融机构或者参股本省金融机构。

鼓励台湾同胞投资者依照国家有关规定成立融资租赁或者融资担保公司等，提供融资服务。

第十五条　台湾同胞投资企业协会可以依法设立台湾同胞投资企业信贷

风险补偿基金，引导金融机构扩大对台湾同胞投资企业信贷投放。

第十六条　台湾同胞投资者可以依法申请专利、著名商标、农产品认证、农业产业化龙头企业等。台湾同胞投资企业可以依法申请认定高新技术企业，申请各类科技计划项目，在本省自主研发的科技成果可以申报科学技术奖。

第十七条　县级以上人民政府及其有关部门应当将符合条件的台资企业产品纳入政府采购目录，依法为台湾同胞投资者的合格产品进入市场提供服务。

第十八条　台湾同胞投资者投资获得的合法利润、股息、利息、租金、特许权使用费、清算后的资金和其他合法收入，可以依法汇回台湾地区或者汇往境外，也可以依法转让、继承或者再投资。

第十九条　各级公共就业人才服务机构免费向台湾同胞投资者提供相关政策法规及职业供求信息、职业培训信息、招聘用人指导等公共就业服务。

鼓励和支持台湾同胞投资企业开展岗位培训，提升职工技能。对符合条件的台湾同胞投资企业，可以按有关政策规定申请获得职业培训补贴。指导台湾同胞投资企业完善用工管理制度，建立和谐劳动关系。

第二十条　对台湾同胞投资者的投资不实行征收和国有化。在特殊情况下，确因社会公共利益的需要，对台湾同胞投资者的投资可以依照法律程序实行征收，并给予相应的补偿。政府有关部门在拟订征收补偿方案时应当征求台湾同胞投资者的意见。

征收实施前，征收方应当和被征收方签订征收补偿协议，约定补偿款兑现期限。征收补偿包括被征收资产的补偿，因征收造成的停产停业损失的补偿，搬迁、临时安置的补偿等。需要搬迁的，征收补偿费用应当在搬迁之前足额补偿到位。

对被征收资产的补偿，不得低于征收决定公告之日的市场价格，并加计从征收之日起至支付之日止按合理商业利率计算的利息。

第二十一条　公安机关应当依照有关法律、行政法规的规定，为台湾同胞投资者个人及其随行家属和台湾同胞投资企业中的台湾同胞职工及其随行家属办理台湾居民来往大陆通行证件，并提供出入境及居留便利。

第二十二条　台湾同胞投资企业中的职工，按规定参加企业所在地的城镇职工社会保险，并享受社会保险的相关待遇。

第二十三条　台湾同胞投资者个人的子女和台湾同胞投资企业中的台湾

同胞职工的子女就学，与当地学生享受同等待遇，并可获适当照顾。

第二十四条 台湾同胞投资者个人及其随行家属和台湾同胞投资企业中的台湾同胞职工及其随行家属，可以凭在台湾地区取得的有效机动车驾驶证，向当地公安交通管理部门申领同类型机动车驾驶证，公安交通管理部门应当提供便利。

第二十五条 台湾同胞投资者个人和台湾同胞投资企业中的台湾同胞职工，可以依照国家和本省的有关规定，参加相关专业技术、职业技能资格评审或者考试，取得相关资格证书。

第二十六条 设区的市和台湾同胞投资集中的县（市、区）人民政府应当指定医疗保健服务定点医院，为台湾同胞就诊提供便利。

第二十七条 台湾同胞投资者个人及其随行家属和台湾同胞投资企业中的台湾同胞职工及其随行家属，依照国家和本省有关规定享受法律援助服务。

第二十八条 台湾同胞投资者的生产经营自主权受法律保护，任何组织或者个人不得非法干预和侵犯。

任何组织或者个人不得对台湾同胞投资者摊派和非法收费，不得进行法律、法规规定之外的检查、罚款，不得违反国家规定强制或者变相强制台湾同胞投资者参加各类培训、评比、鉴定、考核等活动。

第二十九条 县级以上人民政府及其有关部门应当按照规定及时公布与台湾同胞投资有关的规定、措施、程序等，及时公布和通报当地经济、社会发展信息，为台湾同胞投资者提供法律政策咨询。

第三十条 县级以上人民政府台湾事务办事机构或者其他有关部门接到台湾同胞、台湾同胞投资企业的投诉后，除法律、行政法规另有规定外，应当在六十日内将处理情况回复投诉人。

对应当由政府其他有关部门处理的投诉事项，县级以上人民政府台湾事务办事机构应当在十五日内转交其他有关部门处理。其他有关部门应当按照前款规定的时限处理投诉，并在回复投诉人的同时，将处理情况书面通报同级人民政府台湾事务办事机构。

第三十一条 台湾同胞投资者与企业、其他经济组织或者个人发生的与投资相关的争议，当事人可以通过协商或者调解解决。

当事人不愿协商、调解的，或者经协商、调解不成的，可以依照合同中的仲裁条款或者事后达成的书面仲裁协议，提交仲裁机构仲裁。

当事人未在合同中订立仲裁条款，事后又未达成书面仲裁协议的，可以依法向人民法院提起诉讼。

第三十二条 国家机关及其工作人员有下列情形之一的，由上级行政机关或者有关部门责令改正，对直接负责的主管人员和其他直接责任人员依法给予处分：

（一）违反法律程序，征收台湾同胞投资者的投资，或者不依照协议及时足额进行征收补偿的；

（二）非法干涉台湾同胞投资者自主生产经营的；

（三）向台湾同胞投资者摊派或者非法收费，非法检查、罚款的；

（四）强制或者变相强制台湾同胞投资者参加各类培训、评比、鉴定、考核的；

（五）其他损害台湾同胞投资者合法权益的。

国家机关工作人员玩忽职守、徇私舞弊、滥用职权，侵害台湾同胞投资者合法权益，构成犯罪的，应当依法追究刑事责任。对台湾同胞投资者遭受的损失，应当依法予以赔偿。

第三十三条 台湾同胞投资者以其在其他国家、地区以及大陆其他区域的企业或者其他经济组织在本省投资的，依照本条例执行。

第三十四条 本条例自2016年1月1日起施行。

福建省促进闽台职业教育合作条例

（2015 年 9 月 25 日福建省第十二届人民代表
大会常务委员会第十七次会议通过）

第一条 为了促进闽台职业教育合作，提高劳动者素质，增强职业教育服务经济和社会发展的能力，根据有关法律、法规，结合本省实际，制定本条例。

第二条 在本省行政区域内从事闽台职业教育合作及其相关活动，适用本条例。

第三条 闽台职业教育合作应当遵循政府推动、市场引导、优势互补、资源共享、共同发展的原则。

第四条 台湾同胞从事闽台职业教育合作的，与本省居民享有同等待遇，并享有国家和本省规定的其他优惠待遇。

第五条 县级以上地方人民政府应当将闽台职业教育合作纳入国民经济和社会发展规划，统筹协调闽台职业教育合作中的相关问题，所需经费纳入同级财政预算。

第六条 县级以上地方人民政府教育行政部门负责本行政区域内闽台职业教育合作的规划、管理及其他相关工作。县级以上地方人民政府人力资源和社会保障、台湾事务及其他有关行政部门按照各自职责负责本行政区域内的闽台职业教育合作相关工作。

第七条 鼓励台湾地区的组织、个人与大陆的企业、学校、科研机构等组织合作，在本省设立闽台职业教育合作办学机构、职业技能培训机构。申请设立闽台职业教育合作办学机构、职业技能培训机构的，应当按照国家规定的设立条件，由县级以上人民政府教育、人力资源和社会保障行政部门依法批准。台湾地区的组织、个人依法在中国（福建）自由贸易试验区内单独设立职业技能培训机构，报省人力资源和社会保障行政部门备案。

第八条 鼓励在台湾地区具有优势且符合本省发展需求的专业领域开展

闽台职业教育合作。开展闽台职业教育合作可以采取以下形式：（一）举办各种层次学历和非学历的职业教育；（二）开展科学研究和科技开发；（三）举办职业技能培训；（四）建立职业教育教学与科研资源共享平台；（五）建设师资培训基地和学生实训基地；（六）举办各类职业技能竞赛；（七）法律、法规未禁止的其他合作形式。

第九条　省、设区的市人民政府发展和改革、教育、人力资源和社会保障等行政部门应当加强产业转型升级的技术技能人才需求预测，引导闽台职业教育合作的专业设置、办学规模，规范办学标准，提高人才培养质量，促进就业创业。

第十条　鼓励台湾同胞投资企业设立职业教育办学机构、职业技能培训机构，引进台湾地区职业教育的办学模式和专业课程、教材，培养符合本行业、企业发展需求的技术技能人才。

第十一条　鼓励台湾地区的职业院校和本省的普通高等学校、职业学校、职业技能培训机构与企业联合培养技术技能人才，县级以上地方人民政府有关部门应当通过政府补贴、购买服务、助学贷款、基金奖励、捐资激励等方式予以支持。鼓励企业、社会团体和个人以参股、租赁、托管等形式参与闽台职业教育合作办学与管理。

第十二条　鼓励现有各类园区、企业设立闽台职业技能师资培训基地和学生实训基地，县级以上地方人民政府及有关部门应当给予政策支持。

第十三条　台湾地区的职业院校可以受托管理本省职业学校或者普通高等学校的部分院系，并根据有关规定在专业设置、专业课程和教材使用、人事管理、教师评聘、收入分配等方面享有办学自主权。

第十四条　从事闽台职业教育合作相关专业技术工作且符合相关规定的台湾同胞可以申报评聘相关专业技术职务（职称）、申请参加职业技能等级鉴定。

第十五条　从事闽台职业教育合作且符合相关规定的台湾同胞可以受聘于相关单位任职，不受本单位现有编制的限制，聘任时不受评聘时限和岗位职数的限制。

第十六条　台湾地区有关机构颁发的职业教育及相关技能证书，经省、设区的市人民政府教育、人力资源和社会保障行政部门确认，可以在本省适用。

第十七条　受聘于从事闽台职业教育合作的院校、科研机构的台湾同胞可以作为项目负责人申请本省相关学科领域的科研项目。

第十八条 鼓励金融机构开发、创新适合闽台职业教育合作项目的金融产品，为闽台职业教育合作提供服务。从事闽台职业教育合作的台湾地区的组织、个人，可以依法将建筑物和其他地上附着物、建设用地使用权、知识产权等作为抵押财产，向金融机构申请贷款。

第十九条 县级以上地方人民政府有关部门应当在住房、医疗、子女就学、养老等方面为从事闽台职业教育合作的台湾同胞提供服务。

第二十条 县级以上地方人民政府及有关部门应当安排资金，用于闽台职业教育合作的实训基地建设、技术研发、师资培训和人才引进等方面。

第二十一条 县级以上地方人民政府及有关部门应当为闽台职业教育合作提供政策咨询和信息服务，建立闽台职业教育师资人才数据库，依法及时公开相关信息。

第二十二条 省、设区的市人民政府教育、人力资源和社会保障行政部门应当制定闽台职业教育师资培训规划，组织本省普通高等学校、职业学校、职业技能培训机构的教师赴台培训。县级以上地方人民政府有关部门对闽台职业教育合作项目赴台学习培训的教师和学生，应当简化办理手续；因紧急事件需要出入境的，应当予以优先办理。

第二十三条 县级以上地方人民政府教育行政部门应当将闽台职业教育纳入教育督导范围；根据实际需要，可以委托第三方机构对闽台职业教育合作项目的办学条件、教育质量进行评估，并向社会公布。

第二十四条 从事闽台职业教育合作的台湾地区的组织、个人合法权益受到侵害时，可以向县级以上地方人民政府教育行政部门和其他有关部门投诉，有关部门应当依法处理，涉及重大事项的，应当告知同级人民政府台湾事务主管部门。

第二十五条 本条例自2015年12月1日起施行。

戮力同心　携手共进　共同建设中华司法研究与交流的高端平台

（2015 年 7 月 4 日在中华司法研究会成立大会上的讲话）

周　强[*]

各位代表、各位来宾、各位同仁，女士们、先生们：

大家上午好！

经过一年多的紧张筹备，在海峡两岸暨香港澳门以及海外各有关方面热情参与和大力支持下，中华司法研究会今天终于顺利成立了！此刻，我们在北京这座底蕴深厚、人文荟萃的千年古都欢聚一堂，两岸暨港澳以及海外法律界华人的精英与翘楚共襄盛举，共谋发展，必将对中华民族的司法文明和法治进步产生重大而深远的影响。在此，我代表中华司法研究会，并以我个人的名义，向各位代表和来宾，尤其是千里迢迢前来出席会议的港澳台同胞及海外侨胞，表示热烈的欢迎！向长期以来关心和支持中华司法研究会成立筹备工作的有关方面和有关部门，表示诚挚的感谢！特别令我感动的是，大家不仅积极申请参加研究会，而且都自费参会，尤其是境外人士来北京一次花费不菲，这既充分体现了大家对中华司法与法治事业的高度关注和饱满热情，也充分展现了大家对研究会的莫大支持和无私奉献，为此我要向全体入会参会的各位同仁表示特别的感谢和敬意！

刚才，研究会第一次会员代表大会审议并表决通过了《中华司法研究会章程》，选举产生了研究会第一届理事会；第一届理事会全体扩大会议又选举产生了常务理事会。承蒙大家信赖，选举我担任研究会会长，我深感责任重大，使命光荣。借此机会，请允许我代表当选的全体理事，对大家的信

任和支持表示衷心的感谢！

中华司法研究会的成立，是一件具有标志意义的事情，中华司法的民间学术研究与交流实现了定期化与机制化。这是两岸暨港澳四地司法交流与合作的一件盛事，是海内外法律界华人致力于中华司法研究的一件喜事，是中华民族法治建设进程中的一件大事，是两岸暨港澳以及海外法律界华人合作研究和探索复兴中华司法文明和中华法律体系的开创之举，必将载入中华司法发展的史册，产生重大而深远的影响。中华民族拥有悠久历史、灿烂文化和辉煌文明，在五千年的历史发展长河中，同样创造了博大精深的中华法律文明。中华法律文明适应了中华民族独特的政治生态和社会生活，塑造了中华民族独有的精神气质和民族情怀，同时也反映了人类努力缔造和谐秩序的共同愿望，因此以其自身魅力远播海外，成为东方法律文明中的璀璨瑰宝，在世界法制发展史上亦占有重要地位。司法是通过法律实现社会公平正义的"调节阀"，法治是通过法律手段维护社会文明秩序的有效之治。当前，中华民族进入了实现伟大复兴的关键进程，中华司法和法治的进步对推动实现中华民族伟大复兴的作用日益重要、地位愈加凸显。中华司法研究会以传承、弘扬、创新中华司法文明，建设、发展、完善中华法治为己任，它的成立，为全球法律界华人的精英贤达提供了一个可以深入开展中华司法和法治研究的广阔舞台，也象征着中华法律文明进一步走向世界。

努力推动中华司法和法治的发展与进步是筹建中华司法研究会的初衷和动力，也是研究会成立后的中心任务。为此，我们应致力于把中华司法研究会建设成为两岸暨港澳司法及有关法治问题的共同研究平台和以全球华人法学家与法律家为主体的高端交流平台。我们将定期发布研究课题，并且资助、鼓励大家在相关领域开展精细研究，不断拓宽研究广度，增进研究深度，争取每年形成一批有分量、有价值、可应用的研究成果；定期组织开展学术交流研讨，举办形式多样、主题丰富的研讨会和论坛，从明年起力争每两年举办一次中华司法研究高峰论坛，与由两岸暨港澳司法审判主管机构轮流主办的海峡两岸暨香港澳门司法高层论坛隔年交替举行，为全球法律实务界和法学界华人面对面交流学术、交锋观点、交融思想创造条件和机会；规划信息数据汇总系统，建设信息互通、资源共享，具有权威性的中华司法信息数据库，充分运用互联网加强联络、促进交流；定期发布包括两岸暨港澳司法合作研究报告在内的各种中华司法研究报告，争取编辑出版中华司法研究会会刊并努力将其打造成精品期刊；建设中华司法研究会网站，积极宣传研究会工作动态和研究成果，并依托其面向海内外公众提供中华司法有关数据以及两岸暨港澳司法交流合作等信息。

中华司法研究会的成立，为海内外法律界华人搭建了一个广阔而有效的交流平台。充分发挥这一平台的作用，不断推进中华司法研究和法治进步，更需要我们同心同德、凝聚力量、锐意进取、开拓创新。借此机会，我提出三点建议，与各位同仁共勉。

一是坚持学术组织定位和司法研究方向。全体会员参与研究会活动要始终以学术交流为己任，重点关注两岸暨港澳的司法及与司法有关的法治问题，注意开展比较研究、综合研究和应用研究，更好实现法学理论与法律实践的结合，更好实现不同部门法领域的融会贯通，促进对中华司法和法治问题的整体思考、深入研究、长远规划和共同行动。

二是树立问题导向意识。对涉及中华司法进步和中华法治发展的重大理论问题和现实问题进行深层次、广角度的研究，以强烈的问题意识发现、正视和解决问题。尤其是港澳回归以来内地与港澳之间的司法合作不断推进，2009 年以来两岸之间的司法合作全面推进，在这一过程中也遇到了一些新的情况、新的问题，迫切需要对其予以系统研究，以进一步推进两岸暨港澳司法合作的法律化、制度化、规范化建设，更好地维护两岸和港澳人民合法权益。

三是树立创新发展意识。以"敢为天下先"的勇气和魄力，勇于涉足有关中华司法和中华法治研究中的重大问题、前沿问题，在研究成果中着力反映有关中华司法和法治研究中的最新视野、最新观点、最新方法。总之，我衷心期待在研究会提供的广阔舞台上，大家能够积极贡献智慧，充分施展才华，创造辉煌业绩！中华司法研究会要竭诚为各位会员、各位理事、常务理事做好服务，加强沟通协调，也请各位会员、各位理事、常务理事多提宝贵意见，使研究会及秘书处更好地为大家服务。

中华司法研究会从起意创设到着手筹备再到今天成立，虽然遇到不少问题和困难，但是我们始终充满信心。展望研究会未来的长远发展，我们要始终遵循务实、开放的原则，广纳天下华人法治英才。要抓紧制定完善各种切实可行的内部管理办法，加强统筹规划，整合研究资源，构筑学术高地，从制度上保障和促进研究会的建设和发展。要在依法依规依章程开展活动的前提下，建立和创新符合中华司法研究会特点的工作机制，使研究会更有实力、更具活力、更富魅力，充分发挥研究会的学术带动和引领作用。要建立优秀研究成果的评选及其应用转化机制，推动更多优秀成果进入两岸暨港澳各自的决策层视野。中华司法研究会的成立得到有关部门的大力支持，研究会筹备组工作人员付出了辛勤劳动，在此我提议，大家向他们一并表示衷心的感谢！

各位代表、各位来宾，各位同胞、各位同仁：

"士不可以不弘毅，任重而道远！"我热忱期待全球法律界华人积极参与我们的事业，给予我们最宝贵的支持！我坚信，中华司法研究会将不负众望、不辱使命，为深化两岸暨港澳以及海外法律界的交流与合作，推动两岸关系和平发展和港澳长期繁荣稳定，实现中华民族伟大复兴的中国梦，做出应有的贡献！

谢谢大家！

运用法治方式扎实推进
两岸关系和平发展

张志军[*]

党的十八届四中全会决定全面推进依法治国，并就新形势下依法推进祖国统一做出战略部署，展现了以习近平同志为总书记的党中央的恢宏视野和责任担当，对巩固深化两岸关系和平发展、团结台湾同胞同心实现中华民族伟大复兴的中国梦具有重要意义。我们要在全面总结改革开放以来依法推进两岸关系发展成功实践的基础上，深入学习领会习近平同志关于对台工作的一系列重要论述，切实增强尊法学法守法用法的法律意识，更加积极主动、奋发有为地推进对台工作。

一、依法推进对台工作的战略意义

全面推进依法治国的必然要求。全面推进依法治国，关系党执政兴国和国家长治久安，是解决党和国家事业发展中一系列重大问题的根本要求。完成祖国统一，是党和国家的重大历史任务，是宪法赋予的神圣职责，要求我们必须遵循全面推进依法治国的各项部署，按照维护宪法法律权威、维护国家安全稳定和人民根本利益的目标要求，运用法治思维、法治方式和法律手段巩固深化两岸关系和平发展，推进祖国和平统一大业。

两岸关系发展新形势的客观需要。随着两岸关系和平发展的深入，全面推进依法治国在更广范围内关系台湾同胞的切身利益，在更深层次上触动两

---

* 作者系中共中央台湾工作办公室、国务院台湾事务办公室主任。本文原载于《两岸关系》2015 年第 4 期。

岸同胞的心灵契合，需要我们自觉运用法治思维、法治方式和法律手段来思考和解决所面临的艰巨挑战，巩固两岸关系和平发展的制度化成果，厚植两岸经济合作的共同利益，保障两岸交流往来的健康秩序，维护台湾同胞的合法权益。

对台工作理念提升创新的重要体现。党中央高度重视涉台法治工作，注重发挥法治的引领和规范作用，不断增强对台方针政策的前瞻性和稳定性。党的十八届四中全会首次在党的纲领性文献中对依法治国与对台工作的内在关系做出科学总结和理论阐释，将改革开放以来涉台法治工作的实践经验上升为理性认识，充分体现政策思维与法治思维的有机结合和高度统一，是对台战略谋划的理念创新，是对台策略运筹的丰富完善。

二、运用法律手段开创两岸关系和平发展的成功实践

长期以来，我们不断推进对台方针政策法制化进程。以宪法为统帅，以《反分裂国家法》《中华人民共和国台湾同胞投资保护法》《中国公民往来台湾地区管理办法》等为主干的涉台法律规范体系初步形成，成为中国特色社会主义法律体系的重要组成部分。2005年3月14日第十届全国人民代表大会第三次会议通过《反分裂国家法》以来，两岸关系发生了历史性深刻变化。我们依法推进对台工作，维护台海稳定，发展两岸关系，积累了丰富经验，成为党和国家成功运用依法治国方略的生动典范。

挫败"台独"分裂图谋，维护国土安全。法律规定，大陆和台湾同属一个中国。维护国家主权和领土完整是包括台湾同胞在内的全中国人民的共同义务，国家决不允许"台独"分裂势力以任何名义、任何方式把台湾从中国分裂出去。针对陈水扁当局的"台独"挑衅，我们团结广大台湾同胞和海外侨胞，争取国际社会普遍支持，成功挫败通过所谓"宪改""入联公投"谋求"台独"的分裂行径，实现两岸关系历史性转折，开创了和平发展新局面。

推进两会协商谈判，加强制度建设。法律授权通过海峡两岸有步骤、分阶段的平等协商和谈判实现和平统一。2008年以来，海协会与台湾海基会在坚持"九二共识"基础上恢复协商，相继签署21项协议，对两岸经济合作、人民往来、民生保障等事务做出制度化安排，解决诸多关系两岸同胞切身利益的实际问题，提高两岸交往合作的制度化、规范化水平，为两岸关系

和平发展保驾护航。

实现两岸全面"三通",促进经济融合。我们贯彻鼓励和推动两岸"三通"与经济交流合作的法律要求,全面实现两岸民众期盼已久的直接通邮通航通商,签署实施《海峡两岸经济合作框架协议》(ECFA)等相关协议,加强两岸经济合作机制化建设,推动两岸经济关系正常化、自由化,形成互利互惠、融合发展的格局。两岸贸易额由10年前的912.3亿美元增至2014年的1983.1亿美元,大陆方面累计批准台资项目由68095个增至92336个,大陆赴台投资从无到有、稳步增长。

形成两岸大交流格局,融洽同胞感情。法律鼓励和推动两岸人员往来和教育、科技、文化、卫生、体育交流,鼓励和推动两岸共同打击犯罪,依法保护台湾同胞权利和利益。两岸人员往来总数由10年前的426.9万人次增至2014年的941.1万人次,大陆赴台人数由近16万人次升至404.6万人次;台湾居民来大陆每年400万人次以上,2014年增至536.6万人次。两岸客运直航由包机发展为定期航班,每周高达840班次,两岸"一日生活圈"形成。两岸共同打击犯罪及司法互助成效显著。

妥善处理涉外事务,增进民族利益。我们贯彻两岸可就台湾在国际上与其地位相适应的活动空间问题进行协商谈判的法律精神,充分照顾台湾民众对外交往需求,在不造成"两个中国""一中一台"的前提下,妥善解决台湾以适当名义出席世界卫生大会、国际民航大会等问题。两岸加强沟通协调,在涉外领域内耗大幅减少。两岸有关方面务实探讨两岸经济共同发展与区域经济合作进程相衔接的适当方式和可行路径,厚植中华民族共同利益。

破解两岸政治难题,推进政治对话。法律规定,两岸可就发展两岸关系的规划、和平统一的步骤和安排等问题进行协商谈判。我们提出共同探讨国家尚未统一特殊情况下的两岸政治关系、做出合情合理安排的主张。通过双方共同努力,两岸民间政治对话日益活跃,广泛探讨两岸关系中政治、军事、涉外事务问题的解决条件和途径,营造有利于两岸政治协商的融洽氛围。国台办与台湾方面陆委会建立常态化联系沟通机制,两部门负责人成功互访并开启两岸务实沟通对话,对两岸关系和平发展具有积极意义。

三、坚定推进两岸关系和平发展的法治举措

党的十八大以来,以习近平同志为总书记的党中央准确把握两岸关系发

展大势，提出"两岸一家亲、共圆中国梦"的理念，以及坚定不移走和平发展道路、坚定不移坚持共同政治基础、坚定不移为两岸同胞谋福祉、坚定不移携手实现民族复兴等一系列新主张新要求。学习贯彻党的十八届四中全会精神，必须紧密结合学习领会习近平同志对台工作重要论述，准确把握当前两岸关系发展形势，切实提高运用法治思维谋划工作、运用法治方式推进工作的能力，维护两岸和平，促进共同发展，造福两岸同胞。

加强制度化协商谈判，巩固扩大两岸关系和平发展成果。要总结两岸关系和平发展的经验，精心维护两岸关系和平发展成果。在"九二共识"的基础上，继续推进国台办与台湾陆委会常态化联系沟通、海协会与台湾海基会制度化协商。充分发挥双方两岸事务主管部门就两岸形势和政策开展沟通对话的作用，保持两岸关系发展的正确方向。积极推进两会协商谈判，不断完善两岸各领域交流合作机制，排除各种阻力和困难。强化两会协议权威，深化协议执行成效，培育两岸关系和平发展新成果。

维护宪法法律权威，绝不容忍"台独"分裂行径。"台独"分裂势力及其活动损害国家主权和领土完整，企图挑起两岸民众和社会对立、割断两岸同胞精神纽带，是两岸关系和平发展的最大障碍，是台海和平稳定的最大威胁。我们要恪守维护国家主权和领土完整的法律职责，清醒认识"台独"分裂活动的现实危害，坚决贯彻《中华人民共和国宪法》和《反分裂国家法》，增强运用法律手段捍卫一个中国原则、反对"台独"的信心和能力。始终坚持尽最大努力团结最广大台湾同胞共同推动两岸关系和平发展的真诚意愿。对台湾同胞一视同仁，无论是谁、无论有过什么主张，只要真心实意参与到两岸关系和平发展进程中来，我们都欢迎。

完善涉台法律法规，诚意践行"两岸一家亲"理念。坚持以人为本，实施惠及两岸同胞的政策法律措施，保障台湾同胞依法享有和行使法律赋予的权利和便利，切实感受和分享国家法治进步的好处；妥善处理台湾同胞来大陆投资、就业、就学待遇问题，让台湾同胞分享大陆发展机遇，为台湾青年提供施展才华、实现抱负的舞台；加强两岸执法司法合作，保护台湾同胞合法权益；健全参与政治和社会活动机制，鼓励台湾同胞融入国家经济、社会和法治发展进程；注重社会公平，照顾台湾同胞弱势群体，加强听取台湾基层民众意见和建议工作，扩大受益面和获得感。

丰富国家统一实现形式，共圆中华民族伟大复兴的中国梦。实现中华民族伟大复兴，是近代以来包括台湾同胞在内的全体中华儿女为之奋斗的伟大理想。实现祖国完全统一，是中华民族伟大复兴的重要组成部分。两岸长期存在的政治分歧问题终归要逐步解决。我们所追求的国家统一不仅是形式上的统一，更重要的是两岸同胞心灵契合。我们坚信，凝聚两岸中国人的智慧，发掘中华传统法治文化和现代法治文明的有益经验，不断增进两岸维护一个中国框架的共同认知，终将破解两岸政治难题，探索出符合两岸同胞共同利益的国家统一实现形式，开辟中华民族伟大复兴的光明前景。

国台办投诉协调局局长王刚
畅谈台胞权益保护工作

近日，国台办投诉协调局王刚局长，就台胞权益保护工作的总体情况、政策措施、工作部署以及投保协议实施情况等问题，接受中国台湾网等两岸媒体专访。以下为专访内容：

问：2014年的十八届四中全会审议通过了《中共中央关于全面推进依法治国若干重大问题的决定》，其中尤其提到了要依法保护台胞的权益，那么台湾方面是怎么来看十八届四中全会专门强调保护台胞权益的作法？今年在保护台胞权益方面又做了哪些工作？

十八届四中全会审议通过了《中共中央关于全面推进依法治国若干重大问题的决定》，提出要依法保护台胞权益，岛内十分关注，台胞对此抱有高度期待，希望自身权益得到切实保护，投资环境进一步优化。今年以来，国务院台办会同各地各部门认真贯彻十八届四中全会精神，积极落实《海峡两岸投资保护和促进协议》，有序推进台胞权益保护工作，在加强法制化建设的同时，依法办理台胞权益纠纷案件。从办理情况看，有三个特点：一是受案量连续三年保持下降，改变了过去长期存在的案件越办越多的情况。二是结案率提高了6个百分点，创近三年新高。三是大案、积案调处再创佳绩，结案量比2014年增长25%。

这些成绩的取得，一方面得益于各级台办转变思路、依法协调，另一方面得益于各相关部门通力合作，特别是台胞权益保障工作联席会议成员单位的大力支持。

问：除了十八届四中全会强调了台胞权益保护外，我们看到两岸就台胞权益保护也建立了一系列机制，比如2012年签署的《海峡两岸投资保护和促进协议》，这几年也成了处理涉台投诉纠纷的参考，可不可以介绍一下这个机制运作的情况？以此为参照又解决过哪些比较复杂的涉台投诉案例？

根据投保协议相关安排，在两岸经济合作委员会投资工作小组设立投资争端协处机制，国台办投诉协调局和台经济主管部门投资业务处是双方窗口单位。该机制建立三年来，运行良好。

首先，它是一个有效的案件办理和联系平台。台方先后向我方转递案件154件，多为陈年旧案，协处难度大。经过各方共同努力，结案率首次突破60%。同时，我方也通过该机制向台方转递陆企求助案7件，并就陆资入岛所受不公平待遇问题多次与台方交涉，促请其积极作为，加强对入岛陆资的权益保护。

其次，它是一个权威的政策宣导窗口。双方已召开10次例行工作会议，除沟通个案协处情况外，国台办还特别请商务部、国土资源部、工商总局、税务总局等联席会议成员单位派员参与，就相关通案问题与台方面对面交流，积极宣导政策法规，释疑解惑。

岛内窗口单位对协处机制的运行评价正面，称其使"台商权益获得切实保障"、是"人民能亲身感受到的ECFA措施和两岸交流的红利"。

在此，我想介绍通过两岸投资争端协处机制妥善解决的湖南台商栾有廷案。

问：我们也看到一些涉台投诉的案例，就您来看台胞在大陆投资、生活会产生纠纷主要有哪些原因？

从我们办理的案件来看，台胞与投资所在地一方发生纠纷，原因是双方面的，主要有两种情况。一是招商引资过程中的问题。有的基层政府招商心切，重服务保障，轻风险防范，甚至做出过度承诺，加上有些台胞在投资前没有深入了解当地情况，也没有充分评估投资风险，对自身投资能力估计过高，埋下隐患。

二是产业转型升级过程中的问题。对于台企来说，面对外部环境变化和市场竞争压力增大，更愿意在原有基础上创新升级，做好本业。但是有些地方在制定或调整经济发展规划时，往往忽视市场规律，不尊重企业意愿，刻意强调转型，给台企造成困扰。

问：从投诉协调局受理的案件来看，台商反映的问题主要集中在哪些方面？

我们受理的案件涉及台商在大陆投资、经营、生活等诸多方面，在过去的10年，台商反映用地问题较为集中，这类纠纷在各级主管部门努力下大部分已得到有效化解。今后一段时期，台企用工问题特别是"五险一金"问题可能越来越突出，2014年发生的宝成集团劳资纠纷案较具代表性。据了解，台企普遍反映当前社保缴费率过高，少缴欠缴现象普遍存在，这是易引发劳资纠纷的一根导火索。习总书记在十八届五中全会就"十三五"规划做说明时，提出要"适当降低社会保险费率"，受到台企的普遍欢迎，他们盼望具体政策早日出台。

问：您介绍了一系列大陆方面在落实台胞权益保护方面所采取的措施，您希望未来台湾方面在执行投保协议应该做些什么？

投保协议为两岸投资者提供双向保护，落实好协议是两岸双方的共同责任。希望台方切实采取有效措施，认真执行投保协议的条款，特别是逐步减少对陆资入岛歧视性限制的棘轮性条款，为陆企及陆干提供更好的投资和工作环境。

众所周知，台商在大陆投资规模远远大于陆商在台投资，执行投保协议，台商受益最大。不仅投保协议如此，服贸、货贸协议也如此，如能生效，都将使两岸业者特别是台湾业者获益。希望岛内的政局变动不要损害两岸两会协商的政治基础，使得在此基础上签署的各项协议可以继续执行，继续造福两岸民众。当年台湾舆论对投保协议的评价是"功不唐捐，弥足珍贵"，这8个字用在两岸两会协商的政治基础和在此基础上达成的协议都是恰当的。

（来源：国务院台办网站，记者：高旭）

两岸经合会第七次例会在台北举行取得多项成果

海协会与台湾海基会 29 日在台北举行了两岸经济合作委员会第七次例会,大陆方面由经合会首席代表、商务部副部长高燕主谈,台湾方面由经合会首席代表卓士昭主谈。

双方回顾了经合会第六次例会以来各小组工作情况,评估了《海峡两岸经济合作框架协议》(ECFA)早期收获实施成效,讨论了后续协议商谈进程,总结了两岸经济合作取得的进展,规划了未来各项工作,并就双方经济发展形势及经济政策等有关议题交换了意见。

ECFA 早期收获成效进一步显现

ECFA 早期收获实施四年来,成果丰硕。货物贸易早期收获方面,据大陆海关统计,2014 年全年,自台湾进口 ECFA 早期收获产品中,共减免关税约 8 亿美元。截至 2014 年底,自台湾进口 ECFA 早期收获产品累计减免关税约 22 亿美元。据台湾海关统计,2014 年全年,自大陆进口 ECFA 早期收获产品中,共减免关税约 8200 万美元。截至 2014 年底,自大陆进口 EC-FA 早期收获产品累计减免关税约 2.2 亿美元。自台湾进口产品中,除石化、机床等受惠金额较大的产品外,也不乏中小企业和民众直接受益的产品,比如生鲜农产品、农副产品加工品、汽车零部件、家用过滤器、小电器、内衣、箱包、袜类产品、手工具等。

服务贸易早期收获方面,截至 2014 年 12 月底,据大陆方面统计,EC-FA 服务贸易早期收获非金融领域共有 287 家台湾企业受惠,投资金额 11 亿美元;台资金融机构共 45 家受惠;12 家台湾会计师事务所获得有效期为 1 年的"临时执行审计业务许可证";引进了 21 部台湾影片。据台湾方面统计,台方核准陆资赴台投资中,非金融企业共有 134 件,投资或增资金额约

1.8 亿美元；金融机构共 3 家，投资金额约 2 亿美元；另外核准引进 40 部大陆影片。双方受惠企业有一半以上是中小企业，其中，受惠台资企业中，投资金额 100 万美元以下的有 163 家，占全部受惠企业的近一半；台方核准陆资赴台投资金额 100 万美元以下的有 118 件，占全部投资案件数的近 90%。

初步商定春节后联系安排货贸协议下一轮商谈

此次双方在货物贸易协议文本方面已取得阶段性进展，并同意市场开放分五种降税安排。因市场开放涉及产业利益，需要更多时间沟通，有待双方进一步协商。双方均了解两岸企业界对协议的迫切期望，已初步商定于农历春节后联系安排下一轮商谈，以持续推动商谈进程。

服务贸易小组积极开创新局面。双方希望 2013 年签署的服务贸易协议能尽快生效实施。此外，服贸小组还就服务贸易统计、商业特许经营和计算机信息系统集成企业资质认定三个领域进行了深入探讨，达成了多项共识。

将适时完成争端解决协议商谈

投资工作小组继续完善相关机制运作。目前，双方相互转递的案件共130 件，其中台方帮助陆方协处案件 6 件，陆方帮助台方协处案件 124 件（90% 以上是台湾中小企业）。双方均已建立起相应投资咨询网站，接受各自投资者投资咨询。下一步，双方将加强最新投资政策或问题交流，并持续保持与两岸投资人互动，为两岸投资环境优化创造更有利的条件。

争端解决工作小组务实取得新共识。双方已就 ECFA 争端解决机制设计理念、争端解决的基本原则、程序框架以及协议的主要内容做了充分沟通，并已就协议的前言、适用范围、专家审议组的职能、审议期限及争端解决费用的承担等方面的内容达成诸多共识。双方高度重视争端解决协议的商谈工作，将务实且持续地推进并适时完成商谈工作。

未来将研究确认设立电子商务产业分组

产业合作工作小组加快深化两岸产业合作。小组下设 7 个产业分组携手共进。企业合作方面，推动面板供应链双方相互采购，双方大客车及电动巴士产业合作，共创产业链双赢；共建标准方面，两岸在 LED、冷链物流、显示、无线城市、纺织及医药等产业继续推动两岸共同标准的制定；技术合作方面，两岸就 LED 照明技术、4G 技术等深化合作。双方对设立电子商务产业分组持积极态度，将在下一次产业合作工作小组上研究确认。

海关合作工作小组取得新成果。自第六次例会召开以来，双方有效解决了部分因第三方贸易而无法适用 ECFA 优惠税率情况。此外，双方正积极推动"两岸海关电子信息交换系统"后续建设工作，增加单证核查和贸易统计数据定期交换等新功能；积极推动两岸相互承认 AEO 企业、协调贸易统计差异、协助调查走私案件等方面的合作。

协助海贸会和电电公会顺利完成挂牌

经贸社团互设机构工作不断推进。机电商会台北办事处和台湾贸易中心大陆 6 个代表处积极开展工作；今年双方将重点协助海峡两岸经贸交流协会台北办事处和台湾区电机电子工业同业公会东莞代表处顺利完成挂牌。

增设两岸中小企业合作工作小组

依据 ECFA 第六条第一款第七项"推动双方中小企业合作，提升中小企业竞争力"，本次例会决定成立两岸中小企业合作工作小组，以更好惠及两岸中小企业和广大民众。此外，双方就检验检疫合作、食品安全等议题交换了意见。大陆方面还介绍了大陆"一带一路"、《中华人民共和国外资法》（草案征求意见稿）的背景及主要内容、上海自贸试验区及大陆扩大自贸试验区改革试点的相关情况。双方均希望在上述领域加强交流、扩大合作，助力两岸经济合作、互利双赢。

双方均认为，两岸经济合作委员会运作四年来，面对新形势、新常态、新变化，双方积极合作、共谋发展，取得了非常丰硕的成果。未来，两岸将进一步发挥经合会平台作用，继续提升制度化合作水平，以更好地惠民生、促发展，深化两岸经济协同发展。

（新华网台北 2015 年 1 月 29 日电，记者：许雪毅，王笛）

最高人民法院通报人民法院
涉台司法互助工作情况

2015年6月30日，两岸司法互助协议生效六周年之际，最高人民法院召开新闻发布会，向媒体通报2014年以来人民法院涉台司法互助工作情况，公布15起涉台司法互助典型案例，并发布了两个认可与执行台湾地区民事裁判司法互助司法解释，分别为《最高人民法院关于认可和执行台湾地区法院民事判决的规定》和《最高人民法院关于认可和执行台湾地区仲裁裁决的规定》，将于7月1日起施行。最高人民法院新闻发言人孙军工主持发布会，最高人民法院港澳台司法事务办公室主任郃中林出席发布会并回答记者提问。

数据显示，人民法院办理的涉台司法互助案件数量呈持续较快增长态势。两岸司法互助业务范围广泛，涉台司法互助业务内容也不断丰富。2014年两岸司法互助案件类型以婚姻家庭、继承纠纷类民事案件为主，伪造文书、欺诈类刑事案件数量亦呈逐年上升趋势。

据悉，全国各地法院积极采取有效举措，确保两岸司法互助协议得到更好落实：积极制定相关司法解释；大力加强司法互助业务指导监督；大力推动涉台司法互助办案信息化；尽可能简化案件办理手续；深入开展两岸司法互助协议项下的业务交流。

孙军工表示，随着两岸之间人员往来的日益频繁与经贸关系的不断深化，人民法院涉台司法互助工作任务将越来越繁重，对于人民法院既是挑战，更是机遇。我们诚挚希望两岸有关方面继续秉持善意和共赢精神，进一步加强联系与合作，为更好地维护两岸同胞的合法权益做出更多更大的贡献，让海峡两岸同胞得到更加充分可靠的法治保障。

人民法院涉台司法互助案件有关统计图表

表1 2014年人民法院涉台司法互助案件统计表（单位：件）

案件类型	送达文书	调查取证	罪赃移交	裁判认可	总计
2014年	10279	324	1	74	10678

资料来源：作者自行整理

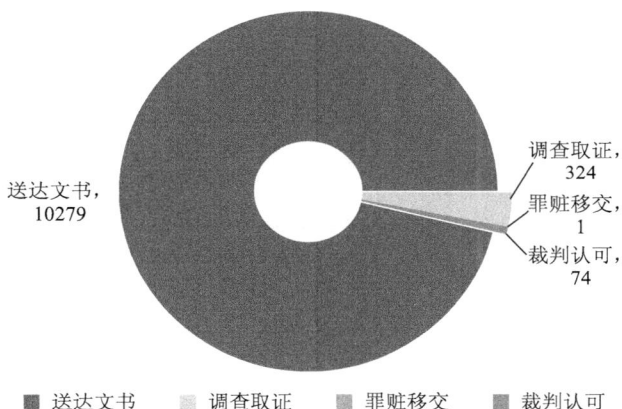

图1 2014年人民法院涉台司法互助案件情况（单位：件）
资料来源：作者自行整理

表2 2009年以来人民法院涉台司法互助案件统计表（单位：件）

案件类型	年度	2009	2010	2011	2012	2013	2014	2015年 1—5月	总计
送达文书	请求	0	85	270	1946	2976	3190	1408	9875
	受请	1167	7365	5906	5866	5936	7089	2321	35650
调查取证	请求	1	8	12	69	175	176	102	543
	受请	6	116	137	122	166	148	67	762
罪赃移交*	请求	0	0	0	0	3	1	0	4
	受请	0	0	0	0	1	0	0	1
申请认可和执行台湾民事判决及仲裁裁决		26	40	56	47	72	74	20	335
合计		1200	7614	6381	8050	9329	10678	3918	47170

* 包括被害人遗属补偿金返还案件
资料来源：作者自行整理

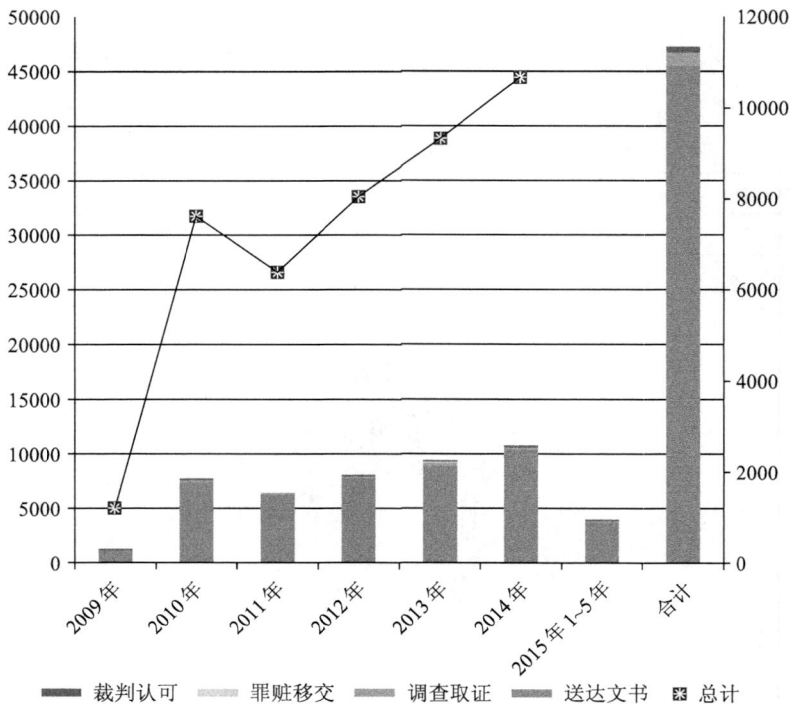

图 2　2009—2015 年 5 月人民法院
各类涉台案件司法互助案件情况（单位：件）

资料来源：作者自行整理

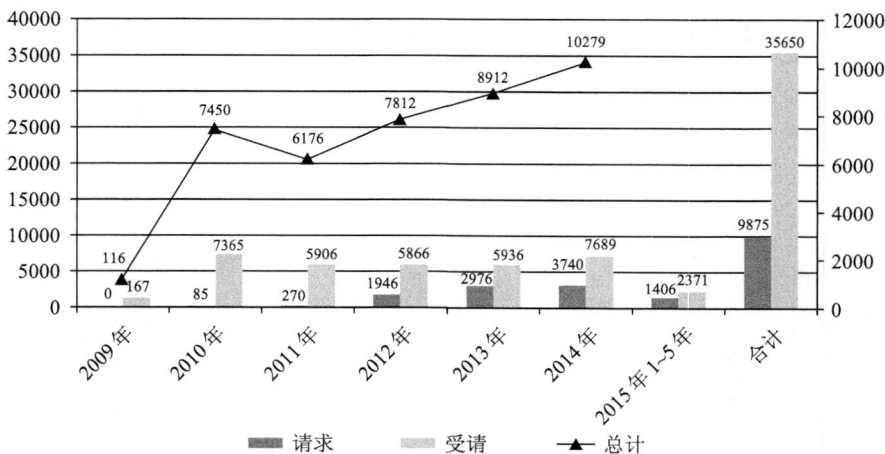

图 3　2009—2015 年 5 月人民法院
涉台送达文书司法互助案件情况（单位：件）

资料来源：作者自行整理

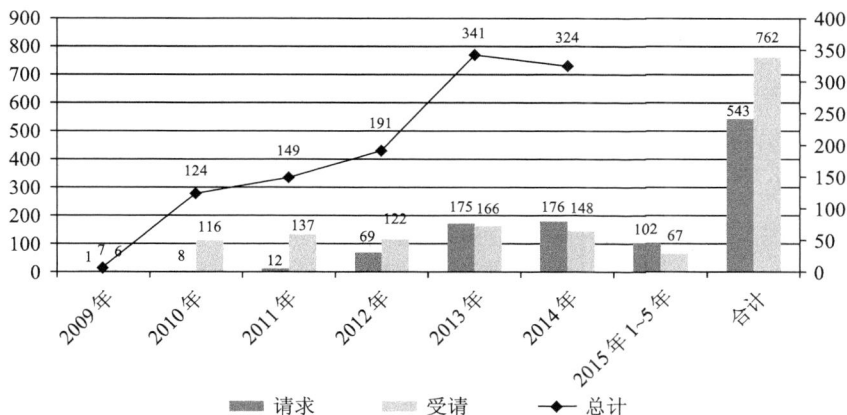

图 4　2009—2015 年 5 月人民法院
涉台调查取证司法互助案件情况（单位：件）
资料来源：作者自行整理

2014 年人民法院涉台司法互助典型案例

一、送达文书案件

案例 1

福建 64 家法院共同协助台湾地区两级法院送达文书案
—— 涉 602 名受送达人及 1200 余件司法文书送达

（一）请求事项

2014 年 4 月底和 7 月底，福建省高级人民法院两岸司法互助协议联络人先后收到台湾地区法务主管部门协议联络人分两批次提出的共涉 1200 余件司法文书的送达文书请求书，请求协助送达台湾台中地方法院 2013 年度易字第 3583 号、台湾高等法院台中分院 2014 年度上易字第 639 号钟某诈欺取财未遂案的一、二审刑事判决书。

（二）办理情况

该文书送达系列案件涉及的受送达人 602 人分布在福建省 64 个县市区，

涉及一、二审送达司法文书共计 1200 余件。为在最短的时间内完成文书送达工作，福建高院法官加班加点，逐件逐案核对司法文书，确定具体协助的 64 家基层法院，及时完成转送。各协助基层法院收到材料后，均做到当日立案、早日送达、早日反馈。涉案受送达人数最多的协助基层法院需送达文书 132 件。因人口流动性大，许多受送达人的户籍地与经常居住地不一致，难以一次完成送达，加之一些受送达人存在"厌诉"等排斥情绪及"签收即是认可"的法律认识误区，文书送达中所遇到的困难始料未及，但最终全省各协助法院经过通力合作、共同努力，顺利全面完成协助送达。该司法互助系列案件的送达成功率达 73%，送达平均耗时 15 天，比两岸司法互助协议确定的 3 个月时限缩短 75 天。

案例 2

江西南昌西湖区法院协助台湾南投地院送达文书案
——对同一受送达人 9 次协助送达

（一）请求事项

自 2013 年 7 月 2 日起至 2015 年 2 月 10 日止，江西省高级人民法院两岸司法互助协议联络人先后 9 次收到台湾地区法务主管部门协议联络人的送达文书请求书，请求协助送达台湾南投地方法院 2013 年度重诉字第 69 号土地所有权移转登记等事件、2014 年度声字第 62 号撤销处分事件等裁定、判决书等司法文书给同一受送达人大陆居民王某某。

（二）办理结果

江西高院根据台方提供的受送达人地址，将该案转送南昌市西湖区人民法院协助办理。送达人员先后 9 次对同一受送达人王某某进行了直接送达。其中，2013 年送达 4 次、2014 年送达 3 次，2015 年送达 2 次，均成功完成送达。

案例 3

黑龙江高院协助台湾高雄少年及家事法院送达文书案
——尽力查找外出受送达人

（一）请求事项

2013 年 8 月 1 日，黑龙江省高级人民法院两岸司法互助协议联络人收到台湾地区法务主管部门协议联络人的送达文书请求书，请求协助送达台湾高雄少年及家事法院 2013 年度婚字第 406 号离婚事件法庭通知书及民事起诉状给受送达人大陆居民艾某。

（二）办理情况

黑龙江高院及时将有关材料转送佳木斯市向阳区法院予以协助。向阳区法院在送达过程中发现，受送达人已经离开台方提供的送达地址搬迁至上海，且该送达地址并无受送达人法定代收人可代收。黑龙江高院了解到上述情况后，秉承尽最大努力予以协助的精神，开始在受送达人熟识的人群中多方多次寻找受送达人的在沪地址及联系方式。最终从受送达人一名同学处获得其手机号码，与受送达人取得了联系。考虑寻找受送达人已经花费不少时间，为提高效率，减少周转环节，黑龙江高院决定直接以法院专递方式将受送达人告知的在沪地址作为实际送达地址将相关文书予以送达，最终于 2013 年 11 月 13 日成功送达。

2014 年 1 月 3 日，黑龙江高院两岸司法互助协议联络人再次收到台湾地区法务主管部门协议联络人的送达文书请求书，请求协助送达台湾高雄少年及家事法院 2013 年度婚字第 406 号离婚事件法庭通知书及民事裁定书给受送达人，黑龙江高院采取相同送达方式，于 2014 年 1 月 11 日予以成功送达。

案例 4

广东东莞中院协助台湾新北地院送达文书案
——地址不明仍尽力协查并成功送达

（一）请求事项

2014 年 5 月 6 日，广东省高级人民法院两岸司法互助协议联络人收到台湾地区法务主管部门协议联络人的送达文书请求书，请求协助送达台湾新北地方法院 2010 年度诉字第 179 号返还欠款事件判决书给受送达人大陆居民曾某某。

（二）办理情况

广东高院及时将有关材料转送东莞市中级人民法院予以协助。东莞中院收到材料后，立即赴台方提供的送达地址进行直接送达。但到达该地址送达时发现，该档口已经转让，不再由曾某某经营。承办法官经向现经营者了解询问，同时连续几天向附近商户、商场管理处进行咨询，经过法院主导多方努力寻找，终于获得曾某某的联系电话。在取得联系后得知，曾某某现经营地址在广州市萝岗区。为尽快完成送达，体现高效、便民的原则，东莞中院承办法官直接赴广州找到曾某某，在确认其身份后，于 2014 年 6 月 16 日将有关文书直接送达给了曾某某。

案例 5

福建福州中院请求台湾法院协助送达文书案
——台湾法院协助大陆法院成功送达

（一）请求事项

2013 年 7 月 2 日，福建省高级人民法院两岸司法互助协议联络人向台湾地区法务主管部门协议联络人发出送达文书请求书，请求协助向台湾居民郭某某、倪某某及乔福塑胶（福州）有限公司送达福州市中级人民法院受理的原告倪某某诉被告郭某某、倪某某及第三人乔福塑胶（福州）有限公司股权转让合同纠纷一案的应诉通知书、起诉状副本、证据副本、举证通知书、合议庭组成人员告知书、送达地址确认书、开庭传票等相关司法文书。

（二）办理结果

台湾台中地方法院根据福州中院提供的受送达人的地址，及时完成了向3名受送达人的送达，其中向2名被告直接送达，向1名被告寄存送达。本案有2名被告在法定举证期限内向福州中院递交了授权委托书、答辩状以及证据材料。台湾台中地方法院成功完成送达并及时反馈，有力地促成了该股权转让合同纠纷成功审结，取得了良好的法律效果与社会效果。

二、调查取证案件

案例6

京黑豫粤法院协助台湾台中地院就一诈欺案调查取证案
——多地法院和多家银行共同协助完成电信诈骗案取证

（一）请求事项

2014年5月13日，最高人民法院两岸司法互助协议联络人收到台湾地区法务主管部门协议联络人的第1030056467号调查取证请求书及所附台湾台中地方法院2014年度易字第947号诈欺案件之相关材料，请求协助查询20个银行账户的开户人基本资料、账户交易明细表，并依账户交易明细表内汇款记录，调取被害人汇款时所填之汇款单，查明被害人为何人，并制作笔录。

（二）办理情况

最高人民法院收到台方请求书后，经审查发现，该案涉及一起跨境电信诈骗案，据台方起诉书所述，被告人江某某作为诈骗犯罪集团内的"车手"，使用20张大陆银联卡，通过台湾地区的ATM机大量领取诈欺被害人汇入人头账户之款项。台湾台中地方法院检察署就被告人涉嫌诈欺向台湾台中地院提出刑事检控。

根据台方提供的涉案信息，案涉的银行账户较多，但仅有各银行卡的类别银行名称，而无具体开户银行名称及相关信息。为确定具体协助法院，有针对性地开展协助工作，最高人民法院首先通过中国人民银行协助查询确定涉案 20 个银行账户所涉及的具体开户银行名称，尔后根据开户银行名称所在地将有关材料转送北京、黑龙江、河南及广东四省市高级人民法院予以协助。

北京高院在协助调查所涉 12 个银行账户过程中，首先根据已经确认的 12 张银联卡分别归属于北京市的工商银行、农业银行、中国银行、交通银行、光大银行、民生银行、平安银行以及北京农商银行等 8 家银行，前往该 8 家银行查到开户人信息资料、联系电话以及该银联卡涉案期间的所有账户往来明细。然后通过银行预留的开户人联系方式，承办法官分别与 12 名开户人一一进行电话联系，但仅联系到 1 名开户人刘某。其他开户人的电话经多次拨打或者无人接听，或者无法接通，或者已停止使用，对此，承办法官一一做了工作记录，并对唯一联系到的开户人刘某，制作了调查笔录。根据与涉案当事人刘某的谈话内容、账户交易明细及北京地区无人报案的情况综合分析，犯罪嫌疑人应当是利用了刘某等人的银行账户，将从他人处骗得的赃款汇入到这些账户并迅速转走。承办法官在规定办案期限内完成涉及北京地区的 8 家银行账户资料的调查，并对 12 张银联卡的 2271 条信息进行分析，形成了《调查笔录》、与各开户人的电话联系《工作记录》及《调查取证说明》等证据资料报送最高人民法院。随后，河南省郑州市中级人民法院、黑龙江省哈尔滨市南岗区人民法院和道里区人民法院、广东省佛山市中级人民法院和广州市中级人民法院亦相继通过有关高级人民法院向最高人民法院报送了协助取得的证据材料。最高人民法院协议联络人在收到取证结果后及时对台予以回复。

案例 7

沪苏琼法院协助台湾台中地院就一请求分配剩余财产事件调查取证案
——多地法院协同完成取证

（一）请求事项

2014 年 1 月 6 日，最高人民法院两岸司法互助协议联络人收到台湾地区法务主管部门协议联络人的调查取证请求书及所附台湾台中地方法院

2011 年度重家诉字第 26 号请求分配剩余财产事件相关材料，请求协助查询台湾居民陈某某在大陆之资产明细及其在大陆开设账户于 2008 年 9 月 18 日之余额为何。2014 年 4 月 28 日，最高人民法院协议联络人再次收到台湾地区法务主管部门协议联络人的补充调查取证请求书，请求协助查询台湾居民陈某某是否买受三亚某假日酒店之房屋。

（二）办理情况

虽台方第一次请求查询事项较为宽泛，但据台方在其所附材料的"民事申请调查证据暨答辩状"中提供的陈某某在大陆的财产线索（包括不动产及银行账号），本着尽力协助和尽可能协助的精神，最高人民法院及时确定协助法院，并于 2014 年 1 月 13 日分别向上海、江苏、海南三地高级人民法院转送相关材料。2014 年 4 月 29 日最高人民法院再次将台方补充调查取证请求书转送海南高院。在协助中，因上述财产线索涉及多个银行账户且互有交织，沪苏琼三省市有关法院本着通力合作、尽力协助精神，积极开展调查取证协助。后上海市黄浦区人民法院、江苏省昆山市人民法院及海南省三亚市中级人民法院将其调取的证据材料或查询结果按照程序上报最高人民法院。最高人民法院协议联络人于 2014 年 5 月 16 日将有关人民法院取得的全部证据材料回复台方。

案例 8

北京高院协助台湾高等法院就一损害赔偿事件调查取证案

——协助调取证据材料达 500 多页

（一）请求事项

2014 年 7 月 28 日，最高人民法院两岸司法互助协议联络人收到台湾地区法务主管部门协议联络人的调查取证请求书及所附台湾高等法院 2011 年度重上更（二）字第 84 号损害赔偿事件相关材料，请求协助查明北京市和睦家医院于 2009 年 8 月 14 日是否有名为王某某之病患死亡，并检送死亡证明书或病例供参。

（二）办理情况

北京高院在收到最高人民法院转送的上述材料后，及时先行电话联系北京市和睦家医院医务处，经询问了解到该院确有台湾高等法院调查取证请求书所描述的名为王某某的病患，其死亡证明书以及病例材料存放在该院档案处。为了尽快调取相关证据材料，北京高院承办法官前往和睦家医院调查取证。因病例资料庞杂，且部分内容如病房查房记录表等无需调取，承办法官遂与和睦家医院档案处、医务处工作人员共同对相关资料予以甄别、调取。经过几天的工作，共调取死亡证明书和病例资料等共计500多页。最高人民法院两岸司法互助协议联络人在收到取证结果后及时对台予以回复。

案例9

福建莆田中院协助台湾士林地院就一诈欺案调查取证案
——及时规范完整协助取证

（一）请求事项

2013年9月9日及9月16日，最高人民法院两岸司法互助协议联络人分别收到台湾地区法务主管部门协议联络人的调查取证请求书、补充调查取证请求书及所附台湾士林地方法院审理的2013年度易字第222号诈欺案件相关材料，请求协助取得相关笔录、鉴定报告、现场照片等众多证据材料。

（二）办理情况

该案涉及台湾地区民众瞩目的胡某某断掌骗保案。胡某某系台湾地区居民，先后向台湾地区两家保险公司分别投保平安险后，于2011年11月3日在福建省莆田市涵江区江口镇某处，持购买来的斩骨刀自残左手手掌。胡某某向台湾地区保险公司申请保险理赔。保险公司认为胡某某涉嫌制造保险意外事故并诈领保险金，故拒绝理赔并报警。

福建高院收到最高人民法院转送的台方请求书及相关材料后，立即指派专人指导莆田市中级人民法院协助办理。莆田中院办案法官克服本案涉及取证单位众多、调查事项庞杂及本身结案繁忙的困难，连续加班加点，在规定办理的时间内针对台方请求调查的具体事项，逐一调取了包括证人证言、当事人陈述、鉴定报告、现场相片等在内的书证、物证及视听资料等证据材料共392页。调取的证据材料全面、规范、完整，形成完整的证据链，圆满完成了协助工作。最高人民法院两岸司法互助协议联络人在收到取证结果后及时对台予以回复，胡某某最终因自残骗保而被台湾方面绳之以法。

案例 10

四川成都中院协助台湾高雄少年及家事法院就一离婚事件调查取证案

——尽心尽责细致协助取证

（一）请求事项

2014 年 11 月 3 日，最高人民法院两岸司法互助协议联络人收到台湾地区法务主管部门协议联络人的调查取证请求书及所附台湾高雄少年及家事法院 2014 年度婚字第 514 号离婚事件相关材料，请求确定所附材料结婚证上照片是否为岳某某本人，如不是其本人，请求确认照片上的人是何人及其现住所地。

（二）办理情况

台方此次请求协助调查取证与之前四川省高级人民法院协助台方送达此案文书回复情况密切相关。2014 年 8 月 10 日，四川高院两岸司法互助协议联络人收到台湾地区法务主管部门协议联络人送达文书请求，请求协助送达台湾高雄少年及家事法院 2014 年度婚字第 514 号离婚事件司法文书给受送达人大陆居民岳某某。在协助文书送达过程中，岳某某称其从未与台湾地区的任何人结婚，并拒绝签收相关司法文书。四川高院遂将上述送达情况及时回复台方。成都市中级人民法院在收到此次最高人民法院和四川高院转送的台方请求协助调查取证材料后，经研究，决定先从台方所附公证书入手，承办法官先赴成都市律政公证处（原四川省公证处）调取了涉案当事人结婚公证书档案，包括结婚证复印件、岳某某身份证复印件等材料，后前往四川省民政厅调取了涉案当事人结婚登记原始档案，调取涉案当事人结婚登记申请书、审批表、岳某某户口簿、身份证等材料。尔后，承办法官驱车 200 多公里到岳某某户籍所在地公安局调取了其户籍证明、该局签发的岳某某身份证复印件，同时在本地找到岳某某本人，就台方所提出的调查内容及涉及的相关问题对岳某某进行了询问，并制作了询问笔录，取得了岳某某本人的身份证复印件、户口簿复印件，并征得岳某某同意在现场拍摄岳某某照片一张。承办法官从岳某某户籍所在地公安局调取的岳某某身份证复印件照片与台方请求调查书中所附结婚公证书上照片（亦即四川省民政厅留存的结婚证照片）进行比对识别发现，两照片上的女士为不同的人，即涉案结婚证上照片女方不是岳某某本人，对岳某某的询问内容及本人现照亦可印证此点。至于台方所附材料中照片上的女方为何人，因信息有限协助法院无法进一步核实。四川高院将协助法院取得的证据材料在规定的时限内送交最高人民法院，然后由最高人民法院协议联络人及时对台予以回复。

案例 11

内蒙古包头中院请求台湾法院协助就一房屋买卖合同纠纷调查取证案

——经台湾法院协助取证台方当事人主动应诉并达成和解

（一）请求事项

2014 年 4 月 30 日，最高人民法院两岸司法互助协议联络人向台湾地区法务主管部门协议联络人发出调查取证请求书，就内蒙古自治区包头市中级人民法院审理的一起房屋买卖合同纠纷，请求台方协助提供台湾居民游某某的身份证编号及其详细地址，并向其送达应诉通知书、起诉状副本、举证通知书等相关司法文书。

（二）办理情况

该案经台湾宜兰地方法院协助，全面完成了大陆法院请求事项，并于 2014 年 6 月 4 日及时完成了向受送达人的送达。最高人民法院协议联络人于 2014 年 6 月 15 日收到台方回复材料。受送达人游某某接到大陆法院的文书后，专程从台湾赶到包头参加诉讼，与原告王某某自行达成了庭外和解并实际履行，原告向法庭申请撤诉并被准许，案件得以圆满解决。

三、罪赃移交案件

案例 12

陕西西安中院向台湾地区被害人
林某某等 2 人返还财产案
——陕西法院第一起涉台罪赃移交司法互助案

（一）基本案情

该案系一起电信诈骗犯罪案。陕西省西安市中级人民法院审理查明：2009 年 10 月下旬，被告人李家栋等 18 人（均系台湾地区居民）在租赁的陕西省西安市未央区，租用网络电话，冒充台湾地区基隆市警察局、基隆地方法院检察署工作人员，多次向台湾居民拨打电话，以其银行账户涉案为由，骗取其银行账户详细信息实施诈骗。该犯罪集团分别于 2009 年 11 月 22 日和 26 日，先后诈骗被害人台湾居民林某某、李某某新台币共计 109 万元（折合人民币 230711.45 元）。西安中院经审理，在依法判处涉案被告人刑罚的同时，积极促成被告人部分退赔。

（二）办理情况

根据判决已经确定的退赔及返还数额，西安中院在两岸司法互助协议项下通过陕西高院报请，由最高人民法院协议联络人于 2014 年 7 月 31 日向台湾地区法务主管部门联络人做出讯息通报并提出送达文书、调查取证及罪赃移交请求。台方协助确认了涉案两名台湾被害人的相关信息并经被害人签署有关文件反馈大陆法院后，西安中院据此于 2015 年 3 月 23 日将被告人已经退缴的赃款人民币 9900 元（约合新台币 50000 元）汇入两名被害人在台湾开立的账户。

案例 13

广东东莞中院向台湾地区被害人
陈某某等 17 人返还财产案
——广东法院第一起涉台罪赃移交司法互助案

（一）基本案情

该案系一起电信诈骗犯罪案。经广东省东莞市中级人民法院、广东省高级人民法院审理查明：2009 年 6 月，被告人范裕榔伙同他人在东莞市接手管理珠海奇盛贸易有限公司长安分公司（以下简称奇盛公司），从事电信诈骗活动。奇盛公司对外以电话推销茶叶为名，先后纠集了 40 余名台湾地区人员和 40 余名大陆女子，在购得大量台湾居民个人信息资料后，通过冒充台湾地区检察官、警察队长、警员和医院护士等身份，通过拨打电话方式进行诈骗。截至 2009 年 10 月被公安机关当场抓获，范裕榔等 43 名被告人（其中范裕榔等 31 人为台湾地区居民）共实际骗取 19 名台湾地区被害人钱款折合人民币 768 万余元。本案涉案被告人和被害人人数众多，犯罪手段具有很强的欺骗性和社会危害性，一审判决和二审裁定在依法判处涉案被告人刑罚的同时，判决将随案移送的赃款按比例退还被害人。

（二）办理情况

根据判决已经确定的返还数额，东莞中院在两岸司法互助协议项下通过广东高院报请，由最高人民法院两岸司法互助协议联络人于 2014 年 5 月 6 日向台湾地区法务主管部门协议联络人做出讯息通报并提出送达文书、调查取证及罪赃移交请求。台方协助确认了涉案 19 名被害人的相关信息（其中有 1 名被害人明确表示放弃受领相关款项，1 名被害人下落不明），向有关被害人送达了大陆法院裁判文书、刑事退赔分配方案，17 名被害人反馈了由本人签名的财产返还信息表及有关身份信息和银行账户资料。东莞中院据此于 2015 年 6 月 25 日将 17 名被害人应受偿款项人民币 19 万余元（约合新台币 92 万余元）汇入其在台湾地区开立的银行账户。

四、裁判认可和执行案件

案例 14

林某某向江苏苏州中院申请认可
台湾士林地院民事判决案

（一）基本案情

2013 年 8 月 23 日，台湾居民林某某以台湾居民吴某某侵占股票款等为由，向台湾士林地方法院提起刑事附带民事损害赔偿诉讼。2013 年 9 月 23 日，台湾士林地院做出 2013 年度重诉字第 315 号民事判决，判决吴某某向林某某给付新台币 44779595 元，及自 2012 年 3 月 20 日至清偿日止，按年息 5% 计算之利息，并负担诉讼费。该院出具《台湾士林地方法院判决确定证明书》，证明 2013 年度重诉字第 315 号民事判决已于 2013 年 10 月 31 日确定。

因本案涉及的被执行财产在江苏省苏州市，2014 年 6 月 9 日，林某某向苏州市中级人民法院申请认可台湾士林地方法院 2013 年度重诉字第 315 号民事判决。

（二）裁判结果

苏州中院审查认为，申请人林某某提供的台湾士林地方法院 2013 年度重诉字第 315 号民事判决、开庭通知的送达证书、判决确定证明书，均由台湾公证部门公证，并经江苏省公证协会证明，对其真实性予以认定。上述证据证明吴某某经合法传唤行使了诉讼权利、判决已生效。同时经审查也未发现该判决存在《最高人民法院关于人民法院认可台湾地区有关法院民事判决的规定》第九条所列之不予认可情形，故应认可该判决的效力。依照有关司法解释的规定，该院于 2014 年 8 月 4 日做出民事裁定，对台湾士林地方法院 2013 年度重诉字第 315 号民事判决的法律效力予以认可。

案例 15

康某向重庆五中院申请认可台湾高雄地院民事判决案

（一）基本案情

2004 年 6 月 1 日，大陆居民康某与台湾居民黄某某在重庆市涉外婚姻登记处登记结婚。2005 年 3 月，黄某某以无法取得联络、未共同生活为由，向台湾高雄地方法院提起离婚诉讼。2006 年 3 月 9 日，台湾高雄地方法院做出 2005 年度婚字第 1497 号民事判决，判决准黄某某与康某离婚，诉讼费用由康某承担。2014 年 3 月 24 日，台湾高雄少年及家事法院（台湾高雄地方法院家事法庭于 2012 年 6 月 1 日移拨台湾高雄少年及家事法院）出具（补发）《判决确定证明书》，证明 2005 年度婚字第 1497 号民事判决已于 2006 年 6 月 1 日确定。

2014 年 5 月 22 日，康某向重庆市第五中级人民法院申请认可台湾高雄地方法院 2005 年度婚字第 1497 号民事判决。

（二）裁判结果

重庆五中院审查认为，台湾高雄地方法院依黄某某离婚诉讼请求，在合法传唤康某到庭应诉，且康某未在规定日期到庭参加言辞辩论的情况下，做出"准黄某某与康某离婚；诉讼费用由康某负担"的判决，并于 2014 年 3 月 24 日出具该判决业于 2006 年 6 月 1 日已生效的确定证明书。根据该案证据，可以确认台湾高雄地方法院就原告黄某某与被告康某离婚纠纷一案于 2006 年 3 月 9 日做出的 2005 年度婚字第 1497 号民事判决的真实性，且该判决不具有依法不予认可的情形。依照有关司法解释的规定，该院于 2014 年 8 月 10 日做出民事裁定，对台湾高雄地方法院 2005 年度婚字第 1497 号民事判决内容为"准黄某某与康某离婚"的法律效力予以认可。

（来源：中国法院网讯 杨青）

动态

2015年度两岸关系法学交流活动简介

马密*整理

2015年1月31日至2月1日，海峡两岸关系法学研究会（简称"海研会"）2014年度学术年会在北京召开。来自全国各地研究机构和实务部门涉台法学研究专家学者130余人参加会议。海研会会长张福森在大会做工作报告，中国法学会副会长张鸣起出席会议并致辞，海研会副会长张苏军主持开幕式。海研会副会长孙亚夫就台湾局势与两岸关系做了专题报告。与会代表围绕两岸关系和平发展的法治基础、两岸司法合作与司法制度比较和台湾法制发展与两岸比较三个专题展开深入交流和讨论。在闭幕式上，海研会副会长、中国法学会副会长徐显明就如何解读十八届四中全会精神做专题报告。

2015年3月19日，澳门科技大学法学院主办的"两岸四地法治论坛"在澳门召开。本次论坛邀请到最高人民法院高晓力法官、台湾地区"司法院"汤德宗"大法官"、中国国际经济贸易仲裁委员会李虎副秘书长、横琴新区法院等司法机构的法官，以及海峡两岸暨香港、澳门等地法学院校的200多位专家学者汇聚一堂，共议法治发展之道，以促进海峡两岸暨香港、澳门法治和法学进步。

2015年4月18日，由上海政法学院及香港大学、辅仁大学联合主办的第三届两岸四地金融法研讨会在上海隆重举行。来自两岸四地高等院校、金融企业和法律服务机构的40余位专家学者济济一堂，就金融法相关问题进行学术探讨。此次研讨会旨在搭建学术互通平台，加强交流合作，推动两岸四地金融法制建设的进步。

2015年4月20日，由中国法学会能源法研究会主办、河北大学政法学院承办的第三届海峡两岸能源经济与能源法学术交流会在保定成功举办。来

* 马密系两岸关系和平发展协同创新中心、厦门大学法学院博士生。

自台湾政治大学、"中国文化大学"、"中华经济研究院"等高校、研究机构的学者应邀与会。本次会议主题为"能源经济与能源法治"，重点围绕电力政策、能源效益评估、能源市场、国际能源投资与争端解决、核能发展、能源国际政治等能源经济、政策、法治方面的问题进行研讨与交流。

2015 年 4 月 27 日，由台湾大学、高雄大学、财团法人资诚教育基金会、中华产业国际租税学会主办，《税务旬刊》杂志社和《会计研究月刊》杂志社协办的第二十二届海峡两岸财税法研讨会在台北举行，来自两岸高校及政府机关和实务部门等 200 多名专家学者和财税实务人士出席了本次研讨会。本次研讨会围绕税务争讼与纳税人权利保障展开研讨，同时发布了 2015 台湾年度最佳税法判决。

2015 年 5 月 9 日至 10 日，由武汉大学法学院、中国人民大学法学院、台湾政治大学法学院共同主办的"第六届海峡两岸公法学论坛"在武汉召开。本届论坛的主题为"审判独立与权利保障"，来自海峡两岸知名法学院校的 40 余位公法学者及 20 余名宪法学与行政法学专业研究生参加论坛。武汉大学法学院江国华教授发表题为"司法立宪主义与司法改革"的主旨演讲。

2015 年 5 月 25 日至 26 日，由中国民法学研究会主办、上海财经大学法学院承办的第三届比较民商法与判例研究两岸学术研讨会在上海召开。本届会议选取"人工冷冻胚胎的法律地位问题"（江苏无锡 2014 年锡民终字第 01235 号民事判决书）与"和解协议——最高院指导案例 2 号"（吴梅诉四川省眉山西城纸业有限公司买卖合同纠纷案）作为研究主题，来自海峡两岸的 50 多位专家学者与会并就会议主题以及相关热点、难点问题进行深入研讨。

2015 年 5 月 22 日，第三届两岸清华法学论坛在北京举行。本届论坛的主题为"医药创新及法制建设"。在为期一天半的研讨阶段，来自两岸医药及法律方面的官、产、学界代表围绕《药品管理法》修订及医药行业的发展、现代药物监管理论与制度创新、医患关系法治化、现代医院管理与医学进步的法律应对，以及生命伦理与法律等议题进行了深入及广泛的研讨交流。

2015 年 7 月 27 日，以"公正司法的制度保障"为主题的第三届海峡两岸暨香港澳门司法高层论坛在澳门举行。大陆方面海峡两岸共同打击犯罪及司法互助协议总顾问、最高人民法院院长周强，澳门特区终审法院院长岑浩辉，香港特区终审法院首席法官马道立，台湾方面《海峡两岸共同打击犯罪及司法互助协议》司法交流总召集人、台湾地区司法主管机构负责人赖浩敏等出席致辞。本届论坛共为期 2 天，来自两岸及港澳的 70 余名司法高层人士，将围绕司法审判与司法行政的界限、法院组织人事制度保障、法院经费预算制度保障、海峡两岸暨香港澳门司法交流之现况与深化等 4 个子议题，进行深入交流。

2015 年 8 月 5 日，由海峡两岸关系法学研究会（简称"海研会"）主办、南京大学和江苏省法学会协办的第四届两岸和平发展法学论坛在南京开幕。本届论坛主题为"法治思维与两岸关系和平发展"。来自两岸法学界、法律界专家学者共 240 余人出席论坛。海峡两岸关系法学研究会会长张福森主持了论坛开幕式。中共中央台办、国务院台办副主任龙明彪，中国法学会副会长张鸣起，台湾海峡两岸法学交流协会理事长廖正豪，南京大学校长陈骏先后致辞。论坛共收到论文 100 余篇，两岸法学专家学者围绕两岸关系与法治思维、两岸司法合作与权益保障、两岸投资法律保障等专题集中交流，并就以法治思维解决人民交往中的具体问题，促进两岸关系和平发展，提出了有价值的意见建议。

2015 年 8 月 19 日，以"自贸区建设与法治保障"为主题的第十三届海峡法学论坛在华东师范大学学术交流中心报告厅举行。来自两岸三地法学专家及法律实务人士代表共 210 余人参加了论坛。华东师范大学副校长、上海海峡两岸法学研究中心理事长郭为禄主持本次论坛开幕式。国务院台湾事务办公室法规局局长张万明、台湾海峡两岸法学交流协会荣誉理事长廖正豪等先后致辞。与会人员围绕两岸自贸区法律制度比较研究、自贸区法律服务研究、自贸区仲裁机制研究及自贸区法制建设的理论与实践等议题展开了讨论。

2015 年 9 月 9 日，应台湾地区海峡两岸法学交流协会的邀请，以中国法官协会副会长、最高人民法院副院长李少平为团长的大陆法官协会代表团一行 40 人赴台，参加在台北举办的 2015 年海峡两岸司法实务研讨会。本届研讨会以"完善司法保障机制"为主题，来自海峡两岸司法界、法学界嘉宾围绕法官职业化建设、司法资源科学化配置、司法审判及司法互助中的信息化运用等方面议题真诚交流，集思广益，建言献策。研讨会由中国法官协会、中国审判理论研究会海峡两岸审判理论专业委员会和台湾地区海峡两岸法学交流协会主办。研讨会期间收到两岸法学界、司法界人士提交的论文

196 篇。

2015 年 9 月 26 日至 27 日，第五届海峡律师论坛在厦门召开。本次论坛由厦门市律师协会、高雄律师公会、彰化律师公会、桃园律师公会共同主办，来自海峡两岸的 260 多名律师、专家齐聚厦门，围绕自贸区时代两岸律师合作的机遇与挑战的主题，就自贸区内的公司登记和公司经营方面的法律问题、自贸区内的金融创新与法律风险控制、自贸区内的纠纷解决途径探讨、自贸区的跨境法律服务合作新模式等方面进行深入探讨。

2015 年 10 月 9 日至 10 日，第四届两岸通讯传播法论坛在长沙召开。本届论坛由两岸通讯传播法论坛主办，中南大学法学院与湖南省法学会经济法学研究会、北京通信法制研究会、台湾电信产业协会共同协办。两岸 93 位理论专家和实务精英高端专家围绕国家现实问题进行专门研讨，50 位专家分 7 个单元发表专题演讲或主持及评论，10 余位业界代表和学者在开放式研讨阶段交锋观点，3 场名师名家论坛同期举行。

2015 年 10 月 17 日，第五届"2015 中达环境法论坛"在北京举行。来自海峡两岸 110 多位环境法领域的专家、学者与高校师生围绕"依法治国与生态环境保护法律制度的完善"主题，展开了为期两天的深入交流与研讨。此次论坛由台达环境与教育基金会主办、中国政法大学民商经济法学院环境资源法研究所承办。与会专家学者就推动环境治理、完善环境法律制度、《环境保护法》有效实施、推进环境公益诉讼等生态环境保护法制的理论和实践问题献计献策。

2015 年 10 月 24 日，第八届两岸四地刑事法论坛在南昌开幕，海峡两岸暨香港、澳门 80 余名刑法专家、学者围绕"有组织犯罪的防制对策"展开研讨。本论坛由北京师范大学刑事法律科学研究院联合香港大学法律学院、澳门大学法律学院、澳门检察律政学会、澳门刑事法研究会、台湾辅仁大学法律学院等共同举办，与会代表将就有组织犯罪的现状与预防、惩治有组织犯罪的刑事政策、有组织犯罪的刑法立法与规范适用、黑社会犯罪的惩治与防范、恐怖组织犯罪的惩治与防范、打击有组织犯罪的区际刑事司法互助等有关问题进行探讨，18 位专家、学者在论坛上做了学术报告，100 余位专家、学者及相关单位代表参与了综合讨论。

2015 年 11 月 6 日，由中国法学会、香港法律论坛、香港城市大学、澳门法务局共同主办的第七届"两岸四地法律研讨会"在香港召开。来自海峡两岸暨香港、澳门的法学专家学者以及法律实务工作者共 80 多人出席了研讨会。此次研讨会的主题是海峡两岸暨香港、澳门共同参与"一带一路"建设法律问题。中国法学学术交流中心主任、海峡两岸关系法学研究会秘书长尹宝虎等来自海峡两岸暨香港、澳门的 19 位专家学者、法律实务部门代表做了精彩发言。

2015 年 11 月 10 日，第六届海峡两岸法学院校长论坛在西安开幕。国务院台湾事务办公室法规局副局长唐正瑞、中国法学会副会长张文显、西北政法大学校长贾宇、东吴大学法学院院长洪家殷等出席了幕式，来自清华大学、北京大学、中国政法大学、华东政法大学、中南财经政法大学、西南政法大学以及澳门大学、东吴大学等高校校长、法学院院长共 100 余人参加了会议。此次论坛以"互鉴与共进：海峡两岸法学教育与法律制度比较"为主题，共设法律人才培养机制的改革与创新，涉外法律人才培养的目标与路径，和法学教育、司法考试与法律职业准入等 3 个专题。通过研讨交流，与会的法学院校长了解到两岸在法学教育上面临的共同问题以及可互相借鉴的经验，达成广泛共识。

2015 年 11 月 14 日至 15 日，以"民法典编纂与创新发展"为主题的第五届两岸民商法前沿论坛在北京召开。论坛由北京航空航天大学法学院与台湾政治大学法学院共同主办，来自两岸知名高校、科研院所的近 200 名民商法学者与会，旨在通过两岸民商法学者的学术对话，聚焦讨论民法典编纂，为我国民法典编纂献计献策。会议期间，龙卫球教授代表北航"民法典通则编课题组"向大会代表做了报告《中华人民共和国民法典·通则编》（专家建议稿），受到与会代表的高度关注和强烈反响。

2015 年 11 月 15 日，"两岸互联网法律政策高端论坛"在北京召开，来自两岸高校的学者和互联网行业的实务界专家 50 余人出席论坛。专家学者们就互联网与大数据背景下的民事立法、信息技术的发展对法律的影响、互联网金融的法律规制的路径选择、个人信息保护等问题展开了热烈讨论。实务界与学术界的互动成为此次会议的最大亮点。

2015 年 12 月 5 日至 6 日，中国法学会财税法学研究会 2015 年年会暨第 23 届海峡两岸财税法学术研讨会在广州召开。来自两岸数十所高校以及全国人大常委会、国家税务总局等国家机关和实务部门的 300 多位专家学者参加会议。论坛围绕"依法治国与财税法定原则"，以及"财税法的性质、功能与体系"两大主题展开热烈研讨。

2015 年 12 月 8 日，第一届粤港澳台法学研讨会在澳门举行。本届研讨会由广东省法学会、香港城市大学法律学院和澳门大学法学院主办，澳门大学法学院及澳门特别行政区法务局承办，以"粤港澳台的法律整合，民商事裁判、仲裁的承认与执行以及自贸区法律规则的建立与完善"为主题。中国法学会党组书记、常务副会长陈冀平出席研讨会开幕式，海峡两岸暨香港、澳门法学、法律工作者80多名代表参加会议，27位法学、法律专家做主题发言。

2015年12月19日至20日，由香港中文大学法律学院金融规管与经济发展研究中心主办，台湾政治大学法学院财经法学中心协办的"中国自由贸易区与法律创新：公司、金融与商事纠纷解决"研讨会在香港举行。上海大学法学院院长沈四宝教授发表了题为"自贸区对完善我国仲裁制度的作用及其未来发展"的主题演讲。在为期一天半的时间里，来自海峡两岸暨香港、澳门的专家学者围绕自贸区的建设和公司、金融法以及商事纠纷解决机制的完善展开深入讨论。

2015 年度两岸关系法制学术文献索引

胡芳霞*整理

1. 邵宗海：《两岸文化交流与"两岸文化协议"签署的分析》，《闽台关系研究》2015 年第 1 期。

2. 周叶中、段磊：《论台湾立法机构审议监督两岸协议机制的发展及其影响——以"两岸协议监督条例草案"为对象》，《台湾研究集刊》2015 年第 1 期。

3. 孙志伟：《司法专业化与社会化的适度平衡：台湾观审制改革及其启示》，《台湾研究集刊》2015 年第 1 期。

4. 张卫彬：《钓鱼岛主权归属与〈马关条约〉的演进解释问题》，《法学评论》2015 年第 1 期。

5. 刘文戈：《两岸商签协议的公民参与程序简论：以台湾地区行政程序法制为视角》，《海峡法学》2015 年第 1 期。

6. 段磊：《论两岸协议解释机制的建构与完善》，《海峡法学》2015 年第 1 期。

7. 何晶、陈锦：《海峡两岸刑事司法互助新探——以电信诈骗犯罪为例》，《海峡法学》2015 年第 1 期。

8. 国熙：《两岸法律实务与对离婚自由权的保护——以大陆、台湾地区通婚为例》，《"一国两制"研究》2015 年第 2 期。

9. 汪习根：《陪审制度的比较与评论——以日本、韩国、台湾地区模式为样本》，《法制与社会发展》2015 年第 2 期。

10. 彭莉：《再论两岸投资关系中的投资待遇问题》，《台湾研究集刊》2015 年第 3 期。

---

* 胡芳霞系两岸关系和平发展协同创新中心、厦门大学台湾研究院法律研究所硕士生。

11. 薛永慧：《台湾地区司法社会化改革研究》，《台湾研究》2015 年第 3 期。

12. 尹茂祥：《两岸和平协议问题之演变趋势》，《台湾研究》2015 年第 4 期。

13. 毛启蒙：《授权体制与分权形态"一国两制"台湾模式的基本矛盾与若干问题再探讨》，《台湾研究》2015 年第 4 期。

14. 张文郁：《我国台湾地区诉愿制度之过去、现在与未来》，《行政法学研究》2015 年第 3 期。

15. 许宗力：《独立机关——我国台湾地区行政组织的难题》，《行政法学研究》2015 年第 3 期。

16. 张颖、王轩：《第十六届海峡两岸行政法学学术研讨会综述，《行政法学研究》2015 年第 3 期。

17. 祝捷：《平等原则检视下的大陆居民在台湾地区权利保障问题——以台湾地区"司法院"大法官解释为对象》，《法学评论》2015 年第 3 期。

18. 汪曙申：《行政与立法关系视角下的马英九执政困境分析》，《台湾研究集刊》2015 年第 4 期。

19. 张淑钿：《海峡两岸"仲裁裁决参照民事判决认可与执行"立法悖谬与司法困境》，《台湾研究集刊》2015 年第 4 期。

20. 夏吟兰、陈汉、刘征峰：《涉台婚姻中离婚后子女抚养权、探视权保障研究》，《海峡法学》2015 年第 2 期。

21. 许先丛、李宁、许加庆：《海峡两岸民事判决相互认可的实践与思考——以福州中院对台湾地区民事判决认可为视角》，《海峡法学》2015 年第 2 期。

22. 张旭东：《台湾地区法官职权通知制度及启示》，《海峡法学》2015 年第 3 期。

23. 吴黎静：《福建自由贸易试验区与台湾自由经济示范区对接的法律问题研究》，《海峡法学》2015 年第 3 期。

24. 苏绍龙：《审判独立与权利保障：两岸语境、差异与共识——第六届海峡两岸公法学论坛综述》，《法学评论》2015 年第 5 期。

25. 何勤华：《海峡两岸四地，共铸中华司法文明》，《法制与社会发展》2015 年第 5 期。

26. 祝捷：《论"宪制—治理"框架下的两岸政治关系合情合理安排》，

《台湾研究集刊》2015 年第 5 期。

27. 薛永慧：《从台湾法官与司法辅助人员的关系看大陆法官员额制改革》，《台湾研究集刊》2015 年第 6 期。

28. 靳羽：《名誉侵权"过错"要件的比较研究——基于我国大陆和台湾地区典型判例分析》，《比较法研究》2015 年第 6 期。

29. 徐进：《民国时期行政审判法源问题研究——以国民政府行政法院判决为中心》，《行政法学研究》2015 年第 6 期。

30. 王文宇：《从商法特色论民法典编纂——兼论台湾地区民商合一法制》，《清华法学》2015 年第 6 期。

31. 张建、李辉：《中国大陆与台湾地区相互认可和执行仲裁裁决的法律思考——兼评 2015 年〈最高人民法院关于认可和执行台湾地区仲裁裁决的规定〉》，《时代法学》2015 年第 6 期。

附　录

《两岸关系法制评论》稿约

　　《两岸关系法制评论》（以下简称《评论》）是目前海峡两岸唯一聚焦两岸关系法律问题的学术评论集，由厦门大学台湾研究院主办，两岸关系和平发展协同创新中心协办。《评论》旨在瞄准海峡两岸交往中的基础、重大和前沿法律问题，积极开展海内外同行学术交流，为持续推动两岸关系和平发展的制度化提供法理依据和智力支持。从 2015 年起，《评论》每年出版一卷，特向海内外同行征稿，并立稿约如下：

　　一、《评论》为两岸关系法律问题研究的开放性学术平台，主要栏目包括论文、述评、书评、资料以及动态等，尤其欢迎围绕本年度两岸关系法制热点议题展开具有法理性的分析。

　　二、来稿字数不限，希望作者可以借此从容铺陈，而读者则从条分缕析中得享阅读之乐。来稿若因版面所限，编辑者将商请作者删减。

　　三、来稿的格式参见《〈两岸关系法制评论〉书写技术规范（暂行)》。

　　四、来稿务请写明作者姓名、性别、通信地址、工作单位、联系电话、E-mail 地址、学衔、业务职称等。《评论》编辑部将在收到来稿后一个月内做出初步处理。届时作者如未收到用稿通知，可另行处理其稿件。来稿一律不退，请作者自留底稿。

　　五、《评论》编辑部保留对来稿进行技术性加工处理的权利，但文责悉由作者自负。《评论》对所刊发文章依法享有版权。

　　六、凡向《评论》编辑部投稿，即视为接受本稿约，投稿时请通过 E-mail 电子投稿。

地址： 厦门市思明区思明南路 422 号，厦门大学台湾研究院 407 室

电话： 0592 – 2186036

邮箱： jiye@ xmu. edu. cn

《两岸关系法制评论》编辑部

《两岸关系法制评论》
书写技术规范（暂行）

为了统一《两岸关系法制评论》来稿格式，特制订本规范。

一、书写格式

1. 来稿由题目、作者姓名、内容摘要、目录、正文、作者单位与学衔及英文题目、英文姓名、英文内容摘要构成（按顺序）。

2. 来稿正文各层次标示顺序按一、（一）、1、（1）、①、A、a 等编排。

二、注释

1. 注释采用页下计码制，每页重新记码。注释码置于标点符号之后。

2. 无论是否连续引用同一篇著作、论文，均需列出所引文献的详细要目。

3. 引用中文著作、辞书、汇编、中文译著等的注释格式为：

（1）陈孔立著：《台湾学导论》，台北博扬文化事业有限公司 2004 年版，第 1 – 2 页。

（2）张万明著：《涉台法律问题总论》，九州出版社 2009 年第 2 版，第 15、19、23 页。——不是初版的著作应注明"修订版"或"第 2 版"等，注意非连续页码的注释法。

（3）国务院台湾事务办公室编：《台湾事务法律文件汇编》，九州出版社 2011 年版，第 120 页。

（4）［美］韦艾德、葛苏珊著：《台湾政治经济理论研究》，张苾芜译，鹭江出版社 1992 年版，第 20 页。

4. 引用中文论文、中译论文的注释格式为：

（1）彭莉：《台湾环境保护立法评析》，《台湾研究集刊》1988 年第 3 期，第 17 –21 页。

（2）白桂梅：《自决与分离》，《中国国际法年刊》1996 年卷，法律出版社 1997 年版，第 51 页。

（3）徐显明：《从法律体系到法治体系》，载海峡两岸关系法学研究会编：《海峡两岸法学研究》（第一辑），九州出版社 2013 年版，第 9 页。

（4）G. H. 卡尔：《日本入侵台湾的初期》，吴玫译，《台湾研究集刊》1984 年第 4 期，第 86 页。

5. 引用外文著作等注释格式为：

（1）Richard C. Bush, *At Cross Purposes：U. S. – Taiwan Relations Since 1942*, M. E. Sharpe, 2004, pp. 23 – 25. （注意：书名为斜体）

（2）Chia – Jui Cheng ed. , *Clive M. Schmittoff's Select Essays on International Trade Law*, Kluwer, 1998, pp. 138 – 190.

6. 引用外文论文的注释格式为：

（1）Wang Chih-wen, A Model for Solving Problems Between Taiwan and the Mainland, *Journal of Chinese Law*, Vol. 3, 1989, pp. 252 – 253.

（2）Yun-han Chu and Tse-min Lin, The Process of Democratic Consolidation in Taiwan：Social Cleavage, Electoral Competition and the Emerging Party System, in Hung – Mao Tien ed. , *Taiwan's Electoral Politics and Democratic Transition：Riding the Third Wave*, Routledge, 1995, p. 29. （注意：报刊杂志和书名为斜体）

7. 引用网上资料的注释格式为：

Alan Romberg, Cross – Strait Relations：Portrayals of Consistency. Calm on the Surface, Paddling Like Hell Underneath, http：//www. stimson. org/content/cross-strait-relationsportrayals-consistency-calm-surface-paddling-hell-underneath, 2015 年 1 月 26 日访问。

8. 引用报纸的注释格式为：

（1）《中共中央关于全面推进依法治国若干重大问题的决定》，《人民日报》2014 年 10 月 29 日第 1 版。

（2）张志军：《运用法治方式扎实推进两岸关系和平发展》，《人民日报》2015 年 3 月 13 日第 7 版。

9. 引用法条的注释格式为：

《中华人民共和国台湾同胞投资保护法》第 3 条第 1 款。——条文用阿拉伯数字表示。

三、简称

如名称过长，可在括号内注明"（以下简称×××）"。

四、数字

1. 年、月、日、分数、百分数、比例、带计量单位的数字、年龄、年度、注码、图号、参考书目的版次、卷次、页码等，均用阿拉伯数字。万以下表示数量的数字，直接用阿拉伯数字写出，如 8650 等；大的数字以万或亿为单位，如 2 万、10 亿等。

2. 年份要用全称，不要省略。

3. 年代起讫、年度起讫均用"～"表示，如 1937～1945 年、1980～1981 财政年度。

《两岸关系法制评论》编辑部编订